음란_과 혁명

음란과 혁명

풍기문란의 계보와 정념의 정치학

권명아 지음

책세상

제2부 좋은 일본인 되기와 죽음의 정치
―풍기문란의 원천으로서의 식민성

음란과 혁명―정념과 정치적 주체화에 대한 고민의 궤적

한 가지 일에 몰두하다 보면 그 일에서 특별한 경험을 하게 되는 순간이 온다. 연구 작업 또한 마찬가지다. 풍기문란이라는 주제를 놓고 씨름해온 시간은 내게 다소 특별한 경험을 안겨주었다. 나에게는 이 연구의 결과도 중요하지만, 연구 과정 자체가 특별한 의미가 있었다는 말을 전하고 싶다. 사실 이 책에 실린 글들은 이러한 연구 과정의 특별한 경험을 어떻게든 전달해보려는 의도를 담고 있다. 그래서 어떤 글은 독자들에게 다소 낯설거나 복잡하게 다가갈 수도 있을 듯하다. 이 책의 뒤에 실린 이미지가 그러하듯이 말이다. 실상 이 이미지는 연구 과정에서 내가 경험한 '어떤 것'을 전달해보려는 의도에서 제작되었다. 이 이미지는 많은 실패를 거듭한 끝에 겨우 '완성'되었지만, 연구 과정의 특별한 경험을 전하기에는 여전히 역부족이다.

풍기문란 연구를 진행하면서, 나는 결국 정념과 정동에 관한 연구로 나아가게 되었다. 이는 물론 연구 주제가 심화되는 과정이기도 하지만 앞서 말한 연구 과정에서 겪은 경험과도 관련이 깊다. 어떤 연구건 연구자는 대상에 몰두하고 대상에 연루되기 마련이지만, 풍기문란 연구는 조금 특별한 의미의 '몰두' 과정이자 '부대낌'의 과정이었다고 할 수 있을 것 같다. 이러한 '몰두'는 그 대상을 온전히 파악하고자 하는 지적 열망과는 약간 다른 경험이었다. 이러한 몰두는 오히려 연구 대상을 온전히 파악할 수 없는 상태에서 그 대상의 뒤를 쫓아가야 하는 연구 작업에서 기인한다 할 것이다. 그리하여 나는 이 연구가 그 자체로 정동적 과정이라는 것을 나중에 조금은 감지하게 되었다. 즉 연구 과정 자체가 대상과 부대끼는 과정이며, 그 대상들이 나에게 저항하고 반역하며 나를 거스르는 과정, 즉 그 힘-관계를 고스란히 겪어내야 하는 과정이었던 것이다. 나는 풍기문란을 연구하면서 한국 사회 정동의 구조를 현재적인 맥락에서 고찰하는 작업을 병행했으며, 그 결과는《무한히 정치적인 외로움 : 한국 사회의 정동을 묻다》(갈무리, 2012)에 담겼다. 나는 이 책에서 정동을 부대낌이라는 차원에서 설명했다. 또한《음란과 혁명 : 풍기문란의 계보와 정념의 정치학》1부에서 정동의 문제를 더욱 구체적으로 논했다.

처음에 풍기문란을 연구하게 된 것은 이전의 나의 연구인《역사적 파시즘》과《식민지 이후를 사유하다》에서 미처 해결하지 못했던 문제를 해명하기 위해서였다. 나는《역사적 파시즘》에서 '골칫덩어리'라고만 명명했던 어떤 특정 집단이 지닌 '힘'을 찾아가다가 풍기문란이라는 문제에 맞닥뜨리게 되었다. 또《식민지 이후를 사유하다》에서 고민했던 냉전기 한국 사회의 정념들, 특히 슬픔과 불안의 문제를 규명하려는 문제의식에서 이 연구를 시작했다. 그래서 처음에는 골칫덩어리들을 결국 해결할 수 있게 되었다는 희망에 들떠 있었다.

그러나 그것도 잠시. 희망에 들떠 달려들었던 내가 어느새 커다란 웅덩이에 빠져 허우적거리고 있었다. 그 웅덩이 밑에서 무언가 알 수 없는 힘이 나를 잡아당기는 것만 같았다. 결국 나는 웅덩이 속으로 끌려 내려가게 되었다. 풍기문란, 부적절한 정념 등의 역사적 범주를 과연 어떻게 해석해야 할지 몰라 정념의 늪에서 허우적거리게 된 것이다. 그렇게 정념의 늪에서, 풍기문란 통제에 관한 자료 더미 속에서 허우적거리며 나는 거의 포기 직전까지 가게 되었다. 정념을 새롭게 연구하려면 거의 모든 철학사를 다시 쓰는 것에 버금가는 방대한 작업이 필요했고, 나는 풍기문란 자료들과 사상 통제 자료들 더미에서 길을 잃었다. 게다가 일제시기에서 냉전체제, 그리고 다시 최근의 한국 사회에 이르기까지 오랜 시간에 걸친 자료들을 따라가다 보니, 긴 여정에 힘이 부친 것도 사실이다.

숨이 막히고 도저히 이 작업을 계속할 수 없을 것 같았다. 그렇게 늪에 빠져 거의 익사 직전에 이르렀을 때 나는 문득, 그 바닥, 늪의 심연에서 어떤 형상을 보게 되었다. 그것은 여태껏 본 적이 없는 어떤 세계의 모습이었다. 내가 본 세계는 마치 깊은 심연 속의 세계가 그럴 것처럼, 뭐라 형언할 수 없는 어떤 '존재'들이 떠다니고 흘러 다니고 서로 연결된 그런 형상이었다. 그 흘러 다니고 떠다니는 존재들을 부여잡아 보려고 안간힘 쓰다가 만난 어떤 세계의 모습, 그것을 전하고자 노력한 결과가 이 책이다.

책 뒤에 수록된 이미지를 보면 이미지의 위쪽에는 당대의 풍기문란 통제에 관한 법적 규정들과 당대의 다양한 담론들이 배치되어 있다. 그러한 법이나 다양한 담론들에서 풍기문란을 규정하는 공통적인 관념은 '부적절한 정념'이라는 선인데, 이 선이 이미지의 상단과 하단을 분할하고 있다. 이는 역사 자료들을 보면서 내가 얻은 형상이라 할 수 있다. 즉 풍기문란에 대한 법적인 통제의 자료나 당대의 담론들을 보면서 나는 그 담론 공간에서 이른바 '풍기문란한 자들'은 존재의 형상을 띠지 못한 채 문제적 대상으로서만 드러난다는 점을 알게 되었다. 그렇다면 그들의 실제 존재는 어떻게 살펴볼 수 있을까?

물론 서발턴 연구나 구술사, 미시사 등 이렇게 담론 공간의 이면에 숨겨진 존재들을 찾아내는 방법론도 많은 시사점을 주었다. 그런데 풍기문란한 자들의 존재는 이러한 방법만으로는 찾아내기가 어렵다. 이들은 사상범이나 학살의 경험을 안고 살아남은 생존자들처럼 역사 속에서 특별한 의미를 지니는 존재들로 '발굴'된 적이 없기 때문이다. 이들은 겨우 '잡범'이나 풍속 사범 같은 '오명'을 쓰고 역사 자료들 속에 겨우 모습을 드러내기에 그들을 '발굴'하는 것은 거의 불가능하다. 오히려 이 '풍기문란한 자들'은 법과 경찰 자료와 이들을 비난하는 신문, 잡지 기사들 속에서 잠시 부정적으로 부상하다가 이내 다시 사라져버린다. 그러나 이러한 담론 공간에 나타난 그들의 모습은 '부적절함'이라는 규정에 따라 변용되어버린 모습이다. 그들이 이렇게 부적절한 존재로 변용되기 이전의 모습을 찾아내기란 거의 불가능했다. 그들이 변용되기 전의 형상을 과연 어떻게 찾아낼 수 있을까? 이러한 질문 속에서 나는 바로 변용의 메커니즘에 관심을 두게 되었다. 풍기문란을 연구하는 과정에서 변용에 관한 이론인 정동 이론과 조우하게 된 것은 그런 점에서 필연적이었다.

풍기문란이라는 주제에 대한 나의 연구는 법적 통제의 자료나 신문 기사, 잡지 자료 등을 토대로 어떤 존재들의 형상을 쫓아가면서, 이들이 부적절한 정념이라는 규정을 거쳐 변용되는 과정을 거꾸로 추적해가는 방식을 취했다. 다시 이미지로 돌아가서 말하자면, 이미지의 상단과 하단을 나누는 분할선이 '부적절한 정념의 라인'이다. 비유적으로 말하자면 나는 이 부적절한 정념의 라인을 따라가면서 상단의 세계 속에서는 역사 자료들과 씨름하면서 자료들 속에서는 그 본모습을 찾기 어려운 존재의 형상을 찾아 허우적거렸다. 그러나 허우적거린 것은 나의 연구 대상 (풍기문란) 또한 마찬가지였다. 아니 역으로 말하자면, 연구 과정의 어려 움은 나의 연구 대상이 처한 '곤경'과도 상통하는 것이었다. 즉 나는 상단 과 하단 사이의 이동과 변용의 과정이 단지 나의 연구 과정에만 해당하 는 것이 아니라, 풍기문란한 자들이라는 어떤 존재들이 부적절한 정념이 라는 분할선에 따라 변용되며 겪어내는 과정과도 연결될 수 있겠다는 생 각을 하게 되었다. 그리하여 이미지 전체의 형상 속에 이렇게 부적절한 정념이라는 분할선 사이를 오가며, 허우적거리고, 존재 자체가 압박당해 소실되고, 겨우 존재하게 되는 어떤 존재의 움직임과 변용의 과정을 담 아내고자 했다. 또한 근대 초기에서 일제시기, 냉전체제와 탈(脫)냉전기 를 오가는 긴 역사적 과정을 따라가면서, 이들이 단지 압박당하고 소실 되고 겨우 존재하는 상태에서, 그 강고한 분할선과 통치의 메커니즘을 뚫고 분출하는 어떤 장면들을 만나게 되었다.

　이러한 장면들의 사건적 의미는, 잘 알려진 텍스트이지만 이런 차원에 서는 아직 해석된 적이 없는 다양한 텍스트들을 다시 검토하면서 새롭게 해석될 수 있었다. 일제시기에 발표된 이기영의 〈서화〉는 바로 이 풍기 문란 심판의 법정을 무대로 하여, 부절적한 정념이라는 통치의 선이 어 떻게 구획되는가에 대한 실마리뿐 아니라, 이 통치의 선을 뚫고 도저하 게 흐르는 '변용'의 잠재성에 대한 형상을 내게 주었다. 최인훈의 《구운 몽》은 냉전체제에서 이 심연에 흐르던 잠재성의 역능이 어떻게 분출하 고, 어떻게 또다시 '악명'의 나락 속으로 억압되는지를 가늠하는 데 중요 한 실마리를 제공했다. 또 냉전체제에서 풍기문란이라는 악명이 주체의 자리를 어떻게 배치하는가와 관련해서는 김주열과 장정일의 '운명'이 내 게 많은 시사점을 주었다. 또 백철의 문학사는 사회주의적인 것의 삭제가 냉전의 신체를 어떻게 변용하고 주조하는지를 가늠하는 징후적인 텍스트가 되었다. 또 여기서 퇴폐라는 범주가 냉전체제에서 문학, 역사, 국가라는 상이한 영역의 신체(문학 제도에서 국문학의 범주, 혹은 국체에 이르는 다양한 함의의 신체)를 조형하는지를 살펴보는 데도 백철의 문학사는 내게 중요한 해석 대상이 되었다.

물론 이 책의 논의가 문학사에 대한 새로운 해석을 목표로 하는 것은 아니다. 오히려 이 책에서 문학사의 재해석은 주체 구성의 재해석이라는 차원과 연결된다. 즉 이 책에서는 '풍기문란'이라는 역사적 범주를 토대로 한국 사회의 주체 구성의 역사를 살펴보는 것이다. 풍기문란에 대한 연구를 진행하고 담론화하면서 나는 서발턴이나 다중이라는 개념보다는 풍기문란이라는 한국 사회의 특이성을 담지한 역사적 범주를 사용하는 것을 하나의 정치적 입장으로 간주해왔다.

풍기문란 연구는 통속적으로 이해되듯이 음란물이나 성적 문화 생산물에 대한 통제의 역사를 검토하는 것이 아니다. 풍기문란 연구는 당대에 부적절한 것으로 간주된 정념이 정치적 열정으로 이행하는 역사적 맥락을 추적하는 작업이다. 이 작업은 이미 구성된 이론적 궤적에 따라 역사를 재구성하는 것이 아니라, '어떻게 정치적 주체가 출현하는가'를 역사적 맥락에서 뒤따라가는 작업이다. 이것은 단지 역사적 과정에 대한 사후적 검토를 뜻하지 않는다. 오히려 이는 정치적 주체화 또는 정념의 정치적 이행에 대한 역사적 전망을 구성하는 작업이다. 역사적 전망이란 혁명적 낙관론이나 비관론과도 구별되는, 이행에 대한 역사적 전망을 갖는 것을 의미한다. 즉 근현대 100여 년 역사를 추적하면서, 나는 정치적 주체화 또는 정념의 정치적 이행은 비록 당대에는 결실을 맺지 않더라도 어떤 식으로든 현실화되며, 그 가능성(잠재성)은 항상, 이미, 이곳에 당도해 있다는 점을 역사적 맥락에서 확인할 수 있었다.

그런 점에서 이런 관점은 당대의 국면에 대한 '정세 판단' 같은 태도와는 조금은 관점을 달리한다고 말할 수 있다. 따라서 역사적 전망은 정세 판단의 시급성에 비추어 너무 늦거나 또는 너무 뒤처진 논의로 보일지 모른다. 그러나 다른 점에서 역사적 전망은 정세 판단 또는 '현실주의'의 조급성과 그 이면인 환멸 사이의 왕복운동에 거리를 두면서도, 정치적 주체화에 대한 '역사적 믿음의 양식' 같은 것을 제공할 수도 있다고 여겨진다. 이런 측면에서 한국에서 일제시기에 형성되어 지금까지도 법적 차원에서뿐 아니라 담론적이고 도덕적인 차원에서도 지대한 영향력을 행사하고 있는 풍기문란 통제를 정념과 정치적 주체라는 차원에서 이해하는 것이 무엇보다 필요하다.

이 책의 구성을 간략하게 소개하면 다음과 같다.

이 책은 4부로 구성되어 있다. 1부에서는 풍기문란 연구에 대한 이 책의 방법론과 문제의식을 주로 다룬다. 2부와 3부에서는 풍기문란 통제가 시작된 일제시기와 냉전체제에서의 지속과 변화의 문제를 다룬다. 4부에서는 일제시기에서 현재에 이르기까지 풍기문란 통제가 어떤 변화를 보여왔는지를 그 변화의 지점을 중심으로 요약적으로 설명한다. 2부와 3부는 일제시기에서 냉전체제에 이르는 긴 시간의 경과를 추적하면서 풍기문란의 역학뿐 아니라 이와 관련된 주요 범주들(사상과 풍속, 좋은 것과 부적절한 정념, 퇴폐, 문란, 안녕 질서 등)을 여러 자료를 우회해 고찰한다. 따라서 2부와 3부의 논의는 때로는 과도하게 세밀하기도 하고, 복잡한 논의 방식으로 나타나기도 한다. 이는 앞서도 논한 것처럼 풍기문란 연구에 내포된 복잡성을 가능한 한 '언어화'하려는 시도의 귀결이기도 하다. 따라서 독자들에게는 2부와 3부의 논의가 어떤 면에서 과도

하게 복잡하게 느껴지거나 근대사 전체를 따라 변형되는 과정을 읽어나가기 어렵게 느껴질 수도 있을 듯하다. 2부와 3부의 논의의 복잡성을 조금 상쇄해보려는 차원에서 1부와 4부는 상대적으로 덜 복잡하고, 조금은 단선화된 방식으로 전체 논의를 요약하거나 압축해서 제시하는 방식을 취했다.

세부적으로 보자면 1부의 1장에서는 이 책의 풍기문란 연구가 검열이나 문화 통제에 대한 역사적 연구를 아우르면서도 근본적으로는 정치적 주체화를 사유하는 문제 설정의 차원을 내포한다는 점을 논한다. 또 2장에서는 풍기문란 연구가 현재 활발하게 대두되고 있는 정동 이론과 접속되는 지점의 윤곽을 그려보며, 이 과정에서 이기영의 〈서화〉에 대해 새로운 해석을 시도한다. 이기영의 〈서화〉가 일제시기에 풍속 통제가 진행되는 구체적인 모습을 살펴볼 수 있는 중요한 역사적 자료로서의 함의를 지닌다는 점도 규명한다. 여기서 더 나아가 〈서화〉에 대한 재해석을 통해서 일제시기의 사상과 풍속의 관계를 새롭게 사유할 것을 제안한다. 〈서화〉에 대한 논쟁에서 중요하게 제기된 농민의 두 개의 혼에 관한 레닌의 테제는 혁명적 주체는 어떻게 만들어지는가에 대한 논의이기도 하다. 그러나 이 논쟁은 다른 면에서 이른바 '사상'(사회주의자 혹은 전위나 혁명적 주체)이 어떻게 풍속을 배제함으로써 자기 정체성을 구성하는가를 보여주는 중요한 사례이기도 하다. 〈서화〉 전체를 맴도는 붉은 빛과 그 빛이 변해가는 스펙트럼은 레즈(혁명적 주체)와 문란함(색스러운 자들)의 경계를 오가며 색(色)과 정치의 관계를 놀랍게 포착하고 있는 것이다. 또한 이 색과 정치의 연계는 단지 사상과 풍속 사이만을 가로지르는 것이 아니라, 법과 정치, 법과 생명 사이를 가로지르며 작동한다.

2부에서는 일제시기 풍속 통제의 상황을 검열의 실상을 통해 논하면서 풍속 통제의 법적이고 담론적인 차원이 전시 동원 체제에서 비국민을 심문하는 구조로 이어지는 과정을 추적한다. 여기서 이광수의 《무정》과 이에 대한 해석 방식과 에밀 졸라의 《나나》의 번역 상황 등이 주로 다루어진다. 일제시기 에밀 졸라의 《나나》 번역과 검열 상황을 일본과 비교해서 고찰하는 한편 검열의 역학이 해방 이후 에밀 졸라의 번역 상황에 어떤 영향을 미쳤는지에 대해서도 자료를 통해 논한다.

3부에서는 풍기문란 통제가 해방 이후 한국 사회에서 일제시기와 동일한 방식으로 재생산되는 측면과 변형되는 측면을 논한다. 1장에서는 냉전체제에서 풍속 통제가 '망국병'이라는 지위를 얻게 되는 과정을 살펴본다. 또 백철의 문학사 개작 과정을 구체적으로 분석하면서 냉전체제에서 '퇴폐'라는 범주가 역사 서술과 문학사 서술 등을 통해 재구성되는 방식을 논한다. 2장에서는 4월 혁명에 대한 담론과 4월 혁명의 '유산'을 둘러싼 논의를 토대로 혁명의 서사가 사랑과 배신의 사이를 오가며 구축되는 과정을 논하면서 이러한 혁명의 서사에서 문란함이라는 범주가 어떻게 재구축되는가를 규명한다. 여기서는 최인훈의 《구운몽》, 이청준의 《씌어지지 않은 자서전》이 주로 다루어진다. 또 최인훈의 《구운몽》과 김주열의 죽음을 연결해 고찰하면서 4월 혁명의 실패와 소년의 죽음, 그리고 냉전 키드의 탄생 과정을 논해본다. 이 역사적 연쇄가 냉전 키드를 '죄 많은 아이'로 만들게 되었다는 것이 이 논의의 결과이다. 또한 거리를 질주하던 소년의 열정이 혁명 실패 후 '문란한 열정'으로 전도되고 억압되면서 '소년의 죽음'은 '죄 많은 아이'의 탄생과 겹쳐진다. 이 겹쳐짐 속에서 역사의 '우연'과 한 인간의 운명이 만나고, 이 만남이 바로 역사가 삶을 규정하는 방식이 아닐까 생각해본다. 2장과 3장에서는 바로 이러한 소년의 죽음이라는 상징을 4월 혁명 실패 이후의 풍기문란 통제의 특징적인 국면으로 살펴본다. 4월 혁명의 실패는 이른바 4·19 세대에게는 인생의 가장 아름답지만 회한만을 남겨놓은 그런 추억으로 회고된다. 그러나 4월 혁명의 실패로 가장 값비싼 대가를 치러야 했던 것은 4월 혁명의 주역 중 하나였던 소년/소녀들이었다. 4월 혁명의 실패 이후 소년/소녀들은 추억의 몫도, 정치적 주체의 자리도 갖지 못하고 '죄 많은 아이'의 자리에 봉인되었다. 냉전체제에서 십대에 대한 규율과 통제가 급격하게 강화된 것은 4월 혁명 실패와 밀접한 연관이 있다. 그러나 지금까지도 십대에 대한 규율과 통제를 당연한 것으로 여기는 사람이 많다. 십대의 정치적 주체화가 이른바 '탈냉전'의 기운이 조금은 퍼져나갔던 2000년대에 와서야 가능해진 것은 이러한 역사적 맥락과 관련이 깊다. 또한 이러한 풍기문란 통제와 '소년의 죽음'이 연계되는 역사적 맥락에서 1996년의 유명한 '음란물 재판'인 장정일의 '거짓말' 사건을 다시 고찰할 것을 4장에서 제안한다. 장정일/J의 삶은 '죄 많은 아이'라는 냉전 키드의 운명 비극의 대표적인 사례라 할 것이다. 그런 점에서 장정일/J라는 실존 인물이자 가상 인물인 한 존재의 운명을 통해서 냉전체제에서 풍기문란 통제가 소년/소녀의 열정을 어떻게 통제해나갔는지를 논한다.

4부에서는 몇 가지 익숙한 장면들을 통해서 풍속 통제가 부활하고 반복되는 국면들을 살펴본다. 책의 맨 뒤편에서는 이미지에 대한 설명을 겸하여 '게토를 아지트로, 부적절한 정념을 정치적인 것으로, 비언어적인 것을 시적인 것으로'라는 제목 아래 풍기문란에 대한 연구가 정치적 주체화와 관련해 어떠한 사유의 단초를 제기할 수 있는지를 논한다.

나는 이러한 역사적 고찰 결과 풍기문란 통제란 '바람'을 '법'으로 잡으려는 시도와 같다는 생각을 하게 되었다. 그런 의미에서 풍기문란자들은 당대에는 '악명 높은 자들'로만 표상되지만, 실제로는 '법'의 손아귀에 붙

잡히지 않는 자들이라 할 수 있다. 그래서 풍기문란자들은 '다스릴 수 없는 자들ungovernables'이다.

　풍기문란에 관한 첫 연구 결과를 낸 것이 2007년. 우연인지 '운명'인지 부산에서의 나의 시간은 '풍기문란'과 씨름하고 부대끼며 보낸 시간이라고도 할 수 있겠다. 무엇이 먼저인지 모르겠지만, 부산에서 보낸 지난 7년은 부대낌이라는 화두와 온몸으로 씨름한 시간이 되었다. 그 부대낌의 순간순간들에 아로새겨진 아프콤 팀원들에게 다시 한 번 감사의 말을 전한다. 난항을 겪던 이미지 제작을 완성해주신 부산의 독립출판사 그린그림에도 감사를 드린다. 구상으로 끝날 수 있던 이미지를 세상에 내놓게 된 것은 전적으로 그린그림의 덕택이다.

　들어가는 말을 쓰면서도 새삼 환기했지만,《역사적 파시즘》,《식민지 이후를 사유하다》에 이어 이 책을 펴냄으로써 한국 근현대사 연구에 대한 나의 3부작이 완성되었다. 이 3부작을 모두 책세상에서 출간하게 된 것도 우연인지 운명인지 모르겠다. 정말 긴 시간, 변치 않고 자리를 지켜준 책세상에 감사를 보낸다. 첫 순간부터 지금까지 함께한 김미정 선생님에게 특별한 감사의 인사를 전하고 싶다.《가족 이야기는 어떻게 만들어지는가》부터 내 책을 세상에 내보낼 수 있게 해주신 김광식 선생님께도 감사 인사를 드리고 싶다. 이제 겨우 안정을 찾은 가족들——부모님, 언니를 비롯한 형제들에게도 건강과 평화의 인사를 전한다.

2013년 봄, 권명아

제1부

방탕함의 계보와
문란함의 정치학

──

풍기문란과
정념의 어드레스

제1장

풍기문란이라는 문제 설정에 대하여
─정념(情念)의 거처(居處), 사랑의 공간에서 아고라까지

1. 풍기문란이라는 문제 설정에 대하여

한국에서 풍기문란이라는 개념이 형성되고 재생산된 과정은 일본의 식민 통치와 밀접한 관련이 있다. 풍기문란에 대한 사법적 통제는 풍속 통제라는 일본의 법적 장치와 결부되어 있다. 그런데 풍속(風俗)이라고 하면 현재 대부분의 일본 독자들은 핑크 산업을 연상할 터인데, 이와 달리 한국의 독자들은 장발 단속, 미니스커트 같은 이미지를 떠올린다. 일본에서 풍속 통제가 일상 전반에 걸친 광범위한 사법적 조치에서 성 산업으로 그 범위가 축소된 것은 이른바 미군정GHQ 아래에서 이루어진 일련의 조처들을 통해서였다. 그러나 한국의 경우는 미군정 지배와 한국전쟁, 분단체제로 이어지는 일련의 과정 속에서 풍속 통제를 통한 일상에 대한 국가 관리가 더욱 강화되었다. 또 일제의 식민통치 시기에 만들어진 풍속 통제의 원리와 법제, 모형들은 냉전 이데올로기와 결합해 더욱

장발 단속, 1975, 국가기록원 소장 자료.

복합적인 양상으로 전개된다. '풍속'이라는 개념이 걸어온 이 길의 종착역에 이른바 '한국식 민주주의'라는 것이 놓여 있다. 따라서 '풍속'이라는 말이 걸어온 역사적 행보를 규명하는 일에는 식민성, 근대성, 또는 파시즘과 민주주의 등의 문제들이 복합적으로 얽혀 있다.

'풍속'의 행보와 관련된 최근의 한 장면에서 논의를 시작해보자. 2008년 1월 한국의 한 신문에는 일본의 "대표적 우익 신문 산케이 신문이 '한국 영화들이 최근 일본 통치 시대를 암흑기가 아닌 근대화를 이룬 시기로 재평가하려는 움직임이 활발하다'고 '망언'에 가까운 주장을 했다"[1]는 요지의 기사가 실렸다. 이 기사는 일본《산케이 신문(産經新聞)》이 언급한 영화들에는 총독부에 도시락 폭탄을 던지는 등의 '항일적인 내용'도 포함되어 있다고 덧붙였다. 네티즌들은 이 기사에 일제히 격분

하면서 일본의 '망언'을 비난했다.

최근 영화뿐 아니라 드라마, 연극, 문학과 학문 담론에서는 1930년대 '경성의 문화와 풍속'이 하나의 문화적인 트렌드를 형성하고 있다. 학문 담론에서 1930년대에 대한 재평가는 이른바 일제시기에 대한 역사상을 비판적으로 성찰한다는 차원에서 촉발되었다. 풍속과 관련해 최근에는 대부분 "패션, 황금광 시대, 다방, 여학생, 건축, 전화, 법의식, 질병, 백화 점, 연애, 가족, 사랑 등의 주제를 다루는 연구가 제시되었는데, 주로 개 화기와 1930년대에 집중되는 경향"을 보인다. 2)

풍속-문화론적 연구는 1920~30년대를 암흑기가 아닌 자본주의적 욕 망의 알록달록한 공간으로 다시 채색했다. 1930년대라는 역사적인 시기 에 욕망이라는 의제를 도입하는 것은 근대성과 식민성, 그리고 주권에 관한 새로운 질문을 제기하는 것이다. 그러나 문화산업의 논리나 이론의 무차별적 소비, 우파적인 식민지 근대화 논의들의 뒤얽힘 속에서 욕망이 라는 의제는 그 본래의 질문을 상실한 채 식민지의 삶을 만화경적 풍경 으로 전도시킨다. 또 1930년대를 암흑기가 아닌 만화경적 풍경으로 전 도시킨 장면을 근거로 일본의 식민통치는 결과적으로 한국인에게 '좋은' 것이었다는 결론을 도출하는 담론 구조와 이에 대해 그 만화경적 풍경 속에도 '독립군'의 초상이 담겨 있다고 항변하는 방식은 '풍속'이라는 것 에 담긴 문제적 차원을 역설적으로 보여준다.

이 책에서 살펴보겠지만, 이른바 '좋은'이라는 규정이야말로 식민성과 근대성, 주권의 말살과 정립의 문제들이 각축하는 지점이다. 1930년대의 풍속이란 그야말로 '좋은' 주체가 되라는 명령과 좋지 않은 주체의 생존 가능성에 대한 심문이 각축하는 장이었다. 이 각축장에서는 '독립군'과 같은 주체는 없을지 몰라도 독립군과는 다른 방식으로 '법의 힘' 앞에 불려온 주체들이 '독립'을 위한 실험을 수행해야 했다. 그러나 이들의 독립을 위한 실험은 언제나 '방종'이라 불리며 자유가 아닌 것으로 규정되었고, 자유는 항상 '아직' 도래하지 않았다. 자유로운 존재가 되는 것은 선량한 시민, 좋은 일본인이 됨으로써 가능하다고 했지만, 자신의 자유를 입증하는 일은 신의 존재를 입증하는 것만큼이나 '불가능한' 일이었다.

이런 점에서 '풍속'에 대한 사법적·담론적 구조를 해명하는 것은 주권의 양도와 말살을 정초하는 근대적인 사회 이념, 또는 국가에 관한 이념을 규명하는 일이다. 풍속에 대한 사법적·담론적 구조에는 주권에 대한 근대적 인식의 패러다임과 함께 존재의 말살을 정당화하는 파시즘적 이념 또한 내포되어 있다. 풍속에 대한 사법적·담론적 구조는 풍기문란자라는 특정한 주체성을 생산하면서 동시에 심문하는 형식을 보인다. 이때 풍기문란자에 대한 생산/심문은 선량한 시민의 자질에 대한 심문에서 생존 가능성에 대한 심문(비국민 심문으로 상징되는)으로 전환된다. 이는 근대 주권성에 관한 이념과 모델이 주권의 양도에서 주권 말살의 정당화라는 내적 논리를 포함하고 있는 점과 관련된다.

이런 맥락에서 나는 풍기문란에 대한 문제 설정을 바탕으로 방종과 자유, 민주주의와 주권성, 정념과 정치적 주체화 등의 문제를 살펴보고자 한다. 내가 이 연구에서 풍기문란을 일본의 식민 통치에 의해 만들어진 법제나 담론, 인식 구조를 규명하기 위한 하나의 역사적 사례로 다루기보다 하나의 문제 설정이라고 규정하려는 이유는 이러한 점과 관련된다. 이러한 몇몇 전제를 토대로 이제 일제시기 풍기문란과 관련된 일련의 담론 구조를 살펴보도록 하자.

2. 심성mentality의 유통 경로―검열과 풍기문란

일제시기 검열에서 일관되게 공개된 검열 기준은 "치안방해와 풍속괴란" 두 항목이었다. 검열의 구체적인 판단 기준과 과정에 관해서는 체계적인 연구가 진행되고 있지만, 검열과 사상 통제에 관한 연구는 주로 "치안방해"와 관련되어 이루어지고 있으며, 풍속 검열과 관련해서는 아직 연구가 이루어지지 못한 상황이다. 조선에서 진행된 검열 통계를 기준으로 보면 치안방해와 풍속괴란으로 검열된 건수는 10 대 1 정도의 비율을 보인다. 풍속괴란에 대해 학문적인 관심이 미약했던 사정은 텍스트 검열 통계상에서 풍기문란 검열이 양적으로 적은 비중을 차지한다는 점에서 비롯되는 것이기도 하다. 그러나 풍기문란에 대한 통제는 문자 텍스트의 생산에 국한되지 않는 더욱 광범위한 차원에 걸쳐 있기 때문에 검열 관련 통계만으로는 파악하기 힘든 측면이 있다. 따라서 검열의 사례들은 풍기문란 통제에서 양적인 측면을 입증하는 자료로서의 의미보다는 풍기문란 통제가 작동하는 방식을 보여주는 하나의 사례로서의 가치를 지니는 것으로 볼 필요가 있다.

풍속괴란에 관한 검열 기준은 애초에 그 통제의 이념 자체가 유동적이어서 외연과 내포가 몹시 넓다. 검열의 기준은 표준화한 기준뿐 아니라 각 연도별 사회, 문화, 정치 상황과 구체적인 출판, 제작 상황에 대한 통제 주체의 판단과 밀접한 관련이 있다. 중일전쟁 이후로는 검열과 통제에서 중국과 관련된 것이 매우 문제적인 기준으로 대두하는 것이 이러한 증거이다. 성에 관한 담론이나 풍속영업과 관련된 담론, 뒷골목 문화와 관련된 출판물이 풍속괴란의 사유로 처분된 것은 일본과 조선에서 공통적인 현상이다.[3] 그러나 조선의 경우 몇 가지 특이점이 있는데, 이러한 특이점을 잘 보여주는 사례가 조선의 '옛것'에 대한 검열 사례이다. 1937년 이후 풍속괴란에 대한 검열에서는 '옛것'[4]에 대한 통제 주체의 관심이 증폭하고, 공식적인 출판 매체나 공식적인 경로를 거쳐서 유통되는 생산물뿐 아니라 길거리나 뒷골목의 비공식적인 경로를 거쳐서 유통되는 생산물에까지 통제의 필요성이 적극적으로 제시되는 것을 볼 수 있다.[5]

일례로 1940년《조선출판경찰개요(朝鮮出版警察槪要)》에서는 구체적인 검열 사례를 제시하고 있는데, 이 가운데 풍속괴란에 관한 것은 세 건으로, 한 건은 '만수백보환'이라는 약 광고이며, 나머지 두 건은《삼국지》와《홍길동전》이다.《삼국지》는 1940년 9월 18일《경성일보(京城日報)》에 실린 것으로 도서과에서는 풍속괴란으로 삭제 처분되었지만 "내무성에서는 발매금지 처분"되었다.[6] 표면적으로 삭제 처분된 내용은 성에 관한 표현과 관련된 것처럼 보이지만, 실제로 이는 풍속괴란에 대한 통제라는 측면에서 중일전쟁 이후 중국 문화의 영향을 일소한다는 내적 이념의 변화와도 밀접하게 연관되어 있다.《홍길동전》은 1940년 11월 30일《백상(白像)》에 실린 것으로 발행지는 도쿄(東京), 저자는 나카오카 히로오(中岡宏夫)이며《홍길동전》을 신시체로 개작한 것이라고 되어 있다. 삭제 근거는 "조선 내 풍속괴란"이며, 삭제 이유는 "본고는 구소설《홍길동전》을 신시체로 개작한 것이지만, 전편 군데군데 공산주의 색채가 농후한 점이 있다"고 되어 있다.[7]

1937년 조선 출판 경찰의 보고는 조선의 구소설에 대한 개황을 검토하고 구소설의 특징을 설명하고 있다. 이 보고는 조선의 구소설을 "대체로 내지에서 강담(講談)과 유사한 읽을거리로, 그 제재(題材)는 주로 조선이나 지나에서 취해진 것"[8]이라고 소개하면서 대표적인 텍스트로《조웅전(趙雄傳)》,《심청전》,《춘향전》을 들고 있다. 구소설류는 "그 많은 내용이 지나의 지리, 역사, 인정, 풍속을 주제로 하여 예찬, 동경하는 것들이 많았기 때문에 무지한 대중에 대한 때에는 우리 제국을 비난하고 지나 숭배의 사상을 퍼뜨리는 것"이라는 점에서 검열 대상으로서 특히 주의를 요하는 대상으로 지목되고 있다.[9]

구소설은 다중multitude의 심성mentality 구조에 지속적인 영향을 끼치는 텍스트라는 점에서 검열의 주요 대상이 된다. 이는 사상 문제와는 또 다른 차원에서 다중의 심성 구조에 사법적으로 개입하는 방식이라 할 것이다. 또한 구소설류에 대한 검열 주체의 관심은 다중의 심성 구조에 대한 영향의 측면뿐 아니라 유통 방식에 대한 '우려'와도 관련된다. 즉 "이 종류의 소설류의 독자는 대부분 농민이나 부녀자로, 농한기에 주로 농가에서 서로 돌려보곤 하는 가정의 오락거리로 제공되고 있다. 따라서 이 종류의 출판물은 평소에도 농민이나 부녀자들이 많이 보지만 특히나 매년 농한기와 같은 시기에는 도시와 시골을 통해 그 판매가 상당량에 달하고 있는 상태"[10]라고 진단한다.

구소설류는 1937년 시점에서도 여전히 공식적인 근대 출판 유통의 경로를 따르지 않고, 장날이나 세책점, 돌려보기 등 비공식적인 유통 경로를 따르고 있었다. 따라서 통제 주체인 출판 경찰의 시각에서 볼 때 이들 서적은 통제하기 어려운 골칫덩이라고 할 수 있었다. 그것은 몇 가지 이유에서 비롯된다. 1937년까지 도서류에 대한 출판 경찰의 통제는 출판사, 서점 등 근대적인 출판과 유통의 경로를 중심으로 진행되었다. 그리고 1937년이 되자 출판 경찰은 이 부분에 대한 통제가 '완료'되었다고 자부심을 표명한다. 그러나 구소설류는 이러한 근대적인 출판 유통 경로를 따라 움직이는 것이 아니라, 전혀 다른 경로를 통해 말 그대로 흘러 다닌다. 따라서 근대적인 제도 내의 경로를 추적하는 데 자부심을 보이는 출판 경찰 처지에서 이러한 구소설류의 흐름은 파악하기 어려운 골칫덩이가 되는 것이다. 또한 출판 경찰은 근대적인 출판물에서의 사상 검열에 대해 역시 '완료'되었다는 자부심을 표하는데, 이와 달리 구소설에 흘러넘치는 '중국 문화의 영향'은 중일전쟁이라는 시점에서 사상 문제 못지않게 중요한 문제였다. 그러나 특정 작가의 저작이 아닌 구소설류의 '사상'을 어떻게 통제하느냐는 출판 경찰의 딜레마였다. 마지막으로 구소설류는 장터같이 근대적인 문화 공간과는 다른 근대의 '뒷골목'들에서 흘러 다니는 존재이다. 1937년에 이르러 출판 경찰이 구소설류를 새롭게 통제해야 한다는 필요성을 제기하는 것은 풍속 통제가 근대적인 거리나 문화 공간뿐 아니라 그 이면까지 속속들이 장악하고자 하는 방식으로 그 경로를 확대해가는 양상을 징후적으로 보여주는 것이다. 따라서 통제 주체 역시 이에 대해서 매우 민감한 시각을 드러내고 있다.

물론 유통 경로가 문제가 되는 것은 구소설만은 아니었다. 공공장소와 뒷골목, 장터에 이르는 거리들은 풍속 통제가 미치는 중요한 장소이기도 했다. 풍속에 대한 통제는 시행 초기에는 "공연(公然)한 행위"라는 차원에서 공공장소, 특히 거리와 흥행장, 유흥 장소에 대한 통제와 밀접한 관련이 있다.[11] 따라서 풍속 통제에서도 대로변에서 유통되는 문화 생산물뿐 아니라 이른바 뒷골목 문화를 규제하는 것이 아주 중요한 업무 가운데 하나였다. 특히 전시 동원 체제에서는 사회의 말단 세포까지 국가의 통제 범위에 포함시키는 것이 매우 중요했으며, 풍속 통제의 본래적인 맥락과 전시 동원 체제의 특성이 결합해 뒷골목에 대한 통제가 매우 중요한 문제가 되었으리라 여겨진다. 전시 동원 체제에서 생활 혁신의 일환으로 여러 형태의 오락 문화와 유흥 장소에 대한 대대적인 통제가 이

불량도서 단속 활동, 1973, 국가기록원 소장 자료. 풍속 통제의 역학은 검열 같은 차원에서뿐만 아니라, 골목골목을 누비는 단속 활동을 토대로 이루어진다.

루어지면서 이에 대한 불만이 팽배해진다.[12] 이는 국민정신총동원 운동의 일환으로 진행된 것으로, 풍기문란에 대한 통제가 국민화(정확하게는 비국민화)와 연계되는 지점이기도 하다.

　검열 사례들을 살펴보면 풍속괴란 검열은 단지 텍스트 자체의 내용 측면에 개입하는 데 국한되지 않고, 다중의 정념과 그 정념의 여러 거처(사랑의 공간에서 거리에 이르는)에 대한 통제와 긴밀하게 연동되어 있다는 것을 알 수 있다. 다음 절에서는 풍속 통제의 역학을 살펴보도록 하자.

3. 선량함과 존재증명 — 풍속 통제와 정체성 정치

"풍속을 해하는 행위"를 통제하는 풍속 통제의 범위는 시기마다 변화한다. 물론 일제시기 풍속에 대한 통제는 제국 일본과 총독부의 법제에 의해 그 영향력을 얻게 된다. 풍속경찰의 작용은 이러한 법의 실행 방식을 전형적으로 보여준다. 그러나 동시에 풍속 통제는 단지 '법'의 작용뿐 아니라 도덕과 윤리, 교양이나 적절함 등 이데올로기적인 층위를 통해서도 작용한다는 점이 중요하다. 따라서 풍속 통제의 역학을 살펴보기 위해서는 풍속경찰과 관련된 경찰력의 영향[13]과 이와 관련된 법제, 통제 이념의 층위뿐 아니라 이러한 '법'의 통제 이념과 때로는 갈등하면서도 공명하게 되는 조선의 지식인 엘리트층의 풍속 교화 이념 등을 함께 염두에 두어야만 한다. 그러나 여기에서는 법의 층위를 먼저 살펴볼 것이다.

풍속경찰이란 "사회의 선량한 풍속을 유지시키기 위하여 이를 침해하는 행위나 동기를 지닌 행위를 금지 또는 제한하는 경찰 작용"[14]을 뜻한다. 조선의 경우 풍속경찰의 존재는 1910년대에 이미 나타나고 있다. 1910년대 풍속경찰이 작용한 범위와 대상은 "묘지에 대한 관습(慣習), 무(巫)와 무당의 방술(方術), 과부의 탈거(奪去), 기생 및 갈보(蝎蜅), 계(稧)"[15] 등에 국한되었다.

풍속경찰이 작용하는 범위와 대상은 초기에는 주로 해당 지역사회의 토착적인 삶의 방식이나 성과 관련된 영업, 도박 등과 연관되었다. 그러나 그 뒤로 점차 광범위한 생활 영역을 관장하면서부터 영화·연극·광고·욕장 등의 영업도 통제 대상이 된다. 1926년에는 조선에서 풍속경찰의 범위와 대상이 흥행, 풍속을 침해할 우려가 있는 영업, 그 밖에 풍속을 침해할 우려가 있는 행위의 3개 기준 [16)]에 따라 일상생활 전체로 범위가 확대된 것을 볼 수 있다. 일본에서는 풍속경찰의 권력이 미치는 범위가 패전 후 민주화 과정에서 음주·도박·매매춘과 관련된 영업에 한정되었다.[17)] 그러나 한국에서는 풍속경찰이 해방 후에도 여전히 일상생활의 광범위한 영역을 대상으로 강력한 권력을 행사하는 역설적인 상황을 보여준다.[18)]

풍속 통제의 기본 이념은 "선량한 풍속을 침해하는 행위와 선량한 풍속을 침해할 우려가 있는 행위"라는 두 가지 기준에 입각한다. 선량함과 퇴폐, 불량, 음란의 기준은 명확하게 구별하기 어렵지만 구별 기준을 만들어가는 과정 자체가 선량함과 선량하지 않음을, 또는 선량한 주체와 선량하지 않은 주체를 생산한다. 풍속에 대한 통제는 "선량한 풍속"과 "선량한 풍속을 침해하는 행위"라는 규정 아래 성, 연령, 젠더, 취향, 행동 유형, 옷 입는 법 등등에 대한 표준화된 이념을 만들어가면서 이를 토대로 주체의 차이를 법적 처벌의 기준으로 만들어가는 형태를 취한다. 그럼으로써 풍속 통제는 일상에 대한 국가 관리와 사회적 관리의 체계를 형성했다. 또한 동기에 대한 통제(선량한 풍속을 침해할 동기가 있는 행위)에 따라 실제적인 행위뿐만 아니라 추정된 의도까지를 국가적 통제의 대상으로 삼는 합법적인 기준을 만들었다.

풍속 통제는 특정한 취미와 문화, 기호, 행동유형을 선량한 것(또는 건전한 것)과 선량하지 않은 것, 문제적인 것(주로 음란함과 불량함이라는 이름이 붙는다)으로 구별하고, 이 구별을 위한 척도를 법적 기준으로 정립하는 방식을 취한다. 풍속 통제는 초기부터 매매춘과 "풍속영업", 부랑자·실업자·무연고자 등과 같은 경제적·사회적 "불안 세력"에 대한 통제와 감시, 그리고 성인 남성의 오락거리에 대한 관리와 (보호받을) 여성이라든가 미성년을 분리하고 감시하는 것을 기반으로 했다. 즉 풍속 통제는 그 이념과 실천의 기초에서 특정한 정체성 집단의 속성attribute을 문제적인 것으로 간주하면서 성별, 연령, 경제적 기초와 행동양태 등 속성에 따라 인간을 구별하고 측정하면서 관리와 통제의 선을 만들어내는 체제였다. 여기서 성차, 연령차, 계급적 차이 등은 미숙함, 지각없음, 게으름, 사행심 등의 수사로 환원된다.

따라서 선량한 주체가 되려면 내 몸에 각인된 이러한 부정적인 속성을 완전히 지워내고 새로운 속성을 체득해야 한다. 이 과정은 이른바 교양·건전함·윤리·덕성이라는 이름으로 수행된다. 선량한 주체란 '과도한 성욕'이라든가 사행심·게으름 따위를 버리고 좋은 취미와 선한 덕성을 기르기만 하면 되는 것이 아니다. 선량한 주체가 되려면 내 몸에 각인된 차이 나는 지표를, 이른바 부정적인 속성들을 말살해야 한다. 그런 점에서 선량한 주체로 자기 존재를 증명하는 일은, 덕성과 교양의 연마뿐만 아니라 본질적으로 어떤 말살을 내포하는 과정이다. 자기 존재를 선량한 주체로 증명하는 과정에 내포된 교화와 말살의 이중주는 '좋은 일본인 되기'라는 수행에서 극대화한다.

4. 좋은 일본인 되기와 생존 가능성에 대한 심문(審問)
―비국민과 풍기문란

이광수는 조선의 청년들에게 고하는 글에서 천황의 적자가 되는 길은 '의붓자식 근성'을 버리고 새롭게 태어나는 것이라고 설파한다.

그러나 조선에는 아직, 의붓자식 근성을 버리지 못한 사람이나, 기회주의적인 태도를 취하는 사람이나, 옆 사람의 움직임을 엿보며 그에 끌려가는 칠칠치 못한 태도를 가진 사람이 상당히 많다고 생각됩니다. (중략) 청년 제군, 식민지 토인의 비열한 근성을 벗어 팽개치고, 대사일번(大死一番)하여 폐하의 적자(赤子)로서 새로 태어나고자 크게 분발해주십시오.[19] (강조는 인용자)

이광수가 '의붓자식 근성'이라고 명명한 조선인의 타고난 못난 속성에는 핏자국(혈통)만 담긴 것이 아니다. 이른바 황민화란 이광수에게 속성의 개조로 받아들여졌다. 핏자국을 지울 수는 없지만, 대신 다른 속성을 개조해서 '좋은 일본인'이 될 수 있는 것이다. 핏자국을 지울 수 없기에 '그냥 일본인'은 될 수 없지만, 다른 것을 지움으로써 '좋은 일본인'은 될 수 있다. 그렇다면 '좋은 일본인'이 되려면 무엇을 지워야 할까?

조선에서 비국민 담론이란 말하자면 이렇게 '좋은 일본인'이 되기 위해 지워야 할 속성의 목록집이다. 그 속성의 목록집은 매우 무궁무진해서 거짓말 안 하기, 고발하기, 부모 감시하기를 비롯해 스파이 감시하기까지 끝이 없다. 타이완의 사례를 통해서 레오 칭Leo Ching이 지적하듯이, 황민화란 이미 '일본인'이 된 타이완과 조선의 경우에 대해서는 모순적인 구호이다. 따라서 이러한 모순을 해결하려는 일본 제국의 논리는 '좋은 일본인 되기'라는 것이었다. '좋은 일본인 되기'로서 황민화의 이데올로기는 객관적인 사회적·정치적 적대를 심리적이고 개인적인 존재론으로 전환하는 구조를 취한다. 황민화가 '좋은 일본인'임을 스스로 자기 증명해야 하는 수행성의 구조를 취하는 것도 이러한 이데올로기와 결부된다.[20]

좋은 일본인 되기와 비국민 심문의 담론 구조는 미풍양속과 풍기문란의 담론 구조를 확대재생산하는 방식을 취한다. 즉 좋은 일본인의 속성은 그 자체로 규정되지 않고(때로는 추상적인 덕목들이 제시되지만) 좋지 않은(비국민) 속성들의 무한한 나열에 따라 규정된다. 그렇다면 핏자국(혈통)이 아닌 다른 것을 지우는 일은 핏자국을 남기지 않는가? 풍기문란자에 대한 심문 구조에서 선량한 주체가 되기 위한 존재 증명에 남아 있는 말살의 흔적이 교화의 논리로 전도되듯이, 좋은 일본인이 되기 위한 존재 증명의 과정에 내포된 말살의 흔적 또한 교화의 논리로 전도된다. 이러한 상동 구조는 매우 중요한데, 말살의 핏자국이 교화의 논리로 전도되는 이러한 구조 때문에 황민화의 역학은 동의나 수탈이라는 이분화한 논리로 설명되기 어려워진다. 또한 여기 남아 있는 핏자국은 혈통의 흔적만이 아니기에 그 핏자국을 혈통의 관점(민족주의적 방식)에서 규명하는 것 또한 한계를 안게 된다.

이렇게 특정한 속성을 비국민의 자질로 규정하면서 황민화를 속성의 개조로 정의하는 방식은 전시 동원 체제의 담론들에서 빈번하게 발견된다. 예를 들어 신체제의 이념과 교통난을 논하는 한 글에서 필자는 교통난의 모든 화근이 거리를 하릴없이 돌아다니는 여성들 때문이라고 비판한다. 필자는 "교통기관의 여성화(女性禍)를 절규하고 싶"다면서 특정한 "여성들의 생활 방식과 표현"을 신체제 이념에 위배되는 것으로 지목하고 있다. 이 필자에 따르면 여성들의 특정한 행동유형과 취미는 "시가(市街)를 몽유병적 방황"하고 "사치품 소비"로 점철된 불건전한 것이어서 신체제의 이념에 위배되는 전형적인 사례가 된다. 그녀들은 "시가만보(市街漫步), 백화점 순례"를 일삼고 "영화관, 극장, 음악회 출입"을 하면서 공공의 이익을 위한 장소인 거리를 더럽히는 불필요한 존재들이다.

따라서 이 글의 필자는 이러한 여성들이 벌레 같은 특성 또는 벌이나 메뚜기 떼 같은 특성을 지닌 존재"[21]라고 단언한다.

또한 이 글에서 거리란 공적 이익과 효율성을 위한 장소로 규정되면서, 특정한 집단에게만 허용되어야 할 공간으로 간주된다. 여기서 거리 = 공적 이익 = 신체제의 이념이라는 등식이 자연스럽게 도출되고, 거리에서 추방될 집단 = 공익을 위배하는 자 = 신체제의 적 = 비인간이라는 등식 또한 도출된다.

속성과 그 개조라는 문법은 황민화와 관련된 생활 개선, 정신혁명 등과 관련하여 반복되어 나타난다. 여기서 정신혁명이 생활 방식과 문화, 취향, 속성에 이르는 삶 전체를 개조하는 것이라고 할 때, 정신혁명은 '삶에 대한 총체적 지배'를 뜻하는 것이 된다. 정신은 육체와 구별되는 그런 통상적인 의미를 띠는 것이 아니라, '삶 자체'와 구별되지 않는 것이다. 이런 의미에서 생활 방식, 생산성의 정도, 스타일, 특정한 속성과 자질, 향유하는 문화와 취향 등을 근거로 특정 집단을 '문제적 집단' 또는 '가치가 없는 삶'으로 규정하는 인식론적·법적 구조는 근대적인 시민권을 판단하는 기제이자 국민의 자질을 판단하는 기제로도 작용하게 된다. 또 이러한 맥락에서 풍기문란에 대한 법적 처벌과 사회적 배제의 담론 구조는 비국민에 대한 추방의 구조로 전환되고 이어지게 된다.

흔히 건전함과 문란함에 대한 판단은 도덕적 문제나 이에 입각한 헤게모니 지배의 차원으로 간주된다. 이와 달리 비국민에 대한 절멸의 정치는 헤게모니 지배와는 구별되는 억압적 국가기구의 폭력적인 통치 문제로 구별된다. 그러나 풍기문란과 관련한 법적이고 담론적인 구조를 살펴보면 도덕적 비난과 폭력적인 절멸의 정치가 매우 밀접하게 접합되어 있다는 사실을 알 수 있다. 그런 의미에서 전시 동원 체제의 조선에서 국민

들놀이 퇴폐풍조 단속, 1975. 국가기록원 소장 자료. 풍기문란 통제는 항상 '총력안보'와 결부된다. 이는 풍기문란 통제가 총력전 구조와 밀접하게 연동된다는 것을 뜻한다. 따라서 일제시기에 구성된 풍기문란 통제가 냉전체제의 총력전 시스템에 다시 도입되는 것이다.

화/비국민화의 기제는 헤게모니 지배(이에 따른 자발적 동의)와 강압적 통제(이에 따른 절멸의 기획)가 분리되기 힘든 접합의 양태를 보여준다고 할 것이다.

풍기문란과 선량한 풍속, 풍기문란자와 선량한 시민의 관계는 전시 동원 체제에서 비국민과 좋은 일본인이라는 구조로 확대된다. 그렇다면 이 담론 구조를 구성하는 선량함과 문란함, 좋은 일본인과 비국민의 관계는 과연 무엇일까? 풍기문란에 대한 사법적·담론적 구조를 통해 확인할 수 있는 것은 선량한 시민의 속성을 부여하는 술어는 제한적이라는 점이다. 선량함이나 좋은 일본인에 대한 규정은 추상적이거나 제한적일 뿐이다.

그러나 이와 대조적으로 문란함과 비국민적 자질에 대한 규정은 무한 증식한다. 실상 선량함이나 국민 됨의 자질은 풍기문란이나 비국민의 속성에 대한 규정을 바탕으로 정립된다.

이런 측면에서 볼 때 풍기문란이란 그 자체로는 규정을 갖지 않는 무규정적인 개념이다. 조르조 아감벤은 독일의 국가사회주의 체제에서 생명정치가 죽음의 정치로 전환되는 과정을 법제에서 예외 상태가 규칙이 되는 과정, 특히 '미풍양속' '공공의 안녕과 질서'와 같은 무규정적 조항들이 법질서 안으로 대거 진입하는 과정을 통해 규명한 바 있다. 즉 아감벤에 따르면 독일에서는 1926년을 경유하면서 '미풍양속' '충분한 근거' '대의명분' '공공의 안녕과 질서' '위험한 상황' '유사시' 같은 개념들처럼 규칙이 아닌 상황을 가리키는 개념들이 법 안에 대규모로 침투하는 현상을 볼 수 있다. 이처럼 무규정적 개념이 법의 자리를 대체하게 됨으로써 법이 모든 사건과 상황을 선험적으로 규제할 수 있다거나 재판관들의 역할이 단지 법을 적용하는 것으로 한정된다는 등의 법에 대한 '보편적' 환상이 진부한 것이 되어버렸다. 아감벤에 따르면 이러한 개념들이 법 안으로 대거 진입하는 과정은 "확실성과 계산 가능성을 규칙의 외부로 옮겨버림으로써 모든 법적 개념을 무규정적인 것으로 만들어버렸다".[22] 생명정치가 죽음의 정치로 넘어가는 문턱을 상징적으로 보여주는 것이 독일의 경우 수용소camp의 '무젤만'이었다.[23] '식민지 조선'의 풍기문란자들은 바로 캠프로서의 삶, 또는 삶의 캠프화의 전조이자 징후였다고 할 수 있으며, 삶의 캠프화는 비국민이라는 이름으로 현실이 되었다.

5. '문란녀'와 촛불소녀

풍기문란이라는 문제 설정을 통해 내가 고민하는 지점을 최근 한국 사회의 이슈와 관련해서 간략히 소개하고 글을 마무리하고자 한다. 풍기문란자들에 대한 나의 질문은 빨간 마후라와 촛불소녀, 그 사이의 간극, 또는 이행과정의 연속성과 불연속성을 과연 어떻게 사유할 수 있을 것인가 하는 문제——해석자이자 기성세대이며 교육받은 여성 엘리트인 내가 촛불소녀와 빨간 마후라에 대해서 말할 수 있는 것과 없는 것, 또는 양자에 대해서 말하고 해석하고 표상하는 방식의 차이, 또는 어떤 점에서는 본질적으로 해석의 한계라는 것 등등——와 유비적인 관계에 있다고 할 것이다.

최근 한국에서는 10대의 정치적 주체화를 놓고 다양한 관점이 나타났다. 이는 이른바 '촛불소녀'로 명명된 주체성의 등장과 관련된다. 2008년 한국 사회에서는 촛불집회를 둘러싸고 이런저런 논의가 제기되었다. 새로운 집권 정부가 파시즘 정권으로 비판받기도 했고, 대의민주주의의 한계와 직접민주주의에 대한 실험 등 민주주의와 관련된 다양한 의제가 제기되었다. 혹자는 '촛불'을 다중의 정치적 주체화의 상징으로 간주하기도 했고, 혹자는 이런 논의가 다중의 복잡한 욕망의 구조를 단순화한 과도한 인민주의의 소산이라고 비판하기도 했다. 촛불집회의 중심이 된 인터넷 포털 '아고라'는 새로운 민주주의의 실험장으로 대두되었다. 또한 이 논란의 와중에서 가장 각광받고 등장한 것이 이른바 10대 '촛불소녀'였다. 2008년 촛불집회를 처음 주도한 것이 10대 여학생들이었기 때문이다.

촛불집회는 그 출발점부터 10대 소녀와 밀접한 관련을 맺고 있다.

2002년의 대대적인 촛불집회는 주한미군의 장갑차량에 깔려 사망한 두여자 중학생을 애도하는 데서 시작되었다. 그러나 2002년과 2008년 촛불집회에서 소녀들은 애도의 대상에서 집회의 주도자로 주체 위치subject positioning의 변동을 보였다. 이처럼 10대 소녀들이 스스로를 정치적 주체로 정립하거나 호명된 것에 많은 사람들이 놀라움을 감추지 못했다. 10대 소녀가 한국 사회를 깜짝 놀라게 한 사건은 10년 전에도 있었는데, 그것은 이른바 '빨간 마후라' 사건이었다. '빨간 마후라'는 10대 중학생들이 만든 셀프 포르노인데, 여기에 10대 여중생이 배우로 출연해서 그야말로 한국의 기성세대를 경악하게 만들었다.

1990년대에 이른바 신세대 문화가 대두한 이래 10대 소녀는 빨강·노랑 등의 수사로 장식되었다. '빨간 마후라' '노랑머리(10대 가출소녀를 주인공으로 한 영화로, 섹스·범죄에 '자의식 없이 탐닉하는' 10대 소녀들이 중년 남성 지식인을 농락한다는 줄거리이다)' 등 10대 소녀들은 문란함 그 자체로 공포의 대상으로 떠올랐다. 한국 사회에서 10대는 언제나 '판단력이 미숙한 청소년'에 불과했다. 특히 10대 소녀들은 교복으로 꽁꽁 싸서 집과 학교에서 보호해야 할 존재로 간주되어왔다. 또한 촛불소녀에 대한 담론이 등장하기 이전에 10대 소녀들은 '오빠부대'와 같은 호명이 상징하듯이 자본주의적인 대중문화에 깜빡 정신을 놓은 지각없는 소비자의 대명사로 간주되었다. 모바일에서 아이돌까지 대중문화의 부정적인 측면은 모두 10대 소녀와 관련되어 설명되었다. 즉 촛불소녀가 등장하기 전까지 10대 소녀는 온통 부정적 정념의 담지자이자 동시에 규율되어야 할 미숙한 존재들로만 표상되었다. 이러한 표상구조의 정점에 '빨간 마후라'가 있다. 실상 '빨간 마후라', 자의식 없는 대중문화 소비자, 판단력이 없는 존재라는 10대를 둘러싼 표상구조는 10대에 대한 공포와 욕망의 다양한 변주들이다. 10대 소녀는 '빨간 마후라'의 경악스러운 주인공에서 귀여운 '소녀시대'로, 또 기성세대를 반성하게 만든 촛불소녀로 무대에 번갈아 나타나고 있다. 이 배역은 단지 시간의 순서를 따라 진화한 것만은 아니다.

우리는 한편으로 "10대 소녀는 어떻게 빨간 마후라라는 문란한 존재에서 촛불소녀라는 정치적 존재로 거듭날 수 있었을까"라는 질문을 해볼 수 있을 것이다. 또는 10대 소녀들을 재현하는 구조가 어떻게 포르노그래피적인 형식에서 정치적 주체화의 형식으로 변화될 수 있었을까를 고민해볼 수 있을 것이다. 이 질문과 고민은 "풍기문란자들이 역사 속에서 부정적 정념의 담지자라는 표상구조에서 정치적 존재로 이행해가는 과정은 과연 어떤 것일까"라는 문제와 맞닿아 있다. 그러나 단순히 이런 이행에만 초점을 맞춘 질문은 역으로 풍기문란자들을 이런 이행을 위한 잠재적인 존재로만 간주하는 딜레마에 빠진다. 소녀를 여성으로 이행하기 위한 과도기적 정체성으로 환원하듯이 말이다.

모든 여성은 소녀시대를 자신의 과거로 지니고 있지만, '소녀'는 여성이 되기 위한 과도기가 아니다. 그런 점에서 소녀는 여성의 과거이자, 여성으로 환원되지 않는 특이성singularity을 담지한 존재의 어떤 순간이다. 모든 여성은 소녀 시절을 거쳐오지만, 어른이 된 여성들이 또 다른 소녀들을 이해할 수 있는 것은 아니다. 모든 단수성을 지닌 존재들은 여성이나 소녀라는 집단적 정체성만으로 균질하게 환원되지 않는 고유한 존재들이다. 그 고유성을 놓치지 않는 동시에 여성이라는 이름으로 존재들에 대해서 말할 수밖에 없는 어떤 딜레마, 그것이 풍기문란자들과 주체성에 관한 사유의 한가운데에 놓인 딜레마이기도 하다.

소녀와 여성 사이의 어떤 관계들, 시간상의, 존재론적인, 또는 해석상의 여러 딜레마는 풍기문란과 다중의 정념과 정치적 주체화와 관련하여 내가 고민하고 있는 지점들이기도 하다. 또 소녀와 여성 사이의 관계는 어떤 점에서는 역사와 해석자 사이의 관계, 그 딜레마에 대한 고민이기도 하다. 과거이지만 현재가 온전히 전유할 수도 없고 전유해서도 안 되는, 과거이면서 내 옆의 타자로 현재화한 그 존재들에 대해 해석의 한계, 해석자의 한계를 망각하지 않으면서 정치적 주체화라는 문제를 사유하는 길, 그것이 풍기문란 해석에서 중요한 문제이다. 주체화와 해석, 역사와 현재에 대한 이러한 질문을 시작으로 하여 '풍기문란'이라는 바람〔風〕을 따라 긴 여정을 시작해보자.

제2장

세 개의 바람 풍속
— 풍기문란, 정념, 정동

1. 정념과 공동체, 그리고 정치적인 것
— 탈-정념apathy에서 정동 이론으로

풍기문란이란 무엇일까? 이에 답하는 것이 이 책의 목적이다. 그러나 한편으로 이 책에서는 풍기문란이라는 것을 이해하려면 바로 이러한 식의 질문, 즉 "풍기문란이란 무엇인가"라는 질문을 벗어나야 한다는 데서 출발한다. 풍기문란은 이러한 자기 동일적인 규정으로 정의될 수 없다. 뒤에서도 살펴보겠지만, 풍기문란이란 "그것은 무엇이다"라는 식의 자기 정의가 아니라 "그것은 무엇이 아니다"라는 식의 부정신학적인 방식으로 규정되기 때문이다. 또한 풍기문란은 통상적으로 이해되듯이 음란물에 대한 검열의 문제에 국한되지 않는다. 책의 첫머리에서 다루기에는 조금 어려운 문제이긴 하지만, 이 장에서는 풍기문란을 이해하기 위한 방법론적 전제들을 조금은 단도직입적으로 논의해보고자 한다.

풍기문란 통제는 주체 위치의 배분[1)]과 밀접한 관련이 있다. 풍기문란에 대한 통제는 단지 음란물에 대한 통제가 아니라 정념의 배치를 통한 주체화의 문제와 결부된다. 이때 정념의 배치는 정념의 번역과 번역 불가능성이라는 차원과 결합된다. 또한 풍기문란 통제는 방탕함과 관련된 서로 다른 주체들의 도덕률이 조우하는 어떤 지점을 상징적으로 보여준다. 일제시기에 국한해서 보자면 이는 부르주아적 도덕률(교양)과 사회주의적 도덕률(혁명적 주체의 윤리), 제국과 조선총독부의 도덕률(황국신민의 자질) 사이의 경합 속에서 이 셋이 조우하는 어떤 공통의 지점에 이르러 하층민의 방탕함이라는 정념의 분배와 그 담지자(몫)에 대한 문제와 결부된다.

따라서 우리가 풍기문란이라는 문제에 접근해 들어가기 위해서는 정념과 주체화, 그리고 '공동체'의 구축이 어떻게 서로 연계되는지를 역사적으로 고찰해야 할 뿐만 아니라, 이 역사적 대상을 현재적 맥락에서 사유할 수 있는 이론적 문제틀을 발명해야만 한다.[2)] 따라서 이 장에서는 먼저 감각적 결속과 정념, 그리고 정동이라는 화두를 토대로 '관계 맺음'과 '함께 있음'에 대한 근대적인 사유의 궤적을 역사적으로 재검토하는 데서 논의를 시작하려 한다. 또 이러한 역사적 검토를 바탕으로 '관계 맺음'과 '함께 있음'에 대한 새로운 사유의 가닥을 얻어볼 것이다.

인간의 관계 설정에 대한 근대적 사유에서 친밀성·결속·유대·연대·결사와 같은 규정, 그리고 이것들을 통해 구성되는 개인의 신체, 정체 감각, 사회체, 공동체 등의 이념은 지금까지도 우리 삶의 지배적 형식을 관통하고 있다. 이른바 탈근대 담론의 열기 속에서 우리 삶을 구성하는 이런 사유와 규정의 지배적인 양식에 대한 비판 작업이 지속되었다. 그러나 계속되는 경제 위기와 불황, 신자유주의의 물 샐 틈 없는 틈입과 새로운 삶을 위한 정치적 열정의 비가시화 같은 현상 속에서 새로운 삶, 새로운 주체화에 대한 요구는 무기력해진 것처럼 보인다. 삶이 모두 치안의 대상이 되어버린 현실 속에서 정치의 재도입을 요구했던 프랑스의 정치학자 자크 랑시에르의 《정치적인 것의 가장자리에서》가 정치적인 것에 대한 '냉소'라는 무기력의 정념을 문제시하며 논의를 시작하는 것도 이러한 사정과 관련이 깊다. 또한 랑시에르의 《무지한 스승》의 많은 논의가 '자기 무시'라는 불평등의 정념을 '극복하고' 스스로 해방하는, 일종의 새로운 교육학의 형태로 새로운 주체성의 서사를 제기하는 것도 이러한 차원에서 생각해볼 수 있을 것이다. 랑시에르의 논의는 현재의 정치적인 것에 대한 무관심·냉소와 같은 정념의 부재apathy[3] 현상을 정치적인 것의 위기의 중요한 요인으로 간주하는 경향의 대표적인 흐름이라 할 것이다. 이러한 방식의 논의는 현실적 함의가 있긴 하지만, 사실 탈정치화와 탈-정념화를 동일한 축으로 간주하면서 그것을 주로 후기 자본주의 시대의 징후적 현상으로 간주한다는 공통점을 보인다. 특히 이러한 탈-정념화, 또는 정동의 쇠잔(무감각·자동화 등)에 대한 우려는 실은 다중의 역능의 무력화에 대한 우려의 다른 이름이기도 한데, 정동 이론은 한편으로는 이러한 식의 사태 판단과 문제 설정에 대한 문제제기를 함축하기도 한다. 즉 마수미도 지적하듯이 "이미지 기반과 정보 기반 미디어를 어떤 결여의 차원, 즉 정동의 쇠잔, 신념의 쇠퇴, 혹은 소외로 간단히 설명할 수도 없다. 대중매체는 잠재화potentioalizing한다. 그러나 잠재적인 것은 억제된다".[4]

사실 많은 이들에게 정념, 감각적 결속, 정동과 같은 논의를 바탕으로 관계맺음과 함께-있음의 문제를 다시 사유하는 것이 조금 낯설게 받아들여질 수도 있을 것이다. 근대적인 사상 체계에서 정념·정동·감각은 정치적인 것이 '다스려야 할 것'으로 여겨졌기 때문이기도 하다.[5] 이 책의 기본적인 문제의식은 그동안 정치적인 것의 형태로 이름을 얻지 못했던 어떤 열정과 주체성의 흔적을 다시 살펴봄으로써, 정치적인 것에 관한 이론과 주체성에 관한 이론을 비판적으로 재구성하는 것을 목표로 한다. 역사적으로 특정한 집단의 움직임, 특정 주체성의 발생, 특정한 주체의 형상과 그 동력으로서의 열정은 '부적절한 정념' '불가해한 열정' '병리적인 것'으로 간주되어왔다. 이는 주체에 대한 형상과, 적절함이라는 가치 판단의 기준들(도덕, 윤리, 선, 미학, 교양, 시대통념, 인간적인 것 등에 이르는), 또 이를 통해 구성되는 정치적인 것에 대한 개념틀과 사유 방식에 대한 근원적인 질문을 내포하는 것이기도 하다.

그런데 왜 열정이나 정념이 문제인 것일까? 열정과 정념이 오랫동안 인간의 신체를 '병들게' 할 염려가 있는 '근원'으로 간주되어왔다는 점을 상기해보자. 이성은 인간을 병들게 하지 않는다. 이것은 참으로 흥미로운 것인데, '병들다'라는 것은 인간이 뭔가 나쁜 것으로 변해버린다는 의미를 담고 있다. 즉 정념과 열정은 인간을 무언가 지금과는 다른 것으로 변화시킨다. 물론 이성도 인간을 정화하거나, 고양시키거나, '자유롭게' 한다는 점에서 인간을 변화시킨다. 달리 말하면, 인간의 변화 능력이라는 점에서 사실 이성과 정념, 이성과 열정은 선/악의 이분법적인 기능 속에 분화되어 있다. 그렇지만, 너무 자주 인용되는 스피노자의 말을 빌리자면, "인간의 신체가 무엇을 할 수 있는지는, 아직은 모른다."

이러한 문제의식은 최근 진행되고 있는 문화이론의 정동적 전환affective turn 속에서도 발견할 수 있다. 이런 맥락에서 정동적 전환, 또는 정동 이론의 방법은 일종의 방법론적이고도 인식론적인 자유낙하free-fall와 마찬가지라고도 논의된다. 이는 정동 이론을 통해 "그간 시도된 모든 비판적-문화 연구적-철학적 질문과 이론-주체/대상, 재현과 의미, 합리성, 의식, 시간과 공간, 내부/외부, 인간/비인간, 정체성, 구조, 배경과 전경 등등의 것들이 좀 더 불확실해지며 더욱 불연속적인 것이 되기 때문이다. 이는 그간 학문 작업과 지식 생산을 통해 만들어진 엄격한 '규정'을 지닌 개념이나 직접적인 인과관계 같은 것들이 창밖으로 내던져지게 된다는 뜻이기도 하다. 정동은 명백하게 대립적인 요소들의 변증법적 중재나 시원적인primary 요소들로부터 분출하는 것이 아니라, 진흙탕과 같은 불명료함과 매개되지 않는 요소들로부터 분출되는 것이기 때문에 정동은 손쉬운 구별법들 대신 문턱이나 긴장들에 맡겨지고 손쉬운 구별법들을 뒤섞어버리거나 모호하게 만들어버린다".[6] 정동적 전환의 낌새를 소개한 몇 줄에서도 나타나듯이, 정동에 관한 사유는 "불확실한, 불연속적인, 매개되지 않은, 불명료한, 문턱, 모호한" 등의 관형어를 동반한다. 이러한 면모는 많은 이들에게 이른바 포스트 담론의 기시감을 불러일으키기 쉽다. 또 그에 동반되는 이론에 대한 피로와 현기증까지도 말이다. 따라서 문제는 정동 이론이 발생하는 지점을 단순히 이론장의 연속성이나 맥락에서가 아니라, 그 발생의 현실적 긴급함이라는 차원에서 접근하고 다뤄야 할 필요가 있다.

따라서 이 장에서는 먼저 정념과 정동에 관한 이론이 어떻게 서로 다른 맥락에서 구성되는지를 살펴본 다음 1930년대 혁명적 이행을 둘러싼 논의를 토대로 정동 이론이 개입하는 현실적이고 역사적인 지점을 좀 더 자세히 밝혀보려 한다. 이러한 접근 방식은 정동 이론은 정동에 관한 일반 이론으로 존재하는 것이 아니라, 서로 다른 신체들이 정동하고 정동되는 구체적인 현실적 맥락에서 무한히 발명되어야 한다는 이 연구의 시각과도 밀접하게 연관되어 있다.[7]

2. 다른 삶이 되는, 맹아적인 것 ─ 이행의 능력과 정동 이론

정동에 관한 이론과 사유는 '신체들, 정동들, 세계들과의 고도로 특수화된 조우'에 윤곽을 그려내는 작업이다. 따라서 정동 이론은 신체들과 정동들, 세계들과의 고도로 특수화된 조우의 방식에 따라 그 윤곽이 달라진다. 그런 점에서 정동에 관한 일반 이론은 없다. 무엇보다도 정동 이론이 이러한 의미의 일반 이론이 아니라는 점을 환기하는 것이 중요할 것이다. 따라서 정동 이론의 지형을 분류적으로 그려내는 것 또한 어려운 일이다. 그러나 정동 이론의 지형은 서로 상반되는 이론적 지형과, 학문적 태도, 정치적 입장들 사이의 갈등적인 대결 속에서 진행되는 것 또한 사실이다. 그러므로 먼저 정동 이론의 전체적인 윤곽을 간단하게 소개하면서, 이 글의 논의가 어떤 시각을 취하고 있는지에서 이야기를 시작하는 것이 좋을 듯하다.

최근 진행된 정동 이론의 맥락과 문화 연구에서의 정동적 전환의 윤곽을 그려준 멜리사 그레그Melissa Gregg와 그레고리 세이그Gregory J. Seig에 따르면, 정동 이론은 현재로서는 8가지 정도의 상반된 경향성을 보여준다. 다음은 이들의 논의를 토대로 정리한 내용인데, 이하에서 나는 정동 이론의 몇 가지 유형을 정리하면서 한국에서 진행되고 있는 연구 경향과 현상들을 주에서 보충 설명하고자 한다.

정동 이론은 1995년에 발표된 이브 세드윅Eve Sedweek와 애덤 프랭크Adam Frank의 〈사이버네틱 폴더에서의 수치심〉과 브라이언 마수미의 〈정동의 자율성〉이라는 두 논문이 간행되면서 시작되었다. 이 두 논문은 이론적인 차원에서 새로운 활기를 불어넣었을 뿐 아니라 (이성 중심주의를 정동으로 대체한다는 식의 문제의식이 아니라 구조주의나 후기

구조주의적 문제틀을 정동 이론 그 자체로 대체하는 전환을 이루었다는 점에서) 이들 저작의 목소리나 스타일(정동이 힘과 형식으로 작용하는 글쓰기 스타일이나 목소리) 덕분에 널리 영향을 끼치게 되었다. 이 저작들이 나온 뒤로 정동 이론에서의 주요한 두 벡터들이 윤곽을 잡았다. 하나는 세드윅과 프랭크의 작업이 참조하고 있는 실번 톰킨스Silvan Tomkins의 정신생물학psychobiology이고, 다른 하나는 브라이언 마수미가 근거로 삼고 있는 질 들뢰즈의 신체적 능력들에 관한 스피노자적 윤리학이다. 톰킨의 작업에서 정동은 진화론적인 문제로서 준-다윈주의적이라 할 만한 '생득주의'적인 경향으로 나아간다. 이와 달리 들뢰즈의 스피노자적 경로는 정동을 사물들과 관계들의 한가운데에 위치시키며(내재성), 또한 정동을 육체들과 세계들의 동시적이고 복합적인 아상블라주assemblage 속에 위치시킨다. 정동 이론 내에서도 톰킨과 들뢰즈로 상징되는 정신생물학과 스피노자주의적 유물론의 자리는 사실 서로 대립적인 시각을 드러낸다. 정동에 관한 이러한 두 벡터들은 결코 손쉽게 화해되거나 중재되기 어렵다.

멜리사 그레그와 그레고리 세이그는 이러한 두 각도 외에도 정동을 이론화한 여러 경향을 8가지 정도로 대별해서 소개하고 있는데, 그것을 정리하면 다음과 같다.

첫 번째 연구 경향은 다소 고풍스럽고 오컬트적인(연금술적인) 방식으로, 만물의 본성이나 자연적 특성들이 내적으로 친밀하게 서로 연결된 것으로서 고찰하는 방식이다. 이는 현상학적 연구들과 긴밀히 연계되어 있으며, 때로는 포스트 현상학적 탐구의 경향 속에서 나타난다.

두 번째 연구 경향은 첫 번째 경향과 연결된 것으로 현상학적 연구보다는 좀 더 최근의 연구들이다. 이는 연금술적인 연구와는 약간 구별된다. 특히 인간/기계/비유기체적인 것의 조립(아상블라주)이라든가, 사이버네틱스나 신경과학, 인공지능, 로봇학, 바이오정보학, 바이오엔지니어링 등과 결합된 연구이다. 이러한 연구 경향은 생명공학의 영향이 증가함에 따라 생명체와 비생명체 사이의 정동적인 라인이 흐려지는 현실의 요인과도 관련이 깊다.

세 번째 연구 경향은 비휴머니즘적이고 반(反)데카르트적인 철학 전통과 관련된다. 이는 물질의 운동을 비물질적인 과정으로 간주하는 흐름(스피노자주의), 특히 젠더화하거나 문화적인 경계들을 넘어서려는 최근의 시도들과 관련된다. 특히 이 연구 경향은 페미니스트들의 작업들(로시 브라이도티Rossi Braidotti, 엘리자베스 그로츠Elisabeth Grosz, 주느비에브 로이드Geneviève Lloyd, 모이라 게이튼스Moira Gatens)과 이탈리아 자율주의, 그리고 철학적으로 절합된 문화 연구들(로렌스 그로스버그, 미건 모리스, 브라이언 마수미), 정치철학(조르조 아감벤, 마이클 하트, 안토니오 네그리) 등의 연구 경향들과 연결된다.

네 번째 경향은 심리학적이거나 정신분석학적인 연구로, 생물학주의적 시각과 결합해 사회적 욕망 체계의 간주관적·간대상적인 것에서 비롯된 충돌과 압력을 고찰하는 경향이다(초기 프로이트, 실번 톰킨스, 대니얼 스턴 등). 이것은 세 번째 경향과 약간 비슷하면서도 학제적인 기대치 때문에(정신분석학이나 심리학에 대한 일반적 요구들) 정동들을 더욱 범주적으로 이름 붙이고, 정동들의 특수한 범위들에 대해 기능적으로 규정된 윤곽을 제공하는 경향이 더욱 강하며,[8] 더욱 인간 중심적이다.

다섯 번째로는 명백한 것들 속에 숨겨진 정치적 함의들을 규명하는 이론들로 대개 페미니스트, 퀴어 이론, 장애 운동가들, 그리고 서발턴의 삶들과 같이 규범적인 기준에 의해 손가락질을 받으며 살아야 하는 사람들에 대한 작업들이 그것이다.[9] 이 경향의 연구들은 매일매일의, 하루하루의 노동과 매일 낮밤의 삶들, 그리고 개인적이거나 내적인 의미라기보다 집합적이고 '외적인' 의미의 '경험'을 다루는 이론이기도 하다. 여기서 권력의 지속적이고 반복적인 실천들로서 경험은 하나의 신체(또는 집단화한 신체들)에 규범이라는 지평 또는 그 규범의 경계에 내재하고 또 그것을 초과하는 그런 (다른) 세계를 깨달을 수 있는 곤경과 잠재성을 동시에 제공한다.[10]

여섯 번째 연구 경향은 문화 연구 영역에서의 정동적 전환이라 할 수 있다. 이는 문화 연구에서의 언어학전 전환에 사회 구성주의적 입장이 결합된 것이다. 대표적인 것으로 레이먼드 윌리엄스의 '마음의 구조structure of feeling'에 관한 논의를 들 수 있다.[11] 프란츠 파농이나 발터 벤야민의 '비-감각적 미메시스'에 관한 논의들도 이에 해당한다. 이러한 경향의 정동적 전환은 때로는 전-언어적, 언어외적, 언어 초월적인 것들이라는 '외부적' 영역들이 더 '낮은' 또는 인접한 감각들(감촉, 취향, 냄새, 리듬, 몸의 감각 또는 교호적이고 궁극적인 신경 감각의 체계들)과 서로 어떻게 짜이며, 이러한 교호작용이 궁극적으로 사회적이고 문화적인 규정들과 연결되는 지점을 이해하는 데 좀 더 초점을 맞추고 있다. 종종 이러한 작업들은 광범위하게 형성되는 이종적(異種的)인 정동적 조우의 분류체계들에 따라 새롭게 열리거나 닫히는 윤리-미학적 공간들에 관심을 기울인다.[12]

일곱 번째 경향은 감정들에 대한 비판적 담론들(감정들의 역사)로, 이러한 연구는 내면화한 자기나 주체성의 문제(그리고 세 번째 경향과 연결된 '포스트-코기토' 시대를 어떻게 사유 또는 감각할 것인가에 대한 문제)를 비판적으로 넘어서면서 표현의 영역을 열어젖힌 경향이다. 그리고 이 연구 경향은 감수성feeling과 정념passion의 유포와 세계적인 반향, 때로는 사회적 환경의 문제라든가 집단행동,[13] 감정의 접촉에 의한 전염성, 소속감의 문제(게이브리얼 트레이드Gabriel Tarde의 최근 논의처럼)를 주로 다룬다. 포스트콜로니얼, 혼종화, 이민자의 목소리 등 특정한 장면이나 환경 내에서의 자기-기원적인self-derived 주체나 사적인 감정들로 환원되는 개별화한 행위자의 안정성과 특권성을 의문시하는 연구들이라 할 수 있다. 어떻게 감정을 주체-대상에 대한 장소-위치라는 것을 제일의적 조건으로 환원하지 않으면서 사유할 수 있을 것인가가 이 연구들이 착목하는 지점이다.

여덟 번째 경향은 화이트헤드의 연구들을 재활성화하면서 주로 과학이나 과학 연구 그 자체의 실천에 대한 접근에서 도출되는 경향들이다. 즉 과학적 실천은 결코 존재론적 연관의 불안과 뒤섞임에서 자유롭지 않다는 점이 이러한 연구의 출발점이다.[14]

내 연구가 정동 이론과 '조우'하게 된 것 역시 이러한 연구의 전반적인 흐름과 역사를 같이한다고도 할 것이다. 이러한 여러 흐름 속에서 실상 '우리가' 정동 이론을 통해 개입해 들어가고자 하는 문제의 소지는 다름 아닌 주로 결속과 정념과 정치적인 것의 문제이다. 부대낌의 힘과 물듦의 이행 에너지에 대한 탐구는 이러한 결속과 정념과 정치적인 것의 문제를 해명하기 위한 출발점이기도 하다. 이는 뭔가 달라질 수 있는 가능성들, 그 차이에 대한 열정을 규명하려는 시도의 일환이기도 하다. 이는 생명정치와 전지구적 금융자본과 국가권력과 기술권력이 장악해버린 '다른 것으로 이행하고 변형하는 능력'을 정치적인 것의 자리로, 윤리의 자리로, 인문의 자리로 재탈환하려는 시도라 할 수 있다. 실상 다른 것이 되는 이행의 능력이라는 질문은 인류의 역사만큼이나 오래된 것일지 모른다. 그런 점에서 정동에 관한 연구는 그 아주 오래되고도 새로운 테제, 이행 능력이라는 그 해방의 동력의 자리를 오늘, 여기로 되찾아오는 일이기도 하다. 모든 이행은 정동이라는 들뢰즈의 '정의'를 이렇게도 다시 생각해볼 수 있겠다.

모든 이행은 정동입니다.
정동이란 무엇일까요? 그것은 이행입니다.
이행은 한 상태에서 다른 상태로의 생생한 변이(變移)입니다. 여기에서는 이 경우에 어떠한 물리적 변이가 일어나지 않음을, 오히려 생물학적 변이가 일어남을 주의하세요. 또한 변이를 만들어내는 것이 바로 여러분의 신체임을 유의하세요.[15]

정념과 정치적인 것에 관한 나의 연구 목표는 앞서 논의한 여러 연구 경향과도 복합적으로 관련된다. 여기에서는 그중 주로 이행과 정치적인 것을 다룬 논의를 역사적인 맥락을 토대로 살펴보는 데 집중하고자 한다. 앞서 정동 이론의 복잡한 계보를 살펴보았지만, 사실 정동은 이론에 앞서 현실의 다양한 정치의 현장으로부터 도래했다. 물론 그 정치 현장은 단지 해방적 정치의 현장만은 아니다. 역설적으로 정동의 효과를 일찌감치 간파하고 대중 선동에 이용해온 것은 극우세력이 더 먼저였다.

후기 자본주의 체제에서 정동의 문제를 이론적으로 구체화한 브라이언 마수미도 북아메리카의 상황에서 유사한 지점을 지적하고 있다. 즉 정동의 역능과 그것을 실어 나르는 미디어 전송을 현실화해야 할 필요성, 또는 포스트모던 육체의 심상주의적 잠재the imagistic potential에 더 잘 적응한 것이 북아메리카의 경우 좌파보다는 극우세력이었다는 지적이 그것이다.[16) 즉 정동은 이론이 도래하기 전에 이미 반동정치의 모습으로, 또는 저항의 정치의 모습으로 도래했다. 그런 점에서 정동 이론의 발생은 "삶을 투자시키고 포화상태로 만드는 메커니즘의 과잉('통제사회', 질 들뢰즈), '생체권력'(마이클 하트, 안토니오 네그리)을 뚫고 그 스스로가 작동하는 권력의 형식들"[17)을 사유하고 이에 대한 이론을 구성하기 위한 현실적 긴급함에서 유래한다. 정동 이론이 발생, 이행, 배아적인 것, 맹아적인 것에 관심을 기울이는 것 또한 이러한 현실적인 긴급성과 밀접한 관련이 있다. 브라이어 마수미가 지적하듯이 정동 이론은 이행을 발생의 차원에서 접근한다.

> 발생의 차원은 형태의 관점에서는 파악할 수 없다. 배아 상태가 형태를 감싸고 있을지라도 말이다. 그것은 형태가 부여된 실체를 가지는 "국면을 벗어나는", 즉 하나의 연속이면서 동시에 고도로 미분된 장(말하자면 "개체들"과는 전혀 다른 위상과 인과질서를 가지며, 개체들이 발생하는 곳이며, 결국 개체의 형태들이 귀환하게 될)으로서만 해석할 수 있다. 배아적인 혹은 "함축된implicit" 형식(태)은 외형이나 구조로 파악할 수 없다.[18)

발생과 형태, 정념과 행위, 맹아적인 것과 잠재적인 것, 그리고 이 사이를 지칭하는 '이행'의 문제, 정동과 정치적인 것에 대한 사유는 이 지점을 따라간다. 그리고 이러한 정동에 대한 뒤쫓음은 단지 이미지 기반 사회인 '오늘날'에 시작된 것이 아니다. 그 추격전은 이미 총력전 시대부터 시작되었다. 그러면 그 총력전 전야에 벌어진 이 추격전을 관통하면서, 이행과 정치적인 것의 자리를 오늘날의 맥락에 연결시켜보도록 하자.

3. 물듦과 번짐, 이행과 정동의 텍스트 〈서화〉

해는 서산에―석조(夕照)는 하늘갓을 물들이고 설산(雪山)을 연연하
게 비추었다.

한데 난데없는 불빛이 그 산 밑으로 반짝이었다. 그것은 마치 땅 위로
태양 하나가 또 하나 솟아오르는 것처럼……불길은 볼 동안에 점점 커
졌다. 그러자 도깨비불 같은 불들이 예서제서 웅기중기 일어났다.

"저게 무슨 불인가?"

돌쇠는 이상스레 쳐다보았다. 순간에 그는 어떤 생각이 번개치듯 머
리로 지나갔다.

그는 그길로 벌떡 일어나서 네 활개를 치고 집으로 내려왔다.

그는 금시에 우울한 표정이 없어지고 생기가 팔팔해 보이었다. (중략)

그러나 불은 그곳뿐만 아니다. 너른 들을 중심으로 지금은 동서남북
이 모두 불천지다.

어두울수록 불빛은 더욱 빨갛게 타올랐다. 그리는 대로 군중의 아우
성 소리가 그 속에서 떠올랐다.[19]

이기영의 〈서화〉[20]는 일제시기 사회주의 문학에서 첨예한 논쟁을 촉
발한 작품이다. 위 인용문은 〈서화〉의 도입부로, 이를 바탕으로 〈서화〉가
이행과 정치적인 것, 그리고 정동과 관련해서 어떤 문제틀을 제공하는지
논하고자 한다.

산잔등에 올라 마을을 내려다보는 주인공 돌쇠의 눈에 비친 광경은 작
품 전체를 관통하는 주요한 모티프를 상징적으로 나타낸다. 물들고 번지
는 불의 움직임, 작품 제목이기도 한 '서화'는 바로 이 물들고 번지는 불

의 복합적 상징성을 함축한다. 저물어가는 태양은 하늘을 붉게 물들이고, 석양에 물든 하늘의 붉은빛은 하얀 눈에 덮인 산으로 번져간다. 그리고 물들고 번져가던 태양의 붉은빛은 땅속에서 또 다른 태양을 솟아오르게 한다. 그 솟아오르는 태양은 바로 마을 사람들이 놓은 쥐불이다. 그 불은 다시 돌쇠의 마음속으로 들어가 돌쇠는 "금시에 우울한 표정이 없어지고 생기가 팔팔해"진다. 기울어가는 태양의 잔상이 산으로 들로, 그리고 땅으로, 또 마을 사람들의 손으로 번지고 물들다가 다시 돌쇠의 마음속으로 물들고 번지고, 그러고는 다시 들판으로 번져나가는 이 장면은 매우 역동적이면서도 '슬프다'. 지는 태양과 땅에서 솟아오르는 태양의 겹침, 쥐불놀이의 열기와 그 쇠잔해감, 우울과 생기의 겹침이 불의 번짐 속에 역동성과 슬픔이라는 이율배반적인 정조를 환기시킨다.

〈서화〉는 하늘에서 들판으로, 들판에서 마을 사람들의 손으로, 그리고 돌쇠의 마음속으로 들어왔다가는 다시 들판으로 번져나가는 불과 그 붉은 물듦의 '의미를 묻는' 것을 작품의 골자로 한다. 아니, 〈서화〉는 이런 물듦과 번짐의 의미를 묻는 방식으로 다시 해석될 필요가 있다. 또 이 물듦과 번짐이 도박과 간통이라는 명목으로 소환된 돌쇠의 풍기문란 '죄를 묻는' 상이한 주체들 사이의 심문·변호의 과정과 정확하게 일치한다는 점 또한 살펴보아야 할 것이다. 또 이 물듦과 번짐, 그리고 이에 대한 심문과 변호에는 총독부로 상징되는 '법'과 그 대리인, 오래된 공동체의 관습법과 사회주의라는 '새로운 모럴'이 서로 각축전을 벌이고 있다. 이 물듦과 번짐, 이에 대한 심문과 변호는 '정념'을 둘러싼 총력전 전야의 각축전이나 다름없다. '법'은 선량함과 '국민'의 이름으로 그 정념을 전유하려 하고, 관습과 모럴은 오래된 공동체의 이름으로 그 정념을 전유하려 한다. 반면 사회주의는 새로운 윤리라는 이름으로 그 정념을 전유하고자 한다. 그러나 그 정념의 담지자인 '돌쇠'는 실은 '아직은' 그 의미를 알지 못한 채 작품은 끝을 맺는다.

그러므로 〈서화〉는 총력전 전야에 패션passion(열정/정념)을 둘러싼 다양한 전유의 메커니즘을 흥미롭게 보여주는 작품이라 할 수 있다. 또 여기에 다양한 '공동체'들이 기입되면서, 식민지 내부의 정념과 그 전유를 둘러싼 감각의 분할과 각축전이 흥미롭게 기록되어 있다. 그런 점에서 〈서화〉의 첫머리에 그려진 물들고 번지는 붉은 빛은 아래로부터 솟아오르는 어떤 힘을 각자 자기편으로 전유하려는 식민지 내부의 다양한 헤게모니 투쟁을 상징적으로 그려낸다. 이 붉은 빛은 간통과 도박으로 상징되는 '부적절한 정념'의 붉은 빛이기도 하다. 〈서화〉의 '마을'에서 이 부적절한 정념은 반드시 무엇인가 다른 것으로 '변형'되어야 마땅한 것으로 간주된다. 부적절한 정념을 풍기문란 법정에 세워 심문하고 개조하려는 것이 총독부의 법의 논리이다. 그런가 하면 이 부적절한 정념을 '개량'해서 마을을 "훌륭한 모범촌이 되도록"[21] 하려는 것은 진흥회장으로 상징되는 개량주의자의 논리이다. 또 풍기문란 심판에서 이 부적절한 정념이라는 법의 논리를 비판하면서, 이 정념을 '혁명의 맹아'로 '옹호'하는 것이 사회주의자의 입장이다.

그런 점에서 〈서화〉의 풍기문란 심문 '법정'에서 벌어지는 일은 일제시기 '부적절한 정념'을 놓고 벌어지는 법적 심문과 개량과 혁명 사이의 힘의 역학을 상징적으로 보여준다. 이러한 측면에서 〈서화〉에서 붉은 빛으로 상징되는 이 부적절한 정념은 대중 동원('법'의 편에서)과 농촌 개량(오래된 농촌 공동체와 법의 합작품으로서), 사회주의적 주체화(사회주의적 개조의 편에서)라는 서로 다른 이름으로 전유의 대상으로 호명된다. 그러니 이 붉은 빛은 동원과 개량과 혁명 모두가 '몰두'하고 있는 그 무엇이다. 이기영이 〈서화〉를 통해 기미 전후의 조선의 현실을 그리고자 했다고 밝힌 바 있듯이 기미 전후의 식민지 조선은 그런 점에서 이 '붉은 빛'을 둘러싼 동원과 개량과 혁명 사이의 각축전의 현장이나 마찬가지였다. 즉 〈서화〉는 이 부적절한 정념의 '이행'에 대한 헤게모니를 둘러싸고 법과 정치 공동체와 오래된 마을 공동체 사이에 벌어지는 각축전을 기미 전후 식민지 조선의 전형적인 상황으로 그려내고 있는 것이다. 그럼에도 〈서화〉에서 이 붉은 빛이 누구의 것이 될 것인지, 또는 무엇이 될 것인지 는 아직은 알 수가 없다.

풍기문란이라는 규정은 부적절한 정념이라는 기준을 근거로 한다. 이 때 부적절한 정념이란 실은 권력의 주체나 헤게모니 주체의 해석 규범 (법/모럴/윤리)으로 번역되지 않는 어떤 것에 부가된다. 즉 부적절한 정 념이란 법/모럴/윤리의 규정으로 번역될 수 없는 것에 붙여진 규정(무규 정적 규정)이다. 그런 점에서 부적절한 정념이란 한편으로는 법/모럴/윤 리의 대타항으로 자리매김된 정념의 위치를 지시하기도 한다. 그런데 여 기서 '부적절한 정념'이 문제적인 이유는 이것이 법/모럴/윤리의 기준으 로 번역되지 않는 대신, 무엇인가 다른 것으로 끝없이 흘러넘치면서 트 랜스trans 되기 때문이다. 이 흘러넘치면서 트랜스 되는 그 무엇에 최근 의 이론이 부여한 이름을 따르자면 그것은 정동affect이다.[22] 이 흘러넘 침이 정동을 '부적절한 것'으로 보이게 한다. 이것은 정동의 과잉됨excess 과 관련된다. 그러니 풍기문란이라는 규정과 그 작동은 이러한 번역 불 가능성과 이행과 과잉됨을 둘러싸고 작동하는 이행의 정치성에 관한 문 제로 살펴봐야 할 것이다.

이 물듦과 번짐이 일단 〈서화〉의 '마을' 풍경이라는 점에서 시작해보 자. 함께 있을 때, 사람은 물든다, 또는 물들인다. 그 물듦이 좋은 의미로 평가될 때는 감화·계몽·교화·선도·감동이라는 차원의 규정이 뒤따르고, 그 물듦이 부정적으로 평가될 때는 타락·퇴폐·감염·유혹 등의 규정이 뒤따른다. 이러한 물듦은 그 자체로 정서적이거나 감성적인 차원도 아니며, 온전히 이성의 층위에서 진행되는 것 또한 아니다. 물듦이라는 것, 또는 물들다·물들인다는 것 모두 완전히 이성적이지도, 완전히 감성적이거나 정서적인 차원으로만 환원되는 현상이 아니다. 물론 물듦, 물들이기, 물드는 것은 이성에 의한 규제를 통해야 비로소 '좋은' 것이 될 수 있다는 사상이 오랫동안 지배적이었다는 점을 새삼 강조할 필요는 없을 것이다. 사람과 사람의 만남에서 유발되는 이런 물듦이 오랜 세월 좋은 물듦과 나쁜 물듦으로 분류되고 이 좋음과 나쁨의 차이와 기준이 철학과 정치와 교육학과 미학 등 다양한 분야의 연구 대상이 되어왔다는 것은 주지의 사실이다.

물듦이라는 표현은 하나의 양태와 다른 하나의 양태가 만나서 촉발되는affected 변형과 이행의 함의를 잘 담고 있다. 물듦은 신체를 변용시킨다. 그리고 변용을 겪고 나면 하나의 신체는 더 이상 이전과 같은 신체가 아니다.

서로 다른 신체들은 접촉을 통해서 전혀 다른 신체의 형상을 발생시킨다. 이를 접촉면interface이라 부를 수 있다. 우리의 신체를 접촉면이라 이해할 때 신체는 더 이상 자기 완결적인 '나'의 몸과 같은 형상으로 상상되지 않는다. 그런 의미에서 정동 이론이 대상으로 삼는 신체는 근대적인 자기 완결적 신체와는 다른 형상을 띤다. 서로 다른 것들이 만나 접촉면이 되는 것, 또는 그러한 뒤섞임을 통한 변형을 정동이라 할 것이다. 사카이 나오키(酒井直樹)는 일본어의 '후레아이ふれあい(접촉)'라는 표현을 통해 정동의 함의를 일본어의 문법 안으로 번역해 들여오면서, 동시에

정동/후레아이의 번역 불가능성 문제를 상기시킨다.

정동과 후레아이라는 번역쌍을 빌리면, 한국어 용례에서 정동의 함의를 가장 잘 드러내주는 말은 '물들다'라는 표현이 아닐까 싶다. 사카이 나오키는 일본어 후레아이에 내재한 '육체적 접촉'의 이미지를 효과적으로 환기하여, 정동이 정서라는 심리적 차원이 아니라 신체적 관통의 현상이라는 점을 강조할 수 있었다. 우리가 '물들다, 물들이다'라는 어법을 사용할 때 떠올리는 관계성, 만남, 접촉, 전염, 그에 따른 영향, 흔적, 침입, 훼손, 다른 것으로의 변형, 그리고 그 결과에 대한 선악 판단과 가치 평가의 과정 모두가 내포되는 것이 정동의 함의와 많은 부분 겹쳐진다.

정동은 질 들뢰즈가 스피노자의 이론에서 어원의 함의를 빌려 정의했듯이, 정서와는 구별되는 촉발되는 것, 이로 인한 이행을 뜻한다.[23] "정동은 그런 점에서 힘 또는 힘들의 충돌과 동의어이다."[24] 물듦이 만남에서 비롯되듯이, 정동은 대면·관계·부딪침·충돌·접촉의 한가운데서 솟아오르는 것이다. 정동은 이러한 부딪침에서 솟아오르는 힘이자, 그 부대낌의 힘 자체라는 점에서 '강렬도intensity'를 특징으로 한다.[25] 이런 차원에서 정동은 부대낌의 힘이라는 함의에 더욱 가깝다.

이 글에서는 이기영의 〈서화〉에 관한 논쟁과 해석을 출발점으로 삼아, 정동의 정치학과 공동체의 문제, 그리고 이행에 관한 이론적인 사유의 궤적을 시론적으로 검토하고자 한다. 따라서 먼저 이른바 '물-서화 논쟁'으로 잘 알려진 〈서화〉와 관련된 해석의 문제를 정동의 차원에서 검토할 필요성을 제기할 것이다. 이때 〈서화〉와 관련한 해석에서 주요하게 대두된 '농민의 두 개의 혼'에 관한 레닌의 테제를 이행/정동의 층위에서 재해석해야 할 필요성을 논할 것이다. 〈서화〉를 통해서 이러한 이행의 문제가 사실은 '정념'을 둘러싼 '법'(총독부)과 그 대리인, 오래된 공동체의 관습과 사회주의라는 '새로운 모럴'과 당사자로서의 농민 사이의 해결 불가능한 각축전 형태를 취하고 있었다는 점을 논하고자 한다. 나아가 이러한 논의를 바탕으로 정동의 정치학을 총력전 전야라는 역사적 국면에 접속시키는 것이 이 장에서 이야기하고자 하는 주요한 논의 가운데 하나이다. 정동의 정치학은 이른바 '아래로부터의' 권력 형식, 또는 잠재적인 것과 현실적인 것 사이의 이행을 해명하는 문제와도 밀접하게 관련된다. 여기서는 〈서화〉를 매개로 하면서 총력전 체제에서 '모럴'을 둘러싼 각축전을 정동의 정치학 차원에서 살펴볼 것이며, 이러한 재해석을 토대로 현재 정동 이론의 다양한 문제제기를 역사적이면서도 당대적인 차원에서 살펴볼 수 있는 지평을 마련하고자 한다.

그러면 다시 〈서화〉로 돌아가보자. 일제시기 사회주의 문학에 관한 논의에서 이기영의 〈서화〉를 둘러싼 논쟁은 카프의 문학방법론 변화에 매우 중요한 분기점으로 여겨진다. 잘 알려져 있다시피, 이기영의 〈서화〉는 임화가 이 작품을 두고 "여태까지의 우리나라의 프롤레타리아 문학의 많은 작품들과 본질적으로 구별되는 바의 우리들의 문학적 발전의 새로운 계단을 가리키는, 우리들의 소설의 새로운 보다 높은 달성의 지점을 지시하는 새로운 표지인 때문이다"[26]라는 '고평'을 함으로써 논쟁을 촉발했다. 이른바 〈물〉, 〈서화〉 논쟁으로도 알려진 이 논쟁은 〈물〉의 작가 김남천이 개입함으로써 더욱 다양한 차원의 논의로 이어진다.

'물-서화 논쟁'은 그 뒤 이른바 리얼리즘과 관련된 구체적인 논점들, 즉 계급적 인간과 '산 인간', 구체성과 리얼리티, 장편소설론 등의 논의로 이어졌다. 특히 〈서화〉와 관련해서는 농민의 이중성에 관한 레닌의 테제, 즉 농민의 '두 개의 혼'에 관한 문제들이 중요한 논란의 대상이 되었다. 또 이와 관련하여 물-서화 논쟁에는 카프의 '무력화'와 청산주의,

동반자 작가에 대한 '지도와 견인'을 둘러싼 맥락들이 겹쳐져 있다. 뒤에서도 살펴보겠지만, 물-서화 논쟁에서 각 작품의 문학적 성취나 리얼리즘적 성취를 둘러싼 논란에 내포된 논쟁점에는 사실 동반자 작가에 대한 '견인과 성취'의 문제, 그리고 카프의 내적 문제로서 '섹트주의'에 관한 논의와 일맥상통하는 지점들이 존재한다. 이를 관통하는 논제는 정념과 비평, 그 경계와 문턱의 문제이다. 김남천의 다음과 같은 비판은 이런 점에서 흥미로운 시사점을 던져준다.

> 임화적 창작평은 수많은 좋은 점을 가지고 있음에도 불구하고 또한 당연히 가져야 할 냉정을 잃었다는 점에 있어서 우리가 다루어야 할 여러 가지 방면을 가지고 있는 것도 사실이다.
>
> 사실 동지 임화는 그가 쓰는 아름다운 철학적 내지는 문학적 술어(述語)의 계열 속에 분마(奔馬)와 같은 열정을 숨기고 있으며 이것은 그의 정도를 넘쳐서 비평가로써 삼가야 할 악(惡)한 흥분에까지 이르고 있다. 위선(爲先) 그것은 〈서화〉에 관한 지극히 부당한 찬평(讚評)에서 그의 고도의 흥분을 엿볼 수가 있다. (중략) 비평가는 진정제를 먹어야 한다.[27]

김남천은 〈서화〉에 대한 임화의 고평을 문제 삼으면서 반복적으로 임화의 '흥분한 태도'를 문제시한다. 김남천은 임화의 비평에 담긴 흥분한 태도, 즉 '열정'은 '뛰는 말'과 같아서, 제어가 되지 않고, 따라서 이성의 언어여야 할 비평에 적절하지 못한 '악한 것'이라고 비판한다. 김남천은 임화의 이러한 부적절한 열정이 〈서화〉를 거대한 장편소설의 서장 격으로 해석함으로써 발생한 것이며, 이는 임화의 "장편소설에 대한 편벽(偏僻)된 연애같이 보여진다"고도 비판한다.[28]

〈서화〉와 이에 대한 임화의 고평을 겨냥한 김남천의 이러한 어조는 단지 '감정적 차원'에서 비롯된 것이라기보다, 〈서화〉가 자리 잡은 맥락을 부지불식간에 아주 흥미롭게 지시해준다. 즉 그것은 〈서화〉를 통해 비평이라는 이성의 언어, 비판의 언어, 또는 카프 비평이라는 사회주의적 주체 이론 앞에 던져진 문제, 그것이 바로 '부적절한 정념/열정'의 외관을 취하고 있는 어떤 정동의 문제라는 것이다. 또는 이른바 부적절한 정념과 비판이라는 이성적 언어의 문턱, 또는 이 이성의 술어로 포착되지 않는 저 '악한' 정념과 열정, 또는 그 정념/정동 공동체와 사회적 결사체들 사이의 부딪침, 또는 자생적인 힘의 파동과 외부적인 전위의 해석적 개입 사이의 부딪침과 힘-관계 같은 것이 바로 〈서화〉를 둘러싼 논쟁의 장소에서 발생하고 있는 것이다. 그것은 일단 레닌의 테제를 빌려 '두 개의 혼'이라는 언표를 맴돌며 제기되었다.

4. '두 개의 혼', 정념의 도덕화와 이행의 정체stasis

〈서화〉를 둘러싼 논쟁의 초점은 다양하지만, 주체/화와 관련된 논점은 농민이라는 집단적 주체가 지니고 있는 '두 개의 혼'에 대한 레닌의 테제로 집중된다. 농민이라는 집단적 주체의 영혼은 한편으로는 소유자적 특성을, 다른 한편으로는 혁명적 잠재력을 지니고 있다. 임화에 따르면 〈서화〉에서는 "농민이 갖는 바의 '두 개의 혼' 가운데의 소유자적 특성이 고도의 예술적 묘사를 긍(亘)하여 표현되고 있다". 농민의 '두 개의 혼'에 관한 레닌의 테제와 이에 대한 카프 진영의 논지는 근본적으로 농민 집단의 개조 곤란성과 가능성을 둘러싼 질문, 즉 농민 집단이 사회주의적 주체로 '각성' '의식화' '주체화'될 가능성과 잠재성의 문제와 관련된다. 농민이 정치적 주체로 이행하는 문제에 대해서는 임화의 다음과 같은 평에 아주 잘 드러난다.

이 소설이 여태까지의 우리들의 문학과 구별되는 기본적인 특징은 현실의 지극히 국한된 일단면을 예술화하는 '단소한 형식의 문학'이 아니고 일 시대의 계급투쟁의 역사적 경험의 전면을, 그리고 일정한 시대의 객관적 현상을 역사적으로 개괄하는 기록적 '로맨'의 형식을 가지고 나타나 있다는 것이다.

그리고 작가는 이 대상을 조선의 노동자 계급의 ××〔혁명〕적 생활 가운데 위치하는 최중요문제의 하나인 농민 가운데 그것을 두었다. 농민은 조선 ××〔혁명〕에 있어 노동계급의 최강 최대의 동맹군이면서도, 이 문제를 해결함에는 여하한 고난이 있는가를 '객관적'으로──이것은 형이상학적 객관주의가 아니라 레닌의 이른바 계급투쟁의 객관주의이다!──개괄하려고 의도되어 있다. 즉 농민의 사회성의 이중성, 농민의 프롤레타리아적 개조의 모순성, 복잡성의 사상이 강조되어 있어 여태까지 본 바는 농민이 갖는 바의 '두 개의 혼' 가운데의 소유자적 특성이 고도의 예술적 묘사를 긍(亘)하여 표현되고 있다. (중략) 무릇 농민에 관한 문제를 정당히 제기할 수 있는 작자는 농민의 표현에 있어 레닌적으로 길을 걷는 작가만이 가능한 일이란 노노(呶呶)할 필요가 없는 것이다. 그리고 이것은 이 길에 있어서 두 개의 편향인 농민의 소유자 성질의 과소평가 - 개조의 곤란성의 무이해나, 이것의 과중평가 - 개조에 대한 트로츠키적 절망으로부터 완전히 해산되어야 하는 것이다. 〈서화〉는 전자의 견지를 첫째로 정하였다. 그리고 후자로부터 구별된 약간의 맹아적 전제가 표시되어 있다.[29] (강조는 인용자)

'물-서화 논쟁'은 카프 논쟁사에 관한 연구에서 "리얼리즘론, 나아가 문학에 대한 반영론적 인식의 문제를 다룬 논쟁으로 규정하고 있다".[30] 또 이 논쟁은 주체와 윤리, 또는 주체의 위치 이동이라는 점에서도 중요한 맥락으로 간주되는데, 이는 카프 문학의 주체가 '혁명적 주체' '정치적인 주체'에서 '균열/분열된 주체'로 이동하고 있음을 징후적으로 보여주는 논쟁으로도 간주된다.[31]

그러나 1930년대 당대에서나 그 뒤의 연구사에서도 거의 주목받지 못한 점은 이 논점들이 '두 개의 혼'이라는 테제를 중심으로 진행된다는 지점이다. 먼저 임화의 논의를 토대로 '두 개의 혼'이라는 것이 1930년대 당대 주체에 대한 이해와 관련해 어떠한 의미가 있는지 살펴보자. 임화의 논의에서 '두 개의 혼'으로 '분열된' 농민 집단은 '도덕적 인간들'과 구별된다. 임화의 관점에서 '도덕적 인간들'이란 김남천의 〈물〉을 논하는 다음 대목에서 이렇게 규정된다.

> 그러나 인간이 자유 없이는 얼마나 살기 어려운 것인가, 더구나 인류의 역사를 전방으로 이끌어 나가려는 이 사회의 '도덕적 인간들'——그 계급을 대표한——이 그들을 부자유하게 만든 현실 상태에 대하여 여하히 대항해 나간다는——물론 실패와 성공은 구체적 문제이다——다른 한쪽에 '인간'의 욕망은 조금도 나타나 있지 않다.[32]

즉 임화가 말하는 도덕적 인간은 "인류의 역사를 전방으로 이끌어 나가려는" 집단이며, "그들을 부자유하게 만든 현실 상태에 대하여" 대항해 나가는 계급을 대표하는 인간들이다.[33] 여기서 이러한 도덕적 인간과 대비되는 것이 바로 '두 개의 혼'으로 분열된 집단으로서의 농민이다.

이렇게 볼 때 이 '두 개의 혼'이란 도덕적 인간의 '선함'과 이에 역행하는 '악함'의 자질이 서로 모순적으로 다투는 형상을 취하고 있는 것이라는 점을 알 수 있다. 그리고 앞서 레닌의 테제를 토대로 임화가 논의하듯이, '두 개의 혼'을 지닌 농민은 바로 이 '악함'을 '선함'의 의지를 통해서 지양할 때 비로소 혁명적 주체로서 거듭날 수 있게 된다. 레닌의 테제를 이런 차원에서 다시 해석하면, 농민의 두 개의 혼 가운데 하나는 지양되어야할 것이며, 다른 하나는 맹아적인 것이다. 그러므로 사회주의적 주체화에서 가장 핵심적인 맹아적인 것, 잠재적인 것은 사실 '혼' 차원의 문제였다고 할 수 있다. 그러나 1930년대 사회주의 사상의 맥락에서 사회주의적 주체화의 핵심은 의식화의 변증법이었으며, 그런 점에서 '혼'의 차원은 지양과 맹아적인 것이라는 차원으로만 치부되었다.

이와 관련하여 두 가지 측면을 먼저 논의하고자 한다. 첫째, 〈서화〉를 토대로 살펴볼 때, 농민의 두 개의 혼이라는 테제는 실은 정념과 이성 사이의 문턱을 형상화해온 오래된 문법을 반복하고 있다는 점이다.

둘째, 사회주의적 주체화의 문제를 둘러싼 레닌의 테제에서 잠재적인 것과 전위, 또는 대각성이라는 의식화의 변증법이 '혼'의 문제로서 사유될 수 있었던 것은 최근의 이론적 전환, 특히 마르크스주의를 생명정치적 차원에서 재독해(재발명)하는 과정에서 가능해진 일이라는 점이다.

먼저 〈서화〉에서 농민의 두 개의 혼, 특히 소유자적 특성의 문제는 도박·불륜과 같은 풍기문란 차원에서 논의된다. 〈서화〉를 다룬 비평에서 김남천은 이 지점을 들어, 〈서화〉가 '비생산적 유희적 수단'인 도박을 계급적 차원에서 비판하기는커녕 긍정해버리는 문제점을 드러낸다고 지적한다.

〈서화〉는 농민의 소유심을 생생한 생산관계를 통하여 묘사하지 못하고 '도박'이라는 비생산적 유희적 수단을 통하여 도박의 긍정이란 결과를 낳으면서 묘사되고 있으며 당연히 있어야 할 생산관계 속에 있어서의 두 개의 혼의 모순과 복잡을 그리는 대신 전혀 또 한 개의 적극적 일면을 망각한 추상적 농민을 묘사하고 있는 것이다.

농민의 복잡성을 '도박'과 '간통'(아름다운 술어를 쓰면 자유연애라고한다)의 긍정에서 묘사하는 것은 과연 레닌적 파악이며 원칙적으로 정당한 예술적 방법인가? (중략) 도박과 간통에 대한 계급적 비판을 거부하고 그것을 중심으로 한 흥미 중심의 소설은 과연 우리의 예술적 당성의 최고 수준의 고처(高處)를 걸어가는 것일까?[34]

즉 '농민의 두 개의 혼'이란 농민의 "개조의 곤란성과 복잡성"의 근원인데, 한 개의 혼이 바로 '소(小)소유자적 특성'에서 비롯된다면 다른 하나는 박탈당한 자로서의 혁명적 전환의 잠재성을 내포한다. 즉 농민의 영혼은 혁명적 이행을 가능하게 하는 맹아적인 것과 이행을 불가능하게 하는 부정적 영혼으로 분열되어 있다. 즉 그 부정적 혼이 도박·간통과 같은 비생산적 유희와 풍기문란에 젖은 방탕한 정념의 산물이라면, 다른 한 축에 놓인 맹아적인 것은 계급적 자각을 가능하게 하는 '선한' 영혼이다. 즉 농민의 두 개의 혼이란 혁명적 이행의 차원에서 선한 영혼과 악한 영혼들 사이에 분열된 형상으로 나타난다.

이러한 두 개의 혼의 비유는 인간이 오랫동안 자신 내의 비인격적 역량potenza, 이른바 게니우스를 사유하는 도덕화한 방식의 연장에 있다. 아감벤의 설명에 따르면 대중적으로도 익숙한 아이콘인 인간의 머릿속에서 속삭이는 하얀 천사와 검은 악마라는 두 개의 영혼 형상은, "모든 사람 안에는 두 개의 영daimon이 존재한다는 그리스적 주제의 영향을 받은 것이기도 하다. 이는 이른바 하얀 게니우스와 검은 게니우스의 형상으로 재현되곤 했다. 전자는 우리를 선으로 향하게끔 밀고 구슬리지만, 후자는 우리를 타락시키며 악으로 향하게끔 한다".[35] 농민에게 내재한 두 개의 혼이란 그런 점에서 게니우스를 두 개의 형상으로 분할한 그리스적 사유의 영향 아래 놓여 있다. 또 여기서 이른바 자생성이 계급의식의 차원으로 이행하기 위해 '전위'가 개입하는 것은, 선한 게니우스와 악한 게니우스 사이에 도덕이 개입하는 것과 구성 원리가 동일하다. 앞서 임화의 논의에서 도덕적 인간과 농민의 두 개의 혼이 대비적으로 놓인다는 점은 바로 이러한 구성 원리의 전형적인 측면을 보여주는 것이다. 즉 농민이 자신에게 내재한 두 개의 혼의 분열과 갈등을 지양할 수 있는 것은 사회주의적 의식의 매개를 통해서이며, 이를 통해 농민은 '도덕적 인간'으로 거듭나게 된다.

아감벤도 지적하듯이 여기서 현재 문제로 대두되고 있는 것은, 바로 이러한 자생적인 것에서 혁명적인 것으로의 이행이 지식인 전위와 이성과 이론을 바탕으로 해서만 가능하다고 사유하는 구도이다. 이러한 사유 방법은 이른바 영혼, 또는 인간의 비인격적 역량에 대한 이해와 밀접한 관련이 있다. 이때 두 개의 혼이라는 테제는 인간의 비인격적 역량(잠재적인 것)을 도덕화의 매개에 따라 분할하는 것이다. 아감벤이 지적하듯이 실제로 바뀌는 것은 게니우스가 아니라(검은 게니우스에서 하얀 게니우스로, 악마에서 천사로) 게니우스와 맺는 관계, 즉 밝고 명료한 관계에서 그늘지고 불명료하게 바뀌는 관계이다.[36]

달리 말해, 이러한 차원에서 농민의 두 개의 혼에 관한 테제를 다시 해석한다면, 농민의 혼은 두 개로 분열되어 있는 것이라기보다는 사실 '우리'가 그 혼과 맺는 관계가 변화하는 것이다. 잠재적인 것, 그 이행의 문제는 이제 '혼'의 문제가 된 것이다.

〈서화〉에 관한 논쟁의 핵심은 이 작품에서 나타나는 농민의 '풍기문란한' 열정이 농민이 새로운 주체로 각성하기 위한 자질과 난관, 즉 '두 개의 혼'을 둘러싼 갈등적 견해들이었다. 〈서화〉에 관한 논쟁은 그때로서는 '결론'을 보지 못한 미완의 형태라고 하겠는데, 그 미완의 과제는 바로 '농민'이라는 주체 내에 모순적으로 자리 잡은 '두 개의 혼'의 잠재력과 현실화 사이의 문제였다. 임화는 〈서화〉를 높이 평가하면서 '두 개의 혼'에 관한 레닌의 테제를 빌려 농민의 이행 가능성을 긍정하면서도, 현실의 농민을 혁명적 이행이 곤란한 정체된stasis[37] 집단으로 간주한다. 특히 여기서 도박과 간통으로 상징되는 부적절한 정념은 농민이 혁명적 주체로 이행하지 못하고 정체된 상태를 유발하는affect 요인으로 간주된다. 임화의 논의를 따르면, 농민이 혁명적 주체로 이행하기 어렵고 정체된 채로 있을 수밖에 없는 이유는 농민의 소소유자적 특성 때문이다. 이러한 인식은 1930년대 사회주의 담론에서 공통된 것이기도 하다. 물론 농민이 혁명적인 주체로 이행하지 못하는 정체된 집단의 속성을 내포한 것으로 판단되는 까닭은 표면적으로는 계급적 규정성 때문이다. 그러나 위의 논의에서도 살펴보았듯이, 여기에는 계급적 규정성뿐 아니라 이성과 정념의 문제, 잠재적인 것과 현실적인 것의 문제, 정념과 행동 사이의 문제, 맹아적인 것과 이행, 자생성과 전위 사이의 분할이 작용한다.

즉 두 개의 혼을 지닌 농민이 혁명적 주체로 이행할 수 있는 가능성(잠재성)이 있으면서도 부적절한 정념에 사로잡혀 정체되어 있다는 해석은 농민에 대한 사회주의 전위의 전형적인 시각을 보여준다. 따라서 여기에는 혁명적 '전화'의 필요성이 반드시 개입되고, 혁명적 전화를 위한 전위의 매개가 필수적이다. 임화가 〈서화〉에 견주어 사회주의 전위인 김희준의 역할이 확대된《고향》을 극찬하는 것은 이런 점에서 필연적이다. 이처럼 전위의 매개와 '의식화'를 통한 '이행의 변증법'은 정념과 이성의 이분법으로도 이어진다. 즉 〈서화〉의 돌쇠가 '정념'의 담지자라면, 돌쇠는 자신의 정념의 의미를 모르지만, 그 의미는 사회주의 전위인 정광조에 의해 부여된다. 즉 농민과 정념, 맹아적인 것, 자생성은 하나의 의미 계열로 연결되며, 이러한 의미 계열에 따라 농민은 아직은 혁명적으로 이행되지 못한 정체된 집단으로 그려진다. 반면 사회주의 전위와 이성, 혁명적인 것, 현실성과 행동은 역시 하나의 의미 계열로 연결된다. 따라서 농민이 혁명적 주체로 이행하기 위해 사회주의 전위의 개입과 매개가 필요해지는 이유는 계급적 규정 때문만은 아니다. 이는 이성과 정념, 맹아적인 것과 현실적인 것, 정념과 행동이 이렇게 분할되고 각기 다른 주체의 몫으로 할당되는 배분의 산물이기도 한 것이다.

〈서화〉에서 오히려 주목할 점은 〈서화〉가 이러한 할당과 분할을 장면화mise en scene하고 있는 지점이라 할 것이다. 〈서화〉는 이 한 방향으로 가늠되지 못하는 농민이라는 주체 내부의 모순적 영혼의 움직임과 모순 그 자체의 형식을 제시하는 작품인데, 여기서 '영혼'은 식민지 통치 체제와 자본주의적 근대화, 그리고 새로운 '윤리'로서 사회주의라는 힘-관계들에 의해 상이한 방식으로 전유되거나, 장악되어 있다. 즉 〈서화〉는 영혼의 모순성과 이를 둘러싼 갈등적 권력의 개입이라는 문제를 중층적으로 겹쳐진 모순의 형식으로 그려내고 있다. 이를 〈서화〉 전체에 흐르는 바람과 불의 움직임 속에서 따라가 보자.

5. 세 개의 바람 풍속 — 정동의 과잉됨과 풍기문란의 법정

〈서화〉는 일제시기 조선의 마을에서 풍기문란 심판이 진행되는 과정을 생생하게 보여주는 역사 자료로서도 의미가 깊다. 아래의 묘사는 그런 점에서 아주 흥미로운 장면이다. 자 이제 풍기문란 재판이 열린다.

> 이틀 후에 소임은 아래위 동리를 집집마다 돌아다니며 저녁에 마름 집으로 모이라는 말을 전하였다. 특히 노름꾼으로 지목되는 사람은 하나도 빠지지 않도록 직접 찾아보고 일렀다. 동리 사람들은 별안간 무슨 일인지 몰라서 수군거렸다. (중략)
>
> "오늘 밤에 동리 여러분들을 이렇게 오시란 것은 다른 것이 아니라 우리 동리에 좋지 못한 일이 있어서 그 대책을 강구하지 않으면 안 되겠어서 모이라 한 것이오. 그 좋지 못한 일이란 것은 지금 아랫말 김서기가 사실을 보고할 터이니까 여러분은 잘 들으시고 아무 기탄없이 여러분은 좋은 의견을 말씀해주시기를 바랍니다. 그래서 우리 동리도 풍기를 숙청(肅淸)해서 훌륭한 모범촌이 되도록 여러분이 서로 도와가기를 바라기 마지않습니다."[38]

〈서화〉에서 도박과 간통으로 상징되는 '부적절한 정념'이라는 규정은 일제시기 풍기문란 통제의 규제 이념에서 비롯된 것이다. 〈서화〉에서 묘사된 풍기문란 '심판' 장면은 일제시기 농촌 공동체 마을에서 풍기문란이라는 것이 어떤 식으로 작동했는지를 보여주는 흥미로운 자료이기도 하다. 돌쇠를 시기한 면서기 김원준은 도박을 빌미로 구장에게 돌쇠의 풍기문란을 제재해달라고 요청한다. 김원준은 구장에게 "진흥회장 어른과 상의를 하셔서 속히 동회(洞會)를 부쳐가지고 어떤 제재를 내리는 것이 좋겠"다고 건의한다. 이에 구장과 진흥회장 정주사의 발의로 동회가 열린다. 동회를 소집하자 "소임은 아래위 동리를 집집마다 돌아다니며" 마을 사람들에게 소집을 전달한다. 이 과정은 매우 흥미롭다. 즉 풍기문란에 대한 통제는 법적 처벌의 기준을 토대로 하는데, 이는 동시에 윤리적 제재나 도덕적 비난을 동반하는 것이었다. 따라서 풍기문란 통제에서는 법적인 강압적 통제와 도덕·윤리 등에 의한 자발적 동의나 헤게모니 지배 사이의 구별이 모호한 형태로 진행된다. 〈서화〉에서 풍기문란 '심판'이 열리는 장면은 그런 점에서 상징적이다. 즉 일단 여기서 이 심판은 누군가의 '고발'에 의해 시작되고, 또 이 고발에 의한 제재는 법적 근거와 정책적 근거를 바탕으로 한다. 〈서화〉에서 풍기문란 심판이 '모범촌 건설'이라는 총독부의 국책을 '법적' 근거로 진행되는 것은 이러한 측면을 나타낸다. 이 심판이 마을의 동회에서 이루어지는 것은 풍기문란 심판에 법적 통제와 '도덕과 윤리에 의한 자율적 제재'가 복합적으로 결합되는 양상을 전형적으로 보여준다.

또 풍기문란 심판은 마을 공동체의 오래된 정치적 결사의 원리와 이념(동회나 소임,[39] 오래된 풍습 등)이 총독부에서 전달되는 위로부터의 통제 이념(개량촌의 건설, 풍기문란 숙청, 풍기문란에 대한 법적 처벌 기준 등)과 뒤섞이고 전유되는 형식을 드러낸다. 이는 풍기문란 심판이 통제와 자율이 뒤섞인 복합성을 보이는 것과도 연계되며, 풍기문란 심판의 기준 역시 이러한 복합성을 보여준다. 앞에서 나는 〈서화〉에서 '쥐불'로 상징되는 불이 이행과 정동의 함의로 해석될 필요가 있다는 점을 제기했는데, 여기서 이행과 정동의 불이 '쥐불'이기도 하다는 점을 다시 상기할 필요가 있다. 〈서화〉에서 풍기문란 심판의 역학은 이 '쥐불'이 이행하는 동선과 정확하게 연결된다.

풍기문란 심판은 '선량한 풍속을 침해하는 행위'에 대한 제재를 뜻한다. 이때 풍속에는 다양한 뜻이 담겨 있는데, 〈서화〉는 이 풍속의 함의를 매우 흥미롭게 보여준다. 〈서화〉를 빌려 말하자면, 풍속은 세 개의 바람으로 표현될 수 있다. 〈서화〉의 전체 구성을 토대로 이를 설명하면 다음과 같다. 〈서화〉 초반부에서 돌쇠는 마을 전체가 내려다보이는 산잔등에서 쥐불이 번지는 들판을 바라보고 있다. 풍속을 함축하는 첫 번째 바람은 바로 이 쥐불놀이로 상징되는 풍속(風俗)이다. 즉 이 마을 공동체의 오래된 삶의 방식으로서의 풍속이다. 그리고 돌쇠는 그 쥐불놀이를 보며 왠지 마음이 뜨거워지는 것을 느낀다. 이것이 두 번째 풍속이며 열정으로서의 '풍속', 즉 정념이다. 들판의 쥐불놀이〔風俗〕의 붉은빛이 돌쇠의 마음속 붉은빛으로 옮겨 붙은 것(정념)인데, 이 불을 옮겨다 놓는 것은 바람〔風〕이다. 이것이 세 번째 풍속으로서의 바람이다. 이 바람은 들판과 마음 사이를, 오래된 삶의 방식과 새로운 삶을 향한 열정 사이를 매개한다. 해서 풍속 통제는 이러한 모든 매개체, 즉 미디어, 독서, 만남, 사랑, 전위를 법 앞에 소환한다. 들판과 마음 사이를, 오래된 삶의 방식과 새로운 삶에 대한 열정 사이를 매개하는 모든 것은 그래서 풍기문란 재판정에 소환되었던 것이다. 따라서 〈서화〉의 마지막 장면이 풍기문란 재판 장면으로 마무리되는 것 또한 당대의 역사적인 맥락을 흥미롭게 보여준다. 풍속과 정념과 바람은 기미년 전후 식민지 조선에서 이제 모두 풍기문란 재판정 앞에 소환되어 있는 것이다. 그리하여 이 재판정에서 신판받는 것은 이 세 가지 바람, 풍속(風俗)과 정념과 바람이다. 〈서화〉에서 풍기문란 재판정의 면면이 이 세 가지 바람에 대한 온갖 논리가 동원되는 중구난방의 소극(笑劇)처럼 보이는 까닭은 실은 이 때문이다.

온갖 논리가 동원되는 중구난방의 소극과 같은 풍기문란 '법정'에는 앞서 논의한 바와 같이 다양한 주체가 개입된다. 먼저 김원준은 면서기라는 그의 직책에서 잘 드러나듯이 총독부로 상징되는 '법'의 대리인이다. 〈서화〉에서 그가 풍기문란 '고발자'라는 것은 이 점을 상징적으로 보여준다. 면서기 김원준이 구장을 찾아가 동회를 소집할 것과 돌쇠에 대한 '제재'를 요청하는 것은 김원준이 이러한 '법'의 입장을 체현하고 있다는 것을 보여준다. 즉 김원준의 행위는 풍기문란 통제에 관한 총독부의 법적 지침을 대행하는 것이다. 따라서 김원준에 의해 대행되는 고발, 동회 소집, 풍기문란에 대한 제재 따위의 절차는 법의 대행이나 마찬가지이다. 이 법의 집행에서 면서기 김원준에 의해 구장과 진흥회장이 집행자로 '지정'되고 동회는 그 법을 집행하기 위한 기구apparatus로 지정된다. 이는 풍기문란 통제라는 것이 마을 공동체의 오래된 제도와 기구와 주체를 전유하는 전형적인 역학을 보여준다. 이러한 전유에 따라 총독부의 법의 집행은 마을 공동체의 자율적인 자기 규율로 전도된다. 이같은 자기 규율의 논리를 토대로 오래된 마을은 '훌륭한 모범촌(부락)'으로 개조되는 것이다.

그러므로 풍기문란 법정에서 면서기 김원준이 총독부 법의 대리인을 자처한다면, 구장과 진흥회장은 '훌륭한 모범촌'이라는 농촌 개조의 논리를 대변한다. 진흥회장 정주사는 마을의 '어른'이자 "세무서 주사를 다녔"던 "깎은 머리에 감투를" 쓴 인물로 묘사되는데, 이는 진흥회장 정주사가 오래된 마을 공동체의 주체인 동시에 총독부의 농촌 개조 주체로 이행된 인물이기도 하다는 점을 보여준다.

'법'의 이름으로 고발의 정당성을 주장하는 김원준은 "오륜삼강" "양심" "신성한 가정" 등 다양한 근거를 들어 고발을 수행한다. 이는 풍기문란에 대한 통제와 제재가 법과 도덕으로, 오래된 마을 공동체의 관습과 근대적 삶의 양식 등으로 자리를 바꾸어가면서 자기 근거를 정립하는 무규정적인 과정을 전형적으로 보여준다.

"에, 오늘 밤에 보고할 사실이란 것은 지금 진흥회장 영감께서 말씀한 바같이 우리 동리의 풍기를 '개량'하자는 것입니다.[40]

"에, 또 한 가지는 신성한 가정의 풍기를 문란하는 것이올시다. 아마 이것도 여러분께서 대강 짐작하실 만한 소문을 들으셨을 줄 압니다. 그러면 이만큼 말씀해두고 끝으로 한마디 아뢰고저 하는 것은 이런 불미한 일을 그대로 두어서는 오륜삼강의 미풍양속이 없어지고 동리가 멸망해갈 것이니 여러분께서는 그 대책을 잘 생각하시고 그 책임자에게 어떤 제재를 주어서라도 동리를 바로잡게 하시기를 바랍니다."[41]

"에, 제 생각 같애서는 먼저 문제의 책임자들이 각기 자기 양심에 비춰서 이 자리에서 사과를 한 후에 앞으로는 다시 불미한 행동을 않겠다는 맹서를 하고 그리고 나서 다시 여러분께서는 그의 만일을 보장을 하기 위해서 어떠한 벌칙을 작정하는 것이 좋을 것 같습니다."[42]

풍기문란 법정에서 김원준이 고발을 수행하는 근거는 동리의 풍기 개량, 신성한 가정의 보호, 삼강오륜의 미풍양속, 양심 등 서로 이질적이다. 여기에는 농촌 개조에 대한 총독부의 국책 논리와 '전통'에서 끌어낸 논리, 양심과 같은 윤리와 도덕이라는 이질적인 차원이 아무 '모순 없이' 개입되는데, 이는 풍기문란 통제와 제재의 전형적인 방식이다. 또 개량·보호·교정("동리를 바로잡게" 한다는 논리)의 이념이 이러한 법의 대리인들이 풍기문란 법정에 개입하는 근거로 작용한다.

반면 김원준의 논리를 단숨에 반박하는 사회주의 전위이자 동경 유학생인 정광조의 '연설'은 법정에서 이루어지는 피고에 대한 변호인의 진술과도 같다. 정광조는 풍기문란 고발 자체의 근거를 문제시하다가, "이 보고를 정당한 사실로 인정한다는 전제에서" 돌쇠를 변호하는 진술을 한다. 여기서 무엇보다 흥미로운 것은 사회주의 전위인 정광조의 진술이 풍기문란에 대한 고발 자체를 근원적으로 문제시하기보다는 "보고를 정당한 사실로 인정한다는 전제에서" 비롯된다는 점이다.

> "에, 그러면 이 보고를 정당한 사실로 인정한다는 전제에서 저의 의견을 잠깐 말씀드리겠습니다. 저 역시 들은 소문을 종합해가지고 말씀드리겠는데 첫째 도박으로 말하면 우리 동리에서 젊은 사람치고 별로 안 하는 사람이 없는 줄 압니다. (중략)
>
> 둘째 신성한 가정의 풍기를 문란한다는 조목에 있어서는 더구나 문제를 막연히 취급하는 것 같습니다. 가정이란 대개 결혼을 기초한 것으로 볼 수 있는데 오늘 우리 사회의 결혼 제도라는 것이 어떠합니까? (중략) 그러므로 우리 사회의 불합리한 결혼 제도에는 따라서 많은 폐해가 있습니다. (중략) 그렇다면 이와 같은 제도에 희생된 사람들에게는 오히려 '동정'할 점이 많이 있을 줄 압니다."[43]

정광조는 도박은 돌쇠만 잘못한 일이 아니며, 신성한 가정의 풍기문란이란 오히려 조혼과 같은 불합리한 결혼 제도의 결과라며 돌쇠를 오히려 '동정'해야 한다고 변호한다. 이러한 변호의 논리와 함께 흥미로운 것은

〈서화〉에서 정광조로 상징되는 사회주의 전위의 입장이 '법'의 근거 자체를 부정하는 위치에서가 아니라 '피고인' 돌쇠(그리고 피고로서 '풍기문란'과 부적절한 정념)를 '변호'하고 '동정'하는 위치에서 피력된다는 점이다. 즉 사회주의 전위의 입장은 풍기문란을 고발하는 것 자체를 비판하는 위치가 아니라, 고발당한 자를 '변호'하고 '동정'하는 위치에 있는 것이다. 이는 앞서 살펴본 바와 같이 '농민의 두 개의 혼'에 관한 레닌의 테제를 해석하면서 임화가 취한 시각과도 일치한다. 즉 농민의 혼/정념은 그 자체로 인정받는 것이 아니라, '변호'받거나 '동정'받는다. 그리고 이 변호와 동정을 통해서만 농민의 혼/정념은 혁명적인 주체로 이행할 수 있다.

〈서화〉의 배경이 되는 기미년 전후 식민지 조선에서 농민의 혼/정념을 둘러싼 풍기문란 법정에서 돌쇠는 '무죄'를 선고받았다. 그 덕분에 농민의 혼/정념은 사회주의를 '법정 대리인'으로 '얻게' 되었다. 〈서화〉에 대한 1930년대 사회주의 문학론자들의 논쟁에서도 〈서화〉를 둘러싸고 찬반양론의 입장 차이가 있었지만, 농민의 혼/정념과 사회주의 사이의 이러한 '피고인'과 '법정 대리인'의 위치와 관련해서는 비판의 여지가 없었다. 오히려 〈서화〉를 둘러싼 논쟁을 거치면서 농민의 혼/정념에 대해 사회주의자가 '법정 대리인'으로서의 역할을 더욱 강화할 것이 촉구되었다. 나아가 이 문학사적·역사적 귀결점으로서 이기영의 《고향》은 높이 평가받았다. 〈서화〉와 《고향》을 비교해볼 때 《고향》이 사회주의자 김원준의 이야기를 중심축으로 진행되는 것도 이러한 측면에서 다시 해석해볼 필요가 있다. 또한 농민의 혼/정념이 '법정 대리인' 없이는 무죄판결을 받을 수 없는 것은 1930년대에 국한된 일이 아니다. 그리고 오늘날 이행에 대한 정동 이론의 문제틀이 '맹아적인 것' 그 자체를 사유하는 데 집중하는 이유도 이러한 맥락의 연장에서 생각해볼 수 있을 것이다.

네그리의 해석을 빌리면, 이러한 차원은 이미 레닌의 문제의식 속에 존재했다고 볼 수 있을지도 모른다. 네그리는 "레닌(그리고 일반적인 혁명적 마르크스주의)에게는 공산주의 투쟁이 곧 생명정치적일 수밖에 없다"고 논한다. 또 그는 레닌의 혁명론이 본질적으로 영혼에 관한 것이었다고 단언한다. 즉 "그렇게 해서 늘 위풍당당하게 등장할 수밖에 없는 것이 프롤레타리아트의 정치적 의지이다. 신체와 이성, 삶과 열정, 반란과 계획이 생명정치적 주체의 형태로 스스로를 구성해내는 바로 그 정치적 의지 말이다. 그리고 그 주체는 노동계급이고 그 전위는 신체에 구현된 프롤레타리아트의 영혼이다".[44] 네그리는 잠재성과 혁명적 주체화에 관한 레닌의 테제를 의식화의 변증법, 전위의 지도와 견인, 그리고 '대각성'이라는 '부흥회적' 변증법이 아니라 "신체의 유물론"이라고 다시 규정한다.

바로 이 지점에서, 스스로의 자유를 위해 투쟁하는 바로 이 신체의 유물론, 혁명이(사실 오직 혁명만이) 스스로를 갱신하도록 만드는 바로 이 삶의 물질성에서, 우리는 실제의 레닌을 발견하게 된다. 따라서 레닌이 대변하는 것은 정치계의 자율성에 대한 옹호가 아니라, 어떤 신체의 혁명적 창안이다.[45]

그러나 이러한 해석은 '다시 읽기'의 산물이다. 레닌에게도, 임화에게도, 이기영에게도, 생명정치와 정동, 혼과 새로운 주체화의 문제는 전형적인 1930년대적 논의의 패러다임을 반복하는 측면과 새로운 해석을 예비하는 여러 차원이 뒤얽혀 있다. 레닌에게서, 적어도 《무엇을 할 것인가》에서 자생성은 단지 '맹아적 형태의 의식성'이었던 것이기도 하기 때문이다. 아니, 오히려 이러한 '다시 읽기'를 위해 먼저 이 논의들에서 정동의 발생과 표현은 구체적으로 어떤 특이성을 띠는지를 새롭게 조명해 볼 필요가 있다. 또한 정동의 발생과 표현의 문제를 사유해야 할 필요가 단지 이론의 차원에서 비롯되는 것은 아니다. 풍기문란 법정으로 상징되는 '정념'에 대한 재판, 아니, '바람'을 '법'으로 잡으려는 심문의 구조는 '지금 여기에서도' 여전히 진행되고 있기 때문이다.

6. 병리학pathology에서 정념-론patho-logy으로

정동이 정치적인 것과 새로운 주체성의 출현이라는 맥락에서 관심의 대상이 된 것은 촛불집회를 둘러싼 논란을 통해서이다. 아니, 촛불집회에 관한 논란에서 정동은 아직 문제로만 다뤄졌을 뿐, 문제틀로 자리 잡지는 못했다는 표현이 적절할 것이다. 촛불집회에 관한 논란은 다중의 잠재성과 역능에 대한 긍정과 낭만적 인민주의의 반복이라는 비판 사이를 오가며 진행되었다. 여기서 중요한 것은 촛불집회로 상징되는 정동의 부상을 긍정할 것인가 아닌가가 아니다. 오히려 이렇게 부상하고 출현하는 정동과의 마주침(이는 동어반복인데)은 언제나 희망과 염려(위협에 대한 걱정)를 동반한다. 왜냐하면 정동은 늘 과잉됨excess과 연계되어 있기 때문이다.

또 여기서 촛불과 광장에 모인 다중의 형상이 정동의 형상과 연계된다는 점도 지적할 필요가 있다. 정동의 과잉됨은 때로 비이성적 여성과 같은 젠더화한 형상이나 부적절한 감수성, 성난 군중의 계급적 형상들로 현현하기도 한다.[46] 즉 정동은 때때로 부적절한 정념/열정의 외관을 띠고 출현한다. 이때 부적절함은 정동의 과잉됨의 다른 변형이다.

우리는 어떻게 지금과는 다른 사람이 될 수 있을까? 이런 질문에 대한 답은 오늘날 서점을 장식하는 모든 자기계발서의 처방이라든가 성형외과의 처방 같은 의료/과학 기술의 '마법의 손'에 내맡겨져 있다. 지금과는 다른 자기를 만들기 위한 테크놀로지가 마인드 컨트롤과 성형수술이라는 서로 다른 두 개의 차원, 즉 마음과 육체의 두 차원의 기술을 요한다는 점에 주목해보자. 성형수술 후에도 자신의 달라진 육체에 적응하기 위해 정신과 치료를 병행해서 마음을 개선한다는 사례 또한 우리가 지금과는 다른 나가 되려면 마음과 육체 양 측면이 '동원'된다는 점을 다시금 보여준다. 거꾸로 말하자면, 지금과는 다른 자기·관계·사회·삶을 만들기 위한 과정은 마음과 육체가 모두 '동원'되는 어떤 테크놀로지의 각축장에 들어선다는 것을 뜻한다. 그러나 우리가 앞서 몇몇 사례에서도 확인할 수 있듯이, 현재 이 각축전에서 우세를 보이는 것은 자기계발서와 의료 과학과 통치의 기술 쪽이다. 자기계발서의 도래가 20대가 혁명보다는 스펙을 절대 과제로 부여받은 시대의 증표이듯이, 지금과는 다른 삶을 위한 열정은 혁명보다는 스펙(계발의 테크놀로지)에 장악되어 있다.

이 장에서는 지금까지와는 다른 삶을 만들기 위한 열정이 자본/권력과 시대의 도덕/윤리 사이에서 상이한 각축전을 벌이던 역사적 현상에서 시작해, 다른 삶, 또는 다르게 살고자 하는 차이를 향한 열정the passion for difference이 패배와 환멸을 거쳐 새로운 이론적 고찰 대상으로 떠오르는 현재의 맥락까지를 살펴보았다. 특히 이 문제를 최근 문화 이론의 정동적 전환affective turn이라는 맥락과 연결해 고찰하면서 정동 이론의 윤리적·정치적 맥락을 논의했다. 정동 이론은 좁게는 특정한 시대의 심성구조, 즉 신자유주의 시대의 정신사적 구조로서 슬픔과 외로움, 또는 반대로 불안과 분노 같은 정서나 그 잠재력에 대한 분석을 제공해주는 것으로 간주되기도 한다. 그러나 더 나아가 정동 이론은 현재 계발 테크놀로지에 장악되어버린, 다른 것이 될 수 있는 인간 내적 잠재력과 이행 능력을 정치적인 것과 윤리의 편으로 가져오려는, 인문적 쟁탈전의 일환이라고 할 수 있다. 아니, 이 글의 주장은 정동 이론이 이러한 각축전과 쟁탈전, 즉 자본과 통치술의 손아귀에 장악된 인간의 내적 이행 능력을 이론과 윤리, 인문(인문학이 아니라)의 지평으로 쟁탈해내는 새로운 투쟁의 시작이라는 점을 확인하는 것이다. 이를 바탕으로 아직은 미완이지만 새로운 형태의 정치학과 이론이자 존재론으로서 정념-학(론)patho-logy을 구성하는 것이 이 연구의 목표이기도 하다.

우리가 여전히 병리적인 것pathology으로 간주하고 있는 어떤 마음의 상태, 영혼의 움직임, 힘 관계들은 사실 아직 우리가 그것에 대한 언어/이론을 갖지 못한 무엇인가에 대한 말과 이론logy의 부재를 보여주는 역설적 증표이다.[47] 따라서 우리는 아직은 도래하지 않은 이러한 말/이론으로서의 정념-학(론)의 구성을 토대로, 아직은 도래하지 않은 새로운 존재론, 그 잠재성의 말을 얻게 될 것이다.

제2부

좋은 일본인 되기와
죽음의 정치

|

풍기문란의 원천으로서의 식민성

제1장

풍속 통제와 일상에 대한 국가 관리
— 일제시기 풍속 통제와 검열의 관계

1. '풍속 통제와 검열', 일상에 대한 관리 체제

풍기문란 통제에 대한 법적 토대와 이념은 일제시기에 형성되어 지금까지도 지속되고 있다. 따라서 풍기문란 통제의 기본틀을 이해하기 위해 이 장에서는 일제시기에 만들어진 풍기문란 통제에 관한 법적 구조를 살펴보도록 하겠다.

일제시기 검열에서 일관되게 공개된 검열 기준은 '치안방해와 풍속 괴란' 두 항목이었다. 검열의 구체적인 판단 기준과 과정에 대해서는 체계적인 연구가 진행 중이지만,[1] 검열과 사상 통제에 관한 연구는 주로 '치안방해'와 관련되어 이루어지고 있으며, 풍속 검열에 대해서는 연구가 그다지 활발하게 진행되지는 않고 있다. 치안방해와 관련된 검열과 사상 통제는 치안 유지법을 비롯한 사상 통제의 법·체제·이념에 대한 연구와 병행하여 진전을 보이고 있다. 따라서 풍속 검열에 대한 연구는 풍속 통제의 법·체제·이념에 대한 연구와 함께 진행될 수밖에 없다.

사상 통제에 견주어 풍속 통제는 비엘리트층의 문화, 관습, 기호, 그리고 취미와 더욱 밀접한 관련이 있기 때문에 연구와 자료 확보에서 어려움이 배가되는 상황이다. 풍속 통제에 대한 이념이 형성되는 시간적인 순서를 따라 설명하자면 풍속 통제는 특정한 취미와 문화, 기호 행동 유형이 엘리트층의 건전한 것(주로 문명개화의 이념을 따라 형성된다)과 그렇지 않은 문제적인 것(주로 음란함과 불량함이라는 이름을 얻게 된다)으로 구별되고 규제·관리·통제되는 과정과 맥을 같이한다. 사상 통제에 관한 자료조차 확보하기가 매우 힘든 상황에서 비엘리트층의 행위 유형과 취미를 주된 대상으로 했던 풍속 통제의 전체적인 상을 파악하는 데에는 자료적인 난점이 더욱 배가된다고 할 수 있다.

풍속 통제에 대한 연구는 주로 검열 연구에서 다루어지는데, 이 장에서는 검열 연구의 흐름 속에서 풍속 검열 연구가 다루어야 할 문제들의 공통점과 차이도 논의해보려 한다. 검열 연구의 목표와 방법은 아직까지 공유된 바는 없는 것으로 보인다. 현재 진행 중인 검열 연구는 주로 검열 제도와 검열을 통한 텍스트의 변형과 그 영향[2]이라는 두 가지 지점에 집중되어 있다고 여겨진다. 검열 제도와 텍스트의 변형은 풍속 검열에서도 중요한 문제이다. 이 밖에도 풍속 검열 연구에서 중요한 점은 풍속에 대한 통제를 바탕으로 건전하고 선량한 기호·문화·취미와 이를 담지한 주체와 그 대립항들이 생산되는 방식이다. 풍속 통제는 초기부터 매매춘과 '풍속영업', 부랑자·실업자·무연고자 등과 같은 경제적·사회적 '불안 세력'에 대한 통제·감시, 성인 남성의 오락거리에 대한 관리, 그리고 (보호받을) 여성과 미성년을 분리하고 감시하는 것을 기반으로 하고 있었다. 즉 풍속 통제는 그 이념과 실천의 기초에서 특정한 정체성 집단의 자질을 문제적인 것으로 간주하면서 성별, 연령, 경제적 기초와 행동 양태 등 인간의 세부적인 자질에 따라 관리와 통제의 선을 만들어내는 체제였다.

그러므로 풍속 통제와 검열에서 주체 구성subject positioning과 이에 대한 관리와 통제의 역학은 무엇보다 중요한 연구 대상이 될 수밖에 없다. 따라서 풍속 통제 연구는 풍속 검열을 통한 텍스트의 변형과 그 영향에 대한 관심뿐 아니라 풍속 통제를 통한 주체 구성, 그리고 이에 대한 관리와 통제의 역학을 중요한 고찰 대상으로 삼아야 한다. 특히 이를 통해 음란·불량 집단에 대한 관리와 통제가 전시(戰時)에 비국민의 자질로 확대 재생산되는 과정을 규명하는 것 또한 2부의 주요한 논의 사항이다.

2. '풍속'이 이해되는 방식―담론과 관습

나는 1부에서 풍속의 함의를 세 개의 바람이라는 차원에서 규명한 바 있다. 이는 풍속을 정동과 정념, 잠재성과 그 현실화, 그리고 그 매개체로서 '문화'와 미디어라는 차원에서 규정한 것이다. 그렇다면 풍속을 다룬 기존 논의의 관점은 과연 이 책의 논의와 어떻게 연결되는 것일까? 이 장에서는 풍속에 대한 다른 논의들을 살펴보고, 일제시기에 형성된 풍속의 법적 함의나 실제적 함의가 무엇이었는지를 논의해보려고 한다.

풍속 통제와 검열에 대한 연구가 진행되지 않은 상황에서 연구의 첫 단계로 진행되어야 하는 것은 '풍속'의 범위와 개념, 그리고 '풍속 통제'의 범위를 확정하는 일이다. 모든 연구에서 기본적인 출발은 개념을 규명하는 작업이다. 그러나 풍속과 관련된 연구가 매우 활발하게 진행되고 있는 시점에서도 풍속을 개념적으로 고찰하는 작업은 진행되지 않고 있다. 또 풍속이라는 개념은 명백히 개념의 역사성을 지니고 있는데도, 현재 진행 중인 연구들에서는 풍속 개념의 역사성을 간과한 채 통상적 함의에 기대어 이를 해석적인 범주로 확대하는 문제를 드러내고 있다. 물론 풍속 개념의 범위는 매우 넓기 때문에 개념을 확정하는 데 큰 난점이 있는 것 또한 사실이다. 따라서 이 글에서는 풍속 통제에 대한 법적·이념적 과정을 토대로 풍속 개념의 역사적인 함의를 확정하고자 한다.

먼저 풍속이라는 개념은 사전적으로 "① 옛날부터 그 사회에 전해오는 생활 전반에 걸친 습관 따위를 이르는 말. ② 그 시대의 유행과 습관 따위를 이르는 말"이라고 규정된다. 이는 현재 통상적으로 사용되는 풍속 개념이다. 그러나 일반적으로 풍속 개념에는 '성적인 것'과 관련된 의미들도 동반된다. 즉 성 풍속, 풍속을 해하는 행위 등과 같은 용례에서 풍속은 성적인 것과 관련된 의미를 내포한다.

풍속이라는 개념을 규명하려면 일제시기와 해방 후부터 지금까지 사용되고 있는 풍속이라는 개념의 역사적 함의와 차이를 규명하는 것이 매우 중요하다. 이를 이 글에서는 역사적 개념으로서 풍속이라고 명명하고자 한다. 역사적 개념으로서 풍속의 함의는 매우 복합적이어서, '세시 풍속' '조선 고유의 풍속' '제사 풍속' 등과 같은 용례에서 볼 수 있듯이 "지역 고유의 생활 관습"이라는 의미가 있다. 이는 풍(風)이 관례나 관습·습관과 같은 의미라면 속(俗)은 지역이나 집단이 공유한 관습을 의미하는 것으로, 두 한자의 내포 의미가 결합된 것이다. 한편으로 지역 고유의 생활 관습을 뜻하는 유사한 개념으로서 민속 개념과 비교해보면 풍속의 의미는 좀 더 명확해진다. 민속 개념이 생활 관습 중 불변의 부분이나 오래도록 변하지 않고 유지되는 부분을 가리킨다면, 풍속은 상대적으로 변하기 쉬운 부분을 가리킨다. 따라서 때로 풍속은 유행과도 같은 뉘앙스를 풍기게 되었다. 또는 풍속은 생활 관습 전반의 다양한 면모를 언급할 때 자주 사용되기도 한다. 예컨대 의(衣)풍속이라고 하면 의복의 유행을 말하는 것과 같은 용례가 그것이다.[3] 즉 풍속의 역사적인 개념은 이처럼 지시 내용이 확대되면서, 그 자체에 표면적으로는 상반된 것처럼 보이는 내용을 포함하게 된다. 즉 풍속 개념은 한편으로 한 지역의 '오래된' 유형을 띤 생활 관습을 의미한다면, 동시에 다른 한편으로는 (유행과의 연관성에서 나타나듯이) '새롭게 형성된 삶의 방식'을 내포하기도 한다.

　풍속 개념에 이처럼 '오래된 관습, 새로운 문화(유행), 성적인 것과 관련된 행위와 문화'라는 상이한 층위가 내포되는 것은 풍속 개념이 사용되어 온 역사와 밀접한 관련이 있다. 이 장에서 살펴보겠지만 '풍속을 해하는 행위'를 통제하는 풍속 통제는 시기마다 그 범위가 변화되면서, 초기에는 해당 지역사회의 관습, 이와 관련된 행위, 그리고 성과 관련된 영업과 그 종사자를 통제하는 것이었다. 이러한 풍속 통제의 범위는 1920년대 중반에 이르면 일상생활의 광범위한 영역으로 확대된다. 특히 1920년대 중반에는 오래된 관습에 대한 통제와 새로운 문화에 대한 통제가 식민지 주민의 일상생활 곳곳을 들여다보고 규제하는 형태로 확대된다. 풍속을 해하는 행위에 대한 이러한 형태의 통제는 일본에서는 패전 후 주로 성과 관련된 영업을 통제하는 것으로 제한되었지만, 한국에서는 1980년대까지도 일제시기의 법 형태를 유지하고 있었다(이러한 의미는 '풍속 사범'이라는 용례로 그 흔적을 남기고 있다). 최근에는 '풍속을 해하는 행위'에 대한 법적 처벌이 주로 성과 관련된 문제로 축소 해석되는 경향을 보여주고 있다.[4] 또한 풍속 개념에는 일상의 습속과 관련된 의미가 내포되며, 특히 비엘리트층의 생활 습속과 관련된 의미 규정이 담겨 있다. 따라서 역사적 개념으로서 풍속은 이와 같은 개념의 역사적 함의를 검토함으로써 그 외연과 내포를 규정할 수 있다.

위에서 간략하게 논의한 바와 같이 풍속 개념은 오랫동안 유지된 습관과 관습, 이에 동반된 관념이라는 의미와, 유행처럼 새롭게 형성된 삶의 유형을 동시에 가리킨다. 따라서 통상적인 풍속 개념에는 문화적으로 오래된 것과 새로운 것의 갈등적 역학과 성적인 것과 관련된 특수한 관념이 동시에 내포되어 있다. 실상 최근 풍속이라는 범주를 사용한 연구들에서 풍속은 주로 '근대적 문화'를 지시하는, 즉 주로 새롭게 형성된 삶의 유형을 지시하는 것으로 제한적으로 사용되고 있다.[5] 그러나 실상 풍속 개념에는 새로운 것과 오래된 것, 성적인 것과 관련된 시대의 이념이 복합적으로 공존하고 있다. 따라서 이 장에서는 역사적 개념으로서 풍속의 의미를 풍속 통제와 검열의 작동 방식을 토대로 규명하면서, 풍속 통제가 작동하는 역학을 규명하고자 한다. 이러한 논의를 거쳐 현재 해석적인 범주로 사용되는 풍속이라는 개념의 정당성과 한계 또한 규명될 수 있을 것이다.

일제시기 풍속 통제의 작동 방식을 검토해보면 풍속의 문제는 단지 '새롭게 도입된 근대 문화'에 관련된 것은 아니다. 풍속을 해석 범주로 도입하는 기존 연구를 분석하면서 김동식이 밝히고 있듯이 그간의 연구는 주로 "패션, 황금광 시대, 다방, 여학생, 건축, 전화, 법의식, 질병, 백화점, 연애, 가족, 사랑 등의 주제에 대한 연구가 제시되었는데, 주로 개화기와 1930년대에 집중되는 경향을 보인다".[6] 이러한 연구 경향에 따라 풍속 개념을 도입한 연구들은 풍속을 '새로운 근대 문화'와 등치시키는 결과에 이르고 있다. 그러나 실제로 일제시기 풍속의 문제는 새로운 문화 유형/습속이 오래된 문화/습속과 충돌·갈등·경쟁하는 측면과 관련된다.

또한 새로운 것과 오래된 것에 대한 국가적 통제와 엘리트층의 이념이 단일한 방식으로 작동하지 않는다는 점을 명확하게 인식할 필요가 있다.

본론에서 살펴보겠지만, 예컨대 "조선의 옛것(딱지본 구소설이나 역사 담론과 같은)"에 대한 통제 주체의 태도는 매우 양가적이었다. 즉《춘향전》의 영화화나 공연은 국책 관점에서 장려되기도 했지만, 동시에 조선인들이 오랫동안 즐겨온 텍스트로서《춘향전》이나 생활 곳곳에 파고드는 딱지본의 유통 방식은 강경하게 통제하는 태도를 취하고 있다. 무엇보다도 이것은 전시 동원 체제 이후 이른바 '조선적인 것'에 대한 통제 주체의 양가적인 태도를 보여주는 것이다. 따라서 이는 '조선적인 것'이 전유하는 주체에 따라서 의미가 매우 상이한 '텍스트'로 기능했다는 증거이기도 하다. 즉 풍속 통제에 대한 연구는 사후적으로는 단일한 의미로 환원되는 텍스트들이 실상 당대에는 역사적으로 상이한 주체 위치에 따라 갈등적이거나 적대적인 방식으로 전유되는 복합적인 양상을 살펴볼 수 있게 하는 중요한 준거가 되기도 하는 것이다.

둘째, 풍속의 문제는 단지 "근대성의 미시적 차원에 대한 고고학적 탐색"[7]에 국한되지 않는다. 이는 첫째 문제와 관련된 것으로, 풍속의 문제는 명백히 일상에 대한 국가 관리, 그리고 비엘리트 문화에 대한 엘리트층의 계몽과 지배의 방식과 관련된다. 또 풍속의 문제는 단지 심성 구조나 표상 체계와 관련된 문제뿐만 아니라 일상·문화·취미·습속에 대한 국가 관리의 문제와 매우 밀접한 관계가 있다. 따라서 일제시기 풍속의 문제는 일상에 대한 국가 관리 체제의 구성과 일상을 둘러싼 젠더·계급·민족의 역학 관계 속에서만 비로소 고찰될 수 있다. 달리 말하자면, 일제시기 풍속의 문제는 정치사에서 미시사로의 전환에 따라 고찰될 수 있는 것이 아니라, 오히려 국가기구와 개인의 '삶의 공간'의 접점과 마찰 표면에 대한 역사적이고 정치적인 고찰을 통해서만 규명될 수 있다. 먼저 이러한 논의를 위해 일제시기 풍속 통제의 작동 방식이 법제, 검열, 기구, 경찰의 시각 등에서 어떻게 나타나는지를 살펴보자.

3. 풍속 통제의 윤곽—풍속 통제, 풍속경찰, 풍속 검열

일제시기 풍속에 대한 통제를 연구하려면 풍속경찰과 관련된 경찰력의 영향[8]과 이와 관련된 법제·통제 이념, 그리고 이와 길항하는 지식인 엘리트층의 풍속 교화의 이념을 비교 연구하는 작업이 선행되어야 한다. 그러나 조선에서 풍속경찰의 역할과 이와 관련된 법제, 그리고 경찰 조직에 관한 연구는 현재 거의 이루어져 있지 않다. 풍속경찰이란 "사회의 선량한 풍속을 유지시키기 위하여 이를 침해하는 행위와 동기를 지닌 행위를 금지 또는 제한하는 경찰 작용"[9]을 뜻한다. 조선의 경우 풍속경찰의 존재는 1910년대에 이미 살펴볼 수 있다. 1910년대 풍속경찰이 작용한 범위와 대상은 "묘지에 대한 관습, 무(巫)와 무당의 방술, 과부의 탈거(奪去), 기생 및 갈보(蝎蒲), 계(禊)"[10] 등 6 항목에 국한되었다. 그 뒤 일본이 조선 경찰을 장악하는 과정[11]이라든가 방식과 관련해 풍속경찰의 작용은 일본과 일원화된 방식[12]을 따른 것으로 보인다. 또 풍속 통제는 일상을 관리하고 규제하는 법제, 메이지 시기의 이시키카이 조례(違式詿違 條例)와 그 후신인 위경죄(違警罪), 이후의 경찰범 처벌령과 경범죄 처벌의 구조·이념과 밀접하게 관련되어 있다.[13] 1900년대 조선의 사례를 바탕으로 이시키카이 조례와 그 후신인 위경죄, 이후의 경찰범 처벌령의 적용 실례를 일본과 비교한 이종민의 연구에 따르면, 법제상으로는 조선

과 일본에서 동일한 기준을 적용한 것으로 보인다.[14)]

풍속경찰이 작용한 범위와 대상은 초기에는 주로 해당 지역사회의 토착적인 삶의 방식이나 성과 관련된 영업, 도박 등과 관련되었지만, 그 뒤로는 점차 광범위한 생활 영역을 관장하게 되었으며, 영화·연극·광고·욕장 등의 영업도 통제 대상이 된다. 1926년에는 조선에서 풍속경찰이 작용한 범위와 대상은 흥행, 풍속을 침해할 우려가 있는 영업, 그 밖에 풍속을 침해할 우려가 있는 행위의 3개 기준[15)]에 따라 광범위한 일상생활 전체로 확대된 것을 볼 수 있다. 일본의 경우 풍속경찰의 권력이 미치는 범위는 패전 후 민주화 과정에서 음주·도박·매매춘에 관련된 영업에 한정되었다.[16)] 그러나 한국에서 풍속경찰은 해방 후에도 여전히 일상생활의 광범위한 영역을 대상으로 강력한 권력을 행사하는 역설적인 상황을 보여준다.[17)]

이처럼 풍속경찰의 작용과 그 구체적인 면모를 밝히기 위해서는 관련 법제와 경찰 제도에 대한 좀 더 진전된 연구가 필요하다. 따라서 이 글에서는 풍속 통제의 기본 이념과 성격·기준을 고찰하고, 이를 풍속 검열의 기준과 사례와 비교하는 것으로 논의를 국한하여 진행하고자 한다.

사실 풍속 통제에 대한 연구에서 일관된 기준을 추출하는 것은 거의 불가능하다.[18)] 이는 풍속 통제 방식이나 이념이 지닌 '유연성' 때문이다. 즉 풍속 통제의 범위와 대상, 그리고 사례는 지역과 시대에 따라 매우 다양하기 때문에 일제시기에도 그 대상과 범위의 폭이 시기마다 매우 유동적이었다. 어떤 점에서는 바로 이러한 유연성과 유동성이 풍속 통제의 가장 중요한 원리라고 할 수 있다. 그러나 이러한 유연성에도 불구하고 풍속 통제에는 몇 가지 보편적인 이념과 기준 또한 존재했다. 여기서는 풍속 통제의 이러한 기본 이념 몇 가지를 살펴보고자 한다.

먼저 풍속 통제의 가장 기본적인 이념은 '지방성'의 인정이다. 이는 풍속의 종래 의미[19]와 근대 초기 일본에서 이루어진 중앙 집권화 과정의 특성과 관련된다. 즉 풍속 통제는 원리상 지방성의 이념에 기초를 두었으며, 중앙 법령보다 지방 현청의 법에 따라 집행되도록 했다. 즉 "일체 풍속경찰에 관해서는 중앙법령이 비교적 적고 대다수 지방 현청에 맡겨져 있다. 이는 원래 풍속이라는 것이 지방적인 것이기 때문에 종래의 통제도 지방적인 것을 무시해선 안 된다는 당연한 결과였다".[20] 풍속 통제에서 일단 지방성의 원칙이 채택된 것은 메이지 초기에 지역의 독자성과 전국 표준을 수립하는 것 사이의 딜레마를 해결하는 과정에서 풍속경찰 제도가 형성된 것과 밀접한 관련이 있다. 나가이 요시카즈(永井良和)에 따르면, 메이지 초기 "지역의 독자성은 근대 일본이 전국에 통일적인 행정을 시작할 때 동화를 막는 요소가 되었다. 국가에 의해 국민 생활의 세부를 통제하는 것은 메이지 초년의 이시키카이 조례가 대표적인 것이다. 그러나 전국 표준을 강압적으로 강제하는 것만으로 통치가 진행되지 않았다. 실제 행정 운영에서는 지방에서의 행정을 제대로 진행시키기 위해 다양한 지역사회가 지니고 있던 여러 합의와 약속 자체를 존중해야만 했다. 따라서 경찰은 노상의 오물 철거나 나체 통제 등에는 전국적으로 거의 유사한 기준을 만들어서 통제했다. 이와 달리 여흥에 관한 영업 통제는 지역의 실정에 맡기는 태도를 취했다. 이는 방임이라는 의미는 아니다. 종래의 통제 주체가 채용했던 방법을 이어받았다는 것을 의미한다. 따라서 관리들은 지역 자체의 생활 관습에 대한 컨트롤을 '풍속경찰'이라고 부르게 되었다. 또 그 대상이 되는 여러 영업에 '풍속영업'이라는 명칭이 붙게 되었다". 또한 풍속과 관련해서는 국가의 법률 차원에서 규제하지 않고 경시청령이나 각 부현령에 의해 통제가 행해졌다. 또한 필요한 경우 경찰 재량으로 법률을 제정하게 되는데, 이는 경찰의 재량에 대한 제재가 극히 적었다는 것을 뜻한다.[21]

또한 풍속 통제의 기본 이념은 이른바 청소년의 건전한 육성, 그리고 사회 정화와 행복한 가정의 이념을 내포하고 있었다.[22] 무엇보다 풍속 통제의 기본 이념에서 가장 중요한 사항은 '선량한 풍속을 해하는 행위와 선량한 풍속을 해하는 행위의 동기가 되는 행위'라는 두 가지 기준이다. 선량함과 퇴폐·불량·음란의 기준은 명확하게 구별하기 어렵지만, 구별 기준을 만들어나가는 과정 자체가 선량함과 그렇지 않음의 선을 생산하고, 이의 담지자의 주체성을 구별해나가는 것이라 할 것이다. 〈표 1〉과 〈표 2〉는 풍속 통제의 기본 2대 기준으로서 '선량한 풍속을 해하는 행위와 선량한 풍속을 해하는 행위의 동기가 되는 행위'의 구체적인 내용으로 적시된 사항을 정리한 것이다.

풍속 통제의 특징은 ①지방성의 원칙을 강조함에 따라 각 지역의 상황에 맞추어 통제가 이뤄지는 유동성을 보여주지만, 이 유동성은 경찰권이 사회의 말단까지 확대됨으로써 사람들의 생활 곳곳까지 경찰력이 무작위로 작동할 수 있는 근거가 되었다. ②임검(臨檢)과 같은 형식이나 영업에 대한 인허가 권한을 경찰이 쥐고 있는 등 풍속 통제에서 경찰력의 재량권이 매우 큰 것을 볼 수 있다. 조선의 경우 풍속영업에 대한 단속은 '단속 영업'에 대한 통제에서 그 면모를 살펴볼 수 있다.[24] ③풍속에 대한 통제는 '선량한 풍속'과 '선량한 풍속을 침해하는 행위'라는 규정 아래 성, 연령, 젠더, 가정, 취향, 행동 유형, 옷 입는 법 등등에 대한 표준화된 이념을 바탕으로 통제를 구체화한 것이다. ④이를 토대로 풍속 통제는 일상에 대한 국가 관리와 사회적 관리의 체계를 형성했다. ⑤ 동기에 대한 통제(선량한 풍속을 침해할 동기가 있는 행위)에 의해 실제적인 행

〈표 1〉 선량한 풍속을 해하는 행위

(법적 처벌의 대상이 아닌 경우에도 공히 도덕적 자제를 권하고 있다.)[23]

항목		세부 항목 및 설명	통제의 근거	통제 관련 법령
성도덕에 반하는 행위	*성도덕은 종족 보존의 본능 *풍속과 성 문제는 직접 관련 *일남일녀의 결합에 의한 혼인 제도에 근거	일부일처제 이외의 혼인 관계	현대는 일부일처제 시대, 중혼 금지	민법 766조 형법 184조
		혼인 관계 이외의 성행위	사통에 관한 통제. 단순한 것은 국가 개입의 영역이 아님. 단, 남편이 있는 부인의 사통에 대한 통제	형법 183조
		양성 이외의 성행위	동성 간 성행위 등은 반자연적 성행위이므로 통제	법 제정 당시 법적 처벌 기준은 없지만, 외국의 입법 사례를 근거로 입법화가 필요하다고 법조항에 밝혀놓고 있다
		근친 간의 성행위	親子兄妹叔姪 간 성행위는 인륜에 반하는 행위	민법 769조, 177조 형법적 처벌 기준은 없다
		금전, 또는 그 밖의 대가를 목적으로 한 성행위	*부녀의 정조와 관련해 가장 중요한 문제 *주로 매음 행위에 대한 통제 *매음의 원인은 사회적개인의 반도덕적 행위로 동일시할 수 없다 *일본의 공창제와의 관련성 인정	경찰범 처벌령 1조 2항
		公然한 외설 행위	*외설 행위란 성욕의 자극과 만족을 목적으로 하는 행위로, 그 자체로는 선악 판단을 초월한 행위 *공연한 외설 행위는 인간의 수치심을 자극 *추태 행위에 해당	형법 174조
성도덕에 반하는 행위를 조장하는 행위			*영리를 목적으로 부녀를 권유하여 간음하게 하는 행위 *예로서 밀매음	형법 182조 경찰범 처벌령 1조

사행적 행위	*사행심은 인간의 본성. 철저한 억압은 불가능 *사행심은 근면 노력과 반대 성질 내포	도박·복권 등과 같은 가장 심한 사행 행위에 대해 처벌	형법 185조, 187조
神佛의 존엄을 모독하는 행위	*금일 일본 일반 사회 통념상 신을 숭경하고 불을 신앙하는 것이 일반 통념	*신사 불당, 묘소 등에 대한 불경 행위 *설교 예배, 장례식 등 방해 *분묘 발굴 행위 *제사·제의 등에 대한 못된 장난과 방해 *예배소를 더럽히는 행위	형법 188조 1항 형법 188조 2항 형법 189조 경찰범 처벌령 2조 9항 경찰범 처벌령 2조 33항
잔혹한 행위	*잔혹 행위는 獸性의 발로	*진보와 문명으로 獸性의 脫却 *잔혹 행위는 인간성을 타락시킴 *상해죄로 처벌되는 사례를 제외하고 주로 아동에게 잔혹한 노동을 강요하는 행위와 동물 학대에 대한 통제	아동학대방지법 경찰범 처벌령 3조 14항
추태 행위	*추태 행위는 인간의 수치심을 망각한 데서 출발 *문명 진보로 수치심 발달 *수치심의 정도는 문명의 정도	*추태 행위는 수치심을 망각한 행위로, 문명에 역행하는 행위 *예로, 만취해서 도로를 배회하는 행위, 나체로 둔부나 가랑이를 노출시킨다든가 도로에 방뇨하는 행위 등	경찰범 처벌령 2조 2, 3항
미성년자의 음주·끽연 행위	*술·담배는 인간의 2대 기호품 *완전한 금지는 불가능 *미성년자의 경우는 다름	*미성년자의 음주·끽연은 선량한 풍속을 해하는 행위일 뿐 아니라 보건상으로도 심각한 폐해를 발생시킴	미성년자 끽연 금지법 미성년자 음주 금지법

선량한 풍속을 해하는 행위를 문서·도서·연극·활동사진·회화·조각·광고물 등에 의해 표현하는 행위	이 행위의 효과는 (앞에 논한) 실제 행위들보다 훨씬 영향이 큼	형법상 외설 문서·도서의 유포·판매·진열 등의 행위는 외설 행위 자체와 마찬가지로 공중의 성욕을 도발하여 풍속에 악영향을 주는 것으로서 처벌	*외설 문서·도서·활동사진·영화 - 형법 175조 *출판물(활동사진 포함), 신문에서 외설·잔혹 행위 등을 표현하는 것-출판법 27조, 신문지법 41조 *연극·회화·조각·광고물 등-형법 174조, 175조 *해당 장소 외에서는 금지·철거 등 행정 조치

<표 2> 선량한 풍속을 해하는 행위의 동기가 되는 행위

(선량한 풍속을 해하는 행위는 아니지만, 이를 방임할 경우 선량한 풍속을 해하는 동기가 될 수 있을 때는 이를 금지, 또는 제한해야만 완전히 선량한 풍속을 유지할 수 있다.)

항목	내용
이른바 풍속영업이라고 일컬어지는 각종 영업 행위	*풍속영업이라고 불리는 업종 - 요리점·음식점·카페·바·喫茶店·댄스홀·遊技場·藝娼屋·待合茶室·藝妓 등의 영업 *이 영업은 그 자체로는 물론 직접적으로 선량한 풍속을 해하지 않지만, 종종 밀매음·도박 등 선량한 풍속을 해하는 행위를 일으키는 동기가 되므로 반드시 통제가 필요
사행적인 행위	*도박·복권과 같은 명백한 사행 행위는 형법 185·187조에 따라 금지 *이와는 정도가 다르지만 懸賞·景品·投票 등 사행 행위를 완전히 금지하는 것은 아니지만, 방임하면 선량한 풍속을 해하는 동기가 되므로 일정한 경찰 제한 아래 행해지도록 함(현상 또는 복권류 이외의 사행 행위에 대한 통제는 메이지〔明治〕 42년의 내무성령에 따름) *경마(경마법)·투견·투계 등은 잔혹한 행위로 蠻風이기 때문에, 도박의 동기가 되는 것 외에도 존재 자체의 이유가 없으므로 현재 경시청에서는 금지시키고 있음(다이쇼〔大正〕 5년 경시청령 투견·투계·투우 통제 규칙)
출판·흥행·전람·광고의 행위	*출판·흥행·전람·광고 등의 행위는 그 자체로는 물론 선량한 풍속을 해하는 것은 아님 *그러나 출판물·신문지·연극·활동사진·회화·조각·광고 등에서의 외설에 관한 사항이나 잔혹한 사항 등의 표현은 선량한 풍속을 해하는 행위로서 그 동기가 되는 행위는 경찰 제한 아래 둔다 **(대부분은 검열에 의한다)**. *출판법, 신문지법, 치안경찰법, 광고물 통제법, 내무성령 활동사진 필름 검열 규칙, 경시청령 흥행장 등의 통제 규칙

위뿐 아니라 추정된 의도까지를 국가적 통제의 대상으로 만드는 합법적인 기준을 만들었다. 또 동기에 대한 통제란 개개인의 마음속까지 경찰 권력이 들여다볼 수 있는 권력을 준 것이며, 이로써 경찰의 재량권 역시 극대화할 수 있는 근본 체계를 지닌 것이었다. ⑥출판·흥행·전람·광고 등에 대한 검열은 '동기에 대한 통제'의 연장선에 놓인 것이라고 할 수 있으며, 실제 행위, 그리고 실제 행위로는 이어지지 않더라도 가능성을 지닌 모든 것을 통제할 수 있었다.

4. 풍속 검열의 개황―전시 동원 체제의 풍속 검열

(1) 검열의 기준과 상황―통계적 상황을 중심으로

풍속 통제는 1900년대 초반부터 계속되어왔지만, 이 장에서는 주로 1930년대 이후 풍속 검열의 상황을 중심으로 살펴보고자 한다. 풍속 검열에 대한 검열 표준은 모두 11개 항목으로 이루어져 있다.[25] 풍속 검열에 관한 검열 표준은 앞서 살펴 본 풍속 통제의 대상 및 근거와 연장선에 있다는 것을 확인할 수 있다.

풍속에 대한 통제는 검열과 그 밖의 행정처분을 동반하여 이루어졌다. 출판물의 경우 이른바 음란물뿐 아니라 성에 관한 지식을 전달하는 책들도 풍속 괴란을 이유로 발행 금지된 경우가 꽤 많다. 특히 여성에게 성에 관한 지식, 피임 방법 등을 교육하는 도서들도 풍속 괴란을 이유로 통제되었다. 조선의 경우 검열과 관련해서 풍속 괴란이 치안방해를 이유로 검열을 받거나 행정처분을 받은 것은 통계상 약 10퍼센트로 추정된다. 그러나 검열에 관한 통계만으로는 풍속 괴란을 근거로 한 검열과 통제에

〈표 3〉 풍속 괴란에 관한 검열 표준²⁶⁾

	내용
1	춘화음본류
2	성·성욕 또는 性愛 등에 관한 記述로, 음란·수치의 정서를 불러일으켜 사회 풍교를 해하는 사항
3	음부가 노출된 사진·회화·그림엽서 등(아동을 제외)
4	음부를 노출하지 않아도 추악하고 도발적으로 표현된 나체 사진·회화·그림엽서 종류
5	선정적이거나 음란·수치의 정서를 유발할 염려가 있는 남녀의 포옹·입맞춤(아동은 제외)의 사진·회화 종류
6	亂倫한 사항. 단, 난륜한 사항을 기술해도 말의 용법과 배열이 담백하고 꾸밈이 없어서 선정적이지 않거나, 음란한 자구를 쓰지 않은 것은 아직은 풍속을 해하는 것이라고 인정하지 않는다.
7	낙태 방법 등을 소개하는 사항
8	잔인한 사항
9	遊廓 魔窟(惡子나 賣春婦가 모여 사는 지역을 칭한다)을 소개하여 선정적인 느낌이나 호기심을 도발하는 것과 같은 사항
10	서적·性具(성에 관한 장비)·약품 등의 광고로 현저히 사회의 풍교를 해하는 사항
11	기타 선량한 풍속을 해하는 사항

대해서 정확한 판단을 내리기는 어렵다. 뒤에서도 보겠지만, 풍속 검열은 영업에 대한 통제라든가 일제 단속 등 풍속 통제와 병행해서 이루어지기 때문에, 그 추세와 함께 비교 고찰해야만 통제와 검열의 양적인 추이를 정확하게 알 수 있다. 또한 총동원 체제 이후에는 풍속 통제가 이전 시기와는 또 다른 방식으로 여타 교화 기구를 통해 사회 전체에 확산되기 때문에, 검열을 통한 풍속 통제는 이러한 교화 체제의 한 부분으로 기능하는 것으로 보인다. 1920년대 후반부터 1940년까지 출판물·신문·잡지에 대한 검열 상황²⁷⁾은 〈표 4〉와 같다.

중일전쟁 이후에는 조선 내부에서 발행되는 출판물과 신문에 대한 검열보다 이수입(移輸入) 신문 · 잡지와 출판물에 대한 검열이 더 민감한 사항으로 대두한다. 이수입 신문 · 잡지에 대한 검열 상황은 〈표 5〉와 같다.

신체제가 성립된 이후(1941)에는 검열 건수도 늘어나고 치안방해에 관한 건이 크게 늘어나는 것을 볼 수 있다. 검열 기준 또한 "신문 · 출판물의 통제는 신문 · 출판 관계 법규, 총동원 관계, 군기보호법, 군용자원 비밀 보호법 등 군사 관계 제 법규"에 의거한다고 명시되어 있다(〈표 6〉 참조).[29]

《조선총독부 금지 단행본 목록(朝鮮總督府 禁止 單行本 目錄)》[30]에 따르면 출판물의 경우 1928년부터 1941년까지 행정처분을 받은 간행물 권수는 모두 3,367권이다. 이 가운데 풍속 괴란에 관한 건은 357건으로 10퍼센트 정도에 해당하며, 구체적인 상황은 〈표 7〉과 같다.

(2) 검열의 기준과 사례—외연과 내포

풍속 괴란에 대한 검열 표준은 앞에서 살펴본 바와 같다. 선행 연구에서도 지적된 바와 같이 검열의 표준은 검열 기준을 체계화하는 과정의 산물이며, 실제 검열의 기준과 완전히 합치되는 것은 아니다. 따라서 검열의 구체적인 기준이나 양상은 방대한 검열 결과를 다룬 연구를 거쳐 밝혀낼 수밖에 없다. 어떤 면에서 검열의 구체적인 기준을 추출한다는 것은 불가능한 일일지 모른다. 특히 풍속 괴란에 관한 기준은 애초에 그 통제 이념 자체가 유동적이어서 외연과 내포가 매우 넓다고 할 것이다.

여기에서는 실제 검열과 판매 금지처분된 도서의 몇 가지 사례를 중심으로 풍속 괴란에 대한 검열의 일반 기준과, 시대 상황에 따른 변화를 살펴보고자 한다. 다음 절에서 살펴보겠지만, 검열 기준은 표준화된 기준뿐 아니라 각 연도별 사회 · 문화 · 정치 상황과 구체적인 출판 · 제작 상

	종류	1928	1929	1930	1931	1932	1933	1934	1935	1936	1937	1938	1939	1940
治安妨害	신문통신	54	75	36	81	84	58	29	43	64	116	60	53	73
	잡지	1			2	1	3	4	3	3	3	2	1	2
風俗壞亂	신문통신				4	2	21	16	14	9	1	2	1	1
	잡지	2	1							1				
계	신문통신	54	75	36	85	86	79	45	57	72	117	62	54	74
	잡지	3	1		2	1	3	4	3	3	3	2	1	2
총합		57	76	36	87	87	82	49	60	75	120	64	55	76

연차별 보통출판물 행정처분 건수

발행인별		1928	1929	1930	1931	1932	1933	1934	1935	1936	1937	1938	1939	1940
일본인	治安妨害	11	2	8	2	3	4	9	3	14	54	10	19	24
	風俗壞亂	1					4	4	1	7	54	4	2	3
조선인	治安妨害	63	57	63	46	26	11	24	16	11	13	7	68	42
	風俗壞亂												4	1
외국인	治安妨害	6	3		1	5	10	3	6		7	11		5
	風俗壞亂													
합계	治安妨害	81	62	71	49	34	25	36	25	25	74	28	87	71
	風俗壞亂	1					4	4	1	7	54	4	6	4

		英文	支文 (중국어)	露文	佛文	獨文	계
검열 총 건수	신문	892	720	726	371	360	3,438
	잡지	307	48	14			3,438
처분 건수	신문	86	10	720	6		1,060
	잡지	191	35	12			1,060

이수입 신문 차압 처분 건수(1940)

	일본인 발행				외국인 발행			
	조선 외 관헌의 통보에 의한 것		조선 내 검열에 의한 것		조선 외 관헌의 통보에 의한 것		조선 내 검열에 의한 것	
	신문	잡지	신문	잡지	신문	잡지	신문	잡지
治安 妨害	56	1	94	0	0	2	255	244
風俗 壞亂	1	1	1	0	0		2	25
계	57	2	95	0	0	2	257	269
전년도 처분 건수	67	264	0	35	0	8	735	468

이수입 보통출판물 차압 처분 건수(1940)

	移入	輸入	계
治安妨害	178	14.	192
風俗壞亂	19	21	40
계	197	35	232
전년도 처분 건수	240	228	468

〈표 6〉 신문 · 잡지 · 통신에 관한 통제 상황(1941)

	차압	삭제	주의	총계
治安妨害	89	484	363	936
風俗壞亂	1	1	0	2
계	90	485	363	938

보통출판물에 관한 통제 상황(1941)

	차압		삭제		주의		총계
	출판 규칙에 의한 건	출판법에 의한 건	출판 규칙에 의한 건	출판법에 의한 건	출판 규칙에 의한 건	출판법에 의한 건	
治安妨害	29	42	54	0	144	0	
風俗壞亂	1	3	0	0	0	0	
계	30	45	54	0	144	0	273

이수입 신문 · 잡지 · 보통출판물의 통제 상황(1941)

	신문 · 잡지		보통출판물	
	治安妨害	風俗壞亂	治安妨害	風俗壞亂
移入	151	3	179	19
輸入	496	26	14	21
계	647	29	193	40

〈표 7〉 1928년 10월~1941년 1월 31일 행정처분 간행물 권수

	일본어	조선어 · 중국어	누계
治安妨害	2640	370	3010
風俗壞亂	320	37	357
계	2960	470	3367

황에 대한 통제 주체의 판단과 밀접한 관련이 있다. 중일전쟁 이후로는 검열과 통제에서 중국과 관련된 내용이 매우 문제적인 기준으로 대두하는 것이 그 증거이다. 또 풍속 괴란에 대한 검열에서 '옛것'[31]에 대한 통제 주체의 관심이 증폭하고, 공식적인 출판 매체나 공식적인 경로를 거쳐 유통되는 생산물뿐 아니라, 길거리나 뒷골목의 비공식적인 경로를 거

처 유통되는 생산물을 통제할 필요성이 적극적으로 제시되고 있다.[32] 먼저 구체적으로 통제 대상이 된 텍스트를 중심으로, 풍속 괴란에 대한 검열 및 통제의 작동과 관련된 몇 가지 사항을 살펴보자.

가. 성에 관한 지식, 댄스홀, 기이한 이야기

성에 관한 내용과 표현은 풍속 괴란의 검열에서 검열 표준상에서나 구체적인 검열 실시 과정에서 가장 대표적인 기준이라 할 것이다. 단지 춘화 음본류뿐만 아니라 이성애와 남성 가부장제, 그리고 일부일처제 이념에 기초한 일본의 근대적 가족 이념에 반하는 내용 등을 담은 서적까지 풍속 괴란에 해당하는 사항으로 통제되는 것을 볼 수 있다. 특히 중일전쟁 이후 풍속 괴란으로 수입 금지 처분을 받은 수입 도서 가운데 중국어 도서의 대부분이 상하이(上海)에서 발행된 서적이라는 점 역시 흥미롭다. 이는 중국 문화의 영향을 차단한다는 의미뿐 아니라, 이른바 서구 문화가 급격하게 유입되었던 상하이 지역에서 흘러들어오는 문화가 전시체제에서 매우 문제적인 것으로 간주되는 상황을 보여주는 것이기도 하다.[33]

또 《昭和 十六年 一月 朝鮮總督府 禁止 單行本 目錄》에 따르면 성에 관한 다양한 지식을 내포하여 풍속 괴란으로 처분된 서적은 조선어 서적보다는 일본어 서적이 훨씬 많은데, 대표적인 서적 몇 가지를 살펴보면 다음과 같다. 《最新性ノ敎育》(羽太銳治 저, 발행지 도쿄, 처분 연도 1928), 《最近ノ姙娠調節》(布施亮, 발행지 도쿄, 처분 연도 1928) 등의 서적은 풍속 괴란으로 처벌된 단행본 서적 중 가장 많은 비중을 차지하는 서적류로, 성에 관한 지식과 피임법을 소개한 책들이다. 또한 《ダンスホルエロ 享樂時代》(森蒼太郎 저, 日昭館, 처분 연도 1932), 《巴里, 上海 エロ 大市場》

(저자 불명, 法令館, 처분 연도 1930) 등의 서적은 댄스홀·카페 등 이른바 '풍속영업'과 이른바 '유곽(遊廓) 마굴(魔窟)'을 소개하여 호기심을 유발하는 책에 해당한다. 풍속 괴란으로 행정처분을 받은 도서 목록에 꾸준히 등장하는 것은 성에 대한 다양한 표현을 담은 문학작품, 특히 옛것이나 서양 고전에 대한 통제이다. 예컨대 《江戶文學選集》(발행지 도쿄, 처분 연도 1927), 《享樂文藝資料》(福井越人 저, 발행지 도쿄, 처분 연도 1930) 등이 이에 해당하며, 에밀 졸라의 《나나》는 원작뿐 아니라 패러디 작품까지 지속적으로 발매 금지 대상이 되었다(エミ-ルゾラ, 《ナナ》는 1928년에 한 차례 수입금지 처분되었고, 世界文學全集 第17編〔新潮社, 大正 2年 初版〕은 1936년에 다시 수입 금지 처분되었다).[34] 특히 풍속 괴란과 관련해서 성에 관한 지식은 서구·상하이·일본이라는 경로를 거쳐 조선에 유입되는 양상을 보이며, 성에 관한 지식은 '일본의 사회 관념'이라는 차원에서 풍속 괴란의 사유가 된다.

이 밖에도 하위 계층의 문화를 소개하거나 기이한 사건을 소개해서 이른바 '민심을 동요시키는' 서적들의 목록도 확인할 수 있다. 이런 서적은 풍속 괴란뿐 아니라 치안방해에 해당하는 이유로 금지되었다. 《近代犯罪科學全集》 가운데 제9권은 풍속 괴란으로, 제6권은 치안방해로(처분 연도 1933), 《女工哀史》(東京 : 改造社, 처분 연도 1941) 역시 치안방해와 풍속 괴란 두 항목이 모두 적용되어 발매 금지되었다. 비슷한 유형의 책으로는 《異說日本史》(同雄正閣, 1932)와 《隱語辭典》(栗田書店, 처분 연도 1938)을 들 수 있으며, 각각 치안방해와 풍속 괴란, 그리고 풍속 괴란을 이유로 발매 금지되었다.

또한 《變態刑罰史》(澤田撫松, 東京 : 文藝科硏究所, 大正 15年, 처분 연도 1939), 《戰爭と性漫畵》(東京 : 大洋社, 처분 연도 1933), 《讀書界》(東京讀

書協會, 처분 연도 1940),《南洋と裸人群》(安藤盛, 東京 : 三省堂, 처분 연도 1933),《風俗資料研究》(東京),《明治, 大正, 昭和 大事件秘錄》(村雨退三郎 외, 東京 : 秀光書房, 1936, 처분 연도 1936) 등이 풍속 괴란으로 처분된 서적 가운데 약간 특이한 사례에 해당하는 것으로 보인다.

나. '구소설'과 풍속 괴란—《홍길동전》과 《삼국지》

1940년《조선출판경찰개요》에서 제시하는 구체적인 검열 사례 가운데 풍속 괴란에 관한 것은 세 건인데, 한 건은 '만수백보환'이라는 약 광고이며, 나머지 두 건은《삼국지》와《홍길동전》이다. 또 각 사례에 대하여 처분한 이유를 제시하고 있다.

만수백보환의 광고문을 삭제한 이유는 "음란한 자구가 많아 광고에 정도를 넘어섰고, 풍속 괴란의 우려가 충분하다"는 것이다.[35]

이와 대비하여《삼국지》는 1940년 9월 18일《경성일보(京城日報)》에 실린 것으로, 도서과에서는 풍속 괴란으로 삭제 처분되었지만 "내무성에는 발매 금지 처분"되었다. 표면적으로 삭제 처분된 내용은 성에 관한 표현과 관련된 것처럼 보이지만,[36] 실제로 이는 풍속 괴란에 대한 통제에서 중일전쟁 이후 중국 문화의 영향을 일소한다는 내적 이념의 변화와 밀접한 관련이 있다.

《홍길동전》은 1940년 11월 30일《백상(白像)》에 실린 것으로, 발행지는 도쿄, 저자는 나카오카 히로오(中岡宏夫)이며,《홍길동전》을 신시체로 개작한 것이라고 되어 있다. 삭제 근거는 "조선 내 풍속 괴란"이며 삭제 이유는 "본고는 구소설《홍길동전》을 신시체로 개작한 것이지만, 전편 군데군데 공산주의 색채 농후한 점이 있다"고 되어 있다. 삭제 처분된 부분의 내용은 인쇄 상태가 좋지 않아 잘 보이지 않지만 다음과 같다.

《홍길동전》,《白像》, 1940년 11월 30일, 中岡宏夫, 東京

그는 태어났을 때는 보통 갓난아기였지만 발육***(이하 판독 불가 부분은 *로 표시)

운명을 마치 장판을 바르는 행상이 짊어지는 상자(******)

다는 것이 아니다 다만 ******

그들을 구출하여 행복 ***

이것은 유일한 정의였다 ****

약한 자를 도와주고 강한 자를 압제하여 함께 행복하게 산다 *****

천하의 누가 이를 악으로 생각하느냐

백성을 행복하게 만들어야 하는 관리들에게

세간을 돌아보지 않고

매일매일 먹고 노래 부르고 향락에 빠질 뿐

뜻있는 사람은 울분에 불타고 가슴을 두드리며 원망하여도

어찌 관리가 이를 모르겠느냐

그러나 의리의 검을 손에 잡고 정의를 부르짖는 자가 없기 때문에

백성은 단지 악마 같은 이 세상에 태어난 것을

가슴을 치며 원망하고 있다

여기에 누군가 뜻있는 사람이 소리 높이 한마디 외치면

그 소리에 따르지 않을 자가 한 사람도 없을 것이다

의롭지 못한 재물을 약탈하고 평등하게 골고루 이를 분배하고

그럼으로 가련한 백성을 살리는 것을

어찌 이를 악이라 말하겠느냐

풍속 괴란에 대한 검열 표준이나 풍속 통제에 대한 기준에 비추어보면

'구소설' 작품들이 왜 풍속 괴란에 해당하는지는 불분명하다. 그런 점에서 구소설 작품에 대한 검열과 행정처분 방식[37]은 풍속 괴란에 대한 검열 기준의 유동성과 그 외연이 사회 변화에 따라 바뀌는 양상을 가장 대표적으로 보여주는 사례라 할 것이다. 또 구소설에 대한 검열이 치안방해보다 풍속 괴란이라는 사유로 처분된 데에는 '풍속'이라는 것의 기준을 검토하는 데 중요한 단초를 제공한다. 즉 구소설류는 조선의 경우 오랫동안 영향을 끼쳐온 문화 생산물로서 조선인들의 정서와 규범을 반영하는 것이다.

그런 점에서 '구소설류'는 풍속의 본래적인 의미와 매우 밀접하게 관련된 문화 생산물이기도 하다. 무엇보다 중요한 것은 중일전쟁 이후 구소설류는 이중적인 의미에서 문제적인 것으로 대두했다고 보인다는 점이다. 첫째로는 조선에서 통용되는 많은 구소설류가 주로 중국 문화의 영향 아래 있다는 점인데, 《삼국지》가 대표적이다. 따라서 구소설에 대한 통제는 중일전쟁 이후 조선에서 중국 문화의 영향을 일소한다는 취지와 연결되며, 전시체제에서 풍속에 대한 통제는 오래된 문화적 영향에 대한 통제와도 관련된다는 점을 알 수 있다. 둘째로는 구소설류가 유통되는 경로의 특이성과 비엘리트층에 대한 지속적인 영향력의 문제이다. 이에 대해서는 뒤에서 자세히 살펴보고자 한다.

다. 거리에서 통용되는 문화 생산물에 대한 통제

풍속에 대한 통제는 그 시초로 볼 때 '공연(公然)한 행위'라는 차원에서 공공장소, 특히 거리와 흥행장, 유흥 장소에 대한 통제와 밀접한 관련이 있다. 이는 지방의 문화를 인정하면서도 표준화된 근대적 문명의 이념에 따라 공공의 문화를 정립하는 것이었고, 뒷골목 문화를 대로변 문화와 분리하면서도[38] 동일한 표준에 따라 규제하는 방식이었다. 따라서 풍속 통제에서도 대로변에서 유통되는 문화 생산물뿐 아니라 이른바 뒷골목 문화를 규제하는 것이 매우 중요한 업무 가운데 하나였다. 특히 전시 동원 체제에서는 사회의 말단 세포까지 국가의 통제의 범위에 포함시키는 것이 매우 중요했으며, 풍속 통제의 본래적인 맥락과 전시 동원 체제의 특성이 결합하여 뒷골목에 대한 통제가 매우 중요한 문제가 되었으리라 생각된다. 지금으로서는 풍속 통제가 뒷골목 문화에 대해서 어떻게 속속들이 이루어졌는지 그 전체상을 파악하기가 매우 어렵다. 그러나 전시 동원 체제에서 생활 혁신의 일환으로 여러 형태의 오락 문화와 유흥 장소를 대대적으로 통제했으며 이에 대한 불만이 팽배해졌다는 점은 확실하다.[39]

전시체제에서 이러한 오락, 유흥장, 뒷골목 문화에 대한 통제가 검열과 어떤 관련이 있는지는 앞으로 연구를 통해 더욱 보완할 필요가 있다. 다음 논의는 검열과 뒷골목 문화에 대한 '일제 통제'의 관련성을 보여주는 하나의 사례라 할 것이다. 1937년 검열 관련 사항 중 풍속 괴란에 관한 건이 급증하는 특이한 현상이 나타나는데, 이에 대하여 출판 경찰 관계자는 다음과 같이 진단하고 있다.

다음으로 국문(일어) 보통 출판물 중 풍속 관계에 대해서는 소화 12년 중 행정처분에 결부된 것이 54건으로 전년에 비하여 현저히 증가하였음에 이것들은 주로 卑猥(비외)한 俗謠(속요)를 기재한 辻占類(쓰지우라 : 옛날에 네거리에서 점을 쳤던 일 또는 점괘를 적은 종이)에 속하는 것으로 일제 통제의 결과 발견한 것으로서 시국의 상태에 따라 이 종류의 출판물이 매우 많이 유포되는 것은 총후 국민의 사기를 꺾고 상*온하게 하

는 염려가 있음으로서 이에 역시 엄중한 통제를 가하였다.[40]

쓰지우라(辻占類)는 본래 길흉을 점치는 짧은 노래를 담은 책이었지만, 주로 유곽에 가서 쓸 수 있는 멋진 말을 모아놓은 책으로 사용되었다. 이 책은 주로 유곽으로 가는 길거리에서 아이들이 팔았다. 쓰지우라는 이른바 공식적인 서적 유통의 경로가 아닌 뒷골목 문화 시장에서 유통되는 문화 생산물이자 뒷골목 문화, 특히 풍속영업과 밀접한 관련이 있는 문화 생산물이라 할 것이다. 그리고 이것을 '일대 통제의 결과 발견'해 처분한 것으로 되어 있는데, 이는 뒷골목 문화에 대한 일대 단속(풍속 통제)과 검열, 그리고 행정처분이 일상적으로 밀접하게 연관되어 진행되었다는 사실을 알 수 있는 하나의 단초이기도 하다.

(3) 출판 경찰의 눈에 비친 전시체제 조선의 출판 상황

앞서 살펴본 바와 같이 일제시기 풍속 검열에는 검열 표준에 나타난 기준 외에도, 풍속과 관련된 사회·문화·정치적 상황에 대한 통제 주체의 판단이 중요하게 작용한다. 따라서 검열 기준을 고찰하기 위해서는 조선의 문화 동향을 판단하는 통제 주체의 시각과 그 변화를 살펴볼 필요가 있다. 물론 이 작업 역시 매우 방대한 연구를 바탕으로 체계화되어야 하겠지만, 여기에서는 1937년의 《조선출판경찰개요》를 토대로, 통제 주체가 조선의 문화 동향을 바라보는 시각과 통제 대상에 대한 판단을 검토해보고자 한다. 1937년은 중일전쟁 직후 변화된 통제 주체의 민감한 시각이 선명하게 드러나는 시기라는 점에서 전시 동원 체제에서 조선 문화에 대한 통제의 주안점을 살펴볼 수 있는 징후적인 시기라고 하겠다.

가. 통제 완료 대상—조선어 잡지, 시, 정치 · 경제 · 법률 · 과학 서적, 《동몽선습(童蒙先習)》류

《조선출판경찰개요》에서 드러나는 조선 문화 통제의 목표는 크게 네 가지로 정리할 수 있다. 첫째는 조선을 내지에서 발행하는 문화 생산물의 자장 안에 완전히 포섭하는 것이며,[41] 둘째는 '지나 숭배 사상'을 일소하는 것, 즉 중국 문화의 영향을 조선에서 완전히 제거하는 것이다. 셋째는 사회주의와 민족주의 이념의 완전한 척결이다. 넷째는 이를 통해서 '자기 수양과 근면 갱생의 미풍'[42]을 자리 잡게 하는 것이다.

또 문화 생산물에 대한 당국의 지속적인 통제에 따라 통제가 거의 완료되었다고 자부하는 몇 가지 영역을 살펴볼 수 있다. 대표적인 것이 조선어 잡지,[43] 시,[44] 정치 · 법률 · 경제 · 과학 분야의 출판물,[45] 그리고 《동몽선습》처럼 서당에서 교과서 대용으로 쓰던 한문 서적[46] 등이다. 이러한 출판물들이 이제 거의 통제되었다고 자부할 수 있었던 것은 역으로 이 영역들이 그동안 지속적인 주요 통제 대상이었다는 것을 뜻한다. 그런 점에서 주의를 요하는 대상들은 통제 주체의 시야에 새롭게 포착된 대상이자, 동시에 그동안 통제의 사각지대에 있던 문화 생산물이라 할 수 있다.

특히 대표적인 문화 생산물에 대해서는 여전히 통제의 시선을 거두지 않지만, 동시에 새롭게 문제가 될 수 있는 영역을 찾아내는 두 가지 방식이 통제가 진행되는 전형적인 방식이라 할 것이다. 여기서 발견되는 또 하나의 특성은, 한편으로는 특정한 문화 생산물의 경우 '범주화'를 통해 주의를 요하는 대상으로 설정하는가 하면, 다른 한편으로는 특정한 사례를 구체적으로 적시하여 이른바 표적을 정해서 통제하는 방식이 명확하

게 드러난다는 점이다. 따라서 통제 주체의 관심사를 고찰하기 위해서는 이처럼 범주화되는 것과 그렇지 않은 것 사이의 관계를 살펴봐야 할 것이다. 예를 들어 을지문덕과 이순신과 관련한 다양한 담론이 문제적인 대상으로 설정되지만, 이를 '역사물' 전반에 대한 통제로 범주화하는 것은 논의를 지나치게 확대하는 것일 수 있다. 물론 왜 특이한 사례를 지목하여 통제하는가에 대해서는 여러 설명이 부연되어 있지만, 그 사례가 지목될 필연적인 이유를 추출하는 것도 어떤 면에서는 검열 절차나 과정을 사후적으로 과도한 논리적 인과관계에 따라 기술하는 문제를 낳게 된다고 여겨진다.

나. 주의를 요하는 대상

위에서 살펴본 바와 같이, 1937년 조선의 출판 상황에 대해 통제 주체는 한편으로는 통제가 완료되어 조선 내에 "자기의 수양과 근면 갱생의 미풍이 자리 잡고 있다"는 자체 평가를 내리면서도, 여전히 주의를 요하는 문화적 경향을 자세히 논의하고 있다. 특히 주의를 요하는 문화적 경향은 을지문덕·이순신을 다룬 역사물, 손기정에 대한 민족주의적 담론, 족보나 문집류, 임진왜란을 다룬 역사물, 합병 전후에 대한 애사(哀史)나 통사(痛史)[47]류, 중국의 지리·역사·인정·풍속을 다룬 소설들이다. 이러한 문화적 경향에 주의를 요하는 이유는 다음과 같다.

이상은 조선 내에서 보통 출판물의 개황이었지만 또 조선인 출판의 일반 경향에서 볼 때 지나사변 직전에는 그 원고 등에 격하거나 의연(依然)하게 민족주의적인 것이 많아서, 고려의 명장 을지문덕, 이조의 명장 이순신 등의 열력무훈(閱歷武勳)을 찬양하는 것이나, 또는 조선 고유의 문화에 대해 그 광휘 있는 역사를 드러내놓고 상찬하는 이른바 복고주의를 내포하는 것, 또는 올림픽대회에서 손·남 양 선수가 우승한 것을 기회로 모든 기회를 빌려서 모든 수단 방법에 의해 조선 민족의 우수성을 논하려는 등의 경향도 있고, 또 족보·문집 등에서는 숭명(崇明)사상을 고취하여 또는 임진(壬辰)의 역(役) 또는 일한병합의 전후에 대해서 내선 관계의 사실(史實)을 저술하면서 비분강개(悲憤慷慨)의 자구를 늘어놓아 배일(排日)의 자세를 드러내는 등, 또 그 외에도 소설류에서는 그 많은 내용이 지나의 지리·역사·인정·풍속을 주제로 하여 예찬·동경하는 것들이 많았기 때문에 무지한 대중에 대한 때에는 우리 제국을 비난하고 지나 숭배의 사상을 퍼뜨리는 것과 같은 것도 있어서 당국은 그 원고 검열에서 가차 없이 적당한 조치를 취하여 지도에 노력을 다하였다.

이리하여 금차 사변 후에는 시국의 추이에 의해 당국의 선도에 의해 그 내용이 크게 바뀌어서 종래 보였던 것과 같은 사회주의, 공산주의, 또는 민족주의에 관한 불온한 것은 그 자취가 사라졌고, 대개는 비상시국을 인식하여 황국 신민의 본분을 다할 것을 강조하는 데 이르렀다.[48] (강조는 인용자)

즉 이순신이나 을지문덕과 관련된 담론과 애사·통사류는 민족주의를 고취시키고 배일(排日) 감정을 유포시킨다는 점에서 문제적인 것으로 간주되고 있다. 이에 견주어 구소설류는 한편으로는 민족주의 사상을 고취시킨다는 점에서, 다른 한편으로는 중국 문화의 영향을 여전히 '유포'시키고 있다는 점에서 문제적인 것으로 지목된다. 또 검열 목록의 많은 부분을 차지하는 족보나 문집류는 '숭명(崇明)사상'을 고취하여 '배일(排日)의 자세'를 드러낸다는 점에서 문제적인 대상으로 지목되고 있다. 이 밖에도 아동물 출판이 급격히 늘어나는 현상에도 촉각을 곤두

세우고 있는 것을 발견할 수 있다. 특히 조선어로 된 아동 잡지가 크게 늘어난 것이 매우 '특이한 현상'이라며 주목을 요하는 문제로 평가하고 있다.[49]

이처럼 주의를 요하는 대상으로서 구소설류를 향한 관심은 흥미롭다. 앞에서도 살펴본 바와 같이 전시(戰時)의 풍속 검열에서 《홍길동전》과 《삼국지》 같은 구소설류는 풍속 통제의 일환으로 통제 대상으로 떠오르고 있다. 특히 이런 종류의 구소설이 문제적인 까닭은 이들이 내용 면에서 중국 문화의 영향을 강하게 반영하고 있다는 점과 조선인들의 정서에 오랫동안 영향을 끼쳐온 텍스트라는 점 때문이다. 다른 한편으로 아주 중요한 것은 이들이 유통되는 경로이다. 즉 이들 서적은 1937년 시점에서도 여전히 근대 출판의 공식적인 유통 경로를 따르지 않고, 장날이나 세책점, 돌려 보기 등 비공식적인 유통 경로를 따르고 있기 때문이다. 따라서 이들 서적은 통제하기도 어렵거니와, 중국 문화의 영향을 일소하고 뒷골목 유통구조의 폐해를 통제한다는 풍속 통제의 중요한 대상으로 대두하게 된다. 통제 주체 또한 이와 관련해서 매우 민감한 시각을 드러내고 있다. 다른 종류의 출판물에는 주의를 요하지만 통제할 수 있다고 자부하는 출판 경찰조차도, 이 종류의 출판물은 꾸준히 늘어나는 출판 부수와 종잡을 수 없는 유통 구조 때문에 매우 문제적인 것으로 간주하고 있다는 것을 볼 수 있다.

1919년에는 출판 허가를 받은 출판물 중 구소설 410건, 신소설 246건, 총 656건에 달했으나 최근 들어 교육 보급에 의해 국어(일어)를 이해하는 사람이 점차 많아지면서 이에 따라 수입 소설류를 읽는 자가 증가하여 점차 출판이 감소하여 쇼와(昭和) 12년 말 현재 구소설 105건, 신소설 138건, 도합 243건에 달한다. 구소설은 대체로 내지에서 강담(講談)과 유사한 읽을거리로서 그 제재는 주로 조선이나 지나에서 취해진 것으로 대별하자면 충효(忠孝)·무용(武勇)·정절(貞節) 등을 골자로 하는 것이며 또는 동양윤리적인 연애를 골자로 하는 것이다. 그중 무용전(武勇傳)으로는《조웅전(趙雄傳)》이 있고, 효자전(孝子傳)으로는《심청전》이 있으며, 그리고 연애정절(戀愛貞節)을 골자로 하는 것으로는《춘향전》같은 것이 대표적인 것으로서, 그 판매가 매년 상당량에 달하는 출판을 보여주고 있다. 또 각종 동물을 인격화한 골계적인 이야기도 상당수에 달한다.

이 종류의 소설류의 독자는 대부분 농민이나 부녀자로, 농한기에 주로 농가에서 전독(轉讀)하는 가정의 오락거리로 제공되고 있다. 따라서 매년 이 절기에는 이 종류의 출판물은 평소는 물론 일반인들은 장날 등에 도시와 시골을 통해 그 판매가 상당량에 달하는 상태였으나 금차 사변을 계기로 이와 같이 시대에 순응하지 않고 지나 숭배의 사상을 주입하는 것과 같은 것은 시국의 영향을 받아 점차 현저히 감소하고 있다.[50] (강조는 인용자)

또 조선어 소설류가 잡지에 연재하는 형태가 아니라 '장편소설 전집' 형태로 발행되면서 출판 부수가 증가하는 것도 주의를 요하는 사항으로 제기되고 있다.

위의 몇 가지 사례에서 살펴본 바와 같이 전시 동원 체제의 풍속 검열을 구체적으로 살펴보려면 풍속 통제와 풍속 검열의 관계, 풍속 검열 내에서 작용하는 기준의 외연과 내포를 광범위한 사례와 비교 고찰함으로써 추출해낼 수밖에 없을 것이다. 그러나 어떤 점에서 풍속 통제와 검열의 기준·이념은 매우 유동적이고 그 내연과 외포가 매우 포괄적이기 때문에 어떤 일반론적 기준을 추출하려는 시도가 불필요한 일인지도 모른다. 그런 점에서 각 사례의 고유성과 특이성이 풍속 통제와 검열의 '일반적' 기준이라고 할 수도 있을 것이다.

제2장

음란함과 죽음의 정치
— 선량한 시민과 좋은 일본인, 풍기문란자들과 비국민

권철휘, 〈월하의 공동묘지 : 기생월향지
묘〉(1967).

형식은 맞은편 걸상에서 입으로 침을 흘리며 자는 노파를 보았다. 그리고 〈더러
운 계집〉 하고 얼굴을 찡그렸다. 형식은 노파의 일생을 생각하여 보았다. 본래 천
한 집에 성장하여 좋은 일이나 좋은 말은 구경도 못하다가 몸이 팔려 기생이 되어
평생 듣는 말과 하는 말은 전혀 음란한 소리와 더러운 소리뿐이라 만일 글을 알
아서 옛사람의 어진 말이나 들었어도 조금은 〈사람〉이라는 생각이 되었으련만 노
파의 얼굴을 보니 원래 천질이 둔탁한 데다 심술과 욕심과 변덕이 많을 듯하고 또
까만 눈썹이 길게 눈을 덮은 것을 보니 천생 음란한 계집이라.
  — 이광수,《무정》중에서

만일 개인의 자유와 평등이 하나의 원칙이라면 그러한 자연적 속성에 기초하여
지배를 정당화하려는 시도는 더 이상 받아들여질 수 없다.
  — 캐럴 페이트만,《남과 여, 은폐된 성적 계약》중에서

1. 근대적 '교양인'의 덕성과 풍기문란─매장과 재생의 정치학

앞 장에서 살펴본 바와 같이 풍기문란에 대한 통제는 일본 제국의 법제가 식민지 조선에 확대 재생산되면서 진행되었다. 그러나 풍기문란 통제는 법적 통제와 같은 국가기구에 의한 강압적 통제뿐 아니라, 도덕이나 윤리, 교양이나 취미 등과 같은 이데올로기 차원의 헤게모니적 지배를 동반하는 것이었다. 그리고 풍기문란 통제의 독특성은 국가기구에 의한 통제와 헤게모니적 지배 사이에 '적절함'과 '좋은'이라는 무규정적 기준이 공통으로 작동한다는 점이다.

따라서 이 장에서는 앞 장의 논의를 토대로 일제시기 풍기문란에 대한 통제가 헤게모니적 지배와 교양, 윤리, 덕성과 같은 차원에서 어떻게 작동했는지를 살펴보고자 한다. 물론 이러한 논의를 위해 전제되어야 할 것은 풍기문란에 대한 조선의 지식인들이나 담론 생산자들의 논의들이 풍기문란에 대한 일본 제국의 법적 통제 이념과 한편으로는 조응하면서 다른 한편으로는 갈등하고 있다는 점이다. 이는 앞서 제1부에서 논의했듯이 '바람'을 둘러싼 서로 다른 주체들 사이의 전유와 갈등의 역학이라는 차원에서 바라보아야 할 것이다.

먼저 이 장에서는 일제시기 근대문학의 이념이 형성되는 과정에서 교양이나 '선량함', 좋은 취미와 덕성이라는 것이 어떻게 풍기문란한 주체를 배제하고 구성하는지를 살펴보고자 한다. 또 이러한 조선 지식인들의 논의가 파시즘화가 진행되는 전시체제기에 이르러 비국민에 관한 담론과 어떻게 만나는지를 살펴볼 것이다.

근대문학의 기본 이념이 시대와 주체성의 차이들을 초월하는 보편적인 것이 아니라는 점은 다양한 연구에서 밝혀지고 있다. 최근 근대성에 대한 비판적인 연구들은 이른바 보편적 덕목virtue이나 보편적 이념으로 간주된 것들이 실은 근대적 주체화 과정의 산물이라는 점에 논의의 초점을 모으고 있다. 이른바 인간의 보편적 권리라는 '인권' 개념이 오히려 인종적·젠더적·계급적 차이를 정당화하는 기제로 작용해온 역사와 현실에 대한 분석은 이러한 연구 경향이 공유하는 비판의 근거들이기도 하다.

인간의 보편적 권리로서 인권이라는 개념은 프랑스혁명 이래 근대적 개인, 근대적 시민권과 이에 입각한 근대적 주권성, 그리고 주권적 합법성의 기제를 구성하는 기본 토대가 되어왔다. 근대적인 인권 개념은 따라서 인간의 삶에 대한 가치판단을 중심으로 자율적 개인, 시민(권), 주권, 국권 등의 이념을 정초하는 밑거름이 되었다. 또한 이러한 이념에 동반되는 개인성, 시민성, 교양, 시민적 덕목, 국민성, 국민의 자질 같은 범주 또한 인권 개념의 구성 방식과 밀접하게 연결되어 있다.

한국 근대문학 이념의 기원·역사·의미를 다룬 연구들은 공통적으로 이러한 근대적 개인, 시민성, 주권, 국민성, 교양, 시민적 덕성 등을 근대문학 이념의 기본 원리로 간주하고 있다. 근대문학의 이러한 이념적 기초와 관련하여 집요하게 논의되어온 이광수에 대한 최근의 새로운 연구 경향에서도 근대적 개인, 교양, 시민성, 시민적 덕성 등의 핵심어는 여전히 중요한 연구 방법의 토대를 이룬다. 일례로 《무정》을 해석하는 데서 새로운 방법론적 지평을 시도한 황종연의 연구에서도 이러한 범주들이 주요한 판단 기제로 작동하고 있다. 황종연의 〈노블, 청년, 제국〉[11]은 이광수 문학을 민족주의/국가주의적 욕망이라는 차원에서 비판하는 최근의 경향들조차도 결국 '네이션Nation과 소설'이라는 고정된 분석틀을 넘어서지 못하고 있다는 비판적 문제제기를 함축한다고 볼 수 있다. 그런데 황종연은 '네이션과 소설'이라는 기존의 문제 설정을 '제국과 소설'로 전환하면서 제국이라는 새로운 해석의 지평을 제기하긴 하지만, '네이션과 소설'이라는 문제 설정의 토대가 되었던 기존의 해석 범주(근대적 개인, 교양, 시민성, 시민적 덕성 등)에는 의문을 제기하지 않는다.

황종연에 따르면 "《무정》이 교양소설의 형식 속에서 보여주는 것은 청년이라는 이름으로 출현한 새로운 자아의 구체적 가능성에 대한 탐구이다. 그것은 특히 청년의 이데올로기에 내재하는 모순, 즉 자유로운 개인의 관념과 국민적 정체성에 대한 충성 사이에 존재하는 모순을 서툴게나마 해소하는 한 방식을 개척하고 있다. 주인공 형식의 자아 각성은 재래의 도덕적 속박에서 벗어나 자기 내부의 욕망을 긍정하는 계기와 함께 자기 동족의 구원을 위한 수양이라는 요구에 따라 욕망을 자율적으로 통제하는 계기를 포함한다. 형식의 행위를 근원적으로 결정하고 있는 '정'의 만족을 향한 충동은 감각적으로 유쾌하고 안락한 삶을 향한 그것이면서 사랑이라고 불리는, 개인들 사이의 정신적 융합을 향한 그것이다".[2]

이광수를 다룬 최근의 연구에서는 이광수 문학을 근대적 개인의 구성을 향한 열망과 연계시키는 경향과 내셔널리즘적인 열망과 연계시키는 경향이 다소 갈등적으로 대립되어 있다. 황종연의 연구는 상대적으로 전자에 가까우면서 이광수의 문학을 내셔널리즘과의 관계 속에서 비판하는 연구들을 긍정하는 면도 보이지만, 제국-노블의 관계를 설정함으로써 내셔널리즘 비판의 문제틀과 구별되고자 하는 지향을 뚜렷이 보여준다. 이러한 황종연의 논의는 근원적으로 《무정》을 "한국인들이 제국적, 전지구적 근대성의 문화에 적응하여 그들 자신을 정의하고 그들의 운명을 결정하는 허구 창작의 기술을 그들의 문학 장르 내에 보유하기 시작했다는 증표"로 간주한다는 점에서 기존 연구와 결정적인 차이가 있다. 즉 황종연의 연구는 '노블'을 '네이션'과의 관계가 아닌 '제국'과의 관계 속에 설정함으로써 '네이션'의 회로를 통해 이광수 문학과 근대문학에 접근하는 통로에서 이탈하고자 하는 시도를 보여준다.

그러나 이광수를 상징적인 거점으로 한 근대문학에 관한 연구는 이광수가 근대문학에서 구성하고자 한 주체가 자율적인 근대적 개인이냐, 민족적 통합과 파시즘적 열망에 기초한 내셔널리즘적인 주체이냐를 놓고는 갈등적인 의견 대립을 보이지만, 주체화 기제를 해석하는 범주에서는 동일한 양상을 반복한다. 즉 근대문학에 관한 연구는 근대적 주체화 기제를 분석하는 데서 개인, 시민성, 인권, 교양, 시민적 덕성, 민족성, 주권 등의 범주를 회의 없이 사용하고 있다는 점에서 공통점을 보인다. 문제는 근대문학 속에서 작동하는 근대적 주체화 기제를 위와 같은 범주를 토대로 반복적으로 사유하는 한, 근대적 주체화 기제에 내포된 근원적인 폭력의 기제를 사유하는 방법을 정립하기가 불가능하다는 점이다.

《무정》에서 작동하는 주체화 기제는 특정 집단의 속성을 '음란한' 것으로 간주하면서 이 속성을 '건전한 덕성'으로 개조하는 것이다. 이 개조된 주체성이 근대적 개인의 자질을 내포한 것이냐, 민족이나 국민이라는 집단적이고 내셔널리즘적인 자질을 내포한 것이냐는 오히려 부차적인 문제라 할 것이다. 중요한 것은 속성을 개조함으로써 '근대적'인 주체를 생산할 수 있다는 이념과 그것을 보편적인 것으로 간주하는 해석의 방법에 내재한 문제점이다.

형식은 마즌편 걸상에서 입으로 침을 흘니며 자는 로파를 보앗다 그러고 〈더러운 계집〉 ᄒ고 얼골을 쯩그렷다 형식은 로파의 일싱을 싱각ᄒ여 보앗다 본릭 쳔ᄒ 집에 싱쟝ᄒ야 됴ᄒᆫ 일이나 됴ᄒᆫ 말은 구경도 못ᄒ다 가 몸이 팔녀 기싱이 되믹 평싱에 듯ᄂᆫ 말과 ᄒᄂᆫ 말은 젼혀 음란ᄒᆫ 소리와 더 러운 소리쑨이라 만일 글을 알아셔 녯사롬의 어진 말이나 들엇셔도 조곰은 〈사 롬〉이라ᄂᆫ 싱각이 낫스련만은 로파의 얼골을 보니 원릭 텬질이 둔탁ᄒᆫ 데다 가 심슐과 욕심과 변덕이 만흘듯ᄒ고 또 쌉ᄒ 눈썹이 길게 눈을 덥흔것 을 보니 텬싱 음란ᄒᆫ 계집이라 이러ᄒᆫ 계집은 어려셔부터 가라치고 가라 치더릭도 악인이 되기쉬우려던 함으며 평싱을 더러운 죄악셰상에서 지 낫슴으로 즘싱갓흔 마암은 자랄딕로 자라고 〈사롬스런 마암〉은 눈을 쓸 긔회가 업셧다 그ᄂᆫ 일즉 선(善)이란 말이나 덕(德)이란 말을 드러본젹이 업셧 고 션ᄒᆫ 사롬이나 덕잇ᄂᆫ 사롬을 졉ᄒ여 본젹이 업셧다 (중략)

  챠실닉에 곤ᄒ게 잠든 여러 사롬을 보앗다 그즁에ᄂᆫ 로동쟈도 잇고 신ᄉ 도 잇고 욕심쑤러기 갓흔 사롬도 잇고 흉악흔듯ᄒ 사롬도 잇다 또 그즁에ᄂᆫ 조션 사롬도 잇고 닉디 사롬도 지나 사롬도 잇다 그들이 만일 씩어 안져 셔로 마조 본다 ᄒ면 혹 남을 멸시홀쟈도 잇슬지오 혹 남을 부러워홀쟈도 잇 슬지오 혹 져놈은 악흔 놈이오 져놈은 무식흔 놈이오 져놈은 무례한 놈이라 ᄒ기도홀지나 만일 그네를 어려셔부터 ᄀᆺ흔 경우에 두어 ᄀᆺ흔 감화와 갓 흔 힝복을 누리게ᄒ면 혹 션텬뎍 유젼의 챠이ᄂᆫ 잇다 홀지라도 대기ᄂᆫ 비 싯비싯ᄒ 션량흔 사롬이 되리라 ᄒ얏다 그리고 또 한번 쟈ᄂᆫ 로파의 얼골 을 보앗다 이쌔에ᄂᆫ 로파가 정다온듯ᄒ 싱각이 난다 져도 역시 사롬이라 도 나와 갓흔 영칙와 갓흔 사롬이로다 ᄒ얏다.[3] (강조는 인용자)

위의 예문은《무정》에서 작동하는 주체화 기제를 전형적으로 보여준 다.《무정》이 예술을 통해서든 '동정'을 통해서든 구성하고자 하는 주체화의 기획은 "더러운 계집" "음란한 계집"으로 표상되는 집단의 속성을 "가르치고 가르치는" 과정을 거쳐 "선량한 사람"으로 개조하는 것이다. 예술·교양·교육·동정 등은 이러한 개조 과정을 담당하는 담지자agency이자 기구apparatus[4]이다. 또 "음란한 계집"의 표상은 기생 출신의 노파에서 촉발되지만, 노동자·신사 같은 그 밖의 집단으로도 확산되고, 그 자질 또한 "욕심꾸러기, 흉악한 자, 남을 멸시하는 자, 남을 부러워하는 자, 악한 놈, 무식한 놈, 무례한 놈"으로 무한 증식한다.《무정》에서 이 "음란한 계집"의 표상에서 촉발되어 무한히 증식하는 음란하고, 무식하고, 흉악하고, 무례한 집단들과 대비되는 위치에 있는 것이 "천하 사람 꿈꾸는데 나만 깨어서 하늘을 우러러 슬픈 노래 부르도다"[5]라고 표상되는 '근심에 찬' 엘리트 형식이다.

《무정》에서 이러한 음란한 집단을 개조하는 기구들(예술·교양·교육·동정)이 생산되는 것은 바로 이 '근심'의 결과이다. '천하 사람 꿈꾸는데 홀로 깨어 슬픈 노래를 부른다'고 스스로를 표상하는 근대 엘리트의 근심이 특정 집단을 근심거리로 정립하고 이 근심거리를 향해 배려와 보호와 규율의 기구를 생산해내는 과정, 이것이《무정》에 투영된 세계라고 해석할 수 있을 것이다. 물론 이러한 기제가《무정》에서 의식적으로 성찰되고 있는 것은 아니다. 오히려《무정》은 이러한 근대적 주체화 기제의 폭력적 역학에 의해 구성된 텍스트로 간주해야 한다. 더욱 흥미로운 것은 이 근심거리들을 발견하고 처리하면서 형식이 새로운 깨달음, 즉 새로운 주체로 거듭나는 과정이다.

그러나 형식은 그러케 이 무덤을 보고 슯허ᄒ지ᄂ안이ᄒ얏다 형식은 무슨 일을 보고 슯허ᄒ기에ᄂ 넘어 마음이 즐거웟다 형식은 죽은쟈를 싱각ᄒ고 슯허ᄒ기보다 산자를 보고 즐거워흠이 올타 ᄒ얏다 형식은 그 무덤 밋헤 잇ᄂᆫ 불샹ᄒᆫ 은인의 썩다가 남은 쌔를 싱각ᄒ고 슯허ᄒ기보다 그 썩어지는 살을 먹고 자란 무덤 우의 쏫을 보고 즐거워ᄒ리라 ᄒ얏다 그ᄂᆫ 영치를 싱각ᄒ얏다 영치의 시톄가 대동강으로 둥둥 써나가는 모양을 싱각ᄒ얏다 그러나 형식은 슯흔 싱각이 업셧고 겻헤 셧ᄂᆫ 계향을 보믹 한량 업는 깃붐을 ᄭᅢ달읏분이다.[6] (강조는 인용자)

형식이 무한 증식하는 "음란한 자들"을 발견하는 것은 영채가 혹시 대동강에 빠져 죽은 월하의 뒤를 따르지 않았을까 하는 근심에 차서 평양으로 가는 기차 안에서이다. 형식은 죽은 은인의 무덤 앞에서 슬픔에서 기쁨으로의 전환으로 상징되는 새로운 깨달음을 얻는데, 이는《무정》에 작동하는 주체화 기제의 성격을 분명하게 보여준다. 즉 형식이 슬픔에 찬 주체에서 기쁨에 찬 주체로 거듭나는 과정은 '월하의 뒤를 따랐으면 어쩌나' 하는 영채를 향한 근심과 옛 은인에 대한 연민을 무덤 속에 매장하는 과정이기도 하다. 이러한 매장 과정은 작품에서는 "칠성문 밖 노인"으로 상징되는 "이미 아닌 세계"를 벗어나는 과정으로 진술된다. 즉 슬픔과 연민을 매장하는 과정은 작품 표면에서는 형식이 "이미 아닌 세계"를 떠나 "아직은 아닌 세계"로 진입하는 과정, 즉 이른바 문명화의 진보적인 시간[7]의 흐름을 상징한다.

그러나 이러한 시간성은 다른 의미에서는 형식이 새로 진입한 세계, 그 주체성의 고고학적 지층을 뜻한다. 슬픔의 주체에서 기쁨의 주체로 거듭난 형식의 세계는 대동강 저 깊은 곳에서 울리는 월하의 귀곡성과 그 연장에 놓인, 형식을 공포에 떨게 만들며 출몰하는 영채의 환영을 무덤 깊숙한 곳에 묻어버림으로써 '생성'되는 것이다. 그런 점에서《무정》

의 서사적인 시간은 야만에서 문명으로, 또는 "이미 아닌 세계"에서 "아직은 아닌 세계"로 이행하는 "여명"의 시간(계몽·깨어남·눈뜸 등 근대적 주체의 시작을 알리는 그 시간)에 대한 근대적 이상을 그대로 재현한다. 그리고 이 시간성에 따라 생성되는《무정》의 주체성은 달리 말하면 월하와 영채를 대동강 속에, 무덤 속에 매장함으로써만 생성되는 것이다. 즉 근대적 주체화의 '자율성'이란 특정 집단을 강물 깊은 곳에, 무덤 속에 매장함으로써(근심과 슬픔) 생성되는(기쁨) 것이다. 그런 의미에서 자기 규율적인 근대적 개인의 내면이란 이러한 귀곡성과 시취(尸臭)를 품고 태어났으며, 근대적 자율성에 관한 신화는 이 귀곡성과 시취를 봉인하고 표백하는 과정이었다. 자기 규율적인 근대적 개인의 내면이 시취로 진동하는 파시즘의 죽음의 정치로 전환되는 것에는 이러한 내적 구조가 작용하는 것이다.[8]

그러나 이러한 시취가 진동하는 근대적 개인, 근대적 주체화의 기제를 비판적으로 검토한다는 것이 매장당한 자들의 무덤을 파헤쳐서, 거기에 묻힌 유물을 다시 발굴하는 과정만을 의미하는 것은 아니다. 물론 근대적 주체화 과정을 비판적으로 고찰하는 과정은 역사적으로 이러한 절차들을 거쳐왔다. 이른바 매장된 자들의 이야기와 역사를 복원하는 과정, 근대적 엘리트의 취향에 의해 배제된 대중의 취향과 정서를 복원하는 과정이 이러한 예에 속할 것이다. 또 무덤에 파묻힌 이른바 서발턴의 귀환 역시 이와 비슷한 절차를 밟아왔다고도 할 수 있다. 타자의 복원이나 취향의 다양성, '쓰레기' 문화에 대한 재평가 등이 이러한 예에 속할 것이다.

예컨대《무정》이 대동강 깊은 곳에 파묻어버린 이들의 이야기, 즉 근대문학이나 근대 예술의 이념에서 배제된 이야기들은 오랜 시간이 지난 후에 엽기·통속·멜로물인 〈월하의 공동묘지〉[9] 같은 판본으로 귀환하기도 한다. 1960년대에 대량생산된 엽기·통속물의 하나라고 할 수 있는 〈월하의 공동묘지〉는 많은 점에서《무정》의 '쓰레기 판본'으로 간주될 만한 여지가 있는 텍스트이다. 물론《무정》의 기초를 이루는 기생 이야기가 여러 형태의 이른바 싸구려 예술의 반복적 재생산을 거쳐 〈월하의 공동묘지〉로 귀환했다고도 추정할 수 있다. 근대 엘리트 예술이라는 이름 아래 매장당한 서발턴의 이야기들은 이처럼 '쓰레기 판본'으로 귀환하는 역사적인 과정을 보여주기도 한다. 그러나 이 글에서 논하고자 하는 근대적 주체화 기제에 대한 비판적 고찰이《무정》대신 〈월하의 공동묘지〉의 가치를 제고하자는 그런 식의 주장을 내포하는 것은 아니다.

근대성에 대한 비판은 최근 들어 이러한 방식으로 선회하는 경향을 보여주기도 한다. 그러나 이는 일종의 대항담론counter discourse으로서의 의미는 있지만, 반동일화 담론이 내재할 수 있는 한계 또한 고스란히 반복하는 것이기도 하다. 그런 점에서 이 글에서 '풍기문란'이라는 연구 대상을 통해 규명하고자 하는 바는 이와 같은 반동일화 담론의 구성과는 다른 성격을 띤 것이다. 이 글이 풍기문란에 대한 꾸준한 연구를 통해 규명하고자 하는 바는 '무덤에서 불러내어져' 거리를 배회하고는 있지만 여전히 유령일 뿐인 집단들을 죽음의 정치에서 해방할 수 있는 새로운 주체화 기획을 사유할 수 있는 방법이다. 이 장에서는 이러한 방법을 토대로 풍기문란과 관련하여 '속성'에 따른 개조라는 이념이 의미하는 바를 중심적으로 살펴보려 한다.

즉 이 장에서는 풍기문란에 대한 법적·담론적 구조를 고찰함으로써 근대적 주체화 과정에 내포된 주권적 폭력의 기제를 비판적으로 고찰하는 것을 주된 논의의 초점으로 진행할 것이다. 근대적 주체화 과정이 개인의 자유와 평등이라는 이상을 구현하는 과정이었다는 신화는 벌써 오래전부터 도전받아왔다. 최근의 많은 연구들이 밝혀주는 바와 같이 근대적 주체화 과정에 대한 신화는 오히려 자유와 평등, 그리고 이러한 개념에 따라 이루어진 인권·문명·교양·도덕·덕성 등의 개념에 입각하여 주권적 폭력을 정당화해온 것이라고 할 수 있다. 이른바 인권에 대한 이념의 기초가 구성된 프랑스혁명의 사상과 그 토대라 할 수 있는 사회계약론은 지금까지도 개인·사회·인간의 권리와 그 침해(가능성과 정당성)를 판단하는 근거로 작용하고 있다. 그러나 사회계약론은 '시민'의 자격요건을 특정한 연령·성차·생산성 등의 '속성'에 대한 판단에 입각하여 배타적으로 정립한 것이다. 이러한 사회계약론적 사상은 근대적 주권성의 합법적인 기반으로 작용하고 있으며, 이와 연계된 제도·문화의 이념적 근간을 이루고 있다. 교양·개인·취향 등 근대문학의 토대를 이루는 기본 개념도 이러한 근대적 주권성의 이념적 토대와 밀접한 관련이 있다. 따라서 근대문학의 이념에 관한 논의는 이러한 근대적 주권성의 이념적 토대를 비판적으로 고찰하지 않고서는 공허한 미학을 반복하게 된다고 감히 말할 수 있을 것이다. 따라서 이 장에서는 근대적 주권성의 이념적 토대와 이와 연계된 문학의 근본이념이라는 것이 풍기문란 통제와 관련하여 어떻게 헤게모니적 지배의 역할을 하는지 살펴보겠다.

2. 음란함과 죽음의 정치

앞에서도 논의한 바와 같이 풍기문란에 대한 통제와 관리는 풍속 통제와 같은 법제화와 지식인이나 '전문가' 그룹의 담론 생산이라는 복합적인 기제를 통해 이루어졌다. 풍기문란을 경계하는 지식인의 담론 생산은 근대 초기부터 지속되었지만, 이른바 전시 동원 체제를 맞이하면서 그 맥락이나 내용에 일정한 변화를 보이기도 한다. 풍기문란이라는 범주는 지금까지도 매우 익숙한 관용어처럼 사용된다. 제3부에서도 살펴보겠지만, 현재 한국 사회의 음란물에 대한 법적 처벌은 일제시기 풍속 통제의 법제적인 구조와 밀접한 관련이 있다. 최근까지도 음란물에 대한 법적 처벌이나 이에 관한 '사회적 통념'은 문제가 되는 대상이 "외설이냐 예술이냐"를 판단하는 범주의 일로 간주된다. 만일 문제가 되는 대상이 "예술"로서의 가치가 없는 것, 말하자면 이른바 '쓰레기'라면 이를 폐기처분(절멸)하는 것은 합법적이고 당연한 일로 간주된다. 이러한 통념과 법적 구조, 그리고 이를 지탱하는 인식론적 구조는 단지 예술에 대한 가치판단의 문제에만 국한되지 않는다. 한편으로 여기에서는 이러한 '가치에 대한 판단'이 매우 중요한 문제가 된다.

그렇다면 풍기문란이라는 개념(사실 이것은 정확한 의미에서 개념이라기보다는 무규정적 개념의 전형이라고 할 수 있다. 이에 대해서는 뒤에서 살펴보고자 한다)은 실제로 어떤 함의를 지니는 것인가? 달리 말해, 풍기문란이라는 개념을 통한 도덕적 비난, 사회적 배제, 법적 통제의 구조에는 어떤 이념이 내포되어 있는 것일까? 나는 다음의 몇 가지 예문을 통해 풍기문란이라는 문제의 소재가 과연 어디에 있는가를 살펴보고자 한다.

다음 글의 필자는 신체제를 맞이하여 교통 문제를 해결하기 위해 경성시가 학생들을 전차에 타지 못하게 하는 방안(도보통학 권장안)을 정한 것이 매우 현명한 정책이라며 지지한다. 흥미로운 점은, 필자가 하는 일 없이 돌아다니는 유한 여성들이 경성의 교통 문제를 유발하는 화근이라고 지목하는 방식이다.

교통기관의 긴박으로 오래동안 두통(頭痛)하던 경성시는 학생생도의 도보통학 적극적 강화로 그 중요부분인 전차(電車)와 버스에는 다대(多大)한 완화(緩化)를 보게 되었다고 하는데 이것이 현명한 일조일석책(一鳥二石策)임은 일석(一石)으로 학생생도의 체위상(體位上)과 이석(二石)으로 교통완화가 그것이다. (중략)

이와같은 교통기관의 긴박(緊迫)에 여성에 일역(一役)을 하는 것은 당연할 것이지만 본래로 하등 고의나 악의를 가지지안는 나로써 여성들의 생활방식과 표현에 대하야 수긍하거나 경의를 표할 재료를 많이 찾지못함에는 교통기관의 여성화(女性禍)를 절규하고 싶게 된다. 그것은 왜그런고하니 그 전차나 버스안에다 향취(香臭)를 가뜩이 발산하는 백화점진열창(陳列窓)의 인형매니킨에 영혼이 들어서 시가관광을 시작한 감(感)을 일으키는 조선적 유행의 최첨단에 무용(舞踊)하는 다수한 여성들이 저렇게 시가를 몽유병적 방황으로 교통화(交通禍)의 원인을 분기 시킬 이유가 무엇인가하는 의문이 없지아니하지만 물론 그 공적(功績)을 탐구하자면 공원화단의 화초격(花草格)으로 도시미(都市美)를 조장하고 남성의 기미안(飢美眼)을 보양(保養)하는 영양제적 역할은 할터이려니와 그외에는 별로 신통한 것이 있어보이지 않는다. (중략)

그러나 사실상 그 여성들이 의연히 많이 방황하고 있으니 그런즉 대체 그들의 행방이 어데멜고. 사교장에 갈 것도 아니겠고 외교무대를 밟을 필요도 없는 한직(閑職)들이고 시가만보(市街漫步), 백화점 순례, 일보를 더 진(進)하면 영화관, 극장, 음악회 출입, 가령 극장이나 음악회쯤이나 간다고하면 그다지 출연하는 여배우라든지 여배우적연주자 이상의 메이크업할 필요가 어데있는가. 결국은 사치품 소비자 우비강(불란서의 유명한 화장품 제조회사) 귀한 고객에 불과하다. 그리고 이 등여성(等女性)들이 혹충(或虫) 혹봉섭성(或蜂蝶性)을 가진 존재임은 춘추로 일기명랑할 시기에는 화단에 봉섭(蜂蝶)같이 너무 많이 보이는 존재들인데 하동(夏冬)같이 일기가 극서극한이라든지 저 춘추간이라도 풍우하는 날이면 그 그림자 하나가 보이지 아니함은 그들의 시가 방황을 가장 웅변으로 부인하는 것이다.[10] (강조는 인용자)

이 글에서 하는 일 없이 경성 시내를 '방황'하는 유한 여성들은 도덕적 비난의 대상이 될 뿐 아니라, 신체제의 이념을 위험에 빠뜨리는 '문제적 집단'으로 지목된다. 위의 글에서 유한 여성이 문제적인 집단으로 지목되는 근거는 그녀들의 "생활 방식과 표현"이라고 제시된다. 여기서 제시되는 그녀들의 "생활 방식과 표현"은 실은 다양한 층위를 내포하고 있다. 즉 노동하지 않는다는 점(비생산성), 향수·화장과 같은 스타일, 또 이와 관련된 이들 집단의 속성과 자질(사치스럽고 외국 것을 선호하는 성향), 취향(도시미의 전형이자 유행의 첨단), 이들이 향유하는 특정한 문화(백화점·음악회·영화관·극장 출입) 등이 그것이다. 이러한 '근거'에 따라 이 집단은 '벌레'나 '벌', 또는 '메뚜기'와 같은 속성이 있는 것으로 간주된다.

즉 이러한 담론 구조에서 특정한 집단은 그들이 향유하는 생활 방식, 생산성의 정도, 그들의 신체를 재현하는 스타일, 이들 집단에게만 있는 것으로 간주되는 독특한 속성과 자질, 향유하는 문화와 취향 때문에 비난받을 수 있다. 그리고 궁극적으로 이러한 비난은 도덕적 단죄나 사회적 배제를 넘어서 이들을 (상징적인 방식이지만) '인간 이하, 또는 인간이 아닌 존재(벌레·벌·메뚜기)'로 간주하는 것으로 귀결된다. 이러한 담론 구조는 단지 유한 여성에게만 한정된 것은 아니다.

소위 상류사교계에는 지식인이라는 자는 얼마던지 있다. 이 상류사회에서 그들은, 생산적인 인간에게는 구토제(嘔吐劑)와 같은 역할을하는 저 태만한 기생충들과 더부러 결합하는 것이다. 이런 기생충계급중(中)에는 모태에서 나와서 단 한번도 노동이라는 것에 손을 대보지 못한 인간들이 많다. 고고의 소리를 지른후 최후의 숨을 걸을때까지 그들은 전혀 타인의 노동에 의하여 생활하는 것이다. 아침엔 눈을뜨자마자 벌서 전화를 건다. 낮이면 공동으로 점심을 먹고, 오후면 칵텔 주석(酒席)에 집합하고 밤에는 또 만찬을 가진다. (중략) 까닭에 그들은 우리들을 천민이라고 소위 출세한 자들이라고 속으로 생각하는 것이다.[11] (강조는 인용자)

지식인을 인간 이하의 기생충으로 노골적으로 간주한 나치스의 유명한 선전가 괴벨스의 논의에서도 위의 예문에 나타난 비난과 배제, 더 나아가 절멸에 이르는 구조가 동일하게 작동하는 것을 볼 수 있다. 지식인은 비생산성(노동하지 않는다는 점), 그들 특유의 라이프스타일(전화를 즐겨 사용하며, 함께 점심을 먹고)과 취향(칵테일파티와 만찬을 즐기고), 지식인 집단만이 지닌 속성(우월감)에 의해 비난의 표적이 되고 더 나아가 인간 이하의 기생충으로 간주된다.

전시 동원 체제에서 유한 여성과 근대적 지식인은 '문란하고 퇴폐적'이라는 구실로 전형적인 비난과 배제의 대상이 되었으며, 더 나아가 비국민의 표지가 되었다. 달리 말하자면 향유하는 생활 방식, 생산성의 정도, 스타일, 특정한 속성과 자질, 향유하는 문화와 취향이 비국민의 표지가 되는 것이다. 그리고 이 비국민의 표지를 내포한 집단은 비국민적 집단으로 간주된다.

나치스의 문화 정책에서도 표현되는 '문란하고 퇴폐적'이라는 범주는 풍기문란이 작동하는 전형적인 방식을 보여준다. 풍기문란이라는 패러다임은 생활 방식, 생산성의 정도, 스타일, 특정한 속성과 자질, 문화와 취향이라는 지표에 따라 특정한 집단에 대한 도덕적 비난과 사회적·법적 배제, 더 나아가서는 절멸을 가능하게 만드는 인식론적·법적 구조이다. 또 여기서 문란하고 퇴폐적인 집단에 대한 사회적 비난은 법적 배제와 기묘하게 겹쳐 있다. 즉 문란하고 퇴폐적이라는 근거에 따라 특정한 집단을 '인간 이하'로 간주하는 담론 구조는 동일한 방식으로 이들을 비국민으로 '구성/배제'하는 것이다.

그러나 조선에는 아직, 의붓자식 근성을 버리지 못한 사람이나, 기회주의적인 태도를 취하는 사람이나, 옆사람의 움직임을 엿보며 그에 끌려가는 칠칠치 못한 태도를 가진 사람이 상당히 많다고 생각됩니다. 실로 이는 줏대없고 꼴불견이며 괘씸한 일입니다. 이런 불길하고 발칙한 기분을 일소할 존경스러운 역할은 실로 청년 제군의 마음 하나에 달려 있는 것입니다.

청년 제군, 식민지 토인의 비열한 근성을 벗어 팽개치고, 대사일번(大死一番)하여 폐하의 적자(赤子)로서 새로 태어나고자 크게 분발해주십시오.[12] (강조는 인용자)

스파이단(團) 검거로 해서 이제 더욱 스파이망(網)의 두려움을 깨닫게 되었는데 스파이라는 것은 대개 그 정체를 나타내지 않는 것이 보통으로서 이웃 사람으로 혹은 여행중의 친절한 길동무로서 나타나는 것이니까 아무러치도 않은듯한 평상시의 담화(談話)에 주의할 필요가 있습니다.

근래의 부인들이 남편의 직무를 잘 알려고 하는 것은 매우 좋은 일이나 대체로 여자들은 남편의 하는 일을 자랑하기 쉬운 것이어서 기밀에 속하는 일에나 관계하고 있는 경우에 특히 그러고 싶은 허영심이 있습니다. (중략)

또한 외국어를 다소 알고 있는 부인은 하여간 외인(外人)과 교제하고 싶어하는 풍조가 잇는데 외인(外人)으로 말하면 직접으로 스파이의 목적을 갖지 않았다하드라도 일이 있을때 그 지식이 정보로서 사용되는 것이니까 말에 주의할 것이고 특히 약점을 잡히는 일이 있어서는 않될 것이라고 생각합니다.[13] (강조는 인용자)

이광수가 조선의 청년들에게 알려주는 천황의 적자가 되는 길은 "의붓자식 근성"을 버리고 새롭게 태어나는 것이다. 왜 다른 길이 아니라, '근성'을 바꾸는 길만이 황민이 되는 유일한 방법일까. 이는 단지 정신 동원의 논리에 국한된 것은 아니다(그러나 정신 동원의 논리도 이것과 밀접한 연관이 있다.)

이광수의 호소에는 나름의 진실이 담겨 있다. 즉 국민이라는 것(또는 국민이 된다는 것)이 어떤 '근성'(앞서 말한 특정한 속성과 자질, 그리고 이를 담지한 집단)과 관련된 문제라는 것이다. 이른바 대동아공영권의 논리와 내선일체의 이념에서 국민이라는 것은 더 이상 타고난 속성(혈통)에 따라 정의될 수 없다. 전시 동원 체제의 조선에서 국민 됨은 타고난 것은 아니지만 어떤 후천적으로 키울 수 있는 속성(근성·자질)의 문제로 변형된다.[14] '근성과 근성의 개조'를 호소하는 이광수의 논의에는 대동아공영권의 논리와 내선일체의 이념(더 정확하게는 내선일체 이념에 투영된 국민 됨이라는 이념의 내적 모순) 속에서 국민 됨에 대한 기존의 이념으로 해결되지 않는 어떤 한계선이 투영되어 있다고 할 수 있다.

국민 됨이 더 이상 타고난 속성(혈통)이 아니라 후천적으로 키울 수 있는 속성(근성과 자질)이라고 할 때, 이 속성을 키우는 것은 '정신혁명'으로써, 즉 생활 방식과 문화·취향을 총체적으로 뒤바꿈으로써만 가능해진다. 이제 문화와 취향, 생활 방식은 국민으로서의 자질(속성)의 문제가 되며, 동시에 국민과 비국민을 구별하는 식별의 표지가 된다. 유한여성의 속성이 스파이에 포섭되기 쉬운(즉 비국민의 위험성이 있는) 표식이 되는 것도 바로 이러한 구조와 관련된다. 또 정신혁명이 생활 방식과 문화, 취향, 속성에 이르는 삶 전체를 개조하는 것이라고 할 때, 정신혁명은 '삶에 대한 총체적 지배'를 뜻하는 것이 된다. 정신은 육체와 구별되는 그런 통상적인 의미를 띠는 것이 아니라, "삶 자체"와 구별되지 않는 것이다.

이런 의미에서 생활 방식, 생산성의 정도, 스타일, 특정한 속성과 자질, 향유하는 문화와 취향 따위를 근거로 특정한 집단을 '문제적 집단', 또는 '가치가 없는 삶'으로 규정하는 인식론적·법적 구조는 근대적인 시민권을 판단하는 기제이자 국민의 자질을 판단하는 기제로도 작용하게 된다. 또 이러한 맥락에서 풍기문란에 대한 법적 처벌과 사회적 배제의 담론 구조는 비국민에 대한 추방의 구조로 전환하고 이어지게 된다. 흔히 건전함과 문란함에 대한 판단은 도덕적 문제나 이에 입각한 헤게모니 지배로 간주된다. 이와 달리 비국민에 대한 절멸의 정치는 헤게모니 지배와는 구별되는 억압적 국가기구의 폭력적 통치의 문제로 다루어진다. 그러나 자세히 살펴보면, 풍기문란에 대한 법적이고 담론적인 구조는 도덕적 비난과 폭력적인 절멸의 정치와 매우 긴밀하게 접합되어 있다는 점을 알 수 있다. 그런 의미에서 전시 동원 체제의 조선에서 국민화/비국민화의 기제는 헤게모니 지배(이에 따른 자발적인 동의)와 강압적 통제(이에 따른 절멸의 기획)가 분리되기 힘든 접합의 양태를 보여준다고 할 것이다.

아니, 더욱 구체적으로는 전시 동원 체제에서 국민화의 문제는 비국민화의 문제와 분리해서 사유할 수 없으며, 국민화의 역학과 이에 따른 동의와 접속의 기제는 비국민화의 기제를 고찰하지 않고서는 규명될 수 없다고 할 수 있다.

3. 가치 있는 삶의 경계와 음란함—미풍양속과 시민권

풍기문란이란 무엇인가라는 질문에 답이 될 만한 일반론적 규정을 내리는 것은 거의 불가능하다. 풍기문란을 규정하는 근본 원리는 '미풍양속'이며 미풍양속은 해당 '사회의 통념'에 의해 규정되기 때문이다. 즉 풍기문란이란 그 자체로는 규정이 불가능한 무규정적인 개념이다. 오히려 중요한 것은 풍기문란이란 '미풍양속'의 내용을 규정해주는 '반대 범주'로 기능한다는 점이다. 즉 미풍양속이란 풍기문란이 아닌 것이다.

풍기문란이라는 범주는 '사회 통념'이나 '미풍양속'이라는 '기준'을 바탕으로 사회를 관리하고자 하는 여러 기제를 거쳐 생산·재생산된다. 여기에는 여론장의 담론 생산, 법적 통제, 사회 교화 기구를 통한 규율화(학교·병원·가정이 주요한 역할을 한다), 이른바 사회 보호 제도(부랑자, 불량집단, 빈민, 하층계급, 청소년 등에 대한 사회 보호 장치의 작동) 등이 복합적으로 관련된다. 이 다양한 기제들에서 '풍기문란'과 '미풍양속'이라는 기준이 작동하는 원리는 유사한 점을 드러낸다. 즉 미풍양속이라는 기준과 사회 통념이라는 근거를 토대로 특정한 행위와 행위 가능성, 자질, 속성, 취향, 문화, 생산성의 정도 등을 판정하고, 보호할 가치가 있는 대상과 보호할 가치가 없는 대상을 구별한다. 또 이 과정에서 특정한 집단은 문제적 집단(특정 자질을 내포하고 있어서 자기 규율이 불가능하다고 여겨지는)으로, 특정한 집단은 '보호되어야 할' 집단으로 다루어진다. 어떤 점에서 문제적 집단과 보호되어야 할 집단의 경계는 모호하거나 일치한다. 주로 하층계급·청소년·여성 등이 한편으로는 선량한 풍속을 해할 가능성이 가장 큰 집단으로 지목되거나(문제적 집단), 동시에 풍기문란에 노출되어 감염될 우려가 가장 많기 때문에 보호되어야 할 집단으로 간주된다. 풍기문란에 대한 법적 통제가 특정 집단에 대한 사회 보호 및 교화 기구를 통한 규율화와 동일한 구조를 취하는 것은 이 때문이다.

풍속 통제라는 법제적 차원은 일제시기 풍속 통제의 구조와 밀접한 관련이 있다. '풍속을 해하는 범죄'에 대한 처벌은 풍속 통제와 이를 집행하는 풍속경찰의 작용을 통해 이루어졌다. 먼저 풍속을 해하는 범죄, 즉 풍속 범죄라는 개념은 지금까지도 법제적 기준으로 작용하고 있는데, 지금은 주로 성범죄와 관련된 법적 처벌의 기준이 된다. 현재 법제에서 풍속범죄의 적용 범위는 일제시기보다 축소되었지만, 법제의 원리에서는 어느 정도 동일성을 보여준다. 한국 법제의 경우 성도덕과 건전한 풍속이라는 기준이 법적 판단의 근거가 됨으로써 풍속 범죄에 대한 법적 처벌은 "① 법익의 모호성, ② 해석학적인 불특정성, ③ 형사정책적인 비효율성을 지니는 것으로 판명된다". "또 풍속에 관한 범죄는 범죄화의 실질적인 근거를 법익 보호가 아니라 한결같이 건전한 성도덕을 보호한다고 한다. 그러나 이 개념은 추상적이고 대단히 모호하며, 따라서 구체화되기 힘들기 때문에 실질적인 범죄화의 근거로는 정당화되기 힘들다"[15] 고 비판받는다.

오늘날 한국의 풍속 범죄 처벌에 관한 법제의 '근간'이 되었던 일본의 경우에도 이러한 문제는 동일하게 드러난다. 일본에서 풍속 통제의 범위는 패전 이후 민주화 과정을 거치면서 주로 성과 관련된 영역으로 축소되었다. 그럼에도 미풍양속과 건전한 성 도덕에 따른 판단 기준의 모호성에 대해서는 꾸준히 문제가 제기되고 있다. 이 문제와 관련해서는 법학자마다 다른 시각을 보여준다. 우에마쓰 다다시(植松正)는 음란의 개념에 대한 연구는 개별 사례(판례)에 대한 연구가 되어야 한다고 지적한다. 우에마쓰 다다시는 풍속 범죄나 이와 관련된 '음란'의 개념이 "이른바 사회 통념에 따라 결정된다. 실정법의 배경이 되는 사회가 그것을 어떻게 생각하는가에 따라 음란 개념의 내포가 결정"되며, 이에 따라 음란 개념을 규정하는 보편적인 원칙은 찾기 어렵다고 논하고 있다.[16]

또 일본의 풍속 통제의 법제적 구조가 독일 법의 강력한 영향을 받았기 때문에 다른 국가보다 좀 더 문제적이고 예외적인 성격을 띤다는 문제의식을 보여주는 연구도 있다. 독일에서는 1960년대에 성범죄와 음란 범죄 처벌에 대한 논의를 거쳐 법제의 변화를 보이고 있는 데 반해, 일본에서는 이러한 독일 법의 문제 요인들이 여전히 지속되고 있다는 사실에서 문제의 원인을 찾는 관점도 있다.[17]

일차적으로 일제시기 '미풍양속'이라는 기준에 근거한 법적 처벌의 방식은 이 법의 '모법'이라 할 수 있는 1920~30년대 독일의 법제적 구조와 밀접한 연관이 있다. 조르조 아감벤은 독일의 국가사회주의 체제에서 생명정치가 죽음의 정치로 전환되는 과정을 법제에서 예외 상태가 규칙이 되는 과정, 특히 '미풍양속' '공공의 안녕과 질서'와 같은 무규정적 조항들이 법질서 내로 대거 진입하는 과정을 통해 규명하고 있다. 즉 아감벤은 이처럼 새로운 본질적인 생명정치적 범주들의 특성을 카를 슈미트만큼 명료하게 표명한 사람은 없었다고 하면서, 슈미트의 1933년 논문 〈국가, 운동, 민족)을 토대로 다음과 같이 논한다. 즉 슈미트에 따르면 인종 개념이 없다면 국가사회주의는 존재할 수 없으며 법적인 생명은 생각조차 할 수 없을 것이다. 또한 슈미트는 인종 개념을 20세기 독일과 유럽의 법제 속에 그 어느 때보다도 깊숙하게 침투한 "일반 조항들과 무규정적 조항들"과 동일한 차원에 위치시켰다. 즉 "슈미트에 따르면 '미풍양속' '충분한 근거' '대의명분' '공공의 안녕과 질서' '위험한 상황' '유사시' 같은 개념들처럼 규칙이 아닌 상황을 가리키는 개념들이 법 속에 대규모로 침투함으로써, 법이 모든 사건과 상황을 선험적으로 규제할 수 있으며 재판관들의 역할은 단지 법을 적용하는 것으로 한정된다는 법에 대한 환상이 진부한 것이 되어버렸다. 그러한 개념들은 확실성과 계산 가능성을 규칙의 외부로 옮겨버림으로써 모든 법적 개념들을 무규정적인 것으로 만들어버렸다".[18]

또한 아감벤은 '미풍양속' '공공의 안녕과 질서' 등의 무규정적 개념의 법제화는 나치 국가사회주의의 인종관과 직접 연결된다고 말한다. 즉 "국가사회주의적 인종관(또는 슈미트의 말을 빌리자면 '혈통의 평등')과 같은 개념은('위험한 상황' 혹은 '미풍양속'과 유사하게) 어떤 특정한 외부의 사실적 상황을 가리키는 대신에 사실과 법을 즉각적으로 일체화하는 일반 조항으로 기능하고 있다. 판사, 공무원 또는 그러한 개념을 다루어야 하는 사람은 더 이상 규칙이나 실제 상황에 따라 행동하지 않는다. 오로지 독일 국민, 그리고 총통과 함께 자신을 자신의 인종 공동체에 결박시킴으로써, 생명과 정치, 사실 문제와 법률 문제의 구별이 말 그대로 더 이상 아무런 의미도 갖지 않는 영역으로 이동해간다"는 것이다.[19]

아감벤은 이러한 상태에서는 이 모든 경우 겉으로는 대수롭지 않아 보이는 공간이, 실제로는 정상적인 법질서가 사실상 정지되어 있고, 잔혹한 일이 벌어질 것인지 아닌지 여부는 법이 아니라 그 시점에 임시적으로 주권자로 행사하는 경찰의 예의 바름과 윤리 감각에 전적으로 달려 있는 공간을 경계 짓는다고 논한다. 이러한 문제는 풍속 통제의 법적 구조와 밀접하게 관련된 임검의 경우에서도 전형적으로 드러난다. 일제시기 풍속 통제의 법적 구조가 지닌 문제 가운데 임검은 경찰력의 남용이라는 점에서 가장 '악질적인' 식민 통치 방법으로 간주되었다. 또 풍속 통제의 법적 구조는 상위법이 없이 이른바 '지역성'의 원칙에 따라 법을 집행하는 말단의 경찰이나 관료의 권한을 극대화시켜 이른바 '민중의 삶'에 대한 총체적 개입과 통제를 가능하게 했다. 이러한 집행 방식 역시 임검의 구조와 동일한 면모를 보여준다.

이러한 법적 구조에서 모든 인간은 '노예 상태'와 다름없어진다. 캐럴 페이트먼은 주체의 노예화된 위치는 생사여탈권이 주인의 관대함 여부에 달려 있다는 점, 또 언제든 인격 모독을 당할 수 있다는 점에서 전형적으로 드러난다고 본다. 물론 이때의 노예 상태는 고대적 방식과는 달리 근대적인 합법성에 따라 이루어지는 것이다.[20]

일제시기 법적 규제에 의한 풍속 통제는 1900년대 초반에는 주로 해당 지역사회의 토착적인 삶의 방식이나 성과 관련된 영업 및 도박 등과 관련된 것이었다. 그러나 1920년대 중반에 이르면 풍속에 대한 법적 규제의 범위가 생활 영역 전체로 확대된다.[21] 《조선경찰법대의(朝鮮警察法大意)》에 따르면 1926년 시점에서 풍속경찰이 작용하는 범위는 흥행, 풍속을 침해할 우려가 있는 영업, 그 밖에 풍속을 침해할 우려가 있는 행위라는 세 가지 기준에 의해 결정된다. 또한 통제의 법적 근거는 "선량한 풍속을 침해하는" 경우나 "선량한 풍속을 침해할 우려가 있는" 경우라고 명시되어 있다.

실제적으로 풍속에 대한 법적 조처를 담당하는 풍속경찰의 작용을 논한 《풍속경찰의 이론과 실제(風俗警察の理論と實際)》[22]에서는 법적 통제의 범위를 "선량한 풍속을 해하는 행위"와 "선량한 풍속을 해하는 행위의 동기가 되는 행위"로 정하고 있다. 이러한 법적 구조는 개인들이 어떤 행위를 하지 않더라도 행위 가능성이라는 추정에 의해서도 처벌받을 수 있다는 점에서 전형적인 파시즘적 법제로 간주되었다. 또한 동기와 가능성에 대한 처벌이라는 근거는 사전 검열의 법적 근거로 작동한 것이기도 하다. 즉 동기(단지 행위 가능성)에 대한 처벌이란 정신에 대한 통제라는 점에서 일본 파시즘의 정신총동원 논리에서 보이는 전형적 구조이기도 하다.

여기에서 이 문제를 좀 더 진전시켜본다면, 동기(행위 가능성, 정신)에 대한 법적 처벌이 특정한 '삶의 방식으로서 풍속'에 대한 법적 처벌과 동일하게 진행되는 것은 이른바 정신 개조와 생활 개선이라는 패러다임이 왜 항상 동일하게 작동하는가를 이해하는 데 필수적인 요소이다. 즉 정신 개조와 생활 개선의 논리란 달리 말하자면 '삶에 대한 총체적 지배와 개조'를 뜻하는 것이다.

먼저 "선량한 풍속을 해하는 행위"는 세부 영역이 "성도덕에 반하는 행위, 성도덕에 반하는 행위를 조장하는 행위, 사행적 행위, 신불(神佛)의 존엄을 모독하는 행위, 잔혹한 행위, 추태 행위, 미성년자의 음주·끽연 행위, 선량한 풍속을 해하는 행위를 문서·도서·연극·활동사진·회화·조각·광고물 등에 의해 표현하는 행위" 등으로 규정되어 있다. 또 "선량한 풍속을 해하는 행위의 동기가 되는 행위"의 세부 영역은 "풍속영업이라고 칭해지는 각종의 영업 행위, 사행적인 행위, 출판·흥행·전람·광고의 행위" 등이다.

풍기문란에 대한 법적 처벌의 세부 기준을 살펴보면 앞서 담론장에서 작동하던 기준들이 동일하게 나타난다는 점을 알 수 있다. 여기서 몇 가지 사례를 토대로 담론장에서의 풍기문란에 대한 도덕적 비난의 방식이 법적 통제의 근거에서 어떻게 동일한 방식으로 드러나는지를 살펴보고자 한다. 또한 풍기문란에 대한 법적 통제에서 '선량한 풍속'은 '문명화'라는 기준과 밀접하게 연관된다는 점과, 이러한 '문명화의 기준'이라는 것이 이른바 '삶에 대한 지배'의 기제를 어떻게 구성하는지도 살펴보고자 한다.

먼저 《풍속경찰의 이론과 실제》에서 "성도덕에 반하는 행위"가 풍속 통제의 가장 중요한 사안이 되는 것은 "풍속과 성 문제가 직접 관련"이 있으며 "성도덕은 종족 보존의 본능"과 관련되기 때문이라고 규정하고 있다.[23] 또한 법적 통제의 기준은 "일남일녀의 결합에 의한 혼인제도"에 입각한 것이다. 그 이유는 "일부일처제"가 "현대"적인 혼인 개념에 적절한 것이기 때문이다. 이에 따라 "일부일처제 이외의 혼인 관계" "혼인 관계 이외의 성행위" "양성 이외의 성행위" 등은 법적 처벌의 대상이 된다. 일부일처제 이외의 혼인 관계가 근대적인(문명화된) 혼인 관계의 기준에 부적절한 대상이 된다면, 양성 이외의 성행위, 즉 "동성 간 성행위 등은 반자연적인 행위이기 때문에" 처벌 대상이 된다.

여기에서 "현대적인(문명화된, 근대적인) 혼인(및 성관계) 풍속의 기준은 "반자연적인 것(전근대적인 것, 야만적인 것)"을 배제함으로써 성립된다. 즉 성적 취향은 문명화의 기준에 따라 법적으로 보호받을 가치가 있는 것과 법적으로 보호받을 가치가 없는 것("반자연적인 것"이라는 이유로)으로 구별된다. 중요한 점은 여기서 '문명화'의 기준이 '자연적인 것(자연적 속성natural)'의 기준과 모순되지 않게 동반된다는 점이다. 성

관계나 성적 취향의 가치와 무가치는 문명화의 기준뿐 아니라 이른바 인간 본성nature에 걸맞은 것이냐 아니냐에 대한 가치판단의 기준을 동반한다. 달리 말하면 이는 특정한 속성이 인간 본성에 걸맞은 자연스러운 것인지 아닌지를 판단하는 기제이며 "문명적인 것"의 이념은 이러한 가치판단과 이념적 재구조화에 따라 구성된다. 통속적으로 이해되는 것과 달리 "문명적인 것"(또는 문명화의 논리)은 단지 '자연'과의 투쟁의 산물이 아니라, 자연적인 것을 인간적인 것의 '속성'으로 구성하는 전도를 통해 이루어진 것이다.[24] 이를 바탕으로 탄생한 것이 이른바 "근대인의 본성"이자 "선량한 시민의 덕성"이며 "건전한 국민의 속성"이다.

이 전도의 과정은 매우 중요한데, 여기에서 가치 있는 삶(존재)과 무가치한 비존재라는 근대적인 인간 개념이 형성되기 때문이다. 가치 있는 삶(존재)이 자연스러운 덕성의 담지자가 되는 그 순간, '반자연적인 것'으로서 무가치한 비존재라는 규정은 탄생한다. 그리고 이 무가치한 비존재가 더 이상 "생명/존재가 아닌 어떤 것"으로 규정되는 것도 바로 이러한 근대적 인간이 탄생하는 그 순간이다. 따라서 근대적 인간을 규정하는 범주와 이념과 가치판단이 지속되고 재생산되는 그곳은 바로 무가치한 비존재가 지속적으로 재생산되는 장소이며, 거기에서 재연되는 것은 보편적인 인간 가치에 대한 확인이 아니라 죽음의 정치이다. 그것이 '문학의 가치'라는 이름으로 재생산된다 해도 사정은 그리 다르지 않다.

다시 풍기문란에 대한 법제로 돌아가 논의하자면, 이 법제에서 풍기문란 행위를 판단하는 기준은 앞서 논한 것과 같은 문명과 자연, 인간적인 것과 비인간적인 것, 가치 있는 삶과 무가치한 비존재라는 규정을 따라 이루어진다. 따라서 풍기문란에 대한 법제에서 반자연적인 속성의 담지자(동성애자)는 인간 본래의 자연적인 속성에 위배될 뿐 아니라, 근대적인 문명화의 척도에도 위배된다. 따라서 동성애는 인간 됨의 차원에서 문제가 될 뿐 아니라, 근대적 시민권의 차원에서도 문제가 된다.

이러한 구조에서 특정한 속성(이에 동반되는 취향과 행위)은 '인간으로서 보호받을 권리(와 그 박탈)'와 '시민으로서 보호받을 권리(와 그 박탈)'를 판정하는 기준으로 작동한다. 특정한 성적 취향과 성관계를 선량한 풍속이라는 기준에 따라 법적으로 처벌할 수 있다는 구조와 패러다임은 근원적으로 '인간으로서 보호받을 권리(와 그 박탈)', 그리고 '시민으로서 보호받을 권리(와 그 박탈)'와 관련된 문제인 것이다. 이처럼 풍기문란이란 인권과 시민권을 "박탈 가능성"이라는 형태로 구성한다. 앞서 살펴보았듯이 풍기문란이란 '선량한 풍속'이 아닌 것이 무엇인가에 대한 배제를 통해서 이른바 '선량함이라는 자질'을 구성하는 것이다. 이 자질이란 한편으로는 근대적 시민(문명화라는 기준)의 자질을 의미하는 것이며, 이 근대적 시민의 자질은 동시에 인간으로서의 자질(인권)을 구성하는 것과도 관련된다. 달리 말하자면 풍기문란에 대한 배제와 처벌이 선량한 시민과 인간으로서의 자질을 구성하는 기제인 것이다. 그런 점에서 인권과 시민권이란 이러한 "박탈 가능성"을 통해 정립되는 것이기도 하다.

이는 단지 동성애나 성관계와 같은 성에 관한 문제에서만 드러나는 특성이 아니다. 일례로 "선량한 풍속을 해하는 행위"의 세부 항목에 포함된 "사행적 행위"의 경우 "사행심은 인간의 본성에 해당하는 것이어서 철저한 억압은 불가능하지만, 근면 노력과 반대 성질을 내포하는 것"이기 때문에 법적 처벌의 대상이 된다고 규정된다. 즉 이는 생산성의 정도에 따라 개인과 집단에 대해 가치를 판단하는 전형적인 근거이기도 하다. 또한 풍기문란이 선량함·건전함·생산성 등의 범주를 구성하는 "반대 성질"

의 것으로 작동하는 것을 볼 수 있다. 이 경우도 '사행심과 근면 노력'은 단지 문명화의 척도일 뿐 아니라 인간 본성의 특정한 양태로 간주된다. 여기서 문명화란 인간의 속성 가운데 무가치한 것을 억압함으로써 가치 있는 것을 배양하는 것이 된다. 즉 인간의 속성은 그 자체로 보호받을 권리와 시민권을 획득하는 것이 아니라, 무가치한 것을 버리고 가치 있는 형태로 전환될 때에만 (인권에 의해서든 시민권에 의해서든 보호받을 수 있는 대상으로) 진입할 수 있다.

또 "잔혹한 행위"는 "수성(獸性)의 발로로서" "진보와 문명이란 수성으로부터의 탈각"이며 따라서 "잔혹 행위는 인간성을 타락시킨다"는 점에서 처벌 대상이 된다. 같은 논법에 따라 "추태 행위"는 "인간의 수치심을 망각한 데서 출발"하며 "수치심의 정도는 문명의 정도"로 "추태 행위는 문명에 역행하는 행위"이기 때문에 처벌 대상이 된다. (추태 행위에는 "만취해서 도로를 배회하는 행위, 나체로 둔부나 가랑이를 노출시키는 등의 행위, 노상 방뇨 행위 등이 포함된다.)

풍기문란에 대한 통제는 이처럼 인간의 속성을 가치 있는 것과 가치 없는 것으로 분류하면서 이를 '문명화'의 척도로 삼는다는 특성을 보여 준다. 성관계나 성적 취향, 사행적 행위, 잔혹한 행위, 추태 행위 등은 주로 인간의 어떤 '속성'과 관련된 근거들에 의해 처벌 기준이 구성된다. 또 이러한 속성에 대한 가치판단은 속성을 담지한 집단에 대한 가치판단과 위계화에도 작동한다. 풍기문란에 대한 통제에서 혼인 문제가 주로 여성의 성과 관련된다면, 미성년자의 음주나 끽연에 대한 통제는 미성년자의 취향과 삶 자체를 통제 범위에 모두 포함시키는 것이기도 하다. 또 속성에 대한 가치판단은 이것을 구현하는 취향, 생활 방식과 문화 생산물, 문화 생산 및 유통의 장(이른바 풍속영업)에 대한 판단 기제로도 이어진다.

이러한 기제에 따라 풍기문란에 대한 통제 범위에 들어가는 사회적 집단은 여성, 미성년, 비엘리트층 남성, 불량 청소년, 부랑자 등이 된다. 이들 사회적 집단이 근대적인 시민권을 획득하는 과정에서 체계적으로 배제되어왔다는 것은 많은 연구들을 통해 제기된 바이다. 즉 풍기문란에 대한 법적 처벌은 이른바 근대적 주권성이 구성되는 과정에서의 배제와 차별의 기제를 전형적으로 반복하는 것이기도 하다. 이는 이른바 인권 (자유·평등·박애와 같은 범주를 포함하는)에 입각한 근대적 주권성이 실은 성차에 따른 지배와 계급적 차이의 구조화, 연령, 성적 취향 등의 구별의 지표에 따른 배제의 결과였다는 것을 다시 한 번 확인하게 해준다. 그러나 문제의 소재는 단지 이러한 근대적 주권성의 배제와 차별의 구조를 재확인하는 데 있는 것이 아니다.[25]

4. 비국민과 풍기문란의 조우
─정체성 정치와 준(準)내전 체제화의 함의

'선량한 풍속'이라는 기준은 앞서 살펴본 것처럼 무규정적 개념으로 법적 규칙의 함의를 넘어서는 것이다. 그러나 조르조 아감벤이 지적하는 바와 같이 이러한 무규정적 조항의 법제화는 근대적 주권성, 또는 주권 권력이 작동하는 특정한 방식을 보여주는 것이기도 하다. 또한 풍기문란에 대한 비난은 앞서 살펴본 바와 같이 특정한 속성과 이와 연결된 사회·문화적 속성들(이러한 인식 구조에서 취향, 생산성, 문화, 생활 방식 등은 실은 특정 집단의 속성을 체현하는 표지이다)에 의한 지배와 배제

구조를 합리화하는 방식을 취하고 있다. 즉 특정한 집단을 그들이 지녔다고 간주되는 '속성'에 따라 배제함으로써, 바람직하고 가치 있는 집단의 정체성 지표를 구성하는 것이다.

이러한 주체화 과정을 캐럴 페이트먼은 이른바 근대적 개인이라는 정체성이 구성되는 과정에서 작동하는 성적 지배의 차원에서 고찰하기도 했다. 캐럴 페이트먼에 따르면 근대적 주권성이 구축되는 과정은 계약론적 허구에 의해 시민적 노예화를 "자유와 평등"의 구현인 것처럼 정당화하는 과정과 다름없다. 이를 전형적으로 보여주는 것이 이른바 '성차'라는 자연적 속성에 근거를 둔 성적 지배 구조(근대적인 시민적 노예 계약)이다. 여성의 문화적·사회적 속성에 대한 다양한 담론 구조는 이러한 성차에 따른 지배를 정당화하는 과정에서 사후적으로 형성된 것이다. 그리고 여성에 대한 성적 지배는 결혼 계약을 통해 이루어지며, 이는 노동 계약에서도 동일하게 반복된다. (페이트먼은 여성에 대한 성적 지배와 노동자에 대한 노예계약을 동일한 구조로 바라본다.)

이러한 논의에 비추어볼 때 풍기문란에 대한 사회적·도덕적 비난과 법적 규제가 왜 특정 집단의 속성과 이의 체현물로서 문화와 취향, 그리고 생산성의 정도라는 근거를 통해 '가능'해지는지를 이해할 수 있다. 즉 이러한 형태는 이른바 복종(지배)과 타자성의 역사와 그것이 근대적 주권성을 구축하는 과정에서 투영되는 역사적 방식을 전형적으로 보여주는 것이다.[26] 즉 풍기문란에 대한 사회적 비난과 법적 규제는 이른바 '풍기문란'이라는 부정신학적 진술(아감벤)을 통해서 '선량함', 그리고 선량함의 담지자로서 '시민'이라는 정체성을 구축하는 것이다. '선량한 풍속'이란 이른바 선량한 시민의 자질(속성)을 함의한다. 즉 선량한 시민의 자질은 그 자체로 규정되는 것이 아니라 '풍기문란이 아닌 것'이라는 부정신학적 진술에 따라 규정되는 것이다.

조르조 아감벤은 근대적 주권성의 생명정치적 특질을 "단순히 산다는 사실과 정치적으로 가치 있는 삶을 서로 상반된 것으로 보았던" 고대 세계의 생명에 관한 인식틀과 이에 입각한 근대의 주권 개념과 관련하여 설명한다.[27] 또한 아감벤은 "예외가 실정법에 대해 갖고 있는 관계는 부정신학이 실증신학에 대해 갖고 있는 관계와 동일하다. 후자는 신의 몇 가지 명시적인 특징을 예견하는 형태를 취하는 반면, 부정신학(혹은 신비주의 신학)은 신은 '이것도 아니고 …… 저것도 아니다'라는 식으로 신에 대한 일체의 술어predicazione[속성] 부여를 부정하고 보류한다. 그럼에도 부정신학은 신학 바깥에 있는 것은 아니며, 잘 살펴보면 신학과 같은 어떤 것의 일반적인 가능성 자체를 정초하는 근본 원리로 기능하고 있음을 알 수 있다"고 말한다.[28]

아감벤의 표현을 빌리면 풍기문란과 선량한 풍속, 풍기문란자와 선량한 시민의 관계는 부정신학과 실증신학의 관계와 비슷하다. 더 나아가 전시 동원 체제에서 '스파이' 담론과 같은 풍기문란 담론의 확장태를 통해 구성되는 비국민과 국민 됨의 관계 역시 이와 동일하다고 할 수 있을 것이다. 즉 선량한 시민의 속성을 부여하는 술어는 제한적이지만, 오히려 풍기문란에 대한 부정신학적 진술들('이것도 아니고 …… 저것도 아니다')을 통해 그 속성이 규정된다. 이러한 역학은 비국민에 대한 규정과 국민 됨의 규정 사이에도 똑같이 작동한다. 즉 풍기문란과 비국민을 규정하는 세목과 속성은 '무한 증식'하는 형식을 보여주는 반면, 선량한 시민과 국민 됨의 속성과 자질은 추상적인 몇 가지 속성 부여에 의존할 뿐이다.[29] 전시 동원 체제에서 국민 됨의 의미는 비국민 됨의 구조를 통해서만 규명할 수 있다는 문제 설정의 전환이 필요한 것도 이 때문이다.

이른바 건전한 풍속을 보호하기 위해 사회 통념과 '미풍양속'이라는 규정에 따라 법적인 처벌이 가능해질 수 있는 구조는 주권 권력의 실행에서 도덕적 비난과 법적 규제의 경계가 사라지는 지점을 보여준다. 이는 달리 말하면 이른바 도덕적 계몽(문명개화의 이념과 같은)과 법적 보호라는 근대적 주권성의 이념이 기본권에 대한 박탈 가능성에 의해 지탱되고 있다는 사실을 보여주는 지점이기도 하다.

이렇게 도덕적 비난과 법적 처벌의 경계가 사라지는 지점이 바로 근대적인 주권 권력의 생명정치가 죽음의 정치로 전환되는 문턱이라고 할 수 있을 것이다. 이러한 기제를 정확하게 규명함으로써 왜 파시즘 체제에서는 단지 누군가에 의해 비난의 대상으로 지목(이른바 고발)되는 것만으로도 '절멸' 가능성에 노출될 수 있는지를 설명할 수 있다. 또 이러한 도덕적 비난(지목과 스캔들화)이 주권 박탈(절멸)로 이어지는 구조는 섹스 스캔들에 연루되어 자살에 이르게 된 일부 신여성의 문제에만 국한되는 것이 아니다. 오히려 섹스 스캔들에 연루되어 자살에 이르게 된 신여성의 '운명'은 지목과 고발만으로도 주권 박탈과 절멸 가능성에 노출되는 비국민화라는 주권적 폭력의 기제를 상징적으로 예비하고 있었던 것이다.[30]

또한 여기서 중요한 것은 비국민적 행위와 집단을 지목하고 고발하는(담론적 차원의 비난과 법적 차원의 처벌, 교육, 교화 기관을 통한 고발, 보고, 일러바치기 등을 모두 포괄하는) 행위에 담긴 수행성의 문제이다. 전시 동원 체제에서 국민 됨(이른바 황민화)의 과정은 수행적인 성격을 띠는데, 이 수행성은 단지 교육 칙어를 암송하는 것과 같은 방식을 가리키는 것은 아니다. 황민화가 지니는 수행성의 측면은 오히려 비국민에 대한 '고발'이라는 차원을 강력히 수행하는 데서 드러난다. 그리고 비국민에 대한 고발이라는 수행성은, 바로 이 고발을 통해 자신의 국민 됨의 자질을 스스로 증명하는 일(자기 증명)이었다는 점과도 관련된다. 이것이 황민화라는 국민 됨이 지닌 중요한 측면이라 할 것이다. 즉 전시 동원 체제에서 국민화란 끝없는 자기 증명(고발)을 통해서 비국민을 생산하는 것, 아니, 본질적으로는 비국민에 대한 생산 없이는 불가능한 자기 증명의 과정이었던 것이다. 그런 점에서 황민화란 죽음의 생산, 절멸을 통해서만 자기 갱신이 가능한 국민화 프로젝트였다고 할 수 있을 것이다.[31] 따라서 황민화란 국민 됨에 대한 환상뿐 아니라, 절멸에 대한 공포를 끝없이 환기하는 일이었던 것이다.

식민성, 문란함, 그리고 《나나》
— 번역 가능성과 번역 불가능성의 경계, 또는 제국과 식민지의 시차

1. 번역과 풍기문란 통제

일제시기 풍기문란 통제를 규명하기 위해 살펴봐야 할 중요한 사안 가운데 하나는 번역서 수입에 대한 규제 문제이다. 그러나 사실 수입 규제 도서의 범위가 너무나 방대하기 때문에, 그 전체를 파악하기란 현재로서는 다소 어려운 일이다. 그러므로 일제시기 문화 생산물의 수입과 제한에 관한 전체적인 연구와, 출판물의 경우 번역과 도서 수입 시장에 관한 연구가 총체적으로 이루어짐으로써 전체적인 면모를 파악할 수 있으리라 생각된다. 따라서 이 장에서는 일제시기 풍기문란 통제 연구에서 특징적인 함의를 지니는 텍스트로서 에밀 졸라의 《나나》의 번역과 수입 금지 문제에 국한하여 간략하게 검토해보려 한다.

한국에서 풍기문란 통제가 작용하는 방식을 살펴보는 데 범례로서 중요한 가치가 있는 수입 도서는 D. H. 로런스의 《채털리 부인의 사랑》

(1928)과 에밀 졸라의 《나나》이다. 《채털리 부인의 사랑》에 대한 판례
는 현재 한국에서 '음란물'을 판정하는 근거가 되고 있다. 이것은 1957년
3월 13일 일본에서 이루어진 "《채털리 부인의 사랑》 역서(譯書) 출판사
건에 관한 판결"인데, 이 판례가 오늘날 한국 형법에서 음란물 판결의 기
준으로 채택되고 있는 것이다. 장정일의 《내게 거짓말을 해봐》의 음란
성 여부를 다룬 재판도 이 판례를 근거로 진행되었다. 에밀 졸라의 《나
나》는 이와 조금 다른 맥락에서 일제시기 풍기문란 통제의 다소 기이한
역학을 규명하는 데 흥미로운 시사점을 주는 텍스트라고 할 수 있다.

　에밀 졸라의 작품 중 한국에 가장 많이 소개된 작품은 《나나》이다. 그
런데 이런 질문을 해보고 싶다. 왜 《나나》일까? 에밀 졸라의 많은 작품 가
운데 유독 《나나》를 중심으로 한국에 번역 소개된 것은 어떤 요인 때문
일까? 일제시기 이래 한국에서 세계 문학 번역의 주요 창구가 일본이었
던 까닭에 일본의 영향을 받은 것은 아닐까? 이런 질문을 해볼 수 있을
것이다. 그런데 막상 일제시기 일본과 한국에서 에밀 졸라가 수용된 양
상을 비교해보면, 일본에서는 다양한 스펙트럼으로 에밀 졸라의 작품이
번역 출간되고 있는 반면 조선에서는 《나나》 이외의 작품에 대한 번역 소
개가 거의 전무하다는 것을 알 수 있다. 물론 일본과 조선 사이의 번역의
차이에는 여러 요인이 작용하겠지만, 이 글에서는 주로 검열과 이로 인
해 형성되는 어떤 수용의 패턴만 간략하게 살펴보려 한다. 즉 일제시기
조선에서 에밀 졸라의 수용은 주로 《나나》를 중심으로, 그것도 한시적으
로만 이루어졌는데, 이는 검열과 통제라는 것이 식민지의 문화 구조를
어떻게 한정하는가를 생각해볼 수 있는 하나의 단초가 아닐까 여겨진다.

　《나나》는 사회주의적 경향보다는 다소 선정적인 흥밋거리로 식민지
출판 시장에 진입했다는 점을 알 수 있다. 《조선일보》에 소개된 《나나》

의 경우도 함께 실린 화보가 인상적으로 전하듯이 선정성이 강하게 부각되고 있다. 일본에서는 에밀 졸라의 사회주의 계열 작품들이 다양하게 번역 소개된 반면 식민지 조선에서 거의 전무했던 것은 검열 때문이기도 하지만, 번역 전문가의 문제 등 제국과 식민지 사이의 낙차를 상징적으로 보여주는 것이기도 하다. 문제는 해방 후에도 이러한 사정이 크게 달라지지 않았다는 점이다. 뒤의 자료들에서도 알 수 있지만, 해방 후에도 한국에서 에밀 졸라의 번역은 여전히《나나》를 중심으로 이루어졌다는 것을 알 수 있다. 그런데《나나》는 일제시기 전형적인 풍기문란 도서로 간주된 작품인데, 해방 후 에밀 졸라의 작품이 주로《나나》에 집중되어 소개되었다는 점은 다소 역설적으로 느껴진다. 이 장에서는 몇 가지 시론적인 질문을 토대로 일제시기와 해방 후 일본과 한국에서 에밀 졸라의 번역과 수용의 문제를 정념의 배치와 번역 불가능성의 경계라는 차원에서 간략하게 살펴볼 것이다.

일제시기《나나》가 처음으로 번역된 것은 1924년이다. 그런데 흥미로운 것은 에밀 졸라의《나나》는 원작뿐 아니라 일어본까지도 여러 차례 수입이 금지되었다는 점이다. (エミ-ル ゾラ,《ナナ》는 1928년에 한 차례 수입 금지 처분되었고, 世界文學全集 第17編〔新潮社, 大正 2年 初版〕은 1936년에 다시 수입 금지 처분되었다.[1]) 여기서 조선에 수입 금지된《나나》는 일본에서 번역된 일어본《나나》이다. 이 판본은 1924년 조선에서 발간된 한국어본《나나》의 번역 텍스트가 된 '원본'이다. 즉 당시 조선에 소개된《나나》는 이 일본어판을 토대로 번역되었는데, 그 일어본이 풍기문란이라는 이유로 1928년과 1936년에 각각 조선에 수입이 금지되었던 것이다. 그러면 먼저 한국에서《나나》의 번역 상황을 살펴보도록 하자.

에밀 졸라의 《나나》 초판본(박문서관, 1924).

《나나》, 《조선일보》(1929. 10. 22), 연재분 1회.

《나나》, 《조선일보》(1929. 10. 23).

《나나》, 《조선일보》(1929. 10. 24).

2. 1924년부터 2011년까지 한국에서의《나나》의 번역 상황

초창기 한국에서 에밀 졸라는 작품을 통해서보다는 주로 이론이나 비평 수준에서 받아들여졌다. 그렇다면 왜 작품은 그렇게 활발하게 소개되지 않았을까? 이에 대해서는 다양한 진단이 내려졌다. 프랑스어 전공자의 부족이라든가 번역의 어려움, 작품보다는 이론 위주로 서구 문학을 수용한 점 등 다양한 요인을 들 수 있을 것이다.[2] 에밀 졸라의 작품 가운데 한국에서 단행본으로 출간·소개되고, 일제시기에 처음 소개된 이후 가장 많이 번역된 작품은《나나》이다. 그러면《나나》가 출간된 상황을 살펴보도록 하자(〈표 1〉 참고).

〈표 1〉 일제시기《나나》번역 출간 상황

서명	역자	출판사	출간 연도
나나	홍난파(홍영후)	박문서관	1924
나나	心卿山人	조선일보	1929. 10. 22
나나	윤갑춘	여성시대	1930. 9. 11
나나	이정호	신여성	1933. 10. 1

《나나》는 1924년 처음 출간된 이래 2008년까지 모두 54종이 출간되었다. 〈표 2〉에서도 확인할 수 있듯이,《나나》는 1950년대 중반부터 본격적으로 번역되었다. 1955년부터 1960년대 중반까지《나나》는 을유문화사·정음사 등 대표적인 인문과학 출판사들에서 중복 출판된 것을 확인할 수 있다. 이 시기에 에밀 졸라의 소설만 번역이 증가한 것은 아니다. 1950년대 중반 이후 한국에서는 서구 문학의 번역이 폭발적으로 늘어나는데,《나나》가 이 시기에 집중적으로 번역된 것은 이러한 상황과

〈표 2〉 1950~60년대《나나》번역 출간 상황(단행본)

서명	역자	출판사	출간 연도	비고
나나	김용호	大志社	1955	
나나	정명환 · 박이문	正音社	1958	
나나	김용호	문우사	1958	
나나	김용철	대문사	1958	
목로주점, 나나	정봉구	을유문화사	1960	
나나	이병두	진문출판사	1961	
나나, 떼레에즈의 비극	정명환 · 박이문	正音社	1962	
목로주점, 나나	정봉구	을유문화사	1963	
나나	역자 미기입	아동문화사	1965	
세계문학전집13 (나나, 떼레에즈의 비극)	정명환 · 박이문	正音社	1965	
세계문학전집 13 (나나, 떼레에즈의 비극)	정명환 · 박이문	正音社	1967	
(초역)세계문학전집 4	정신사 편집부 편역	正信社	1967	
세계문학전집 35 (나나, 실험소설론)	송면	三省출판사	1969	
세계명작소설선집 제3권 (나나)	김광주 편역	불이출판사	1969	

관련된다.

1960년대 중반 이후《나나》가 번역되는 상황에서 중요한 요인은 이 시기에 붐을 이룬 세계문학전집 출간이라 할 수 있다. 그 뒤 2000년대까지《나나》는 꾸준히 출간되었다는 것을 알 수 있다(168쪽 별첨 〈표 1〉

1970년대 이후《나나》단행본 번역 출간 상황 참조). 2011년에는《나나》라는 제목으로 한국의 여성작가 서하진의 소설이 출간되기도 했다(현대문학사).《나나》는 1950년대 이래 번역이 양적으로 엄청나게 늘어났는데, 그렇다면 1950년대 이전에는《나나》에 대한 번역이 왜 전무하다시피 한 것일까? 1924년 처음 출간된 이후 1955년에 이를 때까지 단 한 권만 번역된 채, 왜《나나》는 한국의 출판계에서 종적을 감춘 것일까?

이 장에서는 이 공백vacuum을 식민성과 번역, 그리고《나나》로 상징되는 어떤 '문란함obscenity'과 관련해 간략하게 논의해보려 한다. 물론 이러한 번역의 문제를 살펴보기 위해서는 사회주의 검열과 번역에 대한 서지학적 고찰, 번역가의 경향성 등에 대한 총체적인 연구가 병행되어야 할 것이다. 그러나 이 장에서는《나나》의 번역과 관련된 문제를 풍기문란 통제의 주요한 특성을 보여주는 하나의 사례로서 다룰 것이다. 특히 풍기문란 통제에서 식민성·문란함과 관련된 주요한 특성들을《나나》의 번역 불/가능성 문제를 중심으로 논의해보자.

3. 제국과 식민지 사이의 번역 가능성과 번역 불가능성의 시차

한국 번역문학사의 선구자인 김병철의 연구에 따르면 프랑스 소설이 잡지에 번역된 수는 1920년대에 42편, 1930년대에는 45편, 1935년 이후에는 12편에 지나지 않으며, 1935년부터는 단행본으로 출간된 작품이 단 한 편도 없다. 1920년대에 번역된 프랑스 소설 가운데 에밀 졸라의 작품은《그랑미슈》(주요한 옮김,《동아일보》, 1925년 10월 3일~5일)와《나나》(《조선일보》, 1929년 10월 29일~11월 3일 4회 분재) 두 편이다.

홍난파가 번역한 《나나》는 1924년 박문서관에서 단행본으로 발간했는데, 이것이 번역을 통해 한국에 소개된 에밀 졸라의 최초의 작품이기도 하다.[3]

그렇다면 1924년 《나나》가 처음 출간된 이후 에밀 졸라의 작품이 번역된 상황을 살펴보기로 하자. 〈표 1〉에서도 보았듯이 《나나》는 1924년 단행본으로 출간된 후 1929년, 1930년, 1933년 각각 잡지에 번역되어 실렸다. 1933년 이후로는 단행본이든 잡지에 실린 형태이든 《나나》가 출간된 사실을 찾아볼 수 없다. 앞에서 살펴본 것처럼 에밀 졸라의 《나나》는 원작뿐 아니라 패러디 작품까지 지속적으로 발매 금지 대상이 되었다.

그렇다면 에밀 졸라의 다른 작품들은 어떠할까? 별첨한 〈표 2〉(171쪽)에서 확인할 수 있는 것처럼 해방 전까지 한국에서 단행본으로 출간된 에밀 졸라의 작품은 《나나》 한 편뿐이며, 1924년 이후 단행본으로 출간된 작품이 단 한 편도 없다. 단행본은 1924년, 잡지에서는 1933년을 기점으로 에밀 졸라의 작품 번역은 매체 공간에서 모습을 감춘다. 이 시기 외국 작품 번역은 대부분 일본어본을 토대로 하고 있었는데, 그렇다면 일본에서 《나나》가 출간된 상황은 어떠할까?

〈표 3〉에서 보는 바와 같이 일본에서 《나나》 번역은 1922년부터 시작되어 1939년까지 이어진다. 1939년의 판본은 1922년판의 3판이다. 일본에서 《나나》 단행본 출간은 1939년을 기점으로 막을 내리고 있다. 그리고 일본에서 에밀 졸라의 다른 작품에 대한 번역 출간은 1941년을 기점으로 막을 내린다(178쪽 별첨 〈표 3〉 참고).

《나나》의 번역과 출판이 종료되는 시점을 볼 때 조선과 일본 사이에는 1933년과 1939년이라는 시차가 존재한다. 또한 에밀 졸라의 전체 작품에 대한 번역이 종료되는 시점을 보면 조선은 1933년, 일본은 1941년이

<표 3> 1945년 이전 일본에서의 《나나》 번역 출간 상황

서명	역자	출판사	출간 연도
ナナ : 梗概		文献書院	1922
ナナ	笹村茂	上方屋出版部	1922
ナナ	宇高伸一	新潮社	1922
ナナ	宇高伸一	新潮社	1923
ナナ	三好達治	春陽堂	1923
ナナ物語	平栗要三 編輯	日本評論社 出版部	1923
女優ナナ	松山敏	愛文閣	1923
ナナ	笹村茂	散文館書店	1925
ナナ	井上勇	世界文豪代表作全集 刊行會	1926
女優ナゝ	棚田紫郎	榎本書店	1926
ナナ : Nana	宇高伸一, 木村幹	新潮社	1927
ナナ, 夢	宇高伸一	新潮社	1927
ナナ, 下	田邊貞之助	岩波書店	1927
ナナ	宇高伸一	新潮社	1927
世界文學全集 (第1期) 第19卷	宇高伸一	新潮社	1927
女優ナナ	西牧保雄	三水社	1927
女優ナナ	池田光太郎	三興社	1928
ナナ ; 夢	宇高伸一, 木村幹	新潮社	1929
ナナ	三好達治	春陽堂	1933
ナナ	宇高伸一	新潮社	1933
ナナ, 上卷	宇高伸一	新潮社	1939

라는 시차가 발견된다. 1933년과 1939년, 1933년과 1941년이라는 이 시
차는 과연 어떤 의미일까? 이것이 제국과 식민지 사이의 어떤 시간 차이
를 상징하는 단서가 될 수 있을까? 이 시차를 해명하기 위해 필요한 사항

들은 무엇인가?

이 글에서는 이러한 시차를 해명하기 위한 몇 가지 단서를 제시하는 것으로 논의를 한정하려 한다. 일단 이 시차와 관련한 이 글의 논의는 주로 제국과 일본 사이의 검열과 통제 역학의 차이, 또 이와 관련해 풍기문란이라는 통제가 작동하는 방식의 특성, 그리고 하층계급의 방탕함과 이에 대한 '금기'와 '비판'의 이데올로기들이 서로 다른 주체들 사이에서 갈등하고 경합하고 조우하는 지점들을 중심으로 진행된다. 《나나》라는 존재being가 문란함obscenity이라는 속성attribute을 기준으로 가치가 판단되고, 가치가 절멸(판매 금지)되는 과정 자체의 의미는 무엇인가? 나아가 《나나》가 문란함이라는 정념의 담지자agency로 판정받으면서 그 유통에 어떠한 변화가 생기는가? 그리고 그 유통에서 제국과 조선 사이에 발생하는 시차란 제국과 조선의 주체 위치와 어떤 관련이 있는가?

《나나》라는 정념 담지자의 유통 변화와 유통의 임계선limit of the distribution은 제국과 식민지 조선 각각에서 이른바 문란한 주체의 위치position of subject를 유추해볼 수 있는 하나의 상징적 준거라고 할 수 있다. 1910년대 초반부터 1945년까지 식민지 조선과 일본에서 《나나》라는 텍스트의 유통distribution 변화는 이른바 문란함의 담지자라는 것이 어떻게 설정되며, 동시에 그 주체 위치가 어떻게 배분distribution되는지를 고찰할 수 있는 하나의 중요한 범례로 간주될 수 있는 것이다.

4. 번역 가능성과 불가능성의 문턱으로서의 풍기문란
—《나나》의 출판 유통과 주체 위치의 배분, 정념의 배치

일제시기 조선에서 에밀 졸라의 번역이 어떤 시점에 이르러 자취를 감추게 된 사정을 검토하기 위해서는 번역 전공자의 역량과 같은 조선인들 내부의 사정도 중요하겠지만, 무엇보다 당대의 출판 검열 상황을 규명하는 것이 중요하다. 일제시기의 검열과 관련해서는 최근에야 본격적으로 연구되고 있는데, 그것은 주로 사상 검열, 특히 사회주의나 민족주의와 관련된 차원에 집중되어 있다. 따라서 사회주의나 민족주의와 '직접' 관련이 없어 보이는 사안들에 대해서는 연구가 거의 이루어지지 못하고 있다.

일제시기 검열에서 두 가지 기준은 '치안방해'와 '풍속 괴란'이라는 두 차원이었다. 그러면《나나》가 풍기문란 검열에서 어떤 의미가 있는지부터 살펴보자.

앞서 살펴본 바와 같이《나나》는 조선에서 이미 한 차례 발간되었을 뿐 아니라, 잡지나 신문에도 몇 차례 연재되었다. 또 일본에서는 몇 차례 번역 소개된 바 있다. 그런데 이미 발행된 도서에 대한 출판과 발행, 수입을 금지한다는 것은 무엇을 의미할까? 또한 그것이 가능할까? 그리고 그 효과는 무엇일까? 이러한 기이한 통제 방식을 이해하려면 일제시기 조선에서 풍기문란 통제가 과연 어떤 것이었는지를 이해해야만 한다.

《나나》의 출판과 유통과 유통이 금지되는 과정, 그리고 거기에서 발생하는 일본 내지와 조선 사이의 시차는 풍기문란 통제와 주체 위치의 배분, 나아가 정념을 특정 주체에게 할당하는 흥미로운 역학을 보여준다. 앞서 1부와 2부의 다른 장에서도 논의한 바와 같이, 이는 풍기문란 통제를 단지 음란물에 대한 통제가 아니라 정념의 할당과 주체 위치의 배분이라는 차원에서 해석해야 하는 문제와도 관련이 깊다.

1924년 조선에서 번역된 《나나》는 일본어판 《나나 ナナ》(宇高仲一 옮김〔新潮社, 1922〕)를 번역한 것이다. 김병철도 지적하듯이, 이 번역은 일어본을 발췌 번역한 것이다. 서구 문학작품의 발췌 번역은 당시 조선에서 특별한 일이 아니었다. 그 뒤 《나나》는 《조선일보》에 다시 4회에 걸쳐 연재되고, 《여성시대》·《신여성》 등에도 실린다. 이는 서양 고전으로서의 《나나》라는 텍스트가 대중적인 독자들에게 전파되고 유통되는 전형적인 양상을 보여준다. 이 과정에서 《나나》는 좀 더 대중이 읽기 쉬운 텍스트로 전파된다. 특히 《여성시대》나 《신여성》 같은 부인 잡지를 중심으로 유통되었다는 것은 조선에서 《나나》의 대중적 확산이 주로 여성 대중 독자의 정서에 부합하는 방식을 취했다는 사실을 나타낸다. 에밀 졸라의 많은 소설들 가운데 《나나》가 유일하게 번역되고 대중적으로도 확산될 수 있었던 이유는 《나나》가 여성 대중용 독물(讀物 : 읽을거리)로서 대중적으로 전파된 것과도 무관하지 않다고 보인다. 이에 견주어 일본에서는 《나나》가 1927년에 이미 다양한 판본으로 출간되었고, 앞서 살펴본 신조사판 《나나》는 1927년까지 여러 판을 갱신하면서 출간되었다. 또 1927년에는 역시 신조사에서 《세계문학전집》 형태로 출간해 유통시킨다. 이러한 점들만으로도 조선과 일본에서 《나나》의 지위position는 서로 달랐다는 사실을 추정해볼 수 있다.

다시 조선에서의 《나나》 문제로 돌아가보자. 1930년대 초반에 이르면 《나나》는 좀 더 대중적인 독자들에게까지 확산되어 유통되었다. 그러나 그 뒤로 《나나》는 더 이상 유통이 확산되지 않았을뿐더러, 출판 자체의 확산도 더는 확인되지 않는다. 일본에서는 1933년과 1939년까지도 여러

출판사에서《나나》를 출판·유통시킨 사실에 비추어, 조선에서는《나나》의 유통이 일본에서보다 좀 더 일찍 어떤 한계점에 도달했다는 것을 알수 있다. 이는 조선에서《나나》가 1928년에 이어 1936년에 두 번째로 수입이 금지된 사정이 직간접적으로 작용했기 때문이라고 생각해볼 수 있다. 1928년에도《나나》는 수입 금지처분을 받았음에도 다른 형태로 출간되었으나, 1935년을 기점으로는 더 이상 그 모습을 확인할 수 없다. 따라서 1935년 이후의 상황은 검열의 강화뿐 아니라 서구의 정전에 대한 통제의 강화라는 상황과도 관련이 깊을 것이라고 유추할 수 있을 뿐이다. 그러나 막상 일본 내에서는 여전히 에밀 졸라의 작품 출판이 진행된 점으로 미뤄볼 때, 이는 일본과는 다른 식민지에 대한 차별적인 통제의 방식과도 결부시켜 생각해볼 수 있을 것이다.

시기적으로 볼 때《나나》가 1920년대에는 조선에서 서양 고전으로 유통되었다면, 1930년대 초반에는 여성 대중 독자의 읽을거리로 유통되었고, 1930년대 후반에 이르면 풍기문란한 도서로 유통 자체가 불가능해진 것이다. 이러한 진행 과정은 풍기문란이라는 통제 방식이 어떻게 특정 대상이나 주체를 '문란한', 즉 부적절한 정념의 담지자로 위치를 지정해나가는지를 흥미롭게 보여준다.《나나》는 서양 고전에서 여성의 읽을거리로, 그리고 음란 도서로 그 위치가 이동된다. 서양 고전으로서의《나나》가 남성 독자의 필독서였다면, 여성 독자의 교양물이 된《나나》는 잠시나마 여성 대중의 것으로 간주되었다. 그러나 풍기문란 도서로 지정됨으로써 이제《나나》는 어떤 조선인도 접근할 수 없는 것, 즉 더 이상 조선인의 몫이 아닌 것이 되어버린다.

바로 이러한 점에서 식민지 조선에서《나나》가 번역이 가능한 도서에서 번역이 불가능한 도서로 자리바꿈하는 과정은, 어떤 특정한 주체의 위치가 번역 가능한 것에서 번역 불가능한 것으로 자리바꿈하는 과정을 상징적으로 보여준다. 또한 그렇게 어떤 주체의 위치가 번역 가능한 영역에서 번역 불가능한 영역으로 변환되고, 이 변환을 거치면서 몫portion이 사라지고 몫의 배분distribution이 사라지는 그 문턱에 바로 '음란함'이라는 표지remarks, 또는 풍기문란이라는 규정(무규정적 규정)이 놓여 있다.

이 지점에서 다시 1933년 이후 《나나》의 유통 공백과 풍기문란이라는 규정의 상호 연계를 살펴보자. 《나나》의 유통 공백은 풍기문란이라는 무규정적 규정의 특성을 함축적으로 보여준다. 즉 풍기문란이라는 규정은 그 자체로 '공백vacuum'이다. 풍기문란에는 어떠한 자기규정self-definition도 없다. 따라서 풍기문란을 판정하는 규정이 무엇인가 하는 질문 자체는 풍기문란 통제의 역학을 규명하는 데 아무런 도움이 되지 않는다. 풍기문란은 "풍기문란은 무엇인가?" "풍기문란 검열의 기준은 무엇인가?"라는 질문으로는 규명할 수 없는 사안이라는 것이다. 즉 풍기문란은 번역 가능성과 번역 불가능성의 경계를 구별 짓는 표지이자, 그 구별을 만들어내는 할당과 배분의 기제 그 자체이다.

따라서 1933년 이후 《나나》의 유통 공백은 풍기문란이라는 무규정적 규정이 작동함으로써 주체의 자리가 어떻게 공백으로 대체되는지를 보여주는 전형적인 사례라고 할 수 있다. 즉 어떤 주체는 풍기문란이라는 규정 아래 놓이는 순간 주체의 자리에서 공백의 자리, 몫portion이 없고 자리position가 없는 곳으로 위치가 할당된다assignment of the position. 그리고 이렇게 몫도 자리도 없는 주체의 자리란 실은 공백, 즉 주체가 말살된 자리나 마찬가지이다.

5. 《나나》의 번역 가능성의 경계를 통해 생각해보는 해방과 고착의 문제

앞서 살펴본 바와 같이 해방 후 에밀 졸라의 작품 소개와 번역은《나나》를 중심으로 이뤄졌다. 에밀 졸라의 사회주의적 경향을 대표하는 작품인《제르미날》이 일본에서는 근대 초기부터 번역된 반면, 한국에서는 1989년에야 번역되었다는 점은 매우 상징적이다. 그런 점에서 냉전기 내내 에밀 졸라의 번역이《나나》를 중심으로 진행된 것은 일제시기와 해방 이후의 어떤 차이와 연속성을 생각하는 데 하나의 유비로 삼을 수 있을 것이다. 물론《나나》가 일제시기 풍기문란 도서로 통제되었다는 사정을 감안하면, 해방 후《나나》가 중점적으로 출간된 것을 얼핏 해방 후 출판 상황이 일제시기보다는 자유로워진 상황을 반영하는 것으로 해석할 수도 있을 것이다. 그러나《제르미날》같은 사회주의 경향의 작품 번역이 거의 전무한 채 유독 풍기문란으로 통제되었던《나나》를 중심으로 해방 후에도 에밀 졸라의 번역이 편중된 것은 일제시기의 문화적 통제의 유산과 관련하여 흥미로운 생각거리를 남겨준다.

번역사라는 차원에서 본다면 시론적인 발상이지만, 에밀 졸라의 사회주의 경향의 작품이 소개되기 힘든 상황에서《나나》는 사회주의적 함의를 어렵사리 피하면서도 에밀 졸라의 작품을 대중적으로 소개하기에 다소 수월한 사례였다고도 생각할 수 있을 것이다.《나나》자체에 선정성과 관련된 논란이 항상 따라붙기도 했지만, 일제시기 조선에서《나나》의 번역 소개도 다소 선정성에 치우쳐 있고, 그러한 소개도 아주 일시적으로만 가능했으며, 마침내는《나나》마저도 풍기문란 도서로 번역 소개 자체가 금지되었다는 점을 고려하면, 해방 후《나나》의 번역 소개는 일종의 터부가 되었던 작품에 대한 소개라는 점에서 일종의 해방감을 주는 것일 수도 있었으리라 유추해볼 수 있다. 그렇지만 결과적으로는 '풍기문란'으로 지정된 작품을 중심으로 한 번역 소개가 에밀 졸라의 작품 소개를 《나나》라는 텍스트에 편중되게 한 요인이 된 것은 아닐까 생각해볼 수 있을 것이다. 즉 일제시기 조선에서 《나나》의 소개 자체가 일단 선정적인 면을 대중에게 부각하는 방식으로 이루어진 터에 풍기문란 통제가 《나나》라는 텍스트에 대한 터부 의식을 형성한 것이라고도 보인다. 또한 해방 후에도 사회주의 계열의 작품에 대한 검열이 지속되었기 때문에 역설적으로 《나나》의 번역은 터부를 위반하는 해방감과도 맞닿아 있지 않았을까?

일제시기와 해방 후 에밀 졸라의 번역 상황과 《나나》의 번역 상황은 풍기문란 통제가 일제시기와 해방 후 어떻게 연속되면서 고착되는지를 유비적으로 보여주는 사례로 생각해볼 수 있다. 즉 일제시기 일본과 달리 조선에서는 에밀 졸라의 수용 자체가 원천적으로 제한적이었고 《나나》조차도 두 차례 풍기문란 도서로 수입 자체가 금지되면서 1935년을 전후로 담론장에서 에밀 졸라의 텍스트 자체가 모습을 감추게 된다. 이는 제국과 식민지 사이의 번역의 낙차와 번역 불가능성의 한계치를 상징적으로 보여준다.

그런데 해방 후 오랜 기간 에밀 졸라의 번역 소개가 《나나》를 중심으로 진행된 것은 일제시기 형성된 풍기문란 통제의 역학이 '해방'되면서도 고착되는 전형적인 모습을 보여준다. 즉 해방 후 《나나》는 일제시기의 풍기문란 통제의 역학에서는 해방되었지만, 그럼으로써 에밀 졸라의 작품 번역이 《나나》에 고착되는 현상을 보여주는 것이다. 이는 물론 해방 후 사회주의 계열 작품에 대한 검열이나 번역자들의 경향성과도 밀접하게 연관된 일이다. 이제 일제시기의 풍기문란 통제에 대한 논의를 토대로 해방과 한국전쟁, 냉전을 거치면서 풍기문란 통제와 주체의 배치가 어떻게 변화되는지를 살펴볼 것이다. 해방 후부터 냉전기에 이르는 시기의 풍기문란 통제의 문제를 살펴보는 데서 이러한 '해방'과 고착의 문제는 가장 중요한 생각거리이기도 하다.

별첨 〈표 1〉 1970년대 이후 《나나》 단행본 번역 출간 상황

서명	역자	출판사	출간 연도
나나	김현태	규문사	1970
세계문학전집 26 (나나)	역자 미기입	정음사	1970
나나	역자 미기입	삼성출판사	1970
나나, 목로주점	김현 · 김치수	동화출판공사	1970
목로주점, 나나	김현 · 김치수	동화출판공사	1971
나나, 떼레에즈의 悲劇	정명환	정음사	1971
목로주점, 나나	김현 · 김치수	동화출판공사	1972
나나	김현태	규문사	1972
나나	김현 · 김치수	동화출판공사	1973
목로주점, 나나	김인환	동서문화사	1973
세계문학전집 73 (나나, 목로주점)	을유문화사 편	을유문화사	1973
나나, 실험소설론	송면	삼성출판사	1974
나나 1	김현태	세일사	1974
나나 2	김현태	세일사	1974
나나, 떼레에즈의 悲劇	정명환 · 박이문	正音社	1974
나나, 실험소설론	송면	삼성출판사	1975
목로주점, 나나	김인환	동서문화사	1975
세계문학정선집 1 (나나)	김광주 편	광학사	1975
나나, 실험소설론	송면	삼성출판사	1976
나나 上	김현태	삼중당	1976
나나 下	김현태	삼중당	1976
세계문학전집 29 (나나)	방곤	삼진사	1976
여자의 일생, 나나	손석린	대양서적	1976
세계문학대전집 (나나)	손석린	대양서적	1977
나나, 목로주점	김현 · 김치수	동화출판공사	1977
나나, 실험소설론	송면	삼성출판사	1977
나나 1	김현태	경림	1978
나나 2	김현태	경림	1978
나나	김인환	동서문화사	1978
세계문학전집 29 (나나)	방곤	삼진사	1978

나나, 목로주점	김현 · 김치수	동화출판공사	1978
세계명작 다이제스트 5 (나나)	역자 미기입	범우사	1978
세계문학 10 (나나 1)	김현태	경림출판사	1979
세계문학 10 (나나 2)	김현태	경림출판사	1979
나나, 실험소설론	송면	삼성출판사	1979
세계문학전집 29 (나나)	방곤	삼진사	1979
나나, 떼레에즈의 비극	정명환 · 박이문	정음사	1979
목로주점, 나나	정봉구	을유문화사	1979
목로주점, 나나	정봉구	을유문화사	1980
여자의 일생, 나나	손석린	대양서적	1980
나나, 실험소설론	송면	삼성출판사	1980
나나, 목로주점	김현 · 김치수	동화출판공사	1980
나나, 목로주점	김현 · 김치수	동화출판공사	1981
나나	이휘영	금성출판사	1981
나나, 실험소설론	송면	삼성출판사	1981
세계문학전집 28 (나나)	신상웅	지성출판사	1981
나나, 목로주점	김인환	동서문화사	1981
한진영화소설대계 31(나나)	홍은원	한진출판사	1982
나나	김인환	문공사	1982
나나	양원달	지성출판사	1982
세계문학전집 29 (나나, 목로주점)	정봉구	을유문화사	1982
세계문학전집 26 (나나, 떼레에즈의 비극)	정명환 · 박이문	정음사	1982
나나 (외)	송면	삼성언어연구원	1982
애장판 세계문학전집 19 (나나)	이휘영	금성출판사	1983
여자의 일생, 나나	손석린	교육문화사	1985
세계문학전집 26 (나나, 떼레에즈의 비극)	박이문 · 정명환	정음문화사	1985
나나	송면	삼성출판사	1985
세계문학전집 26 (나나, 떼레에즈의 비극)	박이문 · 정명환	정음문화사	1986
인형의 집, 나나	김양순 · 박동혁	범한출판사	1986
나나, 떼레에즈의 悲劇	정명환 · 박이문	을유문화사	1986
나나	송면	삼성출판사	1987

골짜기의 백합, 나나	이윤석	학원출판공사	1987
인형의 집, 나나	역자 미기입	교육서관	1988
인형의 집, 나나	손석린	교육문화사	1988
골짜기의 백합, 나나	김인환	동서문화사	1988
나나	이휘영	금성출판사	1989
나나	정봉구	을유문화사	1989
골짜기의 백합, 나나	김인환	학원출판공사	1989
세계문학대전집 50 (나나)	이휘영	금성출판사	1990
나나	최정순	일신서적	1990
여자의 일생, 보바리 부인, 나나	김인환	동서문화사	1990
인형의 집, 나나	박동혁	한국도서출판중앙회	1991
세계문학 11(목로주점)	손석린	계몽사	1991
여자의 일생, 보바리 부인, 나나	김인환	학원출판공사	1992
나나	강세현	홍신문화사	1993
나나	송면	삼성출판사	1993
세계문학대전집 50 (나나)	이휘영	금성출판사	1993
나나	하인자	혜원출판사	1993
나나	하인자	혜원출판사	1994
인형의 집, 나나	박동혁	한국도서출판중앙회	1994
여자의 일생, 나나	손석린	신영	1994
나나	정봉구	을유문화사	1994
세계문학대전집 50 (나나)	이휘영	금성출판사	1995
골짜기의 백합, 나나	김인환	학원출판공사	1996
김윤식 교수의 서양 고전특강 3권 문학(나나)	김윤식 엮음	한국문학사	1998
나나, 르네	역자 미기입	학원출판공사	1999
인형의 집, 나나	강명희	하서출판사	2002
보바리 부인, 여자의 일생, 나나	김인환	동서문화사	2008
나나	강세현	홍신문화사	2010

별첨 〈표 2〉 한국에서의 에밀 졸라의 작품 번역 출간 상황

서명	역자	출판사	출간 연도
나나	홍난파	박문서관	1924
나나	김용호	大志社	1955
나나, 떼레에즈의 悲劇	정명환 · 박이문	正音社	1958
세계문학전집 73 (목로酒店, 나나)	정봉구	을유문화사	1960
나나	이병두	진문출판사	1961
나나, 떼레에즈의 悲劇	정명환 · 박이문	正音社	1962
목로주점, 나나	정봉구	을유문화사	1963
나나	역자 미기입	아동문화사	1965
세계명작선집 1권 (선술집)	김광주 편역	연학사	1965
크라식 로망 선집 2 (물방아간의 공격)	홍승오	친양사	1965
세계문학전집 : 후기. 13 (나나, 떼레에즈의 비극)	정명환 · 박이문	正音社	1965
세계문학전집 13 (나나, 떼레에즈의 비극)	정명환 · 박이문	정음사	1967
세계단편문학전집 3 (물레방아간의 공격)	역자 미기입	거문각	1967
[초역]세계문학전집 4	정신사 편집부 편역	正信社	1967
세계단편문학전집 3 불란서편(광고의 희생자)	정명환	계몽사	1968
세계문제작가문학선집 (물방앗간의 공격)	홍승오	博友社	1969
세계문학전집 35 (나나, 실험소설론)	송면	三省出版社	1969
세계명작소설선집 제3권 (나나)	김광주 편역	불이출판사	1969
세계문학전집 26 (나나)	역자 미기입	정음사	1970
나나	김현태	규문사	1970
나나	역자 미기입	삼성출판사	1970
나나, 목로주점	김현 · 김태수	동화출판공사	1970
세계명작소설선집 1 (선술집)	김광주 편	불이출판사	1970
목로주점, 나나	김현 · 김치수	동화출판공사	1971
나나, 떼레에즈의 悲劇	정명환	정음사	1971

세계단편문학대계 5 자연주의문학 (순정)	방곤	박문사	1971
목로주점 上	김현	동화출판공사	1972
목로주점 下	김현	동화출판공사	1972
세계문학정선집 3 (선술집)	김광주 편	신조사	1972
목로주점, 나나	김현 · 김치수	동화출판공사	1972
나나	김현태	규문사	1972
나나	김현 · 김치수	동화출판공사	1973
목로주점, 나나	김인환	동서문화사	1973
세계문학전집 73 (나나, 목로주점)	을유문화사 편	을유문화사	1973
나나, 실험소설론	송면	삼성출판사	1974
나나 1	김현태	세일사	1974
나나 2	김현태	세일사	1974
나나, 떼레에즈의 悲劇	정명환 · 박이문	正音社	1974
나나, 실험소설론	송면	삼성출판사	1975
세계문학정선집 3 (선술집)	김광주 편	광학사	1975
목로주점, 나나	김인환	동서문화사	1975
세계문학정선집 1 (나나)	김광주 편	광학사	1975
목로주점 외	김인환	동서문화사	1976
나나, 실험소설론	송면	삼성출판사	1976
나나 上	김현태	삼중당	1976
나나 下	김현태	삼중당	1976
세계단편문학전집 17 불란서편	정명환	신한출판사	1976
목로주점	장희범	고려출판사	1976
세계문학전집 29 (나나)	방곤	삼진사	1976
여자의 일생, 나나	손석린	대양서적	1976
알려지지 않은 걸작	하동훈	금자당	1976
세계단편문학전집 1 발자크 · 스탕달 · 졸라	하동훈	금자당	1976
세계문학대전집 (나나)	손석린	대양서적	1977
나나, 목로주점	김현 · 김치수	동화출판공사	1977
나나, 실험소설론	송면	삼성출판사	1977

나나 1	김현태	경림	1978
나나 2	김현태	경림	1978
세계단편문학전집 1 발자크 · 스탕달 · 졸라 (물레방앗간의 공격)	역자 미기입	미도문화사	1978
나나	김인환	동서문화사	1978
세계문학전집 29 (나나)	방곤	삼진사	1978
나나, 목로주점	김현 김치수	동화출판공사	1978
세계명작 다이제스트 5 (나나)	역자 미기입	범우사	1978
세계문학 10 (나나 1)	김현태	경림출판사	1979
세계문학 10 (나나 2)	김현태	경림출판사	1979
나나, 실험소설론	송면	삼성출판사	1979
세계문학전집 29 (나나)	방곤	삼진사	1979
나나, 떼레에즈의 비극	정명환 · 박이문	정음사	1979
목로주점, 나나	정봉구	을유문화사	1979
목로주점, 나나	정봉구	을유문화사	1980
(Les) Soirées de medan : Guy de Maupassant	한필규	신아사	1980
여자의 일생, 나나	손석린	대양서적	1980
나나, 실험소설론	송면	삼성출판사	1980
나나, 목로주점	김현 · 김치수	동화출판공사	1980
목로주점	송영자	휘문출판사	1981
세계단편문학전집 17	역자 미기입	신한출판사	1981
나나, 목로주점	김현 · 김치수	동화출판공사	1981
세계단편문학전집 1 발자크 · 스탕달 · 졸라	하동훈	삼덕출판사	1981
나나	이휘영	금성출판사	1981
나나, 실험소설론	송면	삼성출판사	1981
세계문학전집 28 (나나)	신상웅	지성출판사	1981
나나, 목로주점	김인환	동서문화사	1981
에버그린 세계문학전집 (목로주점)	김인환	동서문화사	1981
한진영화소설대계 31(나나)	홍은원	한진출판사	1982
나나	김인환	문공사	1982

나나	양원달	지성출판사	1982
세계문학전집 29 (나나, 목로주점)	정봉구	을유문화사	1982
세계문학전집 26 (나나, 떼레에즈의 비극)	정명환 · 박이문	정음사	1982
목로주점	정공채	백양출판사	1982
스크린세계문학전집 7 (목로주점)	역자 미기입	풍년	1982
나나 (외)	송면	삼성언어연구원	1982
애장판 세계문학전집 19 (나나)	이휘영	금성출판사	1983
목로주점	손석린	주우	1983
목로주점	현원창	영	1983
세계문학대전집 8 (목로주점)	역자 미기입	미문출판사	1983
목로주점	정공채	백양출판사	1983
세계에세이 100인 선집 8 (실험소설론)	역자 미기입	양우당	1983
목로주점	송영자	휘문출판사	1983
세계대표단편문학선집 4 (순정)	심재언	문인출판사	1984
목로주점 외	역자 미기입	스크린영어사	1984
목로주점	손석린	학원사	1984
세계대학대전집 21 (목로주점)	이용억	청화	1985
세계단편문학전집 1 발자크 · 스탕달 · 졸라	하동훈	삼성당	1985
필독도서	한국소설작가협회 편저	금자당	1985
여자의일생, 나나	손석린	교육문화사	1985
목로주점	손석린	학원사	1985
리얼리즘과 문학 : 현대문학예술의 핵심적인 리얼리즘 이론(실험소설론)	최유찬 외	지문사	1985
세계문학전집 26 (나나, 떼레에즈의 비극)	박이문 · 정명환	정음문화사	1985
나나	송면	삼성출판사	1985
세계대표단편선	한국소설작가협회 편저	신한출판사	1986

세계문학전집 26 (나나, 떼레에즈의 비극)	박이문 · 정명환	정음문화사	1986
인형의 집, 나나	김양순 · 박동혁	범한출판사	1986
세계문학전집 13 (나나, 떼레에즈의 비극)	정명환 · 박이문	정음문화사	1986
목로주점	손석린	학원사	1986
나나, 떼레에즈의 悲劇	정명환 · 박이문	을유문화사	1986
세계문학대전집 20	편집부	태극출판사	1986
세계대표문학선집 1(목로주점)	역자 미기입	문인출판사	1986
목로주점	이용억	청화출판사	1987
나나	송면	삼성출판사	1987
목로주점	손석린	학원사	1987
목로주점	이외수	남강	1987
골짜기의 백합, 나나	이윤석	학원출판공사	1987
인형의 집, 나나	역자 미기입	교육서관	1988
인형의 집, 나나	손석린	교육문화사	1988
골짜기의 백합, 나나	김인환	동서문화사	1988
나나	이휘영	금성출판사	1989
나나	정봉구	을유문화사	1989
목로주점	이용억	청화출판사	1989
제르미날 1, 2	최봉림	평밭	1989
제르미날 1, 2	최봉림	친구	1989
목로주점	이용억	한일	1989
골짜기의 백합, 나나	김인환	학원출판공사	1989
혁명은 어떻게 시작되는가 1, 2	최봉림	이론과실천	1989
목로주점	정봉구	을유문화사	1989
목로주점	임해진	청목	1990
목로주점	손석린	어문각	1990
세계문학대전집 50 (나나)	이휘영	금성출판사	1990
나나	최정순	일신서적	1990
여자의 일생, 보바리 부인, 나나	김인환	동서문화사	1990
인형의 집, 나나	박동혁	한국도서출판 중앙회	1991

목로주점	권미영	일신서적	1991
세계문학 11 (목로주점)	손석린	계몽사	1991
목로주점	손석린	어문각	1991
목로주점	용경식	하서출판사	1992
목로주점	손석린	학원사	1992
여자의 일생, 보바리 부인, 나나	김인환	학원출판공사	1992
나나	강세현	홍신문화사	1993
나나	송면	삼성출판사	1993
제르미날 1, 2	최봉림	친구	1993
세계문학대전집 50 (나나)	이휘영	금성출판사	1993
나나	하인자	혜원출판사	1993
제르미날 1, 2	최봉림	친구	1994
나나	하인자	혜원출판사	1994
우리시대의 세계문학 11 (목로주점)	손석린	계몽사	1994
목로주점	손석린	어문각	1994
목로주점	손석린	마당	1994
인형의 집, 나나	박동혁	한국도서출판 중앙회	1994
사랑의 한페이지	이미혜	장원	1994
여자의 일생, 나나	손석린	신영	1994
나나	정봉구	을유문화사	1994
마당세계문학전집 15 (목로주점)	마당출판사 편	마당출판사	1995
살림 上, 下	임희근	창작과비평사	1995
공포 X파일 (유령의 집)	역자 미기입	문학수첩	1995
세계문학대전집 50 (나나)	이휘영	금성출판사	1995
우리시대의 세계문학 32 (목로주점)	손석린	계몽사	1995
목로주점	정성국	홍신문화사	1995
살림 1, 2	임희근	홍신문화사	1995
사랑의 한페이지	이미혜	장원	1996
목로주점 1, 2	송영자	신원문화사	1996
사랑의 한 페이지	이미혜	고려원미디어	1996

골짜기의 백합, 나나	김인환	학원출판공사	1996
프랑스 중단편 (광고의 희생자)	정명환	계몽사	1996
쟁탈전	조성애	고려원미디어	1996
나나, 르네	역자 미기입	학원출판공사	1999
인형의 집, 나나	강명희	하서출판사	2002
작품	권유현	일빛	2002
테레즈 라캥	박이문	문학동네	2003
목로주점	유한준	대일출판사	2004
책세상문고·고전의 세계 59 (실험소설 외)	유기환	책세상	2004
목로주점	황종표	한국갈릴레이	2004
나는 고발한다	유기환	책세상	2005
목로주점 1, 2	송영자	신원문화사	2006
코뿔소 가죽 외 (보완물)	정정호 외	생각의나무	2007
실험소설 (외)	유기환	책세상	2007
예술에 대한 글쓰기	조병준	지식을만드는 지식	2008
목로주점	임해진	청목	2008
보바리 부인, 여자의 일생, 나나	김인환	동서문화사	2008
꿈	최애영	을유문화사	2008
테레즈 라캥	박이문	문학동네	2009
쟁탈전	조성애	지식을만드는 지식	2010
나나	강세현	홍신문화사	2010
목로주점 상, 하	유기환	열린책들	2011

별첨 〈표 3〉 1945년 이전 일본에서의 에밀 졸라의 번역 출간 상황

서명	역자	출판사	출간 연도
女優生活	村上静人 編	赤城正藏	1914
生の悦び	中島孤島	早稲田大學 出版部	1914
生の楽み	難波信雄 編訳	博多久吉 ; 成象堂 (発売)	1914
ゾラ物語	丘草太郎 著	實業之日本社	1915
陸眼八目	飯田旗軒	博文館	1915
金	飯田旗軒	博文館	1916
労働	堺利彦	叢文閣	1920
呪はれたる抱擁	井上勇	聚英閣	1921
怨霊	関口鎮雄	金星堂	1921
金	飯田旗軒	大鐙閣	1921
木の芽立	堺利彦抄	アルス	1921
巴里	飯田旗軒	大鐙閣	1921
エミール・ゾラ性的文藝傑作全集	三上於菟吉	天佑社	1921
呪はれたる抱擁		聚英閣	1921
制作	井上勇	聚英閣	1922
ナナ：梗概		文献書院	1922
アベ・ムウレの罪	松本泰	天佑社	1922
ナナ(全)	宇高伸一	新潮社	1922
ナナ	笹村茂	上方屋出版部	1922
眞理	中原光之	白水社	1922
貴女の樂園	三上於菟吉	天佑社	1922
獸人物語	溝口白羊	世界思潮研究会	1923
巴里	笹村茂 編	上方屋出版部	1923
酒場	水上斉	天佑社	1923
陥落	渡辺俊夫	日本書院	1923
芽の出る頃	関口鎮雄	金星堂	1923
女優ナナ	松山敏	愛文閣	1923
ナナ	宇高伸一	新潮社	1923
ナナ	三好達治	春陽堂	1923

死の解放	坂井律	精華堂書店	1923
肉塊	秋庭俊彦	三徳社	1923
獸人	婦人文化研究會研究部	婦人文化研究会	1923
ジェルミナール：木の芽立	堺利彦抄	アルス	1923
沐浴	榎本秋村	天佑社	1923
芽の出る頃(上巻)	關口鎭雄	金星堂	1923
獸人	三上於莵吉	改造社	1923
居酒屋	木村幹	新潮社	1923
労働	水上斉	天佑社	1923
歡樂	三上於莵吉	元泉社	1923
ナナ物語	平栗要三 編輯	日本評論社出版部	1923
勞働	飯田旗軒	大鎧閣	1923
死の解放	坂井律	精華堂書店	1923
血縁	木蘇穀	大鐙閣	1923
ナナ	笹村茂	敵文館書店	1925
野へ	椎名其二	エルノス	1926
女優ナゝ	棚田紫郎	榎本書店	1926
ナナ	井上勇	世界文豪代表作全集刊行会	1926
罪の渦	井上勇	第百書房	1926
制作	井上勇	第三版	1926
酒場	水上斎	成光館	1927
居酒屋	河原万吉 等	潮文閣	1927
ジエルミナル	堺利彦	無産社	1927
女優ナナ	西牧保雄	三水社	1927
芽の出る頃	關口鎭雄	成光館出版部	1927
ナナ：Nana	宇高伸一, 木村幹	新潮社	1927
ナナ, 夢	宇高伸一	新潮社	1927
ナナ, 下	田邊貞之助	岩波書店	1927
ナナ	宇高伸一	新潮社	1927
世界文學全集 (第1期) 第19巻	宇高伸一	新潮社	1927

女優ナナ	池田光太郎	三興社	1928
ゾラ集	戸田保雄	中央出版社	1928
巴里		文芸社	1929
獣人	三上於菟吉	改造社	1929
ナナ, 夢	宇高伸一, 木村幹	新潮社	1929
ルゴン家の人	吉江喬松	春秋社	1930
巴里の胃袋	武林無想庵	春秋社	1931
大地	犬田卯	改造社	1931
ルゴン家の人(前篇 / 後編)	吉江喬松	春陽堂	1932
居酒屋	斎藤一寛	春陽堂	1932.12～ 1933.1
ナナ	三好達治	春陽堂	1933
ナナ	宇高伸一	新潮社	1933
巴里	杉田次郎	春陽堂	1933～34
ゼルミナール	高島襄治	改造社	1934
盧貢家族的家運：盧貢・馬加爾家傳： 第二帝政時代一個家族之自然史及社 會史	林如稷 訳述	商務印書館	1936
死の解放	坂井律	泰光堂	1937
巴里の胃袋	武林無想庵	改造社	1938
実験小説論	河内清	白水社	1939
ナナ(上巻)	宇高伸一	新潮社	1939
大地(上巻)	武林無想庵	鄭友社	1940
獸皮	權守操一	河出書房	1940
壊滅：普佛戰爭 (上巻 / 下巻)	難波浩	アルス	1941
地(上巻 / 中巻 / 下巻)	武林無想庵	鄭友社	1941
地(上・中巻)	武林無想庵	鄭友社	1940～41
地(中・下巻)	武林無想庵	鄭友社	1941

별첨 〈표 4〉 1945년 이후 일본에서의 에밀 졸라의 번역 출간 상황

서명	역자	출판사	출간 연도	비고
ジェルミナール : 芽生えの月	安士正夫	美紀書房	1946.7	
女優ナナ	山本恭子 編	新文社	1946.7	
大地(上巻 / 下巻)	武林無想庵	三笠書房	1951	3e ed
獣人	川口篤	三笠書房	1951. 4	
ジェルミナール (上巻 / 下巻)	安士正夫	三笠書房	1951	
ナナ	武林無想庵	河出書房	1951	
ナナ	三好達治	三笠書房	1951	5版
大地(上巻/下巻)	武林無想庵	三笠書房	1951	
ナナ(上巻 / 下巻)	山口年臣	角川書店	1952	
居酒屋(上巻 / 下巻)	田辺貞之助, 河内清	三笠文庫	1952. 3~7	
ナナ	武林無想庵	河出書房	1952	
テレーズ・ラカン	大西克和	角川書店	1952.12	
ナナ	三好達治	三笠書房	1952	
獣人(上 / 下)	川口篤	岩波書店	1953. 2~4	
大地(上 / 中 / 下)	田邊貞之介, 河内清	岩波書店	1953. 2~ 6	
実験小説論 = Le roman experimental	朝倉李雄 編	第三書房	1953. 2	
ジェルミナール (上 / 中 / 下)	安士正夫	岩波書店	1954	
嘆きのテレーズ	井上勇	三笠書房	1954. 2	
女優ナナ	三好達治	雄鶏社	1955	
ナナ	関義, 安東次男	青木書店	1955	
居酒屋(上巻 / 下巻)	田邊貞之介, 河内清	岩波書店	1955. 1~3	
ナナ(上 / 下)	田邊貞之助, 河内清	岩波書店	1955. 6~9	
ナナ(上巻)	川口篤,古賀照一	新潮社	1956	
居酒屋(上巻 / 下巻)	斎藤一寛	角川書店	1956. 2	
居酒屋	戸張智雄	三笠書房	1956	

居酒屋	斎藤一寛	春陽堂店	1956. 10	
居酒屋(上 / 下)	関義, 安東次男	青木書店	1956. 10	
ナナ(上巻 / 下巻)	川口篤, 古賀照一	新潮社	1956〜59	
洪水	工藤粛 訳註	大学書林	1957. 8	
ごった煮(上巻 / 下巻)	田辺貞之助	角川書店	1958	
奥様ご用心	大高順雄	パトリア	1958	
ナナ(下巻)	川口篤, 古賀照一	新潮社	1959	
禁断の愛	山口年臣	角川書店	1959. 1	
ナナ	安東次男, 関義	平凡社	1959. 8	
ゾラ	田辺貞之助	筑摩書房	1959. 2	
ゾラ集		東西五月社	1960. 3	
ナナ	川口篤, 古賀照一	新潮社	1961. 4	
ナナ	斎藤正直	筑摩書房	1961. 4	
ゾラ	黒田憲治	河出書房新社	1961. 2	
ゾラ	河内清	中央公論社	1964. 5	
ナナ	山田稔	河出書房新社	1965. 8	
テレーズ・ラカン	小林正	岩波書店	1966	
居酒屋(上 / 下)	関義	旺文社	1966. 7	
ゾラ, モーパッサン	河内清[ほか]	筑摩書房	1967. 12	
テレーズ・ラカン(下)	小林正	岩波書店	1968	
ゾラ	平岡篤頼	中央公論社	1968. 12	
女優ナナ	山口年臣	角川書店	1969	改版
ナナ	川口篤, 古賀照一	新潮社	1969. 10	
ゾラ	古賀照一, 川口篤	新潮社	1970. 2	
ゾラ モーパッサン集		筑摩書房	1970. 11	
ナナ	川口篤, 古賀照一	新潮社	1971. 6	
テレーズ・ラカン	篠田浩一郎	講談社	1971. 12	
モーパッサン, ゾラ		集英社	1974	
ゾラ	田辺貞之助[ほか]	筑摩書房	1974. 3	
近代世界文学	田辺貞之助, 河内清, 倉智恒夫	筑摩書房	1975. 9	
ナナ	斎藤正直	筑摩書房	1978. 4	

ゾラ	清水徹	集英社	1978.9	
ゾラ	黒田憲治	河出書房新社	1980.11	
ナナ	斎藤正直	フランクリン・ライブラリー	1985.1	
テレーズ・ラカン	吉田美枝	劇書房；構想社(発売)	1994.10	
ジェルミナール(上 / 下)	河内清	中央公論社	1994.7	
ゾラ	平岡篤頼	中央公論社	1995.2	
ナナ	吉江喬松	本の友社	1999.6	復刻版
労働	山下武 監修	本の友社	1999.6	復刻版
制作(上 / 下)	清水正和	岩波書店	1999.9	
居酒屋	吉田典子 訳注	大学書林	2002.6	
壊滅(上 / 下)	伊佐襄	本の友社	2000.7	復刻版
時代を読む：1870~1900	時代を読む：1870~1900	藤原書店	2002.11	
労働(上 / 下)	杉田次郎	本の友社	2002.12	復刻版
ボヌール・デ・ダム百貨店	伊藤桂子	論創社	2002.11	
奥様ご用心		パイオニアLDC(発売)	2003.1	
金	野村正人	藤原書店	2003.11	
ルーゴン家の誕生	伊藤桂子	論創社	2003.10	
ムーレ神父のあやまち	清水正和, 倉智恒夫 訳・解説	藤原書店	2003.10	
愛の一ページ	石井啓子 訳・解説	藤原書店	2003.9	
パリの胃袋	朝比奈弘治	藤原書店	2003.3	
ルゴン家の人々	吉江喬松	ゆまに書房	2004	オンデマンド版
ボヌール・デ・ダム百貨店：デパートの誕生	吉田典子	藤原書店	2004.2	
獲物の分け前	中井敦子	筑摩書房	2004.5	
ごった煮	小田光雄	論創社	2004.9	
初期名作集：テレーズ・ラカン, 引き立て役ほか	宮下志朗 編訳・解説	藤原書店	2004.9	
獲物の分け前	伊藤桂子	論創社	2004.11	

夢想	小田光雄	論創社	2004. 12	
獣人：愛と殺人の鉄道物語	寺田光徳	藤原書店	2004. 11	
大地	小田光雄	論創社	2005. 12	
パスカル博士	小田光雄	論創社	2005. 9	
壊滅	小田光雄	論創社	2005. 5	
居酒屋	古賀照一	新潮社	2006. 1	
巴里	杉田次郎	ゆまに書房	2006. 2	
ナナ	小田光雄	論創社	2006. 9	
生きる歓び	小田光雄	論創社	2006. 3	三十六刷 改版
ナナ	川口篤, 古賀照一	新潮社	2006. 12	オンデマンド 版
プラッサンの征服	小田光雄	論創社	2006. 10	
文学論集：1865~1896	佐藤正年 編訳・解説	藤原書店	2007. 3	
ナナ	三好達治	ゆまに書房	2007. 2	
居酒屋	斎藤一寛	ゆまに書房	2008. 2	
ウージェーヌ・ ルーゴン閣下	小田光雄	論創社	2009. 3	
ジェルミナール	小田光雄	論創社	2009. 1	オンデマンド 版
美術論集	三浦篤 編	藤原書店	2010. 7	復刻版
巴(ともえ)	宮下志朗, 佐藤実枝	ポプラ社	2011. 2	에밀 졸라, 알프레드 드 뮈세, 후카오 스마코 단편선

제3부

정조(貞操) 38선, 혁명과 간통의 추억과 풍기문란

냉전과 풍기문란의 변용

| 제1장 |

정조(貞操) 38선, 퇴폐, 그리고 문학사
— 풍기문란과 냉전 프레임frame을 중심으로

1. 정조 38선, '광복 30주년과 풍기문란'

1975년 한 신문사에서는 '광복 30주년'을 맞이하여 30년간의 역사를 정리하는 특집 기사를 실었다. 이 시리즈 기사 가운데 한 편은 〈정조(貞操) 38선(線)서 연예(演藝) 스캔들까지〉라는 제목으로 '풍속사범'의 역사를 기술하고 있다.[1] 이 기사는 풍속사범의 역사가 해방 직후 미군이 여성의 정조를 유린한 사건에서 시작되었다고 소개한다. 이 사건의 전모는 다음과 같다. 1947년 미군과 내연 관계에 있던 어느 18세 여성이, 미군이 미국으로 돌아가자 아이를 낙태한 사실이 드러나 경찰에 구속되면서 세간에 논란을 불러일으켰다. 이 사건에 대해 당시 대한독립촉성회는 〈겨레의 정조의 옹호와 풍기의 단속을 부르짖어〉라는 제목의 성명서를 발표했다.[2] 이 성명서의 필자들은 허영녀(虛榮女)들을 "민족의 감시로써 깨끗한 삼천리강산으로부터 말소시켜야 한다"고 주장했다.

위의 기사는 정조 38선을 둘러싼 또 다른 사건을 소개했다. 그것은 이화여전 학생의 정조를 유린한 보안대원과 관련된 사건으로, 이 또한 실제로 일어난 일이다. 1947년《조선일보》기사에 따르면, 해주 보안대원이었던 김철은 당시 이화여전 학생 김혜숙이 학교에 가려면 월경(越境)을 해야 하는 처지를 악용해 김혜숙을 38선 근처 여사(旅舍)에 투숙시켜놓고 갖은 농락을 하고 그 대가로 월경을 허가해주었다. 그리고 이 기사는 해방 직후에 벌어진 일련의 사건을 통해 한국전쟁 이후 아프레걸アプレガ―ル, après-girl [3]의 문란한 행태와 1950년대를 풍미한 박인수 사건, 1970년대의 연예인 스캔들에 이르는 풍속사범의 역사를 서술하고 있다.

앞서 1부와 2부에서도 논의한 것처럼 한국에서 풍기문란이라는 개념이 형성되고 재생산된 과정은 일본의 식민 통치와 밀접한 관련이 있다. 풍기문란에 대한 사법적 통제는 풍속 통제라는 일본의 법적 장치와 결부되어 있다. 일본에서 풍속 통제가 일상 전반에 걸친 광범위한 사법적 조치에서 성 산업으로 범위가 축소된 것은 이른바 미군정GHQ에서 실시한 일련의 조처들을 통해서였다. 그러나 한국에서는 미군정 지배와 한국전쟁, 분단 체제로 이어지는 과정을 거치면서 풍속 통제를 바탕으로 하는 일상에 대한 국가 관리가 더욱 강화되었다. 또 일제시기에 만들어진 풍속 통제의 원리와 법제·모형들이 냉전 이데올로기와 결합되어 더욱 복합적인 양상을 띠었다. 위에서 언급한 '정조 38선'이라는 수사(修辭)는 그런 점에서 풍기문란과 관련된 사법적·담론적 구조가 냉전체제에서 어떻게 변형되는지를 선명하게 보여준다고 하겠다.

먼저 '정조 38선'이라는 수사는 외국 병사에 의한 한국 여성의 정조 유린을 외세에 의한 주권의 유린과 동일한 차원으로 배치하고, 또 38선이라는 냉전의 영토적인 경계를 재확인하기도 한다. 즉 '정조 38선'이라는 수사에는 풍기문란을 주권의 영토적인 경계와 관련된 것으로 표상하는 방식이 내포되어 있다. 다시 〈정조 38선서 연예 스캔들까지〉 기사로 되돌아가보면, 이 기사를 토대로 풍기문란과 광복 30년을 둘러싼 어떤 서사 원리의 일단을 논의해볼 수 있을 것이다. 이 기사는 풍속사범의 역사를 다음과 같은 방식으로 기술한다. 즉 풍속사범의 출발은 해방 직후 미군에 의한 범죄에서 시작되었는데, 이때 한국 여성은 힘없는 피해자였다. "대한민국 정부 수립을 거쳐서 1960년대 초까지 한국 '여성해방'을 상징하는 몇 가지 입법조치가 행해"짐으로써 여성의 권리가 신장하여 여성은 더 이상 피해자로만 존재하지는 않게 되었다. "그러나 '여성해방'의 방향이 잘못 받아들여짐으로써 바람직하지 않은 결과를 빚는 일도 왕왕 있었다. 특히 6·25동란을 계기로 한국의 성도덕은 하나의 전기를 가져왔다."

이 기사에서 풍속사범의 역사는 여성의 주체 위치subject position의 변동과 관련하여 그려지고 여성이 무기력한 피해자에서 법적인 주체로, 다시 가해자로 이동하는 방식으로 그려진다. 즉 해방 직후에는 주권을 주장할 만한 권리가 없던 여성이 대한민국 정부가 수립되면서 법적 권리와 주권을 얻게 되었고, 한국전쟁을 거치면서 이러한 권리가 잘못 받아들여져 남용되기 시작했으며, 여성은 풍속사범의 가해자가 되기도 한다는 것이다.

이러한 서술에서 흥미로운 것은 해방 직후부터 광복 30주년이 되는 시점까지 여성의 주체 위치 변동과 주권성(또는 법적 지위)의 변화가, 대한민국이라는 '주체성'의 위치와 정확하게 대칭된다는 점이다. 여성이 풍속 범죄의 무기력한 피해자에서 법적 주체의 위치로, 그리고 다시 가해자로 이동하는 과정은, 대한민국이 '외세'와의 관계 속에서 무기력한 피해자에서 주권을 지닌 존재로 이동하는 과정과 병치된다. 여기서 여성이 법적 주체에서 가해자로 변화하는 과정은, 풍속사범이 외세에 의한 정조 유린에서 대한민국 내부의 사회문제로 이행하는 과정과 상응한다. 즉 풍속사범의 역사는 대한민국의 주권성을 위협하는 요소들(이것이 풍기문란 담론의 궁극적 효과이다)이 외부적인 것(외세)에서 내부적인 것(사회적 위험 요인)으로 이동하는 과정이다.

이는 한편으로는 대한민국의 주권성을 강화하고 완성하는 과정인데 여기서 여성해방의 과정과 대한민국의 해방 과정이 상동 구조를 이룬다. 또한 다른 한편으로 이것은 주권성을 위협하는 요소들, 즉 사회적 위험 요소들을 내부화하는 과정이다. 이러한 이중의 과정 속에서 풍기문란은 외세에 대한 대한민국의 주권성(민족의 순결)의 문제가 되는 동시에 내부의 사회적 위험 요인에 대한 지속적인 환기를 담당하는 역할을 하게 된다.

이런 맥락에서 풍속사범에 대한 회고는 단지 풍기문란의 역사에 대한 회고가 아니라 대한민국이라는 주권성에 대한 특정한 서사를 내포하는 것이다. 이 서사는 역사에 대한 회고적 서사이면서 동시에 현재에 대한 당대 개입적 서사라는 이중적인 성격을 띤다. 냉전체제에서 문란함이라든가 퇴폐 같은 풍기문란과 관련된 규정들은 단지 당대의 시정 세태의 현상을 지칭하는 개념으로 머무르는 것이 아니라, 대한민국이라는 주권성의 역사를 끝없이 환기하고 다시 기술하는 개념이 된다.

즉 위에서 살펴본 기사의 서술 방식에서 풍기문란의 역사는 해방 직후 무질서하고 혼돈된 상태에서 대한민국이라는 정통성의 틀이 만들어지는 과정을 회고한다. 이때 무기력한 피해자일 뿐인 여성(대한민국)의 위치는 법적 장치로 상징되는 국가 주권의 틀frame이 '아직 세워지지 못함'

에서 비롯되는 불안한 상태와 등가를 이룬다. 대한민국 정부가 수립되어 일련의 법적·제도적 장치가 정비됨으로써 이러한 불안은 수그러들었지만, 이 혼란은 내부의 위험 요인들에 의해서 다시 야기된다. 즉 이러한 서사에서 풍기문란의 역사란 주권의 안정된 상태를 보장하는 일련의 틀의 부재로 인한 혼란과 무질서로부터 '정상성'의 틀이 만들어지는 과정을 반복적으로 회고하는 것이 된다. 이러한 서사는 일제시기부터 지속된 풍기문란에 대한 법적·담론적 구조에 냉전체제의 특정한 심성 구조가 결부된 것이라 할 것이다. 그러면 풍기문란에 대한 법적·담론적 구조가 왜 혼란과 무질서와 주권의 틀을 상기시키는지부터 살펴보도록 하자.

2. 망국적(亡國的)인 것과 퇴폐
─식민성의 '유산'과 냉전 서사를 통한 변형

냉전체제에서 풍기문란이라는 범주는 풍속사범·퇴폐풍조 따위의 범주 등으로 변주되었다. 이러한 범주로 일컬어지는 집단은 허영녀·아프레걸이라든가 장발 청년과 미니스커트의 여성, 통기타와 생맥주를 즐기는 집단만은 아니었다. 풍기문란이라는 범주는 퇴폐와 문란이라는 이름으로 역사의 어떤 순간을 계속 호출하는데, 그것은 바로 '망국(亡國)'이라는 역사적 순간이다. 냉전체제에서 퇴폐풍조가 '망국병'으로 비유된 것은 주지의 사실이다. 퇴폐풍조로 환기되는 풍기문란이라는 규정은 여러 지점에서 '망국'의 순간 또는 계기moment와 관련이 깊다. 풍기문란과 관련된 법적·담론적 구조는 국가적인 것의 망실(亡失)loss과 밀접한 관계가 있기 때문이다.

일제시기 이 국가 망실의 계기는 비국민 담론의 형태로 명확하게 나타난다. 냉전체제에서 풍기문란에 대한 법적·담론적 구조는 일제시기의 법적·담론적 구조를 여전히 이어받으면서도 일정한 변모를 보인다. 국가 망실의 순간이 명확한 역사적 사건이라는 준거를 통해 명징한 것으로 변형되는 것이다. 일본의 식민지 지배와 한국전쟁은 특히 이러한 국가 망실의 순간을 명징하게 드러내는 준거가 되었다. 따라서 냉전체제에서 풍기문란에 대한 법적·담론적 구조에는 일정한 역사적 서사가 도입된다. 이러한 서사적 재교정을 거쳐서 풍기문란에 관한 담론은 당대의 망국적 증상에 대한 공포를 명확한 역사적 준거를 토대로 분명하게 비난하고 배제할 수 있게 된다. 먼저 풍기문란이 국가적인 것의 망실에 대한 공포를 환기하면서 어떤 작용을 하는지 개략적인 면모를 살펴보고, 이러한 특성이 냉전체제에서 어떻게 변형되는지 논의해보자.

풍기문란과 미풍양속의 관계는 방종exousia과 자유eleutheria의 관계에 견줄 수 있을 것이다. 풍기문란에 대한 법적·담론적 규정들은 이른바 방종의 목록, 또는 방종이란 무엇인지 측정하고자 하는 불가능한 측정술이나 마찬가지이다. 무궁무진하게 이어지는 방종의 목록을 작성하는 기준은 자유가 아닌 것을 규정하고자 하는 측정술, 또는 지배의 기술이다. 그렇다면 자유를 규정하는 기준은 무엇일까? 흥미롭게도 그것은 방종이 아닌 것이다. 즉 자유와 방종 사이에는 기묘한 순환론적 구조가 작동한다. 자크 데리다가 지적하듯이, 이것은 이른바 스스로를 민주주의라고 소개해온 어떤 철학이 내포하고 있는 구조이기도 하다.[4]

어원상으로나 역사적으로나 방탕함은 "무(無)노동, 노동의 중지, 어떤 실업, 취업이나 노동권에서의 어떤 위기, 유희와 음란, 파렴치함, 음욕, 음탕, 방탕, 방종"을 뜻한다. 그리고 방탕한 자들이란 "한가하고, 때때로 실업 상태에 있음과 동시에 적극적으로 거리를 점거하는 데 매달려 있다. 다시 말해 아무것도 하지 않으면서 '거리를 쏘다니고 배회하는' 사람들이다. 또한 방탕함이라는 수사에 따라 누군가를 호명하는 것은 "항상 수식적이고, 대개는 경멸적이며 고발적"이다. 그러므로 방탕한 자(풍기문란한 자)라는 호명은 "결코 중립적인 속사도 아니며 확증된 사실의 대상도 아니다". 풍기문란한 자라는 호명은 이미, 그리고 항상 "어떤 잠재적인 심문(審問)과 닮아 있는 명명"이다. 풍기문란한 자는 "법 앞에 출두해야 하기 때문이다".[5]

풍기문란에 대한 법적 · 담론적 구조는 특정 집단의 존재 방식 자체를 심문하는 구조이다. 이 심문의 구조는 인간을 음란 · 파렴치함 · 음욕 또는 이와 반대되는 건전함 · 상식 · 선량함 등에 따라서 측량하고 특정 속성을 부정적인 정념으로 간주한다. 나아가 이러한 부정적인 정념에 사로잡힌 인간은 자기 규율화가 불가능한 존재이자 사회 자체의 근간을 무너뜨리는 존재로 간주된다. 풍기문란자들의 '초상'을 그리는 담론 구조들에서 이들은 무질서이자 혼란, 심연을 알 수 없는 혼돈 상태처럼 그려진다. 이들은 단지 반사회적인 존재가 아니라 사회라는 개념 자체를 무너뜨리는 존재로 간주된다. 이런 담론 구조상에서 풍기문란자들이란 이른바 사회 속의 '자연', 더 정확하게는 사회 상태로 전환되기 이전의 자연 상태에 대한 표상과 연계된다.

풍기문란자들은 종종 '반문명적' '반근대적' 존재로 간주되는데, 이는 단지 문명 대(對) 야만이라는 대립 구도의 표명은 아니다. 오히려 풍기문란자들을 이처럼 반문명적 혼란 · 무질서로 표상하는 구조는 사회나 국가에 대한 계약론적 상상 구조와 더 긴밀하게 연결되어 있다. 즉 풍기문란자들은 사행심, 파렴치함, 과도한 성욕, 이기심과 같은 부정적 정념에 사로잡혀 있다. 이들의 행위 양태나 삶의 유형은 이러한 부정적 정념의 소산이다.[6] 이 부정적 정념에 사로잡힌 존재들은 자신의 욕망을 제어하지 못하기 때문에 끝없는 혼란과 무질서가 야기된다. 또 이 무질서와 혼란의 끝은 죽음, 또는 만인에 대한 만인의 투쟁이다. 따라서 이러한 무질서와 혼란을 제거하려면 반드시 국가가 개입해야 한다. 이러한 담론 구조는 이른바 무질서와 혼란에 빠질 수 있는 자연 상태에서 다수가 자신의 생명을 보존하려면 주권을 자발적으로 양도(계약과 합의)함으로써 사회 상태로 이행(국가의 도입)해야 한다는 계약론적 이야기를 전형적으로 반복한다.[7] 즉 풍기문란자를 규정하는 담론 구조는 주권의 자발적 양도와 국가 개입의 정당성이라는 계기(또는 순간)를 매번 다시 도입한다. 그런 점에서 풍기문란자는 사회 속의 '자연'이며, 늑대 인간이며, 포함되면서 배제된 자(호모 사케르)이다.[8]

따라서 풍기문란에 대한 법적·담론적 구조는 한편으로는 문란이라든가 퇴폐·불량 따위의 수사를 통해 특정 집단을 법의 힘 앞에 심문하는 기능만을 하는 것이 아니라, 국가 개입의 합법적인 토대를 정초한다. 일제시기의 풍기문란 담론은 전시 동원 체제에서 비국민 담론과 연계된다. 이는 풍기문란 담론 구조에 내포된 선량한 주체와 풍기문란한 주체라는 대립구도가 좋은 일본인과 비국민이라는 대립 구조로 연계되는 지점에서 명확하게 드러난다.[9]

냉전체제에서 풍기문란의 법적·담론적 구조에 내포된 이러한 기제는 여전히 지속되었다. 그런데 자연 상태와 사회 상태, 혼돈과 무질서와 국가 개입의 정당화라는 풍기문란과 비국민 담론을 둘러싼 서사 구조는 냉전체제에서 특정한 역사적 국면과 결합된다. 무엇보다 국가의 망실로 인한 무질서와 혼돈이라는 지표가 식민 통치의 경험과 한국전쟁이라는 역사적 준거와 등치되는 것이 그 전형적인 사례이다. 말하자면 풍기문란에 관한 서사 구조에서 자연 상태, 혼돈, 무질서 등으로 표상된 지점에 역사적 사건이 등치되는 방식을 취하는 것이다. 특히 1920년대는 이러한 국가 망실로서 퇴폐의 등가물이 된다. 그러면 냉전체제에서 1920년대는 왜 망국병으로 점철된 퇴폐의 시기로 그려지는 것인지 그 일면을 살펴보자.

"퇴폐풍조 박멸"이라는 구호 아래 청년 학생 등의 기강을 확립하려는 정화 운동이 한창이던 1973년, 망국병으로 퇴폐풍조의 병폐를 비판하는 한 기사는 1920년대의 "못된 유행"을 사례로 제시하고 있다. 〈"못된 유행"— 20년대 퇴폐풍조〉[10]라는 제목의 기사는 1920년대 식민지 조선의 풍속을 상세히 서술하면서 마작, 양복 사치 풍조, 자동차, 경마, 요정이 되어버린 사찰(寺刹)을 1920년대 퇴폐풍조의 사례로 들고 있다. 이 기사에서 퇴폐풍조는 "망국적(亡國的) 유희"로 기술되는데, 이 망국적 유희에 탐닉하는 것은 주로 청년 학생층으로 기술된다. 즉 "학교를 졸업하고 나온대야 별로히 취직할 데가 없어서 거리에서 방황하게 되면서도 채 졸업도 하기 전에 '양복대 백원 급송'이라는 전보를 몇 번이나"[11] 부모에게 보내는 철없는 학생들이 퇴폐풍조라는 망국병의 주범이며, 퇴폐풍조의 장소는 "청춘의 가득한 향락장"이라는 것이다. 이러한 기술은 1920년대에 당대의 이른바 모던 보이를 비판하던 방식을 답습한 것이기도 하지만, 동시에 1970년대 청년 학생층을 향한 비난과 정화(청년 문화를 퇴폐와 불온으로 규정하면서 청년 학생층의 풍기를 단속하고 정화하려는 시도들) 담론이 투영된 것이기도 하다.

그런데 왜 1970년대라는 시점에서 다른 시기가 아닌 1920년대가 망국병 = 퇴폐풍조의 역사적 상응물로 호출되는 것일까? 앞서 잠시 논한 바와 같이 냉전 서사에서 풍기문란과 관련한 담론은 식민 통치와 한국전쟁 경험을 퇴폐와 문란, 혼돈과 무질서의 역사적 등가물로서 배치한다고 지적한 바 있다. 그런데 이러한 서사적 배치에서 특별한 의미를 띠는 것이 1920년대라고 할 수 있다. 좀 더 정확하게 말하자면, 1919년 3·1운동 이후의 역사적 국면이 퇴폐의 역사적 등가물로 재구성되는 방식이 냉전의 서사에서 특징적으로 나타나는 것이다.

다음으로는 3·1운동 이후의 역사적 국면이 퇴폐의 역사적 등가물로 재구성되는 방식이 역사 기술, 특히 현대사와 현대문학사 기술에서 어떻게 드러나는지를 살펴보도록 하자. 통념적으로 풍기문란에 대한 법적·담론적 구조는 주로 일상생활에 대한 국가적 관리에 국한된 것으로 이해되곤 한다. 이런 통념적 이해에 입각해서 본다면 풍기문란과 역사 기술을 나란히 배치해서 고찰하는 것이 기이하게 느껴질 수도 있다. 그러나 앞서도 살펴본 바와 같이 냉전 서사에서 풍기문란은 역사에 대한 특정한 서사를 동반하는 것이었다. 또 이는 국가 망실의 서사를 여러 차원에서 반복함으로써 풍기문란 담론에 내포된 국가 개입의 정당화, 또는 자연 상태에서 사회 상태로, 무질서에서 안정된 틀frame로의 이행이라는 이행의 서사를 재생산한다. 이런 점을 염두에 두고 냉전 서사에서 3·1운동 이후의 역사적 국면이 어떻게 퇴폐라는 규정의 내연을 이루게 되는지를 살펴보도록 하자.

3. 망국적인 것과 현대사의 심연
― 역사의 종착점, 정통성의 시원

> 말하자면 이 시대의 문학자들은 3·1운동이라는 찬란한 석양의 일경(一景)도 지나고 캄캄한 밤중에 사는 사람들이었다.[12]

냉전체제에서 백철의 문학사 서술은 현대문학의 제도적 정착과 밀접하게 관련되어 있다. 주지하다시피 백철은 1920~30년대를 이른바 "병든 문학" "퇴폐의 문학"이라고 규정했다.[13] 백철의 문학사 기술에서 3·1운동 이후를 퇴폐로 규정하는 것은 냉전 서사에서 출발한 것이 아니다. 오히려 판본을 달리하여 교정하고 수정하면서 만들어지는 백철의 문학사는 냉전의 서사가 이미 만들어진 텍스트를 어떻게 변형하는지를 보여주는 사례라고 할 수 있을 것이다. 또한 백철의 텍스트는 냉전 서사를 통한 교정이 3·1운동 이후의 역사적 시간들을 어떻게 퇴폐의 내연으로 만들어가는지를 인상적으로 보여준다. 그런데 이러한 서사적 교정의 과정은 백철 개인만의 독특한 산물은 아니었다. 3·1운동을 대한민국 주권성의 출발점으로 정초하면서, 그 이후를 퇴폐의 시간으로 기술하는 방식은 다양한 사례들에서 확인할 수 있다.

그러면 먼저 역사를 기술하는 방식에서 퇴폐와 3·1운동 이후가 어떻게 연계되는지 살펴보자. 앞으로 살펴볼 서사들에서 3·1운동은 국가/민족 주권성의 정점으로 표상된다. 정점이란 다른 말로 하면 몰락을 앞둔 순간이기도 하다. 3·1운동 이후는 몰락의 시간, 퇴폐의 등가물이 되고, 그런 점에서 3·1운동은 정점/몰락, 주권/퇴폐를 가르는 상징적인 기호가 된다. 그러므로 이 글에서는 상징적인 의미를 강조하는 차원에서 인용문을 제외하고는 3·1운동이라는 표현보다는 1919·3·1이라는 기호를 사용하고자 한다.

먼저 1919·3·1이 주권과 관련된 냉전 서사에서 어떻게 작용하는지를 간략하게 살펴보자. 백낙준은 《사상계》 창간호에 실린 〈삼일정신론—우리 독립선언서의 4대 기본자유에 대하여〉[14]라는 글에서 대한민국의 주권성을 다시 정초하는 데서 3·1운동이 차지하는 의미를 역설하고 있다. 백낙준은 "삼일정신의 중요한 한 조건은 우리 국민 각개가 다 자유민으로서 독립국가의 일원이 되도록 활동하는 것이며 그 정신을 실행하는 것"[15]이라고 정의한다. 여기에서 자유민으로서의 독립국가란 이른바 자유진영을 말한다. 즉 백낙준은 소련과 그 위성국가는 독립국가일지는 모르지만 자유민으로서의 독립국가는 아니라고 정의하는 것이다. 이때 자유는 "네 가지의 자유, 곧 경제적 자유, 양심적 자유, 정치적 자유, 불안과 위협에서의 자유"[16]이다. 이 중에서 가장 흥미로운 것은 첫 번째 자유, 즉 경제적 자유에 대한 재정의이다. 백낙준에 따르면 사람은 날 때부터 "살 권리"를 가지고 태어난다. 그러나 사회제도, 특히 "제국주의의 착취와 압박은 우리로 하여금 날 때부터 가진 빼앗을 수 없고, 없이하여버릴 수 없는 것, '살 권리'를 누리지 못하게 했다. 그러므로 우리가 '살 권리'를 찾기 위하여서는 경제적 자유를 가져야 한다. 경제적 자유가 보장되어 있는 곳에서는 남의 소유권을 침범함이 없는 동시에 남의 소유권을 착취하지도 못하는 것이다. 이런 경제적 자유 안에서는 사람마다 자기의 능력대로 생산하고 수요에 의하여 이용하며, 개인의 생활은 향상되고 국가 사회의 경제적 제도가 원활하게 되며 각자가 직업을 얻고, 각자가 자기 능력을 원만히 발휘하고 개인의 생활이 보장되며 사회의 복지를 증진시킬 수 있는 것이다".[17]

여기에서 식민 통치에 의한 주권의 박탈과 주권의 회복은 자연스레 소유권의 정당화로 이어진다. 그리하여 "살 권리"(주권)는 소유권이 되고, 살 권리를 가능케 하는 자유는 경제적 자유가 된다. 다시 이 살 권리(자유와 주권)는 이를 방어하기 위한 폭력의 정당화로 이어지는데 이것이 네 번째 자유, 즉 "불안과 위협에서의 자유"이다. 이는 UN으로 대표되는 "집단안전보장"의 대열에 합류하는 것이며, 백낙준에 따르면 "불안과 위협에서의 자유를 얻는 방식"은 평화를 위협하는 집단들을 제거하는 데서 비롯된다. 그러므로 자유에는 "희생과 대가"가 따른다. 그래서 "자유의 나무는 피를 먹고 자란다".[18] 백낙준의 글은 냉전 서사에서 1919·3·1이 주권의 박탈과 회복이라는 역사적 계기들을 도입하면서, 자유와 자유가 아닌 것을 새롭게 정의하는 방식을 보여준다. 또 자유에 대한 정의는 "살 권리"에 대한 정의와 밀접한 관련이 있다. 그래서 아주 다른 의미에서 "자유의 나무는 피를 먹고 자란다".

1919·3·1은 냉전의 서사에서 주권, 살 권리, 자유 등의 개념을 정의하는 상징적인 기호가 된다. 이 서사는 한편으로는 역사적 시간성을 다시 조직하는 통시적인 구조와 자유, 민주주의, 살 권리 등의 개념을 다시 쓰는 공시적인 구조를 내포한다. 이 통시적 구조와 공시적 구조가 교차하는 지점이 바로 퇴폐의 시간(역사성으로서 식민 통치)과 당대적인 퇴폐의 계기들(내적 질서의 문란)이다. 1919·3·1에 대한 냉전 서사에서 통시적 구조와 공시적 구조가 어떻게 교차하는지 가장 최근의 사례부터 살펴보자.

3. 탐구활동

다음은 1948년 제정, 공포된 대한민국 헌법 전문의 일부이다. 밑줄 그은 부분에서 3·1 운동의 정신을 계승하자고 밝힌 까닭을 말해보자.

　유구한 역사와 전통에 빛나는 우리 대한 국민은 기미 3·1 운동으로 대한민국을 건립하여 세계에 선포한 위대한 독립 정신을 계승하여 이제 민주 독립 국가를 재건함에 있어서 정의 인도와 동포애로써 민족의 단결을 공고히 하며 모든 사회적 폐습을 타파하고 민주주의 제 제도를 수립하여…….

〈학습 정리〉

1. 내용의 요지

가. 3·1 운동

- 고종 황제 서거와 2·8 독립 선언은 3·1 운동을 촉발하는 계기가 되었다.

- 3·1 운동은 우리 민족의 독립 의지를 대내외에 밝힌 거족적인 민족 운동이었다.

- 3·1 운동의 결과로 대한민국 임시 정부가 수립되었다.

- 3·1 운동은 중국과 인도 등 아시아 지역의 민족 운동에 영향을 끼쳤다.[19]

　이 교과서에 제시된 1919·3·1에 대한 질문과 답변은 냉전 서사에서 전형적으로 반복되는 유형이다. 이제는 거의 식상한 관용어가 되어버린 위 예문의 진술은 실상 2차 세계대전이 끝난 뒤 정교화revision된 1919·3·1과 국체national body의 관계에 대한 서사 기법의 소산이다.[20] 예문에서 친절하게 요점을 지적하고 있듯이, 이 서사 기법에서 가장 중요한 것은 1919·3·1이 대한민국의 건립 정신(정통성의 근간)이라는 점이다. 이때 1919·3·1을 바탕으로 형성되는 국체는 "유구한 역사와 전통" "재건" "정의 인도와 동포애" "민족의 단결" "사회적 폐습의 타파" "민주주의 제도" 등의 핵심어들과 밀접하게 연결되어 있다.

여기서 1919·3·1은 통시적으로 민족의 "유구한 역사와 전통"의 근간이자 "민족의 단결"과 결부된다. 또 공시적으로는 "민주주의 제도" "정의 인도와 동포애" "사회적 폐습 타파" 등과 결부된다. 사실 공시적인 층위에 놓인 내용들은 그 기원을 1919·3·1에 두고 있다는 점에서 공시성과 통시성은 서로 분리할 수 없다. 그런데 여기에서 1919·3·1에 기원을 둔 이념들을 실현하려면 "재건"이 필요하며, 이 "재건"은 "사회적 폐습 타파"에서 출발한다. "사회적 폐습의 타파"란 한편으로는 통시적인 준거와 공시적인 준거를 모두 포함하는데 그 준거가 바로 "퇴폐"이다. 즉 퇴폐란 1919·3·1을 현재의 기원으로 설정하는 특정한 역사적 서사를 거쳐 역사적이면서도 현재적인 의미로 다시 규정된다. 이러한 서사는 1919·3·1을 민족의 유구한 역사의 정점이자 퇴폐의 시작점으로 서술하는 일련의 경향들에 따라 구성된 것이다. 여기에서 1919·3·1은 민족의 유구한 역사의 '찬란한 순간'들을 현재 국체의 시원으로 재구성하면서, 동시에 1919·3·1 이후를 오욕과 치욕의 '병든 신체' 상태로 표상한다. 이러한 서사의 변주들은 다양한데, 그중 특징적인 몇 가지 사례를 살펴보자.

먼저 2차 세계대전이 끝난 직후 1919·3·1의 위치는 어떻게 기술되었는지를 살펴보자. 1919·3·1을 이른바 "유구한 역사"와 국체의 연결 고리로 구성하는 서사는 해방 직후부터 시작되었다. 즉 이러한 서사에서 1919·3·1은 민족 신체의 과거와 현재를 연결하는 중요한 결절점이자 텅 빈 "현대" 속에서 유일하게 의미 있는 지점으로 기술된다. 조금 차이는 있지만 냉전체제에서 교과서 형태이든 역사 기술 형태이든 현대사는 언제나 간략한 형태로 언급되었다. 이는 단지 가까운 현재에 대한 역사 기술의 난점에서 비롯된 것이 아니다. 문학사 기술에서도 현대는 역사 기술이 "아닌" 기술 형식을 취하곤 했다.

'해방' 직후 교과서로 편찬된 《국사교본(國史敎本)》[21]은 냉전체제에서 1919·3·1이 다뤄지는 서사 방식의 원형을 보여준다. 《국사교본》은 총 4편으로 구성되어 있는데, 마지막 4편의 제1장이 1919·3·1을 중심으로 현대사를 다룬 기술이고 마지막 장은 해방에 관한 내용이다. 이 책은 제1편 〈상고(上古)의 전기〉, 〈상고(上古)의 후기〉, 제2편 〈중고(中古)의 전기〉, 〈중고(中古)의 후기〉, 제3편 〈근세(近世)의 전기〉, 〈근세(近世)의 중기〉, 〈근세(近世)의 후기〉, 제4편 〈최근〉 식으로 구성되어 있다. 이 가운데 제4편 〈최근〉은 제1장 〈민족의 수난과 반항〉, 제2장 〈민족의 해방〉으로 구성되어 있다. 제1장은 〈해외망명(海外亡命)〉, 〈망명지사 활동〉, 〈국권회복운동〉, 〈삼일운동〉, 〈가정부 수립(假政府樹立)〉, 〈폭탄사건〉, 〈광주학생사건〉, 〈신간회운동〉, 그리고 제2장 〈민족의 해방〉 등의 순서로 되어 있다. 여기서 주의 깊게 살펴봐야 할 것은 냉전체제의 역사 기술에서 현대가 간략하게 삭제되는 대신, 현대는 거의 언제나 "민족의 수난과 반항"이라는 범주로 포괄된다는 점이다.[22] 1919·3·1은 이러한 수난의 현대사 속에서 유일한 '반항'의 지점이자 모든 반항의 원점에 놓인다.

일본은 군대로써 이를 누르려 할새 여러곳에서 민중과 충돌하여 다수한 사상자를 내였거니와 더욱이 수원군 향남면에서는 일병의 방화와 발포로 잔인을 극(極)한 학살이 있었다. 이것을 삼일운동 또는 기미만세사건이라 하며 이 소동의 여파는 여러해를 두고 움직이게 되었고 많은 지

사가 옥중에서 이를 갈고 있었다. (중략)

이 기미운동은 비록 열국에 호소하여 독립의 뜻을 이루지는 못하였으나 우리 민족각성에 큰 힘을 주었으니 언론 종교계 등 모든 지식인은 민족자립의 기초는 민족문화의 향상에 있음을 깨닫고 교육진흥 물산장려 등의 운동에 힘을 기우리게 되었다. (중략)

그동안 사회주의의 지하활동도 눈부시게 전개되어 부분적인 경제적 투쟁에서 정치운동으로 옮기고 민족주의와 사회주의는 합동하여 민족 단일전선으로서 신간회의 창립을 보게 되어 삼만여의 회원을 가지게 되었다.[23]

이러한 기술은 1919·3·1을 민족 수난과 반항의 구도 아래 기술하는 전형적인 방식이다. 또 현대에 대한 다음과 같은 인식은 이러한 기술 방식에 동반되는 전형적인 것이기도 하다.

해방전 삼십오년이란 세월은 우리의 과거 혹은 수천년 역사의 긴 세월에 비하면 한 순간 한 찰나에 지나지 못하나 우리의 광휘있는 민족사 상에 인찍힌 치욕의 오점은 이를 씻으려 하여도 씻을 수 없고 또 그 동안 받은 압박의 고통은 잊으려 하여도 잊을 수 없다.[24]

위의 서사에서 식민지 시기 전체는 "수천 년 역사의 긴 세월에 비하면 한순간 한 찰나"라는 식으로 서술된다. 그리고 그 순간에 1919·3·1은 유일하게 빛나는 지점, 즉 마지막 역사적 시점으로 기술된다. 또 현대사는 36년이라는, 길지만 민족사의 유구한 세월에 견주면 한순간일 뿐인 그러한 "찰나"로 기술되면서 동시에 영원히 잊을 수 없는 "고통"과 "치욕의 오점"이라고 서술된다. 이러한 서사에서 1919 · 3 · 1 이후의 모든 시간들은 "순간" "찰나" 또는 공백으로 지워진다. 이처럼 1919 · 3 · 1은 '현대' 이전의 민족사와 유일하게 연속되는 역사적 지점이 되고, 동시에 1919 · 3 · 1 이후는 그 내용이 지워지면서 대신 공백의 서사로 대체된다. 그리고 이렇게 역사가 사라지는 지점에서 1919 · 3 · 1 이후에는 비워진 역사의 자리에 "치욕 · 오점 · 고통"과 같은 심성 구조가 대신 자리를 잡는다.

그런 점에서 1919 · 3 · 1이란 '현대' 이전의 역사와 연속되는 마지막 지점이자 치욕과 오점과 고통의 심성 구조를 무의식 저편에 묻어두고, '해방'과 직접 연결되는 지점이다. 1919 · 3 · 1 이후를 "치욕 · 오점 · 고통"으로 표상하는 방식은 이 지점을 주권성의 퇴폐와 몰락으로 간주하는 태도이기도 하다. 1919 · 3 · 1이 망국의 시간 속에서 유일하게 빛나는 정점의 순간이 되는 동시에 다른 시간은 망국적인, 퇴폐와 몰락, 치욕과 오점, 고통의 순간들이 된다. 역사 기술에서 이러한 방식은 현대사를 '민족의 수난과 반항'이라는 범주로 기술하는 서사에서 공통적으로 발견된다. 퇴폐에 대한 표상이 '병든 신체'라는 수사를 동반하는 경우는 빈번한데, 현대사를 퇴폐로 기술하는 서사에서 이는 친일 협력을 '병치레'에 견주는 식으로 나타나기도 한다.[25]

이런 식의 조립은 비슷한 시기에 출간된 최남선의 역사 기술에서도 나타난다. 최남선의 《국민조선역사(國民朝鮮歷史)》는 총 217장으로 구성되어 있는데, '현대'에 관해서는 제216장 〈독립의 싸움〉 한 장(章)에만 기술되어 있다. 여기서 1919 · 3 · 1의 상징적인 의미는 앞서 살펴본 진단학회의 《국사교본》 기술과 비슷하다. 《국민조선역사》의 제216장 〈독립의 싸움〉 마지막 구절에서 최남선은 다음과 같이 논한다. "이러케하야 일본(日本)은 포만사위(暴慢詐僞)의 긋헤 저의 나라를 망하고 조선인 내외일치 불요불굴하는 협동력(協同力)으로써 민족부흥의 서광을 마지하얏다. 그리고 조선역사의 연선성(連線性)은 잠시의 우곡(紆曲)을 지내고 다시 자여(自如)한 본태로 도라왓다."[26] 즉 일본의 식민 지배를 당한 경험은 조선 역사의 "연선성"에서 잠시의 이탈이었을 뿐이고 역시 1919·3·1은 이러한 이탈의 와중에서 이 "연선성"과 접속된 유일한 지점이다.

진단학회의 《국사교본》이나 1947년 최남선의 《국민조선역사》에서 는 외세에 지배당한 "치욕·오점·고통"이 '현대'에 국한되어 있으며, 이 는 유구한 민족사에 비추어 "순간"이거나 "찰나"라고 기술되어 있었다. 이처럼 해방기에 출간된 역사 기술에서 '수난'이나 '치욕'의 시점이 주로 '현대'라는 순간에 한정되는 방식인 데 반해, 1950년대에 출간된 역사서 에서는 민족 수난의 시기가 상고사까지 확대되는 것을 볼 수 있다. 이는 "치욕·오점·고통"으로 억압되고 대체된 '현대'에 대한 인식이 상고사에 대한 서사로까지 전이된 것이라고 볼 수 있다. 이러한 서사는 1950년대 에는 공식적으로 "국난사(國難史)"라는 형식을 갖추게 되고, 국난사라는 이 특정한 서사 유형이 1960년대 말에 이르러서는 교과서적인 역사 기 술의 한 부분을 차지하게 된다.

현대를 '역사'로 기술할 수 없는 딜레마는 역사를 수난의 민족사라는 형태로 전도시켰고, 이러한 수난사적 역사 기술은 "국적 있는 역사 교육" 이라는 기치 아래 교과서의 자리를 차지하게 된다. 《국난사개관(國難史槪觀)》(1956),[27] 《국난극복(國難克服)의 역사(歷史)》,[28] 《한민족(韓民族) 의 국난극복사(國難克服史)》[29] 등이 대표적이며, 《시련과 극복》[30]은 이 러한 수난사적 역사 기술을 토대로 한 교과서이기도 하다. 이러한 수난 사적 역사 기술은 1919·3·1 이후의 시간을 망국적인 것으로 그려냄으 로써 현대사를 '병든 신체'의 비유로 그려낸다. 이러한 과정을 거쳐 퇴폐는 병든 신체라는 비유와 결부되고 퇴폐는 미학적·병리적·역사철학적 규정뿐 아니라 망국적인 것이라는 역사적 사건을 그 의미 규정의 한 요소로 갖게 된다.

4. 망국적인 것, 퇴폐, 그리고 현대문학사

냉전체제에서 퇴폐라는 범주가 망국적인 것과 결부되는 양상은 다양한 지점에서 비슷한 형태로 반복된다. 지금까지는 냉전체제에서 풍기문란이라는 규정이 망국적인 것과 결부되고, 망국적인 것이 역사적 준거를 통해 구체화하는 과정을 살펴보았다.

그렇다면 문학사에서 퇴폐 범주란 어떨까? 문학사에서도 퇴폐라는 범주는 이와 같은 냉전 서사와 무관한 미학적·역사철학적 의미의 내적 작용에 의해서만 구성되지는 않는다. 즉 풍기문란 통제의 근간을 이루는 퇴폐라는 범주는 냉전체제의 인식론적·미학적·역사철학적 함의들과 접속되어 재구성되는 것이다. 따라서 우리가 풍기문란에 대한 통제의 근간을 이루는 퇴폐·문란과 같은 범주(비록 무규정적 범주이지만)가 작동하는 구체적인 방식을 비판적으로 검토하려면 각각의 범주가 특정한 역사적 시기에 작동하는 구체적인 맥락을 면밀하게 검토해야만 한다.

여기서는 앞의 논의를 토대로 냉전체제 아래의 문학사에서 퇴폐 범주가 재설정되는 방식을 백철의 문학사와 그 다양한 수정 작업을 통해 살펴보고자 한다. 냉전체제에서 퇴폐라는 범주는 망국적이라는 범주와 매우 밀접하게 결부되는데, 문학사 서술은 망국적인 것과 퇴폐적인 것이라는 두 항목을 역사철학적이고도 미학적으로 결합하는 중요한 장치가 되기 때문이다. 특히 백철의 문학사는 냉전체제의 현대문학사 기술의 원형이라는 점에서 주요한 고찰 대상이 된다. 또 백철이 문학사를 개작해가는 과정은 냉전 서사가 형성되고 구축되는 과정을 비판적으로 해석해낼 수 있는 전형적인 사례로서 살펴볼 수 있다.

그러므로 백철의 문학사 기술이 수정되어 나타나는 여러 판본에 대한 이 책의 관심은 판본 연구적 관심과는 구별된다. 나는 백철 문학사의 수정된 판본들을 냉전 서사가 형성되고 구축되는 과정에서 유발되는 자기분열의 징후적인 텍스트로서 독해해나갈 것이다. 따라서 이 글에서는 백철의 문학사 기술에서 '현대'와 1919·3·1과 관련해 드러나는 분열을 중심으로 살펴볼 것이다. 앞서도 논한 것처럼 풍기문란이 냉전 서사에 따라 재구성되는 과정에서 망국적인 것이라는 범주는 당대에 대한 동시대적인 기술과 역사에 대한 통사적 기술이 이중으로 연동되는 방식으로 나타난다. 이러한 이중 구조는 백철의 문학사 기술에서 텍스트 내적인 분열이 드러나는 것을 해석하는 주요한 단초가 된다. 또 역사 기술이나 시대 인식을 드러내는 냉전 서사에서 망국적인 것과 퇴폐의 요인이 주권성의 내부와 외부를 오가며 전도되는 특징적인 양상은 백철의 문학사에서도 동일하게 발견된다.

그런 점에서 백철의 문학사 기술과 그 수정 과정은 이와 같은 냉전 서사와의 밀접한 연관관계 속에서 파악할 필요가 있다. 즉 초기 문학사 기술에서 1919·3·1의 실패 원인을 민족 내적 요인(특히 계급 문제의 차원)으로 규명하던 방식이 이후의 문학사 기술에서 외적 요인(외세에 의한 수난의 강조와 계급 요인의 삭제)으로 대체되는 것은 냉전 서사의 직접적인 영향이라고 할 것이다. 또 퇴폐의 원인을 외부화하면서 계급적 차이는 문학의 '주권성'을 위협하는 내적 위험 요인(계급문학을 문학적인 것이 후퇴하는 것으로 재규정하는 방식)으로 전도된다. 그런 점에서 백철의 문학사 기술은 냉전 서사에서 망국적인 것과 퇴폐, 주권성의 규정이 상호 연동되는 전형적인 방식을 '문학적으로' 보여준다.

해방 이후 처음 집필된 백철의 신문학사는《조선신문학사조사(朝鮮新文學思潮史)》[31]이다. 이후 백철은 여러 차례 개정판을 내면서 원본의 내용을 삭제, 수정, 첨가, 재수정하는 과정을 거쳤다. 이 과정은 문학사 기술의 방법론적 변화와도 어느 정도 관련이 있지만, 근본적으로는 냉전체제의 이데올로기적 금기들을 적극 수용하는 과정이었다. 이러한 개작 과정의 가장 큰 특질은 "프로문학 계열에 대한 축소와 비판, 민족주의 계열과 순수문학에 대한 확대서술"[32]이다.

1948년과 1949년에 출간된 원본《조선신문학사조사》는 근대와 현대 편으로 나뉘어 있다. 근대 편은 개화기에서 1919 · 3 · 1을 거쳐 그 이후의 퇴폐와 낭만주의, 자연주의 시대를 기술하고, 현대 편은 신경향파의 대두에서 해방 직후까지를 다룬다. 이러한 근대와 현대의 구별은 신경향파의 대두를 '현대'의 출발로 상정하는 것이며, 그런 점에서 "민족주의가 백철에게 근대의 이념이라면, 사회주의는 현대의 이념으로 인식된 것이다".[33]

근대와 현대의 구별이 판본마다 변하는 과정을 간략히 정리하면 다음과 같다. 1953년/1955년 민중서관 판본에서는 근대와 현대로 나누어 출간했던 것을 한 권의 문학사로 구성했고, 이에 따라 근대와 현대의 시대구분이 사라졌다. 또 현대에 관한 기술은 크게 줄어들었다. 1956년 이병기와 함께 쓴《표준국문학사》에서는 현대가 사라졌고, 1957년 개정된《표준국문학사》에서는 다시 근대와 현대로 나뉘었다. 1968년도 전집본에서는 근대와 현대의 구별이 드러나지 않고 현대 편으로 기술되었던 신경향과 문학이 "신문학의 갈림길"이라는 항목으로 기술된다. 이 개작과 수정 과정은 세부적인 기술 방식, 작품에 대한 평가 등 문학사 전체에서 작동한다.

그런데 이러한 개작과 수정은 '현대', 즉 사회주의와 일제 말기를 '어떻게 다룰 것인가'에 대한 강박증과 관련되며, 개작과 수정은 한국전쟁, 박정희 체제 등 외적 상황의 변화와 밀접하게 연동되어 있다. 백철의 문학사 기술에서 사회주의와 일제 말기에 대한 삭제·보충·재기술 등으로 점철된 강박적인 교정 작업은 단지 사회주의와 일제 말기라는 대상에만 작용하는 것이 아니다. 무엇보다 사회주의와 일제 말기를 다루는 방식의 변화는 1919·3·1을 어떻게 처리할 것인가와 연동되며, 백철의 문학사 기술에서 이는 일종의 '난국'처럼 보인다. 1919·3·1을 다루는 기술 방식은 혼란스럽기 그지없다고 할 수 있는데, 이러한 혼란 속에서도 뚜렷한 변화의 방향과 목적이 존재한다. 이러한 혼란은 1968년의 전집본에 이르면 1919·3·1을 '국체'의 이념에 따라 '정석적'으로 기술하면서 안정되고 제도적인 방식으로 정착된다.

김윤식도 지적하듯이 백철이 문학사를 기술해가는 과정은 현대문학이라는 분과 학문이 제도적으로 정착해가는 과정이나 다름없다. 백철의 문학사 기술은 1919·3·1을 '국체'의 이념에 따라 '정석적'으로 기술하고, 이를 통해 퇴폐를 국가 주권성의 이념에 따라 규정함으로써 '완성'된다. 그런 점에서 현대문학이라는 분과 학문의 제도적 정착은 국가 주권성의 이념에 따라 퇴폐와 현대의 상호 관계를 다시 규정하고, 이를 통해 현대라는 시간과 문학이라는 신체를 재구성한 과정이라고 할 수 있을 것이다.

이러한 재구성의 방향과 목적을 개괄하면 다음과 같다. 원본 문학사에서 1919·3·1은 부르주아의 전개와 그 역사적 지위의 종말이라는 점에서 근대와 현대를 나누는 결절점이다. 1919·3·1의 의미는 부르주아 운동이 역사적으로 전개된 과정의 궁극이기 때문이며, 그 한계는 바로 부르주아계급의 역사적 한계에서 비롯된다. 그러나 1919·3·1은 그 안에 이러한 한계를 시정할 내적 요인 또한 담고 있는데, 그것이 부르주아를 대체할 "새로운 계급"의 출현이며, 이것은 신경향파라는 '사조'의 대두와 관련된다. 따라서 1919·3·1 이후 "병든" 문학, "퇴폐"는 부르주아의 역사적 한계와 관련된다. 또 퇴폐는 1919·3·1의 실패에 따른 환멸에서 비롯되며, 이러한 퇴폐는 신경향파의 새로운 이상주의에서는 경향적으로 극복되고 있었다.

그러나 이후의 문학사 기술에서 '현대'가 더 이상 원본 문학사와 같은 의미를 담은 것으로 기술되지 않으면서, 1919·3·1에 대한 기술은 분열된다. 일단 가장 두드러진 것은 이전과 달리 1919·3·1의 성과를 더욱 강조하는 것인데, 그렇다면 퇴폐는 어떻게 처리해야 할까? 원본 문학사의 관점에 따르면 1919·3·1의 성과를 강조할 경우 1919·3·1 이후의 퇴폐가 대두하는 현상에 관한 설명은 내적인 설득력을 잃게 된다. 여기에서 가장 두드러진 변화는 1919·3·1의 '실패'가 부르주아의 내적 한계 때문이 아니라, 일본의 "야만적인 폭압" 때문이라는 식으로 기술이 달라진다는 점이다. 따라서 퇴폐는 부르주아의 역사적 한계의 발현이 아니라 1919·3·1의 실패에 따른 환멸의 소산인데, 이는 부르주아의 한계라는 내적인 요인과 관련된 것이 아니라, 일본 제국의 야만적인 폭압이라는 외적 요인에서 전적으로 비롯된 것으로 변경된다. 따라서 퇴폐는 이제 이를 극복하는 내적인 경향과 공존하는 것이 아니라, 일본의 야만적 폭압에 따른 내적인 수난의 결과로 전도된다. 그럼으로써 퇴폐는 1919·

3·1의 실패와 그 이후의 민족의 수난과 등가를 이루게 된다. 이렇게 수난과 퇴폐가 민족의 외부와 내부라는 식의 서사로 전도되면서 역으로 1919·3·1의 역사적 의미는 "기념탑"으로 세워진다.

초판과 1953년 민중서관에서 펴낸 개정판에서는 1919·3·1이 제4장 〈퇴폐적(頹廢的)으로 문학(文學)이 병(病)든 시대(時代)〉의 제1절에 기술되어 있다. 그러나 1968년 전집본에서는 제2편 〈초기의 신문학〉 제2장 〈근대 문예사조의 등장〉에 기술된다. 판본 간의 차이에서 이 글의 논의와 관련해 또 한 가지 지적해둘 것은 1949년의 《조선신문학사조사》 현대 편에서는 일제 말기를 암흑기로 기술하면서 이 시기를 '민족의 수난'이라는 범주로 설정하지 않았다는 점이다. 그러나 1968년 개정판에서는 암흑기와 관련한 기술에 "민족 수난과 어문학"이라는 항목이 새로 추가되었다. 이는 앞서 살펴본 바와 같은 역사 기술 방식의 변화 등이 문학사 기술에 어떻게 반영되었는지를 명확하게 보여주는 것이기도 하다.[34]

이러한 조립과 분해, 재조립의 과정은 다양하게 진행되지만 여기에서는 몇 가지 상징적인 측면을 중심으로 살펴보도록 하겠다. 1919·3·1을 민족주의 운동의 역사적 임무가 다한 시점으로 보는 방식은 원본 《조선신문학사조사》에서 근대와 현대를 구별하는 주요한 기준이었다. 즉 1919·3·1을 민족주의 운동으로 본다는 것은 그 실패를 민족주의 운동의 한계로 파악하는 것이다. 1948년 시점에서 백철이 1919·3·1을 해석하는 방식은 다음과 같은 진술에서 전형적으로 드러난다.

반제투쟁이란 순수하게 민족주의의 반항만으로 성립되는 것이 아니고 그것으로 근본적인 해결을 볼 수 없다는 것과 또 삼일운동 시기에 있어서 세계적으로 물론 시민과 대립하는 계급이 생성된 시기요 국내에

있어서도 비록 미미하나마 새로운 요소가 발아되고 있던 사실을 무시할 수 없기 때문이다.[35]

그러므로 위와 같은 1948년의 기술에서 1919·3·1은 민족주의 운동의 마지막 단계로 해석된다. 다음과 같은 기술도 이러한 해석 방식을 전형적으로 보여준다.

그러나 삼일운동의 주연이 민족주의였다는 것은 누구도 부정하지 못할 사실이다. 기본적인 의미에 있어서 조선의 민족주의가 대결론을 지은 것도 이 계단이다.[36]

이처럼 1948년 판본에서 3·1운동의 실패와 그 문화적 영향과 관련해 백철은 3·1운동 담당층인 민족주의 운동의 내적 역량의 한계라는 해석을 내리고 있는 것이다. 〈삼일운동과 그 문화적 영향〉이라는 절에서는 다음과 같이 기술하고 있다.

이 내외의 정세하에 이러난 삼일운동이 결과로선 너무 무상한 실패로 돌아간 것은 우리가 주지하는 사실이다. 예나 지금이나 민족자결이니 자주독립……이니 하는 것은 하나의 국제적 허선전에 불과한 것이요 국내적으로 십년간의 계몽교육의 민족실력양성이 일본 제국주의 앞에 실로 미력했다는 사실, 따라서 그 근대혁명을 감행하는 주체적 실력도 너무 미력이었다는 것을 증명해준 것이다.[37]

백철의 문학사 기술에서 현대와 관련한 기술의 변화를 보여주는 징후는 1956년에 나온《표준 국문학사》에서 찾아볼 수 있다. 1956년 이병기와 백철은 자신들이 집필한 문학 교과서인《표준 국문학사》의 서론에서 국문학사의 개념, 시대구분, 특수성 등을 논한 뒤 제1편 〈여조(麗朝) 이전〉, 제2편 〈근조(近朝)〉, 제3편 〈현대〉로 구성했다. 그러나 현대를 규정한 개념은 1948년과 1949년의《조선신문학사조사》와 완전히 다르다.

당시 신문학이 지닌바 현대적 이데아는 곧 민족정신이었다.[38]

1956년에 나온《표준 국문학사》에서는 "자연주의 이후 10년간의 문학"에서 낭만주의와 자연주의 문학 이후 신경향파와 그 밖의 정치문학이 성행했다고 간략히 언급한 다음, "그 뒤 약 10년간은 그 정치문학이 문단을 지배하다시피 되어 있었다. 그러나 그 정치문학이라는 것이 너무 그 파의 정치주의에 치우쳤고 실지로 문학사적 의의에서는 반드시 기록 서술해야 할 가치가 희박한 것이기 때문에, 여기서는 번잡한 것을 피하여 그 과정만은 전부 생략하고, 다만 그때 민족적인 문학 또는 순문학적인 동태 등에만 한해서 그 사실을 약술하기로 한다"[39]면서 현대에 대한 기술을 생략한다. 이와 달리 같은 책에서 1919·3·1은 현대를 기술하는 극적인 분기점으로 기술되는 변화를 보인다.

그러나 이와 반대로 시대적으로 보아서 저물어 가는 시절, 눈앞에 아무 희망과 이상을 가질 수 없는, 어두운 현실을 배경함으로써 하나의 색다른 낭만주의를 낳아 놓게 되는 것, 곧 이것을 우리는 병든 낭만주의라고 부르는 것이다. 그 병든 낭만주의는 대지 위에 발을 디디고 나서, 앞을 바라보는 것이 아니라 그 대지인 현실을 떠나서, 하염없는 꿈을 그리는 염세적인, 또는 현실 도피적인 기분의 문학이다. 말하자면 1922년 '백조파'의 낭만주의는 둘째번의 병든 낭만주의에 속하는 것이었다.

그리고 이 낭만주의는 4252(1919)년 3·1운동이 실패된 뒤에 생겨진 비관적인, 또는 절망적인 사회 현상, 거기서 드디어 퇴폐주의적인 문학이 발생한 것과 같은 토대 위에 이 낭만주의가 자라나게 된 것이다.[40]
(강조는 인용자)

즉 1919·3·1이 민족사의 "기념탑"과 같은 시점이라면 1919·3·1 이후는 완전한 몰락·어둠·퇴폐의 시기이다. 이러한 기술 방식은 1919·3·1 이후를 퇴폐의 시기로 기술하면서, 일제 말기를 자연스럽게 암흑기로 기술하는 내적 요인이 된다.

1968년의 《신문학사조사》에서는 앞서 인용했던바 1948년 판본에 기술되었던 부분 가운데 3·1운동의 실패가 "주체적 실력도 너무 미력이었다는 것"에서 비롯되었다는 구절이 그대로 기술된다. 그러나 그 의미 내용은 원본과 같을 수가 없다. 현대의 의미, 즉 프롤레타리아문학은 1923년 이래 10년 동안 "장기간의 문단 집권"을 했지만, 그 "남긴 공로"는 "의외로 공허했던 것"이라는 비판으로 이어지기 때문이다. 이는 형식적으로는 현대라는 개념과 관련해 1949년의 기술에는 없던 "프롤레타리아문학 비판"이라는 절이 추가되는 것으로 나타난다. 그러나 이것은 단순히 형식적인 추가나 프롤레타리아문학에 대한 비판적 기술에 국한된 것이 아니다. 1948년과 1949년 판본에서 1919·3·1과 그 이후로서 "퇴폐"의 시대는 신경향파적인 이상주의를 통해 경향적으로 극복될 가능성을 안고 있었기 때문이다.

그렇다면 신경향파의 이상주의가 통째로 부정될 때 1919·3·1 이후는 어떻게 될까? 그 연속성(유기적 신체)은 어떻게 다시 조립되어야 할까? 여기에서 중요하게 대두하는 것이 바로 전통인데, 이는 신경향파적 이상주의를 대표하는 작품인 조명희의 《낙동강》[41]이 배치되는 방식에서 전형적으로 드러난다.

1948년 판본에서 조명희의 《낙동강》은 신경향파의 새로운 이상주의적 경향을 보여주는 대표 작품으로 기술된다. 여기에서 《낙동강》에 관한 기술은 그 작품에 나오는 노래 구절을 소개하고 해석하는 것으로 대미를 장식한다.

〈봄마다 봄마다
불어내리는 락동강물
구포벌에 이르러
넘쳐 넘쳐 흐르네—
흐르네—에—헤—야〉

〈천년을 산 만년을 산
락동강… 락동강…
하늘가에 가—ㄴ 들
꿈에나 잊을소냐—
잊힐소냐—아—하—야〉

이것은 《낙동강》에 나오는 노래의 구절이다.

그러나 향수적인 것과 지방적인 것은 거기에 멎어진 것이 아니고 그것을 통하여, 미래로 향한 정열이요 계급과 통한 이상이었다. 그 계기는

역시 남녀주인공들의 반역적인 정열 위에 나타나 있다.[42]

1968년의 《신문학사조사》에서도 《낙동강》에 나온 노래를 인용하면서 조명희를 평가하고 있다. 같은 노래를 인용한 뒤, 이에 대한 평가와 기술은 다음과 같이 교정된다.

　　이것은 《낙동강》에 나오는 노래의 구절이다.
　　그 향수성, 그 영탄성은 어딘지 낭만성과 통하고 있다.[43]

1948년 판본에서는 "조선 낭만주의의 규정"이라는 절이 마무리된 다음 "백조파와 병적 낭만정신"에 대한 절이 시작된다. 그런데 1968년에 나온 《신문학사조사》에서는 이 절들이 "한국 낭만주의의 특질"과 "《백조》와 낭만정신"으로 제목이 바뀌고, 무엇보다 중요한 것은 이 두 절 사이에 예전에는 없던 내용을 넣었다는 점이다. 즉 앞의 구절에 이어 다음과 같은 내용이 삽입되었다.

　　그러나 이 계보의 낭만주의를 살피는 데 있어서 더 근대 낭만문학 본유의 한 작품성에 유의하고 우리 이십 년대의 시에 대해서 재고해야 될 방면이 있다. 그것은 다름이 아닌 이십 년대의 민요풍의 서정시의 계열에 대한 이야기이다.
　　위에서 말한 대로 그 근대적인 신시운동이 처음에는 서구의 시풍, 특히 상징파의 사조나 언어법을 소개하고 배워서 시작된 것이 사실이지만, 이어서 온 그 뒤의 경로를 더듬어 가면 처음엔 서구적인 것에 의존했던 시인들 중에 그 서구풍을 버리고 우리나라 전래의 민요풍의 서정

시로 전환한 사람들이 많다는 것이다. 그 대표적인 시인들이 주요한이
요, 김억이요, 그 뒤를 이어서 그 시풍을 겸용하여 이십 년대의 대표적
서정 시인이 된 사람이 김소월이었던 것이다.

  그런데 이렇게 민요풍으로 온 것이 실은 근대 낭만시의 본 경지를 개
척한 것이 된다.[44]

이런 진술 아래 민요시에 관한 설명이 이어지는데, 이는 1919·3·1과
그 이후의 "퇴폐", 그리고 그 "퇴폐"가 극복될 이상적인 경향성으로서 신경
향파라는 1948년 판본의 해석과는 전적으로 다른 것이다. 여기서 1919·
3·1 이후의 퇴폐는 신경향파가 아닌 "민요시", 즉 전통에 의해 극복되는
것이고, 이 전통이야말로 낭만주의의 "본경지(本境地)"가 된다. 또 이러한
전통의 호출이란 백철 자신이 말한바 냉전의 몸(국체에서 문학사의 몸, 현
대문학이라는 제도의 몸 등을 포괄하는)을 만드는 매트릭스인 것이다.

  그런 점에서 나는 이것을 냉전의 신체 조형술이라 부르고자 한다. 백
철의 다음과 같은 진술에서도 전통이라는 것이 냉전체제 한국의 국체와
국문학 제도라는 제도의 신체, 그리고 문학사라는 수미일관한 주체성의
신체를 만드는 데 동일하게 작동한다는 것을 확인할 수 있다. 즉 백철은
"이 전통론은 현실적으로 정부적인 차원에서 내세운 주체성의 문제와
상응한 문단의 과제였다고 할 수밖에 없다. 주체성을 세우는 것, 국적이
있는 교육과 문화를 장려하고 문화재를 발굴해서 소중히 관리하는 일 등
이 모두 자기 것을 소중히 하는 전통의식의 표현이 되지 않을 수 없다"[45]
고 기술한다.

  전통과 국가 정체성을 이렇게 직접 연결하는 백철의 논의는 노골적이
다. 그러나 이러한 노골적 진술보다 냉전의 신체 조형술의 함의를 더 복

합적으로 함축하는 것은 문학사의 개작 과정이다. 문학사 기술은 노골적이지 않지만 무엇인가를 지우고 그 자리에 다른 것을 채워넣으며, 대상의 의미를 변화시키고, 배치들을 바꾸고, 이에 따라 의미 계열을 수정해야 하는 과정이었다고 할 수 있다. 이 과정이야말로 마치 이미 만들어진, 그러나 생명을 다해버린(망국과 퇴폐) 신체를 다시 살려내고 다른 몸으로 만들어내려는 프랑켄슈타인의 고투에 비견할 만한 신체 조형술을 보여준다. 그런 점에서 냉전기 퇴폐라는 범주의 작동은 이러한 프랑켄슈타인에 견줄 만한 고투, 즉 냉전의 신체를 재조립해내려는 냉전의 신체 조형술이라는 차원에서 살펴봄으로써 그 현실적인 함의를 해석해낼 수 있는 것이다.

5. 안녕, 문란

냉전체제에서 민족사 기술, 또는 역사와 관련 민족사적 기술은 주로 민족이나 국가, 또는 민족주의와 국가주의라는 차원에서 고찰되었다. 또 풍기문란은 주로 당대의 시정 세태에 대한 국가주의적 개입과 문화 생산물에 대한 검열의 한 부분으로만 여겨진다. 그러나 냉전 서사에 따라 재구성된 풍기문란이라는 규정은 당대적인 것과 역사적인 것을 특수한 방식으로 결부시킨다. 따라서 냉전 서사에서 역사 기술과 여성의 정조 문제, 문학사와 장발 단속은 우리가 상상하는 것보다 더 밀접하게 관련되어 있다.

이러한 연계성은 풍기문란이라는 것이 인간, 사회, 자유, 살 권리(인권), 주권을 상상하는 구조나 서사와 관계가 깊다는 점에서 비롯된다. 냉

1975년 불량도서 출판물, 국가기록원 소장 자료.

전 서사에서 퇴폐의 규정에는 인간과 사회, 살 권리와 그 박탈에 대한 인식의 틀이 망국적이라는 역사에 대한 서사와 긴밀하게 연동하면서 내장되어 있는 것이다. 또 퇴폐라는 규정은 문란(음란함이라는 의미로서의 문란에서 치안 질서 문란, 헌정 질서 문란 같은 함의로 이어지는)과 안녕(안녕 질서 문란, 시민사회의 안녕 같은 범주)이라는 규정과도 긴밀하게 연동된다. 최근의 여러 사례에서 확인되듯이 안녕이나 문란이라는 규정이 사회(/폭동), 인간(/폭도), 삶과 죽음, 교통질서와 엄마 자격, 촛불과 유모차에 이르는 매우 이질적인 대상을 넘나들며 작동하는 것은 퇴폐·안녕·문란이라는 규정의 이러한 작동원리에서 비롯되는 것이라 할 수 있다.

따라서 풍기문란에 대한 연구는 단순히 특정한 역사적 사례에 대한 연구나 문학사 연구, 검열 연구와 같은 특정 분과 학문의 욕망을 충족시켜 주는 데 국한되지 않는다. 오히려 냉전체제에서 풍기문란이 작동하는 방식을 보면 특정 분과 학문의 욕망(문학·현대문학·역사학 등)이 죽음의 정치를 교양·학문·역사라는 이름으로 전도시켜 내면화하는 역할을 해왔다. 이 글에서 풍기문란이 냉전 프레임을 통해 변용되는 과정을 검토하면서 역사학이나 문학(현대문학)이라는 분과 학문의 제도적 정착화 과정에 다소 무리하게 집중한 이유도 이와 무관하지 않다.

| 제2장 |

죽음과의 입맞춤
— 혁명과 간통, 사랑과 소유권

1. 죽음과 꿈, 또는 혁명과 입맞춤

바다처럼 망망한 강. 빨리 건너야 한다. 그는 힘차게 헤엄쳐나간다. 이른 봄 얼음 풀린 물처럼 차다. 한참 헤엄쳤는데도 댈 언덕은 아득하기만 하다. 그러자 민은 보는 것이다. 그이 왼팔이 어깻죽지에서 훌렁 빠져나가는 것을. 저런. 그 팔 끝이 달린 다섯 손가락. 고물고물 물살을 휘젓는 다섯 손가락. (중략) 쪼개진 조각들이 또 갈라지고 삽시간에 강은 수없이 많은 몸의 조각들로 덮여버렸다.[1]

1960년 4월 11일 오전 11시 30분, 마산 중앙부두에서 한 낚시꾼이 김주열(당시 마산상업고등학교 학생, 17세)의 시체를 발견했다. 지금은 4·19혁명 하면 으레 떠오르는 인명 중 하나가 되었지만, 그때 바다에서 떠오른 김주열의 시신은 이승만 정권에 대해 폭발 직전에 이른 대중의 분노

김주열의 시신 사진.[2]

를 더 이상 제어할 수 없는 혁명의 열기로 이끈 중요한 계기가 되었다.[3] 눈에서 목으로 최루탄이 박힌 채 바다에 떠 있는 김주열의 시신 사진은 이 승만 정권, 그 부패한 권력이 자행한 폭력이 인간의 삶 자체를 어떻게 무 참하게 파괴해버렸는지를 보여주는 상징적인 이미지였다.[4] 당시 신문에 는 위에 제시한 사진 외에도 김주열의 시신 상태에 관한 논의와 시신 사진 이 실렸다. 부두로 '건져 올려진' 시신 사진[5]이나 시신 상태를 다룬 보도[6] 등 4월의 그날은 바로 바닷속을 헤엄치는 찢겨진 한 소년의 시신과 함께 오고 있었다. 어떤 면에서 4·19혁명은 그 시작에서나 진행 과정에서나 죽 은 자의 산산이 부서진 몸에 직면하는 일이었다고도 할 것이다. 김주열의 시신뿐 아니라, 사살당한 시위 참여자들의 사진과 유서 등 4·19 당시 혁 명은 죽은 자의 몸과 목소리를 통해서 재현되었다.

봄빛이 한창이던 4월의 그날. 환히 눈에 불을 켠 젊은이들이, 캠퍼스에서 파도처럼 쏟아져 나와, 병원 앞을 지나 시내로 향했다. 현관에서 구경하던 어머니 앞에 녀석은 불쑥 나타났다. 어머니를 한옆으로 끌고 가서 "우린 지금 가는 길이야. 가. 바빠. 어머니 우린 가. 알아주지 않아도 좋아. 아무도 몰라줘도 좋아. 우리도 뭐가 뭔지 모르겠어. 그저 가는 거야. 가서 말야 하하하……." 갑자기 껄껄 웃으면서 그녀의 어깨를 두 손으로 잡고 되게 흔들어 놓고는, 쉴 새 없이 밀려가는 파도 속으로 달려갔다. 내 것아. 내 귀중한 망나니. 다시는 이 가슴에 돌아오지 않을 내 것아. 벌써 한 해. 곧 4월이 온다. 그 사월을 어떻게 참을까. 그 4월이 또 오느냐.[7]

시간이 없는 관계로 어머님 뵙지 못하고 떠납니다. 끝까지 데모로 싸우겠습니다. — 어머님 저를 책하지 마시옵소서. 우리들이 아니면 누가 데모를 하겠습니까? 저는 아직 철없는 줄 압니다. 그러나 국가와 민족을 위하는 길은 알고 있습니다. 저 고함 소리 지금도 들립니다. 지금 저의 마음은 너무도 바쁩니다. …… [8]

혁명의 성공에 들떠 있던 짧은 시간에도, 혁명의 좌절을 곱씹어야 했던 긴 세월 동안에도, 4 · 19혁명을 기억하는 것은 이 죽은 자들의 몸과 목소리에 직면하는 일이어야 했을 것이다. 이것은 단지 당시를 '살았던', 또는 혁명 이후 '살아남은 자들'에게 국한된 일은 아닐 것이다. 민주화라는 '꿈같은' 10년을 훌쩍 지나버린 2010년, 4 · 19혁명에 관해 사유하는 것이 그저 50주년이라는 기념적인 시간성 때문일 수는 없을 것이다. 50년 전이 아닌 아주 가까운 과거 속에, 아니, 지금 현재 진행형으로 우리는 여전히 국가 폭력에 의해, 또는 개발과 성장이라는 미명 아래 갈기갈기 찢겨진 몸들과 목소리들을 대면하고 있기 때문이다.

4·19혁명과 관련해서는 다양한 논의가 진행되어왔지만, 특히 문학 부문에서는 4·19혁명을 직접적으로 형상화한 작품이 그리 많지 않다.[9] 최인훈의《구운몽》도 작품의 환상적인 성격 때문에 당대 현실과의 관련성에 비춘 해석보다는 소설의 환상적인 형식에 대한 평가가 주류를 이뤄왔다. 그러나 앞서 잠시 대비하여 살펴본 것처럼,《구운몽》은 4월혁명 전후의 현실을 맴돌던 다양한 이미지와 담론들을 르포르타주해서 이를 서사적 원재료로 삼고 있다.《구운몽》에서 4월혁명을 전후한 이미지와 담론의 르포르타주는 죽음과 사랑이라는 열쇳말을 중심으로 재배치된다. 자신을 배신하고 떠나버린 여인, 숙에게서 온 편지가 약속 날짜가 지나 도착했다는 것을 알게 된 독고민은 그녀를 찾아야 한다는 열망에 휩싸여 꿈의 세계로 진입한다. 그 꿈의 세계의 입구는 위에 제시된 첫 번째 꿈-이미지이다. 이 첫 번째 꿈-이미지 속에서 독고민은 바닷속을 헤엄치는 갈기갈기 찢긴 시체의 몸이 된다. 4월혁명, 그 세계로 들어가는 일은 '문학적 회고'나 살아남은 자의 '회고' 형식으로는 불가능하다. 그 '실패한' '미완의' 꿈으로 들어가기 위해서는, 죽은 자의 몸으로 들어가야 한다. 이 작업은 "목숨이 아니라 죽음을, 창조가 아니라 발굴(發掘)을, 예언이 아니라 독해(讀解)를 업으로 하는" "고고학"[10]이라 명명되고 있다.

《구운몽》이 4월혁명의 '문학적 유산'으로 적극 평가되지 않는 것은 이 작품이 혁명의 문학적 계승에 주력하고 있지 않다는 점과도 관련이 깊다. 최인훈은 4월혁명의 문학적 계승이나 문학적 회고에 관심을 두기보다 죽음을 사유하는 방법에 집중하고 있기 때문이다. 이 글도 4월혁명의 '문학적 유산'이나 문학적 상속의 적자를 둘러싼 논의에는 관심을 두고 있지 않다. 이 글의 초점은 오히려 혁명과 죽음, 사랑의 서사와 그 변주들에 놓여 있다.《구운몽》에서 탐구되는 죽음의 고고학은 "사랑"을 죽은 자의 꿈을 추동하는 근원적 열정으로 자리매김한다. 죽은 자의 꿈에 대한 고고학적 탐색의 끝자리가 너무나 소박한 두 청춘 남녀의 입맞춤으로 귀결되는 까닭은 이 때문이다. 이 '소박한' 결론 탓에 혁명을 대하는 최인훈의 사유 방식은 한계가 있다고 평가되기도 한다. 그러나 이 '소박한' 입맞춤 속에 혁명의 진실에 이르는, 아직은 탐색되지 못한 길에 도달하는 열쇠가 담겨 있다. 그 열쇠를 얻기 위해 우리는 혁명과 입맞춤에 관한 여러 이야기를 우회해야만 한다.

4월혁명에 관한 담론은 유독 '사랑의 문법'을 차용하는 사례가 많다. 사랑의 서사가 사랑하는 사람의 수만큼이나 다양하듯이 혁명과 사랑을 연계하는 담론의 특성 역시 무수하다. 혁명과 죽음과 사랑, 그 변주들이 혁명을 향한 꿈, 또는 상상의 기저에 놓인 열망이라 할 것이다. 행복을 만드는 기술은 푸딩을 만드는 기술만큼이나 다양하다는 프랑스의 공상적 사회주의자 샤를 푸리에의 말처럼, 혁명의 서사 또한 사랑의 서사만큼이나 다양하다. 혁명과 죽음과 사랑의 변주들, 그 세계로 들어가보자.

2. 사랑의 진실, 혁명의 추억―혁명과 소유권

모든 연배의 사람들에게 사랑의 매력을 보장하는 것은 중요하다. 그럼에도 오늘날 사랑의 매력은 단지 청년기에서만 발견할 수 있다. 이처럼 이상한 문제를 해결하기 위해서는 별도의 이성적 고찰이 필요하다.[11]

샤를 푸리에는 혁명에 이르는 길을 열정적인 인력(引力)에서 찾고자 했다. 푸리에게 모든 소유권적 관계를 넘어서 서로를 공유할 수 있는 사랑의 열정은 지배 없는 사회를 구성하는 중요한 동력이다. 그럼에도 푸리에가 보기에 이러한 사랑의 매력이 주로 청년기에 국한된 것은 지배 없는 사회라는 혁명에 이르기 위해 해결해야 할 매우 시급한 문제였다. 그렇다면 우리가 논의하고 있는 4월혁명은 어떤가?

혁명이 젊음의 열정과 유비적으로 연결되는 것은 역사적으로 자주 발견되는 일이다. 그러나 한국에서는 혁명이 젊음의 열정과 유난히 밀착된 유비 관계를 맺어왔다. 4월혁명뿐 아니라 1987년 민주화 항쟁도 '386세대'라는 표현처럼 청년 세대의 열정과 동의어로 기억된다. 이는 4월혁명과 87년 민주화 항쟁에 관한 회고적인 서술이 주로 생애사적 서사의 형식을 취하는 점과도 관련이 깊다. 또한 87년 민주화 항쟁과 달리 쿠데타에 의해 좌절된 4월혁명은 짧지만 강렬한 인생의 한순간으로, 섬광과 같은 빛, 순수와 열정의 시대로 기억되는 경향이 더욱 강하다. 이러한 기억과 회고가 혁명에 대한 특정 세대의 소유권 주장과도 무관하지 않지만, 동시에 섬광과도 같은 순간의 열정으로 기억되는 혁명이 모두 이러한 세대론적인 인정 투쟁의 서사로 환원되는 것만은 아니다. 《혁명과 웃음》의 저자들이 지적하고 있듯이 "한번 각인된 혁명의 밝은 빛, 그것은 생을 바꾸어버린다".[12]

나는 거의 언제나 4·19세대로서 사유하고 분석하고 해석한다. 내 나이는 1960년 이후 한 살도 더 먹지 않았다.[13]

4·19세대의 경험 형식을 논할 때 자주 인용되는 김현의 진술은 4·19혁명의 '주체'이자 혁명의 상속자로 자임하는 세대의 생애사적 서사를 전형

적으로 보여준다. 특히 문학에서 4·19세대의 유산과 한계에 대한 평가는 주로 '문학과지성'으로 대변되는 '자유주의적' 지식인 그룹과 '창작과비평'으로 대변되는 '민족주의적' 지식인 그룹 사이의 논쟁으로 아직도 이어지고 있다. 이러한 논란 속에서 4·19혁명의 유산은 자유주의와 민중 지향적 지식인들 중 과연 누가 그 유산의 적자인가라는 논의 형식을 반복한다. 여기서 4월혁명에 내포되었던 혁명의 열정은 두 지식인 그룹의 현재적 정체성 규정과 관련하여 반복적으로 전유된다. 실상 혁명의 유산을 둘러싼 이러한 전유의 방식은 4월혁명 그 자체에 내재한 것이라고도 할 수 있다. 즉 4월혁명은 혁명 직후부터 그 열정과 소유권이 자유주의의 이름으로든 민중 지향적(민중이라는 주체 그 자신이 아닌) 지식인의 이름으로든, '청년 남성 지식인'의 것으로 전유되었던 것이다.

이런 점에서 민주 혁명을 성취한 의거 학생들에 비해서 우리는 낡은 세대의 사람이다. 또 그 가운데서도 우리 여성들이 가장 그 균열이 심했던 것은 그만큼 우리가 반성해야 될 점이라고 생각한다. 우리 여성들은 자기들의 이야기를 남편들의 얼굴 가운데서 만들어냈고 자기들의 행동을 그들의 시선에서 찾으려 했던 것이다. (중략)

어떤 여학교의 한 여학생이 의거 때 총을 맞고 쓰러졌다. 그녀도 숨을 거두기 전에 어머니를 붙들고 마지막 한마디를 남겼다. "어머니 용서하세요. 제가 어머니 표를 찾아드리려다가 이렇게 되었어요." 뼈아픈 이야기였다. 어머니의 표를 찾아주기 위해서, 그리고 아버지와 어머니의 권리를 찾아주기 위해서, 그리고 또 스스로의 표도 없으면서 쓰러져간 학생들. 의거학생들은 모두 이러한 학생들이었다. (중략)

"여자에게는 사랑이나 지껴릴 것이지 다른 아무것도 맡길 수 없다."

이것은 어느 이탈리 작가의 단편 소설의 일절이다. 그렇듯 여자들은 언제까지나 사랑을 농하는 대상으로서만 남아야 하고 또 그런 인상을 스스로 주고 있어야 하는가? 평등은 법률에 있는 것이 아니라 자각에 있고 정치는 위정자의 독단이 아니라 바로 우리들의 것이며 또 정치의 영향은 위정자의 출세와 몰락에 있는 것이 아니라 밥 한 그릇에 국 한 그릇 먹는 우리들의 하찮은 밥상에 있는 것이다.[14]

4월혁명을 순수한 청춘의 열정과 '국가와 민족'에 대한 사랑, 또는 자유를 향한 사랑으로 회고하는 남성 지식인들과 달리, 여성에게 사랑은 혁명과는 무관한 '사랑타령'일 뿐이다. 4월혁명 직후에 발표된 위의 글에서 볼 수 있듯이, 혁명은 이미 발생 단계부터 '여성의 것'은 아니었다. 또 여성은 사랑을 통해 정치적 주체화에 이르지 못하고, 오히려 사랑은 여성의 탈정치화의 표식으로 비판받는다. 이러한 식의 혁명 문법에서 여성의 사랑은 무엇인가 부적절한, 그래서 탈정치적인 것의 지표가 된다.

앞서 논한 바와 같이 4월혁명은 주로 젊음의 열정과 관련을 맺고 있으며, 혁명의 실패와 좌절에 관한 담론은 사랑의 서사를 즐겨 차용한다. 문제는 이 사랑과 혁명이 결부되는 방식, 그리고 사랑을 통해서 혁명에 이를 수 있는 정치적 주체화에 대한 문법이다. 사랑의 완성은 무엇일까? 진정한 사랑이 곧 혁명에 이르는 일일까? 아마 알랭 바디우는 그렇다고 할 것이다. 사랑과 증오에 관한 발터 벤야민의 논의나 슬라보예 지젝 등, 사랑과 혁명의 관계를 논하는 새로운 담론의 목록은 계속 새로워지고 있다. 그럼 이제 우리가 사랑과 혁명 사이의 관계를 해명하는 이론적 언어를 얻게 되었으니, 혁명과 사랑의 '변증법'에 도달할 수 있을까? 또는 4월혁명과 같은 지난 혁명의 유산에서 혁명과 사랑의 열정을 다시 발굴하여 계승함으로써 그 유산을 상속받을 수 있을까? 물론 역사적 경험의 축적을 과소평가할 필요는 없겠지만, 혁명의 역사를 살펴보아도 "사랑할 수 있는 능력과 열정을 갖는 능력은 다음 세대에게 자동적으로 전달되지 않는다".[15]

과연 이른바 혁명에 이르는 경로인 정치적인 것과 사랑 사이에 무슨일이 있는 것일까? '가질 수 없는 너', 또는 '다다를 수 없는 너'를 향한 열망이라는 차원에서 혁명의 열정과 사랑의 열정은 공통분모를 지닌다. 그렇다면 사랑과 혁명 사이에는 '가질 수 없는'이라는, 즉 어떤 소유의 문제가 본질적으로 개입되어 있기 때문에 사랑과 혁명은 둘 다 소유권을 둘러싼 어떤 생애사적 서사를 생산한다고 할 것이다. 그러나 인류 역사상 모든 혁명이 소유권의 완전한 폐지에 이르지 못했듯이, 역사상 모든 사랑 또한 아직은 소유권 분쟁에서 자유롭지 못하다.[16]

4월혁명과 정치적 주체화에 관한 문법에서 혁명의 열정과 사랑은 성인 남성 주체의 몫으로 할당된다. 이태영의 글에서 흥미로운 점은 4월혁명이 투표권이 없는 소년 소녀들이 부모의 투표권, 권리를 위해 스스로를 희생한 사건으로 의미화한다는 것이다. 앞서 논한 김주열의 경우도 사망 당시 10대 소년이었고 4월혁명 때 희생자의 다수가 미성년이었지만, 4월혁명이 10대 미성년의 정치적 주체화와 관련된 사건으로 기억되거나 10대의 정치적 조직화의 '원형적 기억'으로 회고되는 일은 거의 찾아보기 어렵다. 10대의 정치적 조직화의 원형적인 기억은 아마도 2008년의 촛불집회가 그 '원년'으로 기록될 것이다. 이른바 '구두닦이'로 일컬어진 노동자 학생이 4월혁명의 주역이었다는 점은 이후 혁명에 대한 평가에서 자주 강조되기도 한다. 그러나 4월혁명 당시 이러한 비엘리트층의 열정은 '사회적 혼란'을 유발하는 부정적 정념으로 간주되었던 것 또

한 사실이다.[17]

그렇다면 이렇게 사랑과 열정을 통해 정치적 주체화에 이르는 경로가 엘리트 성인 남성의 몫으로 할당된 것은 4월혁명만의 한계일까? 4월혁명의 한계(자유주의적 한계)가 민중의 발견을 통해 극복된다는 '창작과 비평'으로 대변되는 민중 지향적인 지식인의 처지에서는 아마도 그런 답변이 나올지 모른다.[18] 그러나 실상 다양한 집단의 열정이 어떻게 정치적 주체화의 동력으로 이어지고, 이를 통해 자기 해방에 이를 것인가에 대한 고민은 혁명과 사랑에 관한 사유에서 여전히 난제로 남아 있다. 사랑과 혁명에 관한 질문은 민중의 발견을 통해서도 해명되기는커녕 오히려 더욱 풀기 어려운 문제가 된 것인지도 모른다.

> 삶에 대한 불안감과 외로움, 고독, 사랑 등 이런저런 감성과 느낌들, 욕망을 '사적인 것'으로 치부하며 그것을 하찮은 것, 사소한 것으로 짓누르고 '공적인 것'을 추구하고자 한다면, 그런 혁명을 감당할 수 있는 자들이 이 세상에 얼마나 존재하겠는가.[19]

이광일은 이른바 사회주의적인 혁명의 문법("또 하나의 혁명")이 안고 있는 현실적인 한계들을 지적하면서 "하나의 예로, 페미니스트들이 '사적인 것이 정치적인 것이다'라고 주장했을 때, 그것은 '또 하나의 혁명'에 대한 본질적인 비판의 성격을 띠는 것이었다. 즉 그것은 젠더gender 문제를 '사적인' 것에 가두어두는 한 모든 여성이 '잠재적 변절자'로 존재하게 된다는 것을 말해주는 것이라 해석할 수도 있다"[20]고 부언한다.

특정 주체의 열정은 정치적인 것의 입구로 간주되고, 그 밖의 주체들의 열정은 사적인 것, 하찮은 것, 또는 탈정치적인 것으로 간주되는 서사는 이미 사랑 자체에 대해서도 분열적일뿐더러 혁명 자체에 대해서도 분열적이다. 이는 사랑과 열정과 정치적인 것에 대한 배타적 소유권을 주장하는 특정 주체의 내적 분열이기도 하지만, 사실 이러한 내적 분열에 투영된 것은 정치적 주체를 둘러싼 현실적인 헤게모니 투쟁과 대립이다. 그런 점에서 4월혁명에 관한 사랑의 서사가 젊은 청년의 열정의 몫으로 반복되는 것은 이 청년 주체들의 내적 분열, 그리고 정치적 주체화를 둘러싼 현실적인 헤게모니 투쟁의 결과라 할 것이다. 이런 측면에서 혁명의 소유권을 주장하는 청년 남성의 사랑의 서사가 반복적으로 자기 분열을 토로하는 것은 실로 우연이 아니다.

> 다시 말해 우리들은 우리 앞 세대의 그 엄숙하고 진지한 선택 결정성과 그런 엄숙 진지성이 배제된 우리 다음 세대의 무선택적 적응성 두 요소를 다 아울러 지니게 된 것이지요. (중략) 동시에 두 가지 인자를 함께 지니게 되어버렸으니까요. (중략) 더욱이 그 선택에 대해서는 우유부단 언제까지 망설이고만 있는 꼴이구요. 왜냐면 우리가 겪어 지닌 그 4 · 19와 5 · 16은 앞뒤 시기의 사람들에게서와는 달리 가능성과 좌절을 따로따로 혹은 복합적으로 함께 의미하기 때문입니다. (중략) 그래서 늘 허둥대다 체념기가 앞서버리는 요령부득의 무기력한 세대가 된 것입니다. 한마디로 4 · 19의거와 5 · 16혁명은 그런 세대를 하나 만들어낸 것입니다.[21]

《씌어지지 않은 자저선》에서 이청준은 4 · 19세대의 특징을 "자기 실망감" "자기 자신에 대한 내적 좌절"이라고 표현한다. 즉 "자긍심"과 꿈, "자기 실망감"과 "좌절"이 결합된 결과 이 세대는 "체념"과 "무기력"을 내면화한 세대가 되어버렸다는 것이다. 즉 4·19세대에게 4·19와 5·16은 분리 불가능하게 결부되어 있다는 자기 성찰이라 할 것이다. 4·19와 5·16이 "이인삼각(二人三角)"이라는 김병익의 평가 또한 같은 맥락이다.[22] 즉 4월혁명은 이들에게 잊지 못할 사랑의 추억일 뿐 아니라, 좌절과 배신의 추억이기도 한 것이다. 이는 4월혁명의 기억이 환멸과 무기력감의 체험과 밀접하게 관련되어 있다는 것을 뜻한다. 앞서 4월혁명에 대한 사랑의 서사가 분열적인 것은 혁명의 서사 역시 분열되어 있다는 것을 의미한다고 했는데, 또한 그 분열은 혁명의 주체, 즉 정치적 주체화를 둘러싼 현실적인 대립과 갈등의 산물이라고 할 수 있다. 이러한 사랑의 서사와 혁명의 서사의 분열은 혁명을 생애사적 '원체험'으로 기억하는 이들의 서사에서 내적 분열과 환멸의 형태로 드러난다. 즉 환멸과 분열은 단지 혁명의 좌절에서 비롯되는 것만은 아니다. 그 환멸과 분열은 오히려 혁명 안에 내재했다고도 할 수 있다.

환멸과 분열은 《씌어지지 않은 자서전》의 주인공이 계속 토로하듯이 4월혁명에 대한 서사를 '기술할 수 없음'이라는 무기력함과 무능력함, 또는 강박관념과 결부되어 있다. 4월혁명의 문학적 유산이 미흡한 이유 또한 이와 무관하지 않다. 김윤식은 "4·19 문학의 불모성"을 진단하면서 4월혁명이 실패한 요인과 관련해 "심장의 혁명이나 혹은 머리의 혁명으로는 내부 공간이 지속되지 못하고 불연속의 단절 현상에 전락하는 것이 아닐까"[23]라는 질문을 던진다. 즉 4월혁명에 대한 사랑의 서사는 내적으로 변절의 서사와 떼려야 뗄 수 없는 관계인 것이다.

변절의 서사는 쿠데타라는 외적인 사건에서 비롯된 것이기도 하다. 그러나 이러한 변절이 내적 좌절이나 자기 분열로 경험되는 것은 혁명의 불충분함·미숙함에 대한 성찰과도 관련이 있다. 그 불충분함은 쿠데타와 같은 외적 요인과는 또 다른 차원에서의 내적 분열의 소산이기도 하다. 즉 심장의 혁명, 머리의 혁명이 아닌 다른 어떤 것, 삶의 "내부 공간"을 근원적으로 변화시킬 수 있는 그런 혁명에는 이르지 못한 것, 그것이 사랑의 서사가 변절의 서사를 동반하는 또 다른 원인이기도 한 것이다. 그래서 사랑과 변절의 서사는 혁명과 간통, 정치적인 것과 문란한 것 사이를 위태롭게 오간다. 아니, '간통과 문란함'이라는 금기 앞에서 자기 분열을 거듭하고 있는 것, 그것이 4월혁명에 대한 사랑의 서사라 할 것이다. 이제 그 문란함의 세계로 들어가보자.

3. 간통하는 세계 ─ 정치적인 것과 문란함

1960년 4월 29일, 학생들은 시위를 수습하고 모두 학교로 돌아갔다. 학생들은 "공명심을 버리고 애국심으로 수습하라" "피로써 찾은 자유, 질서로써 지키자" "파괴와 방화는 국가의 손실이다"는 등의 의제를 내걸고 수습반을 조직해 서울 시내 곳곳을 청소했다.[24] 혁명과 혼란의 경계는 과연 무엇일까? 사회 각층의 여러 집단이 저마다의 요구를 담은 시위가 끊이지 않는 가운데 진정한 민주주의적 요구와 '사회적 혼란을 틈탄 준동'을 구별해야 한다는 우려의 목소리도 높아졌다. 수습을 위한 학생들의 의례ritual가 청소와 추도 예배라는 점은 흥미롭다. 4월혁명의 수습은 시위로 '문란'해진 공동체의 공간을 정상화하는 것뿐 아니라, 어떤 식으로든 죽은 자에 대한 산 자의 책임을 걸머져야 하는 일이었다. 그것이 청소와 추도라는 의례의 의미이다. 공동체social body가 '문란'해졌다는 감각은 실상 죽은 자의 갈기갈기 찢긴 신체body에 직면한 경험과 무관하지 않다. 갈기갈기 찢긴 신체는, 국가 권력의 폭력에 대한 실감과 공동체 해체에 대한 위기감을 동반하는 것이다.[25]

물론 사회질서 문란에 대한 경계와 질서 회복은 그 뒤 쿠데타 세력의 '명분'이 되었다. 그러나 혼란과 혁명의 경계에 대한 두려움은 쿠데타 세력의 이데올로기와는 또 다른 맥락에서 4월혁명 당시의 담론 공간을 사로잡은 것이기도 했다. 그런데 이 혼란에 대한 두려움은 혁명 때문에 발생한 것이기도 하지만, 실은 이미 혁명 이전에 내재해 있던 불안감을 투영한 것이기도 하다. '구두닦이'로 표상된, 당시 시위에 적극 참여한 비엘리트층의 분출하는 열정을 무지한 대중의 부정적 정념으로 간주하는 태도 또한 혁명의 와중에 형성된 것이 아니라 이미 형성된 비엘리트층에 대한 '사회적 불안'이 투영된 것이다. 그런 점에서 혁명은 잠재되어 있던 변화를 향한 열정을 폭발시키는 동시에, 서로 다른 집단 사이의 잠재된 불안과 대립까지 폭발시키는 것이다. 이는 혁명적 열정이란 제어하기 힘든 정념의 모순적 공존이라는 점, 즉 사랑과 증오라는 일견 양립 불가능한 정념의 결합체라는 점과도 무관하지 않을 것이다.[26]

지젝은 혁명적 열정에서 사랑과 증오의 복합적 결합을 다음과 같이 논한다. "한 사람이 다른 사람에게 존재에 대한 욕망을 공개적으로 표현하는 것이 무척 '폭력적'이라는 것은 명백하지 않은가? 열정이란 정의상 대상에게 '상처'를 준다. 그리고 심지어는 수신인이 기꺼이 승인할지라도, 그 혹은 그녀는 항상 두려움을 갖거나 놀라면서 이를 경험할 수밖에 없다."[27] 그런 점에서 혁명적 주체로의 전환은 타자의 고통과의 직면, 또는 그 직면에서 비롯된 주체의 붕괴에 대한 두려움을 넘어서지 않는 한 불가능한 것이다. "다른 사람들의 배제, 다른 사람들의 고통과 아픔에 대한 무지는 위험을 무릅쓰고 고통받는 다른 사람에게로 직접 다가가는 몸짓을 통해 비로소 깨져나간다."[28] 지젝에 따르면 이 몸짓은 정체성의 핵심을 산산이 부수기 때문에 극도의 폭력으로 경험된다.

어떤 점에서 4월혁명 당시 사회 혼란에 대한 불안감은 현존하는 공동체와 주체성이 산산이 부서질 수도 있다는 두려움의 소산이라고 할 것이다. 그러나 이 두려움과 불안감을 넘어 스스로 산산이 부서지는 경험(이는 죽은 자의 산산이 부서진 몸으로 들어가는 일이기도 하다)을 토대로 혁명은 가능해지는 것이기도 하다. 그런 점에서 청소와 추도 예배는 사회적 타자에 대한 두려움과 죽음에 대한 책임감을 수습하는 절차가 4월혁명에서 어떤 식으로 현상했는지를 보여주는 상징적인 장면이다. 청소가 상징하듯이 사회적 타자에 대한 두려움과 죽음에 대한 책임감은 '질서와 애국심'이라는 이름 아래 공동체를 정상화하는 욕망으로 이어지는 것이다. 이는 죽음에 대한 책임감보다는 생존자의 공동체를 하루빨리 수습하고자 하는 욕망과도 무관하지 않다. 한국사의 역사적인 장면 곳곳에서 만날 수 있듯이, 생존에 대한 욕망이 죽음에 대한 책임감을 압도한다. 또한 이 점에서 사회적 혼란에 대한 두려움은 죽음을 어떻게 '수습'하는가의 문제와 결부된 것이기도 하다. 달리 말해 사회적 혼란에 대한 두려움, 즉 살아 있는 두려운 타자에 대한 불안감은 사실은 죽은 자에 대한 책임감·부채감과 밀접하게 관련된다.

그러나 4월혁명 당시 이러한 불안감과 부채감은 죽은 자에 대한 책임의 문제보다는 '사회 구성원'으로서의 책임감을 강조하는 방향에서 작용했다. 특히 사회 구성원의 책임감은 문란한 집단들에 대한 공격과 비난이라는 형태를 취했다. 이때 가장 손쉬운 비난의 대상은 여성이었다. 또한 이는 단지 여성에 대한 '공격'이 아닌 '두려움'과 '불안감'의 형태를 취한다.

환도 3년까지 9년 동안 계속되던 혼란 속에서도 여성들은 그들의 힘을 마음껏 발휘하였던 것이다. 질투마저 잊어버린 남성들의 거세된 모습—여성들의 줄기찬 진출…… . 여성은 능력을 과시하기에 이르렀던 것이다. 기형 속에서 이루어진 여성들의 힘—. 그것이 여성 본연의 능력이라고 착각하고 있는 듯했다. (중략) 위축되게 거세된 남성들이 겨우 정신을 차려 퇴보를 개탄하고 그들의 분야를 각기 찾아가기에 바쁘던 시절이었다.

그리고 4·19혁명—.

말하면 해방 50년—초기의 3년은 여성들의 훈풍시절이었고, 6·25전쟁부터 9년은 '하리켄' 시절이었고, 4·19까지의 3년은 '하리켄'이 숨을 죽여가는 광풍(狂風) 시절이었다고 할 것이다.[29]

왕으로 보이는 한 사내가 여러 나체의 여인들에 둘러싸여 멍하니 창밖을 내다보고 앉아 있는 그림이었다. 여인들은 마치 마귀들처럼 스케치되어 있었고, 사내 자신의 표정도 공포에 질려 있는 모습이었다.[30]

〈기성여성세대를 고발한다〉라는 제목의 위 글은 4월혁명과 여성의 임무를 논하는 글 가운데 한 편이다. 이 특집의 글들은 혁명의 환희에 들떠 있기도 하지만, 이 환희는 혼란에 대한 불안과 공포와 모순적으로 공존한다. 또 다른 논자는 혁명 직후의 상황을 "환희와 희망에 가득 찬 국민도 있겠지마는 또한 불안과 공포에 싸여 있는 국민도 있을 것이다"라고 논한다. 즉 4월혁명 이후 한국 사회는 "두 가지의 극단적 양상이 동시에 이날에 나타나고 있는" 상태라는 진단이다.[31] 〈기성여성세대를 고발한다〉는 이러한 혼란에 대한 불안과 공포를 여성과 남성의 헤게모니 투쟁이라는 형식으로 그리고 있다. 그 글의 필자에 따르면 1960년까지 해방 이후 15년의 세월에서 9년간은 줄곧 여성의 "기형적 힘"이 지배하여 남성이 "위축"되고 "거세"된 시기였으며, 최근의 3년은 그나마 여성 세력의 "광풍"이 숨을 죽이게 된 시절이었다. 또한 4·19혁명은 이렇게 여성의 기형적인 힘 때문에 거세되고 위축된 남성들이 비로소 다시 힘을 찾는 분기점으로 그려진다.

이러한 서사는 어떤 점에서는 매우 '현실적'이다. 한국전쟁 이후 이른바 전쟁미망인을 비롯한 여성의 경제 활동과 사회 활동이 활발해지면서 여성들의 사회 참여, 조직화, 발언권이 강화되었던 것이다. 한국전쟁 직후 여성들은 기존의 생활 관습, 특히 성·가족·결혼 등에 급격한 변화를 요구하며 자신들의 발언권과 정치적 권리를 주장했다. 그러나 여성의 이러한 정치화는 "여성이여, 가정으로 돌아가라"는 사회적 압력에 굴복하게 된다.[32] 그리고 여성의 사회 활동과 경제 활동, 성과 결혼에 대한 관습을 거부하는 요구 등은 '허영'과 '문란'이라는 이름으로 비난과 처벌의 대상이 되었다.

그런 점에서 성과 결혼 등 삶의 새로운 변화를 요구하는 여성의 욕망과 집단화·조직화를 통한 정치적 조직화의 가능성은 전 사회적으로 억압되고 금기시되었다. 이러한 금기는 여성의 사회 활동을 비난하는 형태로 끝없이 반복되었다. 또한 여성의 집단화나 정치적 조직화에 대한 불안감은 남성의 거세 공포로 발현된다. 〈기성여성세대를 고발한다〉에서 사회적 혼란에 대한 경계가 곧장 '문란한 여성', 여성의 정치 활동과 사회 활동에 대한 공포로 등치되는 것은 여성의 정치적 세력화를 둘러싼 현실적인 헤게모니 투쟁의 발현이라 할 것이다. 따라서 1960년대 서사에서 문란한 여성에 대한 공포, 또는 이에 따른 남성의 거세 불안은 현실적인

헤게모니 투쟁에 대한 공포와 불안의 산물이기도 하다.[33]

이러한 서사의 유사한 형태를 우리는 1960년대의 문학에서 다양하게 조우하게 된다. 4월혁명의 좌절과 실패를 회고하는 이청준의 《씌어지지 않은 자서전》에서 "마귀"와 같은 나체의 여인들에게 둘러싸여 공포에 질려 있는 "왕"의 이미지는, 4월혁명의 꿈을 간직한 채 그 꿈의 좌절과 실패에 따른 자기 모멸감에 사로잡힌 인물의 세대적인 특성을 전형적으로 보여준다. 4월혁명을 순수한 정열을 내포한 삶의 원형적 기억으로 간직하고 있는 이준은 혁명이 실패한 뒤 모든 일에 선택을 하지 못한 채 무기력한 삶을 살아간다. 혁명의 꿈을 "'배신한" 채 잘 먹고 잘사는 일에 몰두하는 이 세계가 이준에게는 맨살을 드러낸 채 액취를 내뿜는 여인들의 겨드랑이로 실감된다. 액취를 내뿜는 이 세계는 "쑥스러움"을 모른다. 혁명을 배신한 이 세계는 쑥스러운 줄도 모르고 맨살을 드러낸 여인의 몸으로 비유된다. 이 액취를 내뿜는 여인의 "겨드랑내"는 "세계에서도 유수한 맘모스 여자 대학교 건물이 뒷산 쪽에서 높다랗게 이 동네를 압도하고 있는"[34] 여대 앞 공간과도 같은 의미이다. 소설의 주요 무대인 다방 세느도 마찬가지이다. 즉 혁명을 배신한 세계는 이처럼 액취를 내뿜는 여성의 몸과 직접적으로 연결되는 것이다. 반면 이준과 그의 분신과 같은 "왕"은 역겨운 '암내'를 풍기는 이 세계와 달리 "완전히 생성을 중지"[35]한 존재로 대비된다. 혁명이 좌절된 이후 성장과 개발로 미친 듯이 달려나가는 시대의 풍속을 아마도 작가는 이처럼 '과도한 암내'(과잉된 생산성) 속에 투영하고자 한 것이라 하겠다.

그러나 혁명과 배신을 거세(공포)와 암내를 풍기는 여인의 몸에 비유하여 서사하는 방식은 단지 혁명의 좌절에 대한 무력감을 표명하는 것만은 아니다. 앞서 논한 바와 같이 이러한 방식으로 그려지는 혁명에 대한 사랑과 배신의 서사는 작가의 의도와는 또 다른 지점에서 혁명의 분열과 사랑의 분열, 그리고 그 속에서 현실의 타자에 대한 불안과 공포가 '문란함'에 대한 혐오감으로 전도된 형태라 할 것이다.

혁명이 좌절된 지금, 세계는 문란한 세계〔배신의 세계〕와 사랑의 세계, 이 둘 사이에서 간통 중이다. 주인공 이준도 '간통의 혐의'에서 자유롭지 못하다. 이준은 혁명을 배신한 세계에 대한 거부감과 동시에 자기가 배신자인지도 모른다는 강박관념에 사로잡혀 있다. 그래서 이준과 그의 벗들은 간통 중인 세계 속에서 위악과 체념에 빠져 있다. 다방 세느의 커플인 윤일과 정은숙은 혁명을 배신한 세계 속에서 4월 세대의 '처지'를 선명하게 보여준다.

그 여자와 나는 수없이 간통을 되풀이했어요. 생각해보십시오. 그런 날 밤 우리는 그렇게 서로 역겨워하며 미워하려던 것도 다 잊어버리고 세상의 누구보다도 격렬한 밤을 보냈거든요. 하지만 말입니다. 그리고 나서도 다음 날 아침이 되면 우리는 다시 그 간밤의 일을 잊고 서로를 미워하기 시작하는 거예요. 그런 일이 없게 하려고 기를 쓰듯이 말입니다. 그러니 그건 영락없는 간통일 수밖에요.[36]

세계는 간통 중이다. 다방 세느와 여인의 겨드랑내, 서점 하나가 쑥스럽게 서 있는 여대 앞은 이러한 불결한 정념들이 들끓는 이 세계의 축도판이다. 이 세계에 살아남았지만, 적극적으로 생성해나가지도 못하는 이들은 간통을 연기하는 위악으로 하루하루를 연출하면서 살아간다. 간통의 연출이란 혁명의 좌절에서 오는 체념의 산물이자 스스로의 무기력함에 대한 '벌주기'의 일환이기도 하다. 사랑을 배신한 죄로, 그와 그녀들은 사랑을 부정하고 간통을 연기하고 있는 것이다. 간통을 연기하는 삶, 결단을 미루는 삶은 혁명을 잃어버린 세대의 좌절감과 환멸의 소산이기도 하다.

그러나 사랑과 간통의 경계에 대한 두려움 앞에 번번이 한발 물러서고 마는 윤일, 겨드랑내 앞에서 번번이 무너지고 마는 주인공 이준의 삶은 사회적 혼란, 또는 문란함이라 규정되는 타자에 대한 두려움과 불안감의 경계 앞에서 되돌아서 '청소'를 '선택'한 4월혁명의 걸음걸이를 닮아 있다. 그런 점에서 암내를 풍기는 세계 앞에 무기력감과 거세 공포에 사로잡혀 있는 이준과 왕의 자기 분열은 사회적 타자에 대한 두려움과 불안감의 경계를 넘지 못한 채, 그 앞에서 되돌아서고 만 4월혁명의 내적인 분열과 닮은꼴이라 할 수 있지 않을까?

4월혁명의 성공에 들떠 있던 아주 짧은 시간 동안에도 혁명기 여성의 역할은 가정 내에 국한된다고 반복해서 강조되었다. 자유·민주주의·권리 등과 같은 차원이 정치적인 것으로, 사적인 영역에 유폐된 여성들에게 제한적으로만 접근되었다는 점에 대해서는 젠더사(史)를 다룬 다양한 논의들이 이미 지적해온 바이다.

그렇다면 사랑과 열정은 어떠한가? 흔히 사랑과 열정은 사적인 영역으로 간주된다. 그러나 앞서 살펴본 바와 같이 혁명에 관한 문법에서 청년의 열정과 사랑은 정치적이지만, 여성의 사랑과 열정은 탈정치적인 것으로 간주된다. 이는 사랑의 담론 또한 성차에 의해 구조화되어 있다는 점만을 의미하는 것이 아니다. 혁명의 문법에서 사랑이 정치와 탈정치를 둘러싸고 젠더화한 위계를 구성하는 것은 혁명을 향한 열정이 특정 주체를 중심으로 배타적으로 위계화되어 있기 때문이다. 이러한 혁명의 문법에서 청년의 열정은 정치적으로 '올바른' 것이지만, 여성과 미성년, '무지한 대중'의 열정은 과잉되거나 부족한, 또는 훼손되거나 결여된 것으로 다루어진다. 따라서 혁명이란 자유나 민주주의의 경계를 둘러싼 각축장일 뿐 아니라 열정들, 또는 열정의 주체들이 그 '정당성'을 둘러싸고 격전을 벌이는 전장이기도 하다. 그런 점에서 4월혁명에 관한 청년들의 사랑의 서사에서 나타나는 분열과 환멸은 혁명의 실패에 따른 좌절감을 표명하는 것일 뿐 아니라, 열정을 둘러싼 현실적인 갈등을 반영하는 것이기도 하다.

그러므로 특정 주체의 '문란한' 열정 앞에서 분열에 분열을 반복하고, 이를 거세 공포로 경험하는 사랑의 문법은 혁명에 대한 배타적 소유권을 반복적으로 주장하는 특정 주체의 자기 서사라 할 것이다. 그래서 분열과 환멸, 또는 청년의 열정으로 혁명을 추억하는 서사를 반복하는 한, 혁명은 끝내 그 배타적 소유권의 경계를 넘어설 수 없다. 그런 점에서 4월혁명은 '미완의' 것이라 할 것이다. 자유를 향한 열정이 문란함의 경계 앞에서 자기 분열을 거듭하는 것은, 사랑의 열정이 간통의 경계 앞에서 분열하는 것과 닮은꼴이다. 그러니 '미완의' 혁명은 문란함과 간통에 대한 공포와 강박관념을 넘어설 수 있는 새로운 사랑, 그 사랑에 대한 정의에서 다시 출발해야 한다.

4. 사랑과 증오, 그리고 타자의 몫
— 혁명과 사랑의 역사성과 보편성

수령(首領), 봉기는 실패했습니다. 조직은 무너지고 동지는 흩어졌습니다. 왜? 왜 실패했는가? 민중들이 돌아섰기 때문입니다. 그들이 받아 움직이지 않은 탓입니다. 그들은 우리를 버렸습니다. 그들은 우리의 부름을 깔아버렸습니다. 우리가 거리에서 피를 흘리고 있을 때, 그들은 갈보들의 더러운 배 위에서 숨을 죽이고 있었습니다. 더러운 고깃덩이를 하룻밤 살 수 있는 품삯을 주는 자들에게 아쉬움이 있었던 것입니다. 그들은 자유인의 죽 대신에, 노예의 떡을 택한 것입니다. 누구를 위하여 싸우는 겁니까? 대체 누굴 위한 희생입니까. 기막힌 짝사랑. 계집은 싫다는데 무슨 유토피압니까? 짝사랑까진 좋아도, 잘못하면 강간이 됩니다. 그래서야 억울해서 살겠습니까? 챈 것도 기막힌데, 고소를 당해서야 쓰겠어요? 수령, 구락부의 강령 개정을 동의합니다. 민중과의 공동전선을 규정한 현 강령 하에서는, 저는 손가락 하나도 명령에 따를 수 없습니다. 새 강령을 주십시오. 버림받지 않을 새 깃발을 주십시오. 새 보람을, 새 원리를![37]

혁명을 향한 열정은 배신에 직면해서 짝사랑, 강간의 서사 주변을 배회하고 있다. 배신에서 오는 환멸 탓에 청년들은 사랑하는 그녀(민중)에 대한 증오에 휩싸였다. 증오에 잡아먹히지 않으려면, 짝사랑과 강간의 강박관념에서 벗어나려면, "새 깃발"이 필요하다. 《구운몽》에서 혁명의 서사에 각인된 사랑과 강간, 짝사랑과 증오의 모순적 공존을 넘어선 "새 깃발"로 제시되는 것이 바로 사랑이다. 그 사랑은 청년의 사랑에 각인된 강간과 짝사랑에 대한 강박관념이라는 분열증, 그 역사적 형식에 대한 대타항이다.

분열증, 또는 꿈의 죽음을 혁명과 그 열정에 대한 사유의 방법으로 삼기보다 죽은 자의 꿈으로 들어가는 길, 《구운몽》은 혁명에 이르는 다른 입구를 우리에게 제시하고 있다. 《구운몽》이 혁명에 대한 지배적인 서사 방식을 벗어나 다른 경로를 걷게 된 가장 중요한 요인은《구운몽》자체가 혁명에 대한 서사의 역사적이고 현실적인 원자료들을 탐구의 대상으로 삼고 있기 때문이다. 그런 점에서《구운몽》의 가장 중요한 특성은 혁명에 관한 담론 구조의 역사적 탐색과 이를 통한 혁명에 대한 새로운 서사를 창출한다는 점인데, 이는 역사성과 보편성이라는 이중의 축을 경유한다. 사랑과 시간은 이러한 역사성과 보편성을 경유하는 새로운 좌표이며, 꿈은 거기에 이르는 방법이다. 그러면 이제《구운몽》의 꿈과 사랑, 시간을 통해서 혁명에 다가가보자.

《구운몽》의 서사적 원자료는 사랑과 배신, 삶과 죽음, 혁명과 그 실패에 대한 당대의 담론 구조들이다. 앞서 살펴본 바와 같이 4월혁명을 둘러싼 사랑과 배신의 서사에는 꿈과 꿈의 죽음, 다시 말해 꿈의 좌절에 따른 환멸이라는 현실적이고도 역사적인 문제가 개입되어 있다. 그런 점에서 4·19와 5·16이 "이인삼각"의 형식이고, "따로따로" 분리하여 사유할 수 없는 문제라 할 때, 4월혁명과 그 좌절에 대한 사유는 바로 이 사랑과 환멸의 분리 불가능성에서 시작하는 일이라 할 것이다. 사랑과 환멸이 뒤섞인 혁명에 관한 담론들에 나타나는 자기 분열적 면모는 이러한 정념이 복합된 산물이다. 이러한 복합적이고 갈등적인, 때로는 대립적이기까지 한 정념의 충돌이야말로 4월혁명을 둘러싼 우리의 '집단적 무의식'이 아닐까.

그런 면에서 4월혁명을 다시 사유하고 그 꿈속으로 들어가기 위해서는 분열적인 집단적 무의식의 지층으로 들어서야 한다. 4월혁명을 둘러싼 당대의 담론과 이후의 회고들은 많은 부분 그 집단적 무의식을 '세대'의 이름으로 전유하곤 한다. 그러나 앞서 논한 바와 같이 세대의 이름으로 전유된 혁명에 관한 서사가 여전히 자기 분열적이거나 소유권 분쟁

같은 헤게모니 투쟁에서 자유롭지 못한 이유는 그 서사가 여전의 꿈의 죽음, 즉 환멸의 주변을 배회하고 있기 때문이라 할 것이다.

그 목각은, 지금까지 세느에서 왕이 새겨온 다른 것들과는 달리 무지하고 우악스런 양물을 치기만만하게 쳐들고 있는 남자의 형상이었다.[38]

우리가 하는 일은 신의 행위의 결과인 처녀막의 열상(裂傷)을 검증하는 일입니다. 우리 자신의 성기를 들이미는 일이 아닙니다. 역사란, 신(神)이, 시간과 공간에 접하여 일으킨 열상(裂傷)의 무한한 연속입니다. 상처가 아물면서 결절(結節)한 자리를 시대 혹은 지층이라고 부릅니다. 이 속에 신의 사생아(私生兒)들이 묻혀 있습니다.[39]

최인훈과 이청준은 이른바 개인의 자유를 향한 열망과 그 불가능성을 탐색한 작가로 평가되곤 한다. 그러나 4월혁명을 사유하는 방식에서 두 작가는 서로 전혀 다른 방법을 취한다. 앞서 살펴본 바와 같이 이청준의 《씌어지지 않은 자서전》은 꿈의 죽음을 환멸의 형식, 또는 자기 분열의 서사로 기술하는 방식을 보여준다. 그리고 이러한 담론 구조는 4월혁명에 내포된 자기 분열과도 밀접한 관련이 있다. 그 서사의 층위에서 나타나는 거세 공포나 배신에 대한 강박관념을 간통하는 세계의 형상에 투영하는 방식, 또 간통하는 세계의 표상이 음란한 여성들의 부정적 정념으로 환치되는 구조는 4월혁명에 내포된 자기 분열의 전형적인 현상이다.
《구운몽》에서 꿈의 파열에 따른 상처와 이에 대한 주체의 대응은 "처녀막의 열상"과 "성기를 들이미는 일"이라는 성애화한eroticized 비유로 그려진다. 이러한 비유, 또는 언어의 선택은 우연적인 것이 아니다. 《구운동》에 따르면, 혁명 이후 '꿈과 꿈의 죽음'에 대한 집단적 무의식은 세계를 성애화한 비유로 표상하는 서사로 구조화된다. 세계를 성애화한 비유로 표상하는 집단적인 담론 구조에서 혁명의 꿈은 개인의 시간으로 환치되고, 사랑의 열정과 사랑의 대상과 하나가 되었던 황홀한 순간은 배신에 대한 증오 앞에서 멈춰서버린다. 그래서 세계를 성애화한 비유로 표상하는 서사에서 꿈은 '청춘의 열병'으로, 혁명의 시간은 개인의 생애사적 시간 속의 빛나는 순간으로 그려진다. 이 서사는 지속되지 못한 혁명을 향한 사랑의 열병을 '아름답게' 그려내지만, 혁명을 살아남은 자의, 개인의 생애로 환수한다. 그리고 이렇게 개인의 '좌절된 꿈'의 시간으로 환수된 혁명의 시간은 배신에 대한 증오와 환멸, 또는 자기모멸의 시간 앞에서 멈추고 만다. 따라서 세계를 성애화한 비유로 표상하는 서사에서 사랑은 빛나는 순간 속에서 멈춰서기를 반복한다.

사랑은 증오 앞에 멈춰서버리고, 사랑의 시간은 황홀경의 순간 속에 봉인된다. 그렇게 사랑의 순간은 덧없는 배신 앞에 속절없이 지난 일로 흘러가고, 생애라는 시간은 자기 분열을 거듭함에도 흘러간다.[40] 이러한 생애의 감각은 사랑을 추억으로 간직할 수 있는 살아남은 자의 것이다. 죽은 자에게는 추억이 없으며, 과거에서 현재, 그리고 미래로 '자연스럽게' 흘러가는 그런 생애가 없다. 그런 점에서 추억이라는 이름으로 봉인된 것은 사랑의 열정과 배신에 대한 증오만이 아니라, 죽은 자의 시간, 죽음 그 자체는 아닐까? 그래서 우리가 혁명이라는 '역사'에 도달하기 위해서는 켜켜이 쌓인 살아남은 자의 생애사의 잔여물들을 뚫고 그 밑에 멈춰서버린 죽은 몸의 시간 속에 이르러야 하는 것이다. 이를《구운몽》에서는 발굴과 고고학, 또는 사면장(死面匠)의 작업이라 일컫는다.

하여 죽음의 발굴을 소명으로 하는 사면장의 일이란, 그 지층 속에서 살아남은 자의 생애사적인 잔여물들의 더께를 뚫고 들어가, 죽은 몸의 시간을 만나러 가는 것이다. 이러한 발굴을 통해 죽은 몸속에 멈춰버린 시간은 현재라는 시간의 지평으로 다시 떠오른다. 그렇게 죽은 자의 시간이 현재 앞으로 부상한다. 마치 심해에 가라앉은 죽은 자의 몸이 산 자들의 삶의 기슭으로 헤엄쳐 올라오듯이. 삶의 기슭으로 떠오른 죽은 몸, 그 몸은 삶의 기슭의 생애사적 시간으로 불현듯 출현한 '미지'의 시간이고, 그 '미지의 시간' 속에 혁명의 진실이 담겨 있다. 그래서 혁명의 진실은 삶의 기슭에 놓인 생애사적 시간을 깨뜨리고 심해에서 불쑥 솟아오른 그 죽은 자의 몸속에 있다. 그래서 《구운몽》의 첫머리와 마지막은 삶의 기슭으로 불쑥 솟아오른 죽은 소년의 몸과, 빙하기에서 발굴된 죽은 몸의 시간으로 이어지는 것이다.

이와 같은 일의 테두리를 넓힌다면 개인의 유일성과 동일성이 뿌리에서 다시 살펴져야 한다. A는 A면서 A가 아니다? 그것은 인간을 '현재'와 '여기'라는 시간과 공간의 두 축(軸)으로 완고하게 자리주어진 좌표로부터, 허(虛)의 진공 속으로 내놓음을 말한다. 그리고 개인은 시공에 매임없이, 인류가 겪은 얼마인지도 모를 기억의 두께 속에 가라앉아, 급기야 그 개인성을 잃고 만다. 바다에 떨어진 한 방울의 물처럼. 그것은 미궁 속에 빠진 몽유병자와 같은 상태일 것이다. 그 속에서 끝까지 개체의 통일성을 지킬 수 있는 힘은 무엇일까?[41]

최인훈이 진실에 이르는 유일한 길로 즐겨 사용하는 사랑과 시간이란 이런 의미에서 심해 속으로 사라져간 죽은 자의 몸을 발굴하는 일이다. 물론 이 작업의 첫발자국이 이미 《광장》에 새겨져 있다는 사실은 덧붙일 필요가 없다. 삶의 기슭의 생애라는 시간들과 죽은 자의 미지의 시간, 그 것은 줄줄이 풀리는 연속성의 리듬이 아니라 단절과 결락의 지층으로 아로새겨져 있다. 그 단절과 결락의 지층이 바로 역사이다. 그리고 개인은 현재와 여기의 시공간의 좌표에 의해 구성될 뿐만 아니라, 역사의 지층 속에서 발굴된다. 그 지층이 "허(虛)"인 이유는 개인성이 삶의 충만함에 의해서뿐만 아니라 바로 죽음이라는 미지의 시간에 의해 구성되는 것이 기 때문이다.

그런 점에서《구운몽》에서 혁명과 사랑의 문법은 역사적이면서도 보편적인 성격을 띤다. 이는《구운몽》의 꿈이 단지 서사 구성의 원리가 아니라, 역사를 탐구하는 고유한 방법이라는 점에서 더욱 분명해진다. 무엇보다《구운몽》에서 꿈은 개인적인 형식이 아니라 집단적인 형식을 띤다. 독고민이 여러 인물로 바뀌면서 독고민의 몸속에 다른 모든 이들의 몸이 들어오고, 독고민이 다른 모든 이들의 몸속으로 들어가듯이(A는 A이면서 A가 아닌 존재란 그런 점에서 집단적 주체와 개인의 관계를 상징한다), 꿈을 꾸는 주체는 개인이면서 동시에 집단적이다. 이는 혁명을 향한 주체의 사랑의 문법을 추억이라는 자연사의 리듬에서 역사의 리듬으로 이동시킨다. 생애사의 리듬 속에서 혁명은 젊음의 열정, 젊은 날의 추억이 된다. 그 추억 속에서 첫사랑의 열병은 그 누구와도 공유할 수 없는 나만의 것이 되지만, 결국 그 열병은 성장하는 과정에서 누구나 겪는 성장통처럼, 통과제의 같은 것이 되어버린다. 다시 말해 추억 속에서 혁명은 통과제의와 같은 자연사의 한 과정처럼 되어버린다. 그래서 생애사의 서사에서 혁명은 역사가 아니라 자연 과정이 되어버리고, 현재가 아닌 과거의 몫이 된다.[42)]

또한 추억 속의 혁명은 혁명이 좌절된 책임을 언제나 사랑의 대상에게

전가시키고, 추억의 주체는 혁명을 생애사의 원형적인 기억으로 곱씹는다. 이렇게 추억이 된 혁명 속에서 변절은 언제나 타자의 몫이며, '나'는 혁명을 순수한 기억으로 소유할 수 있는 배타적 소유권을 지닌 '순수한 주체'로 면죄된다. 추억이 된 혁명이 혁명에 대한 소유권, 또는 혁명의 원본과 변절에 대한 강박관념에서 자유롭지 못한 것은 이 때문이다.[43] 즉 혁명을 생애의 "원형 기억"으로 추억하려는 욕망은 혁명을 과거에 고착시키는 동시에 혁명의 좌절을 타자의 몫으로 전가한다. 이는 4월혁명 세대뿐 아니라 1987년 민주화 운동 세대에게서도 나타나는 혁명에 대한 소유권 분쟁과, 이를 통한 '순수한 자기'에 대한 욕망의 산물이다. 그런 점에서 혁명과 사랑의 문법을 다시 쓰는 일은 오늘을 사는 우리에게도 여전히 미완의 과제로 남아 있다. 《구운몽》을 다시 읽는 일은 그런 점에서 4월혁명의 문법을 다시 읽는 일일 뿐 아니라, 오늘, 아직도 미완의 과제로 남겨진 혁명과 사랑의 문법을 다시 정초하는 일이기도 하다.

《구운몽》은 혁명과 사랑의 문법을 생애사의 시간이 아닌 역사의 지층으로 옮겨놓는데, 여기서 꿈의 탐색은 역사를 탐구하는 새로운 방법이 된다. 《구운몽》의 꿈은 겹겹의 꿈으로 이루어져 있다. 《구운몽》의 꿈의 형식은 혁명에 대한 꿈을 생애사적 서사라는 '개인'의 자연사적인 리듬에서 건져내 역사의 층위로 이동시키는 것이다. 4월혁명에 관한 사랑의 서사에서 "처녀막의 파열"과 "성기를 들이대는 일"로 비유되는 성애화한 서사는 혁명을 개인의 원상(인생의 빛나는 순간과 그 상실)으로 환원하는 전형적인 방식이라는 점을 앞서 살펴본 바 있다. 또한 개인의 생애사적 서사에서 드러나는 자기 분열은 실상 혁명에 내재된 분열, 즉 사회적 타자에 대한 불안과 공포와 무관하지 않다. 그런 점에서 이러한 사랑의 서사를 반복하는 한, 혁명의 꿈을 다시 살 수가 없다. 따라서 《구운몽》은 혁명을 다시 사는 일, 이것을 증오와 분열 앞에 번번이 무너지는 사랑이 아니라 그 증오와 분열을 '다른 차원'으로 이동시킬 수 있는 사랑 속에서 구하고자 한다. 여기에서 사랑과 죽음은, 죽은 자와의 입맞춤이라는 '소박한' 세계로 표상된다.

　이런 측면에서 최인훈의 《구운몽》은 개인의 자유라는 꿈을 찾아가는 여정이 아니라, "배신당한 꿈"에 대한 집단적 무의식, 그 꿈의 집합적 형식을 찾아가는 여정이다. 《구운몽》은 배신(꿈의 죽음)에 대한 강박관념에 사로잡힌 개인의 분열적 내면이라는 바로 그 지점을, 개인에 대한 탐구가 아니라 "역사의 지층", 말하자면 혁명에 대한 집단적 무의식이라는 층위에서 탐색한다. 글의 첫머리에서 밝힌 바와 같이 《구운몽》의 서사에서 세부 단위들은 '개인'의 내면의 이야기가 아니라, 4월혁명에 대한 당대의 집합적 담론의 조각들이다. 역사라는 꿈의 형식을 통해 《구운몽》은 죽은 자의 이야기와 그 꿈을 그려내는 '불가능한 서사'를 시도한다. 그리고 여기에서 사랑은 이 불가능한 시도를 추동하는 열정이자 유일한 방법이 된다.

　사랑이란 먼 것입니다. 사랑이란 아픈 것입니다. 어두운 것입니다. 그리고 젊은 동지여. 당신은 그들의 배반이 당신에게 상처를 주었다고 합니다. 당신의 자존심을 다쳤다고 합니다. 그러나 생각해보십시오. 지금부터 이천 년 전에, 신(神)의 아들조차도 버림받았던 것입니다. 기억하십시오. 신의 아들조차도 버림받았던 것입니다. 신의 사랑을 마다한 사람들이, 인간의 사랑을 마다한다고 당신은 노여워합니까? 당신은 신보다 더한 자존심을 가지고 있습니까? (중략) 벗이여 사랑은 멀고 오랜 것입니다. 사랑은 어둡고 죄악에 찬 것입니다. (중략) 비록 자유를 위한 증오였더라도 당신은 고운 아가씨들을 너무 얕잡아봅니다. 끊임없이 구애하십시오. 신의 아들조차 실패했는데, 우리라고 대번 수지를 맞춘대서야 너무 꿀맛이지요. 피 흘리는 짝사랑이라고 생각할 게 아니라, 좋아서 하는 예술가지요. 그들을 사랑하는 것 말고는 신에게로 이르는 길이 없는 걸 어떡합니까? 그들이 싫대도 사랑해야 합니다.[44]

살해당한 자는 살아남은 자의 타자이다. 살해당한 자의 몸이 타자성의 자리로 새겨지지 못한 삶은 맹목적 생존이다. 그것은 "고운 아가씨들을 너무 얕잡아"보면서도 그녀들을 사랑한다고 강변하는 세속의 구애자들이 사랑하는 방법과 다르지 않다. 사랑의 대상의 타자성의 자리가 없는 사랑, 그 사랑은 맹목이며, 그런 점에서 증오와 등을 맞대고 있다. 배신감으로 환멸에 빠져버리는 세속적 사랑의 허약함은 매우 '인간적'이다. '인간적인' 사랑은 배신 앞에 무기력하고 증오에 대해 맹목이다. 우리 삶의 기슭에서 매일매일 반복되는 사랑이란 그런 점에서 인간적이다. 그런 측면에서 생애사의 체험으로 각인된 혁명에 대한 사랑의 문법은 인간적인 사랑의 문법에서 그리 멀리 비켜서 있지 않다. 그러나 그 사랑이 인간적이라는 점에서는 사실적일 수 있지만, 그 인간적이라는 사실이 그 자체로 역사인 것은 아니다.

또한 세속적 바람과 달리 혁명은 그 자체로 '인간적'인 것만도 아니다. 사랑이 인간적인 차원을 넘어서 신적인 것과 조우할 때 사랑은 비로소 역사적 형식에 도달하고, 혁명 또한 역사가 될 수 있다. 《구운몽》에서 배신과 증오, 사랑을 둘러싼 인간적인 형식과 신적인 형식 사이의 이러한 '변증법'은 신의 아들의 죽음으로 상징된다. 인간적인 것은 신적인 것을 매개로 하여 비로소 운명의 표정을 얻게 되며, 생애사적 사실 역시 신적인 것을 매개로 하여 비로소 역사가 된다. '운명'의 표정이 사실의 층위로 환원되지 않는다는 최인훈의 집요한 비판은 바로 이러한 맥락에서 비롯된다.[45] 그리하여 사랑은 운명의 표정을 얻게 되고, 혁명은 비로소 과거의 사실이 아닌 현재의 '꿈'으로서 역사가 된다.《구운몽》에서 꿈은 혁명을 개인의 좌절로 서사화하는 관성적 구조를 전도시키는 주요한 방법이다. 그런 점에서 꿈은 살아남은 자의 회고담과 추억으로 재생산되는 4월 혁명에 대한 관성적이고 지배적인 현실의 담론을 겨냥하면서, 그 역사적 형식의 한계를 넘어선다.

살해당한 자, 죽은 자에게는 생애가 없다. 생애사적 서사는 죽은 자의 이야기가 아니다. 생애사적 서사가 자신의 삶이 그 혁명의 순간에서 멈춰버렸다는 생애사의 기술 불가능성을 토로할지라도 그것은 이미 살아남은 자의 이야기일 뿐이다. 이는 죽은 자의 이야기를 살아남은 자의 자기 서사로 전유하는 일일 뿐이다. 그리고 이 전유는 혁명의 꿈을 살아남은 자의 환멸의 서사로 환치하는 구조를 반복하게 된다.

살해당한 자, 죽은 자의 꿈에는 생애사적 시간과 공간이 없다. 15세에 죽은 소녀, 봄, 차가운 강물을 헤엄치던 그 소년의 갈기갈기 찢긴 몸의 이야기는 생애사적 시간과 공간 속에 담길 수 없다. 그래서 그 시간은 계속 돌연한 결락·파열이라는 형식에 담길 수밖에 없다. 그래서《구운몽》의 꿈은 살아남은 자의 시간으로 환원될 수 없는 죽음의 경험을 되사는 유일한 형식이다. 그래서《구운몽》의 꿈은 철두철미하게 역사적 형식이다. 《구운몽》의 꿈은 살아남은 자의 생애사적 시간으로 환원되는 한 그 죽음의 몸을 되사는 일이 불가능하다는 점을 환기한다. 그래서 꿈은 그 불가능함을 가능하게 하고자 하는 역사적인 실험이자 혁명을 '다시 사는' 불가능한 실험이다.

그런 점에서《구운몽》의 꿈과 사랑은 4월혁명에 대한 담론의 역사적 형식을 이데올로기적으로 탐색하는 철저한 역사적 성격을 띠면서, 동시에 혁명을 '다시 사는' 방법으로서 보편성이라는 이중의 의미를 지닌다. 죽은 자의 꿈을 다시 사는 일은 역사의 지층에서 '실패한', 인식되지 못하고 실현되지 못한 혁명의 꿈을 오늘 이곳의 꿈으로 불러들이는 일이다. 또한 이러한 소환을 거쳐, 약속 날짜를 지나서 뒤늦게 도착한 편지, 과거로부터 발송된 편지는 미래로 송신된다.《구운몽》에서 소설의 첫머리와 미래를 원환(圓環)으로 이어주는 것은 바로 이 사랑의 편지이다. 독고민을 배신하고 떠나버린 그녀에게서 뒤늦게 도착한 편지, 그 편지에는 사랑의 열정과 배신의 추억이 모두 담겨 있다.《구운몽》의 여정은 이 과거로부터 약속 시간을 지나버린 채 '뒤늦게' 도착한 편지를 '수신'하기 위해, 그 과거를 현재로 되돌리기 위해 떠나는 여정이다. 그리고 그 여정의 끝에서 그 편지는 미래로 발송된다. 과거로부터 발송된 편지를 받은 독고민은, 꿈의 입구에서 이른 봄 차가운 바다를 헤엄치는 소년의 죽은 몸과 하나가 되고, 꿈의 여정 말미에서는 독고민이자 죽은 소년으로 되돌아온다.

시체는 앉아 있다는 것 말고도 또 하나 부자연한 것이 있다. 오른팔을 들어서 얼굴을 반쯤 가리듯한 채 굳어 있는 것이다. 마치 애인의 첫 키스를 막는 처녀의 자세처럼. 눈은 편히 떴다. 아까 첫눈에 그녀는 지난 4월에 잃은 아들을 보는 듯싶었다. 그녀의 외아들이었던, 서른둘에 낳은 유복자를 꼭 닮았다. 코언저리며 어질디한 입매가 죽은 내 새끼를 닮았구나. 그녀는 손을 시체의 얼굴로 가져갔다. 편히 뜬 눈꺼풀을 내리쓸었다. 몇 번 만에 눈은 감겨졌다. 나무관세음보살. 다음에 시체의 얼굴을

가린 팔을 아래로 당겨봤다. 시체는 완강하게 고집한다. 그녀는 가슴이 칵 막혔다. (중략)

　내 것아. 내 귀중한 망나니. 다시는 이 가슴에 돌아오지 않을 내 것아. 벌써 한 해. 곧 4월이 온다. 그 4월을 어떻게 참을까. 그 4월이 또 오느냐.[46]

　독고민이자 죽은 소년이 받지 못한 그 편지는, 《조선원인고(朝鮮原人考)》라는 과거의 기록을 관람하는 미래의 두 남녀에게 송신된다. 소설의 말미를 장식하는 두 남녀의 입맞춤은, 과거로부터 발송된, 죽은 자의, 미완의 입맞춤을 수행한다. 그렇게 죽음과의 입맞춤을 통해 죽은 자의 미완의 꿈인 "첫 키스"는 미래로 송신된다. 그래서 우리는 이 과거로부터 발송된 편지를 토대로 죽은 자의 꿈을 해독할 열쇠를 얻는다. 그 열쇠를 매개로 우리는 죽은 자의 꿈을 백일몽으로 다시 꾸는 일, 또는 "옛날에 존재했던 것에 대한 아직 의식되지 않은 지식"[47]의 문턱에 간신히 다다를 수 있을 것이다.

　살해당한 죽음 앞에서, 생명에 넘친 창조와 허구적 진실 같은 문학적 미덕과 기율은 무색해진다. 당신의 죽음을 과연 '노래'할 수 있을까? 최인훈이 《구운몽》에서 던지는 질문은 바로 이것이다. 그리고 그 질문은 아직도 우리 앞에 해결되지 못한 과제로 던져져 있다. 그 과제를 푸는 일이 문학의 유산을 풍부하게 하는 데 일조하지 못할지라도 아쉬워할 일은 아니다. 오히려 문학적 유산에 대한 집착은 혁명이 우리에게 남긴 질문, 바로 죽음에 대면하는 일을 회피하는 알리바이에 불과한지도 모른다. 그래서 죽음과 그에 대한 응답은 아직도 문학적일 수 없는 것인지 모른다.

　그런 점에서 우리는 동상(凍傷) 취급잡니다. 우리들의 작품을 가리켜

생명에 넘쳤다느니, 창조적이라느니, 허구(虛構)의 진실이라느니 하고
칭찬할 때는 사실 낯간지러워집니다.[48)

  당신의 죽음 앞에서
  어떤 아름다운 시로 이 세상을 노래해줄까[49)

"당신의 죽음 앞에서 / 어떤 아름다운 시로 이 세상을 노래해줄까." 혁
명을 사유하는 일은 단지 과거를 기념하기 위한 일이 아니라, 여전히 폭
력에 의해 산산조각 난 부당한 죽음과 대면하고 있는 오늘을 사유하는
일이다. 역사의 지층 속에 얼어붙은 채 매장된 죽음이, 오늘, 우리 앞에
여전히 놓여 있다. 사정이 이러하니 혁명의 역사에 대한 사유는 '당신의
죽음'에 대한 응답의 형식, 그 불가능성에 대한 질문을 걸머쥐고 가는 일
이다. 최인훈이 《구운몽》에서 우리에게 던진 질문은, 오늘의 시인에게도
미완의 과제로 남겨져 있다. 이 글 역시 이러한 미완의 과제에 접근하기
위한 하나의 시도일 뿐이다.

이브의 범죄와 혁명

1. 혁명과 범죄

혁명에 대한 반동reaction의 시작과 끝은 새로운 범죄를 만드는 것이다. 혁명에 대한 반동이 대두하는 시기에는 도처에서 새로운 범죄가 양산되고, 사회는 신종 죄인들이 출몰하는 병리적인 공간이 된다. 한국사의 역사적 장면들 곳곳에서 우리는 이러한 국면과 만나게 되는데, 그 장면은 역사의 한 페이지만을 장식하는 것은 아니다. 어떤 시대에 신종 범죄와 사회병리에 관한 담론이 만연해 있다는 것은 그 이면에 혁명에 대한 반작용, 또는 반동혁명[1]의 기미가 자리 잡고 있는 징후라고 보아도 무방하다.

이런 식의 진단이 과도한 단언이거나 증거 불충분, 또는 반동혁명에 대한 과민 반응처럼 비칠지도 모른다. 그리고 혁명에 대한 반작용이나 반동혁명이 만들어내는 신종 범죄 또는 범죄자라고 하면 정치범을 연상하는 경우가 대부분이다. 그런데 반동혁명과 정치범이 양산되는 구조는 상호 간의 직접적인 연결 고리를 찾아내기가 쉽지만, 반동혁명과 사회병리적인 특수 범죄의 상호관계의 내적 논리나 직접적인 연결 고리를 찾아내는 것은 상대적으로 어렵다. 이는 사회병리 현상이나 특수 범죄가 근대 체제가 성립된 이래 항상적으로 존재한 일반적인 현상으로 보이는 경우가 많기 때문이다. 이런 이유에서 반동혁명이 만들어내는 새로운 범죄나 사회병리에 관한 담론의 종별성은 자주 간과된다.

혁명이란 무엇인가? 혁명이란 그간 사회 구성원으로서 주변부의 자리에 있던 집단들이 사회의 중심 구성원으로서의 자리를 획득하려는 정치적 시도라고 할 것이다. 그런 점에서 혁명이란 사회 구성원으로서의 중심과 주변의 역학을 전도하는 기획이다. 어떤 집단의 행위가 혁명적인 행위로 인정되고 판명되는 것은 이러한 역학의 전도가 정치적·사회적으로도 의미 있는 행위로 인정되는 것과 불가분의 관계가 있다. 따라서 혁명과 혁명이 아닌 것을 판정하는 것은 이처럼 사회 구성원으로서의 중심과 주변의 역학과 그 전도에 담긴 정치적이고 사회적인 의미를 판정하는 담론의 체계와 밀접하게 관련되어 있다.

혁명은 그 자체로 사회 구성원의 자리를 새롭게 배치하는 것이고, 이러한 배치의 사회적·정치적 인정에 의해 혁명은 성공할 수 있다. 따라서 혁명의 성공은 사회 구성원으로서의 주체 위치를 재배치하는 데 대한 사회적 합의와 인정 투쟁에 따라 좌우된다고 하겠다. 마찬가지로 혁명에 대한 반작용은 혁명이 시도한 주체 위치의 재배치를 다시금 새로운 방식으로 전도시킨다. 쿠데타라는 반동혁명 역시 4월혁명이 시도한 사회 구성원의 자리에 대한 새로운 배치를 역전된 방식으로 재배치하는 수순을 밟았다. 이는 단순한 배치나 할당의 과정뿐만 아니라, 사회 구성원으로서의 자격을 박탈하는 죽음의 정치를 동반하기도 했다. 이 장에서는 이러한 혁명과 반동혁명의 과정에서 벌어지는 사회 구성원으로서의 자리 배치와 할당, 자격 요건을 둘러싼 인정 투쟁과 죽음의 정치를 특수 범죄가 창출되는 일련의 역학을 통해서 살펴보고자 한다. 이는 4월혁명의 의미와 한계를 살펴보는 일인 동시에 반동혁명이라는 역학의 내적 논리를 규명하는 일이기도 하다.

2. 정치적 결사와 부적절한 결속alliance — 혁명의 안과 밖, 1960

혁명과 혼란의 경계는 무엇인가? 혁명과 혼란의 경계를 구별하는 것은 어떤 집단의 행위가 정치적인 것인지 아닌지를 판명하는 일과 밀접한 연관이 있다. 4월혁명은 혁명 당시나 혁명 이후에도 혁명과 혼란, 정치적 행위와 문란함의 경계를 둘러싼 각축장이나 다름없었다고 할 수 있다. 혁명의 와중에 발화된 다양한 집단들의 웅성거림은 때로는 정치적인 것으로, 때로는 혼란을 틈탄 집단 이기주의로 지탄받기도 했다. 특정 집단의 행위가 정치적인 것인지 아닌지를 구별하는 기준은 이 집단에 대한 당대의 사회적 통념과 관련이 깊다. 특정 집단에 대한 사회적 통념은 사회적 연대, 정치적 결사 등 정체성 집단의 결속alliance이 지닌 성격을 구별하고 판정한다.

4월혁명에 관한 담론에서도 여성의 집단적 결속은 사회적 연대나 정치적 결사의 의미보다는 부적절한 열정이 표출된 것으로 간주되곤 했다. 이는 여성들의 결속을 정치적으로나 사회적으로 의미 있는 행위로 보기보다, 부차적이거나 과도한 행위로 보는 통념과도 관계된다. 3부 2장에서도 살펴본 바와 같이 4월혁명의 성공에 들떠 있던 아주 짧은 시간 동안에도 혁명기 여성의 역할은 가정 내에 국한된다고 거듭 강조되었다. 자유·민주주의·권리 등과 같은 차원은 정치적인 것으로서, 사적인 영역에 유폐된 여성들에게는 제한적으로만 접근되었다는 점은 젠더사에 관한 다양한 논의들에서 이미 지적해온 바이다. 그러나 혁명이란 자유나 민주주의의 경계를 둘러싼 각축장일 뿐 아니라, 열정이나 열정의 주체들이 그 '정당성'을 둘러싸고 격전을 벌이는 전장이기도 하다.

4월혁명 직후의 담론 공간에서 여성들의 결속 방식이나 결속체는 줄곧 정치적이거나 사회적인 의미로 평가되지 않고 허영심의 발로이거나 부차적인 것으로 간주된다. 여성들의 결속은 정치적 결사도 사회적 연대도 될 수 없는 허영의 무리를 만들 뿐이다. 사랑·열정·분노·분개 등의 정념은 특정 주체로 하여금 사회적 연대나 정치적 결사로 이끄는 동력으로 간주된다. 그러나 반대로 다른 주체들에게는 사랑·열정·분노·분개 같은 정념이 사회적 연대나 정체적 결사에 미달하는, 부적절하고 문란한 결속만을 만들어내는 것으로 간주된다.

문란함이라는 규정은 단지 성적인 열정을 지칭하는 것이 아니다. 문란함이라는 규정은 주체와 타자 사이에 이루어지는 결속의 특정한 형식을 사회적 연대나 정치적 결사에 미달하는 것으로 지정하는 역할을 한다. 따라서 문란함이라는 규정 속에 갇혀 있는 한 특정 주체들의 결속 방식은 결코 사회적이고 정치적인 의미를 얻을 수 없다. 그런데 4월혁명과 여성의 정치적 역할에 관한 논의에서 여성들의 결속 형식은 정치적 결사나 사회적 연대에 미달하는 문란함으로 간주된다. 여성들의 결속체를 지칭하는 "허영의 무리"라는 범주는 이러한 역학에서 비롯되는 것이다.

이렇게 볼 적에 앞에서도 말한 바와 같이 부패된 대한민국의 일련의 책임도 여성에게 있듯이 새로 건설하는 숨 가쁜 혁명에도 여성은 참가했고 또 앞으로 이룩될 새 나라가 잘되느냐 못되느냐 하는 데 대해서도 여성은 일련의 책임을 져야 한다. (중략) 모든 정치인들이 각성해야 되듯이 모든 사회의 각계각층이 각성해야 되듯이 여성들도 물질적으로나 정신적으로나 각성해야만 될 줄로 안다. (중략) 물론 일부 여성들에 국한된 문제이겠지마는 그 일부가 요사이 유행인 계나 한답시고 또는 동창회의 친목회나 또는 기타 직장을 중심으로 하는 부인회를 한답시고 얼마나 건설적인 생활을 하고 있는가를 다시 한 번 반성해보십시다. (중략) 무엇보다도 허영심과 사치 생활을 버려야 할 것이고 또 절약을 해서 이 나라의 정치적 혁명뿐만 아니라 경제적 혁명까지도 여성들의 뒷받침으로 이룩되기를 바란다. (중략) 남녀동등권이라는 것은 여자도 남자와 같은 외부 생활을 해야 된다고 하는 데서 오는 것이 아니라 가정 일이라도 완전히 수행하는 데만 그 첫 단계가 이루어지는 것이며 남편들로 하여금 요리집이나 음식점에 다니지 않도록 가정에서 간소한 연회 같은 것도 마련할 수 있어야 할 것이다.[2] (강조는 인용자)

4월혁명과 여성의 역할을 논하는 위의 글에서 여성이 정치적 주체로서 문제가 있는 이유는 허영심과 불우함 때문이다. 이 글의 필자는 "웬 유한부인(有閑婦人)들이 그리 많은가"라고 탄식하면서, 극장마다 대중식당마다 여성들이 넘쳐난다고 한탄한다. 또 한국 여성들은 일본 여성이나 미국 여성처럼 근면하지 못하고 허영심에 사로잡혀 있다고 비판한다. 계·동창회·친목회·부인회와 같은 여성들의 모임은 이러한 허영심의 단적인 사례로 지적된다. 계나 동창회·친목회·부인회 등은 공통적으로 여성들이 결속한 사회적 형식인데, 여성들이 결속한 사회적 형식 중에서 이와 달리 긍정적으로 평가되는 사례는 살펴보기 어렵다. 이 글의 필자도 밝히고 있듯이 여성들의 정치적 행위는 사회가 아닌 "가정"에서 이뤄져야 하기 때문이다.

그런 점에서 이러한 담론 구조는 단지 계나 동창회·친목회·부인회 등을 통해 여성들의 결속이 야기하는 실제적인 문제에서 비롯된다기보다, 여성들의 결속 자체를 사회적 형식으로 인정하지 않는 태도의 소산이라 할 것이다. 즉 여성들의 결속은 사회적 연대나 정치적 결사를 이룰 수 없으며 여성들의 결속은 언제나 사회문제를 야기하는 것으로 간주된다. 여성들에게는 사회적 연대나 정치적 결속 대신, 가정 내에서의 정서적 결속의 역할만이 강조되는 것이다. 4월혁명에 관한 담론에서 자식을 잃고 오열하는 어머니 표상의 가장 대척점에 서 있는 것이 치맛바람을 날리는 사모님이라고 할 수 있다. 어머니와 사모님은 4월혁명 담론에서 정치적인 것과 문란한 것의 경계를 오가며 여성의 위치가 어떻게 설정되는지를 보여주는 전형적인 사례이다.

한편 불우함은 그 자체로 여성이 정치의식을 갖지 못하는 여건으로 지적된다. 동시에 불우한 여성은 사회적인 문제 집단으로 간주된다. 이 글에서는 4월혁명 직후의 상황을 혼란이 극대화되어 사람들이 자포자기나 열등감·비굴감과 체념에 휩쓸리기 쉬운 상태로 규정하는데, 이때 불우한 여성은 이러한 문제를 더욱 극대화하는 요인이 된다.

그런데 지금 한국은 국제적으로 분쟁점이 되어 있는 판문점을 우리들 땅 위의 한복판에 가지고 있고 또 국토가 양단된 채 국내적으로 또 이러한 혼란을 가져온 것인 만큼 실로 한국은 세계적인 혼란과 한국적인 혼란의 이율배합적(二律配合的)인 혼돈을 가져오고 있고 또 이러한 이중적인 혼란 가운데서 자칫하면 자포자기하여 열등감과 비굴감과 체념에 휩쓸리기가 쉽다. 그것은 여성이 감수성이 강한 대신에 선이 굵지 못한 까닭이다.

더구나 우리나라에는 사회적으로 불우한 여성들이 많다. 단순한 전쟁만 겪었다면 전쟁미망인이나 상이군인만 있겠지마는 동족상잔에다가 납치까지 해갔으니 미망인 아닌 미망인이 많이 있게 되었다. 그러나 여성들은 굳세야 한다. (중략) 굳세게 살아야 한다. 지금까지도 생활에 쪼들릴수록 발악적으로 살아온 여성들이므로 다시 한 번 용기를 내어 제이공화국이 잘될 때까지 아니 잘되도록 다시 한 번 굳세게 살아야 할 줄로 안다.[3] (강조는 인용자)

위 글에서 불우한 여성의 대표적인 사례로 제시되는 것은 전쟁미망인과 생활고에 시달리는 여성들이다. 이들은 전쟁과 분단이라는 한국적 상황의 산물이다. 불우함은 4월혁명이라는 상황 속에서 한국 사회의 혼란을 가중시키는 중요한 요소로 제시된다. 불우한 여성은 "자포자기하여 열등감과 비굴감과 체념에 휩쓸리기 쉽"기 때문이다. 상류층의 여성은 허영심 때문에, 하층계급의 여성은 불우함 때문에 정치적 주체로서의 역할을 수행하기 부적절한 존재가 된다. 여기에서 중요한 것은 정치적 주체로서 여성의 의미를 논할 때 여성들 간의 차별화된 구별이 작동할 수밖에 없다는 점이다. 즉 여성의 결속은 정치적 결사나 사회적 연대에 이르기에 부적절하다는 인식은 정치적 주체로서의 남성과의 대비라는 일반론적 차원에서뿐만 아니라, 계급적 차이나 사회적 지위의 차이라는 문제와도 밀접한 관련이 있다.

1960년대 후반부터 70년대까지 여성들의 결속은 한편으로는 사회윤리라는 차원으로, 다른 한편으로는 특수 범죄라는 차원으로 양분화되어 문제시된다. 즉 상류층 여성의 문제점들이 허영이나 사치 차원에서 '사회윤리'의 차원과 주로 관련을 맺는다면, 하류층의 불우한 여성들은 특수 범죄의 주체로서 담론 공간에 떠오른다. 4월혁명이 실패로 끝난 뒤 오랜 세월 동안 여성들의 결속은 사회적 연대나 정치적 결사의 차원과는 다른 사회윤리나 사회병리라는 차원의 부적절한 정념의 발현물로 간주된다. 상류층 여성들이 사회윤리의 교화 대상이기도 하면서도 교화의 주체로 자리를 잡는 반면, 하류층의 불우한 여성들은 줄곧 교화의 특수 대상이라는 지위를 면하기 어려워진다. 이러한 과정에서 불우한 여성을 포함한 특정한 집단들이 사회병리 현상의 주요 집단으로 반복적으로 호출된다. 4월혁명 때부터 여성은 "오열하는 어머니"를 제외하고는 정치적 주체로서는 부적절한 존재로 간주되었다고 할 것이다. 이와 달리 4월혁명의 주체였던 학생들은 조금은 다른 경로를 밟는다.

3. 혁명의 주체에서 훈육의 대상으로 — '사고(事故)'의 발견, 1961

1961년 3월, 4월혁명이 일어난 지 1년이 지나고 쿠데타의 시간이 점점 다가오고 있었다. 4월혁명 이후 분출한 다양한 세력의 다양한 요구는 '사회적 혼란과 무질서'라는 부정적인 표상으로 명명되고 있었다. 학생들의 풍기문란을 질타하는 도덕적 훈계의 담론은 일제시기부터 꾸준히 반복됐지만, 4월혁명이 지난 후 쿠데타가 임박한 1961년의 시점에서 학생들의 풍기문란함을 질타하는 담론의 함의는 달라질 수밖에 없다. 5·16쿠데타 이후 풍기문란과 관련한 담론은 풍속사범 단속 같은 형태로 더욱 강화되지만, 4월혁명 이후 쿠데타 직전의 상황에서 학생의 풍기문란에 관한 담론은 혁명과 이에 대한 반동reaction이 작용하는 역학을 선명하게 보여준다. 또 이 시기 풍기문란에 대한 경계의 담론은 특정 주체들을 혁명의 주체에서 규율의 대상으로, 광장에서 가정으로 강제로 재배치하는 역할을 한다.

학생들은 한국에 있어서 한 가지 커다란 희망의 대상이다. 앞으로 한국을 걸머질 중견 역군이 될 수 있다는데서 그렇고 지난날의 학생들의 업적을 생각할 때도 그러한 것이다. 일찍이 기미년 삼일운동에서부터 광주학생궐기, 작년의 사월혁명에 이르기까지 헤아릴 수 없는 학생운동은 언제나 우리를 고무시킨다. 특히 사월혁명이후의 학생들이 앞장선 신생활운동은 비록 그 성과가 작았다고 하더라고 그 정신만은 높이 찬양할 만한 일이었다. 그러나 이러한 것과는 상반된 현상이 있음도 간과할수 없는 것으로 최근 일부 학생들의 탈선행위가 지상에 보도되고 있다. 치안국은 지난 일월 한 달 사이에 극장, 요정, 다방 등을 출입했거나 또는 담배를 피우는 등 풍기가 문란한 남녀학생 사천사백오십육명을 적발하였다고 문교부에 통고했다고 한다. 대학생의 경우는 모르더라도 중고학생과 여학생의 경우는 우선 그들의 부모는 물론 그들의 선생의 가슴을 아프게 할 것이 틀림없다. (중략) 학생사고가 과거보다 얼마나 늘었는지는 구체적으로 알 수 없으나 이것이 사일구 이후 부쩍 늘었다면 사회의 혼란과도 연관이 있을 것이다. (중략) 학생사고는 학교나 가정에서 누구보다 불미롭게 생각하지 않을 수 없는 것으로 이러한 학생을 가진 학교나 가정은 그들 선도에 최선을 다해야 할 것이다.[4] (강조는 인용자)

일제시기 이래 학생층은 풍기문란 통제의 주요 대상이었다. 미성년의 풍기문란에 대한 통제는 미성년 보호와 교육이라는 근대적인 규율화 기제와 결부되어 있었다. 따라서 미성년의 풍기문란을 우려하는 것은 보호와 교육이라는 명분에 따라 '자연스러운 것'으로 간주되었다. 흥미로운 점은 4월혁명 이후 미성년과 학생을 보호받고 교육받아야 할 대상으로 간주하는 담론에 균열이 생길 수밖에 없어졌다는 사실이다. 위의 사설에 따르면, 치안국이 1961년 1월 한 달 만에 풍기문란으로 적발한 학생 수가 4,456명이나 된다. 풍기문란 담론이 작용하는 전범에 비추어보면 학생의 풍기문란을 단속할 사유가 새롭게 제시될 필요가 없다. 그러나 위의 사설에서는 학생의 풍기문란을 우려하면서 이에 덧붙여 학생의 위치를 길게 설명하고 있다. 이 글에서 학생의 풍기문란이 우려되는 이유는 그들이 보호받고 교육받아야 할 미숙한 존재라는 점 때문이 아니라, "지난날의 학생들의 업적" 때문이다.

풍기문란을 우려하는 담론에서는 항상 발화의 주체가 풍기문란자(대상)에 대해 도덕적·정치적·인식론적으로 우월한 지위에 선다. 그런 점에서 풍기문란에 관한 담론은 그 자체로 발화를 통해 주체 위치를 설정하는 수행적인 기능을 한다. 그런데 4월혁명 이후 풍기문란을 다룬 담론에서는 이러한 발화 위치에 균열이 생기는데, 특히 학생에 관한 담론에서는 그 균열이 선명하다. 그런 점에서 위의 글에 나타나는 미묘한 긴장은 흥미롭다. 즉 사설의 필자는 학생의 풍기문란을 경계하고 있지만, 학생들에 대해서 도덕적으로나 정치적·인식론적으로 우월한 지위에 있지 못하다. 오히려 필자는 학생들을 "경탄"하고, 학생들에 의해 "고무"받는 위치에 있다. 이는 3·1운동에서 4월혁명까지 이어지는 학생의 역할, 즉 혁명적 주체로서 학생의 역사적인 지위로부터 비롯된다.

즉 "일찍이 기미년 삼일운동에서부터 광주학생궐기, 작년의 사월혁명에 이르기까지 헤아릴 수 없는 학생운동은 언제나 우리를 고무시킨다. 특히 사월혁명이후의 학생들이 앞장선 신생활운동은 비록 그 성과가 작았다고 하더라고 그 정신만은 높이 찬양할 만한 일이었다"(강조는 인용자). 말하자면 학생들은 기성세대인 발화 주체보다 도덕적으로, 역사적으로, 그리고 무엇보다 정치적으로 우월한 주체 위치를 차지하고 있다. 풍기문란 담론은 정치적으로 우월한 주체 위치를 차지하는 집단을 향해 발화될 수 없다는 특성을 띤다. 따라서 이 글에서는 내적 모순이 발생하는데, 이러한 모순은 학생 집단 내의 차이를 설정하는 방식으로 해결된다. 즉 역사적으로 무수한 "업적"을 쌓았던 학생들과 다른 "상반된 현상", "일부 학생"들의 탈선행위를 차별화시켜 일반 학생들에게서 분리하는 방식이다. 이는 남학생과 여학생을 분리하고, 대학생과 중·고등학생을 분리시키는 논법으로 이어진다.

즉 4월혁명이 1년 남짓 지난 시점에서 학생 일반은 규율과 훈육의 대상으로 동일화될 수 없었다. 그래서 학생 일반과 문제 학생, 학생 내의 성차와 연령 차이를 구별해 범주화함으로써 학생 내부에서 정치적 주체나 역사적 주체로서 의미가 있는 집단과 규율과 훈육의 대상으로 설정되어야 하는 집단을 구별해내는 방식을 취하는 것이다. 그러나 이러한 차별화를 통해서도 사실상 학생의 풍기문란을 우려하는 발화 주체의 위치는 정당성을 얻지 못한다. 이러한 내적 한계는 풍기문란 학생에 대한 비난의 근거가 도덕적 정당성이나 훈육의 당위성 차원에서 제시되는 것이 아니라, 심정적인 호소 차원에서 제시된다는 점에서도 명확히 드러난다("대학생의 경우는 모르더라도 중고등학생과 여학생의 경우는 우선 그들의 부모는 물론 그들의 선생의 가슴을 아프게 할 것이 틀림없다").

중요한 점은 여기서 학생들의 풍기문란이 4월혁명과 밀접한 연관이 있는 것으로 설정된다는 점이다. 즉 학생들의 풍기문란이 "4·19 이후 부쩍 늘었다면 사회의 혼란과도 연관이 있"다고 지적하는 것이다. 이는 학생들의 풍기문란을 문제시하는 담론이나 사회적 분위기가 4월혁명과 "사회의 혼란"을 대하는 특정한 태도의 산물이라는 점을 보여준다. 즉 이러한 담론은 학생들의 주체 위치를 혁명적인 것이 아닌 "사회적 혼란"의 자리로 이동시키는 방식을 취하는 것이다. 여기에서 학생들의 특정한 행위들을 일컫는 범주의 이동은 흥미롭다. 학생들은 "희망의 대상" "중견 역군"에서 풍기문란 집단으로 바뀌어 일컬어지며, 이러한 행위는 "학생 사고(事故)"라는 범주의 창출로 이어진다.

학생을 규정하는 이러한 범주의 전환은 혁명과 혁명 이후, 정치적인 것과 문란한 것의 경계를 다시 설정하고자 하는 통치의 기술과도 무관하지 않다. 여기서 문란함은 일제시기 이래 항상적으로 진행된 풍기문란에 대한 담론의 작용을 반복하면서도, "사회 혼란"과 여기에서 비롯되는 특수한 범죄라는 종별적인 범주들을 구성한다. 이는 4월혁명 이후 사회적 혼란을 빌미로 한 5·16쿠데타의 발생과도 무관하지 않다.

4월혁명과 5·16쿠데타를 거치면서 구성되는 문란함에 대한 담론들은 혁명적인 것과 무질서, 정치적인 것과 혼란에 대한 재구조화의 산물로 고찰할 필요가 있다. 또한 이는 4월혁명에 대한 반작용·reaction의 과정이기도 하다. 이러한 반작용의 과정에서 사회적 혼란, 공동체의 해체, 정치적인 것과 문란함에 대한 경계가 다시 설정된다. 즉 4월혁명 이후 담론장에 빈번하게 나타나는 공동체의 해체, 특수 범죄, 사회적 혼란 등의 범주들은 이른바 박정희 체제의 성장 이데올로기에 입각한 '근대화' 과정의 부산물과 같은 것으로만 파악해서는 안 되는 것이다.

4. 4 · 19와 5 · 16 — 혁명과 GNP와 범죄, 1959와 1969의 차이

1961년 5 · 16쿠데타가 일어났다. 국가재건최고회의는 비상조치법 22조 1항 특수 범죄처벌 특별법을 제정했는데, 이 법에 따라 선거 부정, 특수 밀수자, 특수 반국가 행위자 등을 처벌할 혁명재판소와 혁명 검찰부를 발족시켰다. 여기서 특수 반국가 행위란 "사회를 교란시키고 용공적인 행위를 하던 자"[5]를 뜻한다. 5 · 16 "혁명정부"의 주요 사업은 바로 이 특수 범죄를 규정하고, 분류하고, 처벌하는 일이기도 했다.

물론 이 새로운 "혁명정부"의 주요 목표 가운데 하나는 "경제 발전"이었다. 5 · 16쿠데타의 역사적 의미를 고찰한《새 역사의 창조―5 · 16혁명 이후의 실록 한국사》에 따르면 "1959년과 1969년의 차이"는 비약적인 경제 발전 수치로 확인할 수 있다. 이 책의 논의를 토대로 1959년과 1969년의 차이를 표로 만들어보면 〈표 1〉과 같다.

위의 통계에서는 1959년과 1969년 사이 '경제 발전'의 여러 지표를 확인할 수 있다. 1959년과 1969년 사이에 비약적으로 상승한 것은 이러한 경제 발전 지표만이 아니었다. 그 기간 동안 범죄 발생률 또한 비약적으로 '발전'한 것이다. 〈표 2〉의 통계를 보면 1960년부터 1968년까지 범죄 발생률이 급격히 상승한 사실을 볼 수 있다.

1960년부터 1968년까지 범죄 상승률에서 가장 두드러진 것은 이런저런 형태의 '특수 범죄'들이다. 먼저 1961년 제정된 특별법의 적용 대상으로 간주된 범죄 건수는 1968년 현재 전체 범죄 발생 건수의 3분의 2 이상을 차지하고 있다.

1962년부터 급격히 늘어난 특수 범죄는 특별법 범죄에 국한되지 않는다. 특히 소년범죄 발생률과 청소년 풍기 단속률은 폭발적인 증가를 보

<표 1> 5 · 16 정권 주체의 관점에서 기술된 1959년과 1969년의 차이 [6]

비교 항목	1959년	1969년
국민총생산액	5,757억 달러	1조 3,007억 달러
1인당 국민소득	94달러	193달러
경제성장률	1957~61년 연평균 5%	1961~66년 연평균 8.3% (1969년 13.3%)
경제구조 전체 산업 대비 광공업 비중	14.1%	26.7%
제조업 성장률	1957~61년 연평균 8%	1962~66년 연평균 15.3% (1969년 27.1%)
수출	3,200만 달러	7억 달러(22배 증가)
시멘트	연간 35만 8천 톤	연간 570만 톤(16배 증가)
전력	36만 7천 킬로와트	162만 9천 킬로와트
정유	0	5,775만 배럴(4,590만 드럼)
쌀	2,187만 석	3,200만 석
합판	1억 6천만 평방피트	28억 3천만 평방피트(18배)
판유리	17만 상자(C/S)	97만 상자(C/S) 5.7배 증가
자전거	연간 2만 4천 대	연간 230만 대(10배 증가)
재봉틀	연간 2만 9천 대	연간 20만 대
라디오	연간 200대	연간 183만 대
라디오 보급	1961년 보유 대수 70만 7천 대 (100가구당 16대)	352만 대(100가구당 67대)
방송국	1961년 5월 전국 국 · 민영 방송국 20개	국 · 민영 방송국 39개, 중계소 23개, 국 · 민영 텔레비전 방송국 4개, 중계소 10개
자동차	2만 8천 대	10만 3천 대
선박	보유량 33만 톤	89만 톤
교실 수	4만 5천	8만 8천
주택 수	370만 호	406만 호

인다.

청소년 풍기 단속은 일제시기부터 존재해왔기 때문에, 청소년 풍기 단속률의 증가와 4월혁명의 관계를 지나쳐버리기 쉽다. 또한 소년범죄도

<표 2> 1960~68년 범죄 발생 건수[7]

연도	1960	1961	1962	1963	1964	1965	1966	1967	1968
범죄 발생 건수	325,531	473,522	723,985	710,780	858,868	889,823	772,361	717,278	894,546

<표 3> 1968년도 총 범죄 발생 건수와 특별법 범죄 발생 건수[8]

총 범죄 발생 건수	특별법 범죄 발생 건수
908,357	663,015

미성년자 범죄에 대한 '일상적인' 관리처럼 간주될 수 있다. 그러나 4월 혁명 이전과 이후의 범죄를 구분해서 고찰해보면, 청소년 풍기 단속의 증가와 소년범죄의 증가는 범죄에 대한 새로운 범주의 구성과 밀접하게 관련되어 있다. 예를 들어 1957년 시점에서 미성년자와 범죄의 관계는 "학생 풍기", "고아·영아(嬰兒)·탁아 원호", "유엔군 위안부 매개 소년 소녀"의 범죄 연루와 관련된 단속, "국제 혼혈아" 등으로 분류되어 다루어졌다.[11] 즉 미성년자는 학생에 대한 풍기 단속과 같은 훈육의 대상이거나 원호의 대상이 된다. 이때 미성년자는 고아·영아·양로·탁아 등 여타 사회 보호 대상 집단과 동일화된다. 또 1957년 시점에서 미성년자와 범죄의 관계는 전쟁 이후라는 현실과 연계된 것을 볼 수 있다. "유엔군 위안부" 관련하여 미성년자가 연루되는 것을 예방한다든가 국제 혼혈아에 대한 관리는 범죄와 정체성 집단의 연루 관계가 당대의 현실적인 맥락에 따라 구성된다는 점을 보여주는 전형적인 사례이다.

이와 달리 1969년에 이르면 국제 혼혈아에 대한 관리가 대범주에서 사라진 것을 볼 수 있다. 학생 풍기라는 범주는 "청소년 풍기 단속"이라는

〈표 4〉 1960~68년 소년범죄 발생 건수[9]

연도	1960	1961	1962	1963	1964	1965	1966	1967	1968
범죄소년 발생 상황	31,557	41,807	72,897	98,794	126,346	126,284	94,488	70,175	77,284

1962~68년 청소년 풍기 단속 상황[10]

연도	단속 건수	증가 비율	단속 내용				
			극장 출입	끽연	음주	흉기 소지	기타
1962	51,739	100%	27,613	6,634	4,746	296	12,432
1963	70,761	136%	33,704	5,854	5,251	578	25,577
1964	160,051	311%	56,042	22,640	17,336	1,456	62,577
1965	270,305	527%	75,220	39,012	33,277	1,865	120,931
1966	277,450	536%	62,090	40,368	37,907	2,616	134,419
1967	259,026	518%	52,572	37,901	39,660	2,282	126,611
1968	223,350	432%	45,417	30,572	31,785	1,918	113,658

범주로 변모하고, "범죄소년 발생 상황"이라는 새로운 범주가 나타난 것을 볼 수 있다. 또 "가출인 발생"과 "걸인 및 부랑아 단속 상황"이 새로운 대범주로 출현한다.[12] 1969년에 이르면 범죄와 정체성 집단의 연계에서 국제 혼혈아가 사라지고, 대신 가출인과 걸인·부랑아가 대두하는 것이다. 미성년자의 경우에는 학생 풍기 단속이 청소년 풍기 단속이라는 좀더 넓은 범위로 확대되면서, 동시에 "범죄소년"이라는 새로운 범주가 구성된다. 즉 1957년에는 학생과 미성년자가 주로 훈육과 규율, 범죄의 뒤편에 서 있는 피해자로 간주되었다면, 1968년에는 소년범죄라는 범주 속에서 범죄의 주체로 간주된다.

　이러한 과정은 박정희 정권에서 진행된 문제 소년, 또는 특수 범죄에 대한 일련의 조처를 토대로 이뤄진 것이기도 하다. 1967년 3월 21일 법무부는 잔형(殘形) 2년 미만의 교도소·소년원 재소자 복역수 2천여 명으로 '갱생건설단'과 '갱생소년건설단'을 조직해 6개월 동안 국토건설사업에 동원한 뒤 가석방이나 가퇴원(假退院)시키고, 경우에 따라서는 특사를 해주기로 결정했다.[13] 여기서 중요한 점은 특정한 '범죄 집단'을 국토건설사업에 종사시켜 '갱생'시키는 방법인데, 범죄에 대한 범주 구성과 관련된 범법 행위, 교화, 갱생 등의 세부 규정들은 '건설' '생산' 등의 범주와 특별하게 결부되어 있었다. 이러한 갱생 방법은 소년범뿐만 아니라 그 밖의 '특수 범죄자'들에게도 적용되었다. '폭력배'도 이러한 특수 범죄 집단으로, 1968년 6월 24일에는 전국에서 모두 5,800여 명의 폭력배가 검거되었다. 검거된 폭력배 가운데 취역 희망자는 모두 2,298명이었으며, 그중에서 이날 오전 현재 소양강댐 공사에 965명, 제주도에 215명 등 모두 1,180여 명이 국토건설사업에 투입되었다.[14]

이는 범죄와 관련된 범주들이 '건설'이라든가 생산성의 영역과 밀접하게 관련되어 있다는 것을 보여주는 사례이다. 또 범죄와 생산성의 대립적인 배치는 사회 구성원으로서의 자격이 생산성이라는 척도에 따라 결정된다는 것을 의미한다. 이는 미성년자의 정체성에 대한 의미 부여와도 매우 밀접한 연관이 있다. 즉 이러한 범주 연관에서 미성년을 사회 구성원으로서 훈육하는 것은 생산성을 키우는 일과 다름없기 때문이다. 무엇이 범죄인가를 규정하는 것은 사회 구성원의 자격을 결정하는 일이기도 하다. 이런 점에서 볼 때 1962년 이후 사회 구성원의 자격에 대한 경계는 생산성이라는 기준을 근거로 구획된다는 점을 알 수 있다. 또 범죄에 대한 범주 구성은 교육에 대한 이념, 사회 구성원의 자격에 대한 이념과 직접적으로 관련되는데, 이들은 모두 정체(正體)에 대한 감각·이념과 밀접한 연관을 맺는다. 이는 범죄에 대한 범주 구성과 교육, 사회 정체성과 국가 정체성에 대한 범주 구성이 서로 밀접하게 연관된다는 사실에서도 확인된다.

1966년 1월 28일 당시 대통령 박정희는 대학 총·학장 및 교육감 회의에서 다음과 같이 말했다. "말할 필요도 없이 우리가 추진하는 조국 근대화 작업의 성패 여하는 유능한 인재, 의욕 있는 인물들을 얼마나 양성할 수 있느냐에 크게 달려 있는 것입니다. 그러므로 경제 자립과 조국 근대화를 서두르고 있는 현시점에서 우리 교육은 무엇보다도 생산에 직결된 교육이어야 하고 그것을 통해서 유능하고도 의욕 있는 인적 자원을 개발·양성하는 것이어야 할 것입니다."[15] 교육의 주요 이념이 생산성이라고 할 때, 사회 구성원의 자격을 박탈당한 (범죄)자들을 "국토건설사업"을 통해 갱생시켜 다시 사회 구성원으로서의 자격을 취득하게 한다는 통치 기술은 이러한 맥락과 아주 가까이 맞닿아 있다.

또 이는 국가 정체성에 대한 규정과 국가 정체성의 근원이 되는 역사적 기원에 대한 교정을 동반하기도 한다. 1965년 3·1절을 맞이하여 대통령 박정희는 '3·1 정신은 근면 정신이다'라는 제목[16]으로 국가 정체성의 근간으로서 3·1 정신을 근면 정신이라고 다시 규정한다. 1961년 4월 혁명 직후 학생의 역사적 업적이 3·1 정신과 광주학생의거와의 연속성 속에서 구해졌던 관점과 견주어볼 때 4월혁명이 삭제된 대신 3·1 정신만이 도드라지게 강조되는 맥락은 분명해진다. 국가 정체성에 대한 이러한 이념적 재조정 작업은 학생과 미성년의 정체성에 대한 재조정 작업과 맥을 같이한다.[17] 즉 학생이 혁명적 주체의 자리에서 문제 집단으로, 나아가 특수 범죄의 주체로 자리가 할당되는 과정은 국가 정체성의 원천으로서 4월혁명의 자리가 삭제되는 대신 3·1 정신이라는 먼 기원의 의미가 확대되는 과정과 같은 맥락인 것이다. 물론 이때 3·1 정신의 의미 또한 근면 정신이라는 새로운 범주 속에서 재구성된다.

이러한 역학은 하층 여성 정체성 집단의 경우에도 유사하게 나타난다. 1963년 한 신문 기사는 〈이브들의 범죄〉라는 제목 아래 여성들이 범죄의 뒤편에서 범죄의 전면으로, 피해자에서 범죄 주체의 자리로 이동했다고 보고하고 있다.

해방 후 18년 동안 여성의 사회적 진출은 모든 분야에서 커갔다. 심지어 나쁜 의미에서의 범죄 면에서도 그랬다. 범죄의 원인과 동기며 그 피해 대상이 여성인 경우가 태반이었지만 그러나 여자가 약한 것만은 아니었다. "범죄 뒤에 여자 있다"라는 말이 "범죄 앞에도 여자 있다"라고 덧붙여 고쳐지지 않으면 안 될 현실이다. 모든 면에서 엄밀한 남녀평등이 아닌 현실같이 여성 범죄도 남자의 경우에 비겨 어림도 없다. 그러나 해마다 여성 범죄는 늘어가고 있다 한다.[18]

또한 1964년에는 여성 범죄와 미성년자의 범죄를 '특수 범죄'로서 중요하게 다뤄야 할 필요성이 학문적으로 제기되기도 한다.

특히 이러한 '반사회적'이며 '반공공적'인 행위로서의 범죄는 근대 사회에 있어서 사회적 문화적 환경의 변동에서 그 원인을 찾아볼 수 있으며 이는 전쟁 중이나 전후의 사회적 문화적 대변동, 가정 내의 변동, 경제사정의 대변동, 농촌의 도시화 또는 농민의 이농적 경향 등 이른바 사회적 분해 과정에 있어서 필요적으로 나타나고 있는 사회 병리 현상으로 종잡을 수가 있다.

오늘날 이러한 사회적 병리로서의 범죄의 일반적 현상은 양적으로는

《조선일보》 1963년 8월 16일자 기사 〈이브들의 범죄〉. "범죄 뒤에 있던 「여자」 이제는
앞으로. 허영도 있다지만 시발점은 생활고, 검거된 형사범……일곱 달에 3천4백98명."

증가하고 질적인 면에 있어서도 다양성을 나타내고 있을 뿐 아니라 악
화의 경향을 나타내고 있다.

특히 여성 범죄와 학생 범죄, 소년범죄 등의 특수범죄는 가장 큰 논의의 대상
이 되고 있는데 이는 비단 우리나라에서만 찾아볼 수 있는 특수 현상이
아니요 세계적인 현상으로 대두되고 있는 것이다.[19] (강조는 인용자)

이 연구 보고에 따르면 여성 범죄의 경우 교육 정도가 낮은 하층 여성
들이 주요한 문제 집단이 된다.

4월혁명 당시 일부 문제 학생과 불우한 여성들은 사회적 혼란을 유발
할 우려를 지닌 문제 집단으로 경계의 대상이 되었다. 이는 혁명에 대한
일종의 반작용reaction이 사회적 혼란에 대한 공포와 밀접하게 연동되어
있었다는 점을 보여주는 한 사례였다. 이는 4월혁명 당시에도 혁명에 대

〈표 5〉 1963년 교육 정도별 여성 범죄자[20]

구분	문맹	국문해득	국졸	중퇴	중졸	고퇴	고졸	대퇴	대졸
백분율 (명수)	36.5% (236)	24.0% (155)	26.4% (171)	2.5% (16)	3.9% (25)	1.5% (10)	4.0% (26)	0.9% (6)	0.3% (2)

한 열광과 열정이 사회적 혼란에 대한 공포, 혁명에 대한 반작용과 경향적으로 혼재해 있었다는 증거이기도 하다. 열광과 공포의 혼재는 혁명이라는 것에 동반되는 현상이기도 하다. 물론 혼란에 대한 공포와 문란함에 대한 두려움으로 혁명의 발걸음이 지체되고, 자기 분열에 빠지게 된것은 4월혁명의 내적 한계라고도 할 것이다.

그러나 4월혁명의 내적 한계로서 혼란에 대한 공포와 문란함에 대한 두려움이 그 뒤에 일어난 5·16쿠데타의 내적 논리와 과도하게 동질화될 수는 없을 것이다. 이상에서 살펴본 바와 같이 혁명에 대한 열망과 혼란에 대한 두려움이 경향적으로 공존하던 4월혁명 당시와 혁명에 대한 반작용reaction이 반동혁명으로 체제화된 1962년 이후의 과정은 혼란이나 문란함에 대한 인식과 범주, 통치 차원에서 명백한 단절을 보이기 때문이다.

미성년이나 하층 여성이 사회적 혼란과 문란함을 유발하는 부적절한 정념의 소유자로 간주되는 방식은 근대 체제 이래 경향적으로 존재해왔다. 그러나 이러한 경향성은 4월혁명이 실패한 뒤 미성년과 하층 여성(그리고 하층 남성들까지도)들을 사회 구성원으로서의 자격을 둘러싼 자격 박탈의 문턱으로 밀어넣는 폭력적 과정으로 전도된다. 소년범죄, 이브의 범죄, 특수 범죄라는 신종 범죄의 탄생은 그런 점에서 4월혁명의 실패와 쿠데타로 이어지는 반동혁명의 과정이 사회 구성원의 자격을 둘러싼 죽음의 정치로 선회하는 명확한 표지 가운데 하나라고 할 것이다.

5. 이브의 범죄와 정치적인 것

2010년으로 4월혁명도 벌써 50주년을 맞았다. 오늘날, 4월혁명의 한계와 성과를 둘러싼 논의는 다양하게 진행되고 있다. 이는 필연적으로 5·16쿠데타의 의미를 다시금 성찰하는 일이기도 하다. 4·19의 내적 한계와 관련해서는 논의가 다양하게 이루어졌는데, 4월혁명과 5·16이 "이인삼각"[21]이었다는 김병익의 평가는 4월혁명의 내적 한계를 가장 분명하게 표현한 평가라고 할 것이다.

그러나 4월혁명과 5·16쿠데타가 "이인삼각"이라는 의미가 두 사건이 동전의 양면처럼 동일한 사태의 두 측면이라는 맥락으로 환원되어 해석되어서는 안 될 것이다. 4·19가 내적인 한계를 안고 있긴 하지만 5·16은 정치적인 것, 정치적 주체에 대한 인식과 통치의 문제에서 4·19와의 명백한 '단절'이자 4월혁명에 대한 반작용의 과정이었다는 사실을 다시금 확인하는 것 또한 중요하다. 5·16쿠데타 이후 '국민들'에게 제시된 선택지는 경제 발전의 역군이 되거나, 아니면 사회윤리를 문란하게 하는 문제적 집단이 되거나, 신종 범죄자의 대열에 합류하는 길뿐이었다고 해도 과언이 아닐 것이다.

하층 여성의 범죄를 논한 〈이브들의 범죄〉라는 기사는 하층 여성이 범죄의 이면에서 전면으로 이동했다는 점을 새로운 사회병리 현상으로 제시하고 있다. 이 기사의 논지와는 또 다른 차원에서 정치의 전면에서 뒤편으로 주체 위치가 이동 배치되고, 범죄의 뒤편에서 전면으로, 혁명 주체에서 규율의 대상으로 주체 위치가 강제적으로 이동 배치된 집단은 여성만이 아니었다. 여성, 미성년자, 특히 하층계급의 여성과 미성년자들은 정치의 전면에 섰던 4월혁명의 기억을 차압당한 채 정치의 뒤편으로, 그리고 범죄와 훈육 대상으로 전면화한다. 그런 점에서 이 '이브'들은 정치적 주체라는 금단의 열매를 탐한 죄로 '낙원'에서 추방당한 존재들이라 할 것이다. 그 '낙원'은 단지 경제성장의 열매를 맛볼 수 있는 '사회 구성원'으로서의 자리만을 의미하지 않는다. 이브들이 추방당한 낙원은 혁명이라는 자리, 또는 정치적 주체라는 자리이기도 하기 때문이다. 이브의 범죄는 이중의 의미에서 낙원을 상실한 죄, 사회 구성원으로서의 '자격'과 정치적 주체로서의 '자격'이라는 이중의 자격을 상실한 죄에 다름 아니라고 할 것이다. 달리 말하면 '이브의 범죄'가 급부상하는 사회는 어떤 주체들에게 사회 구성원으로서의 자리를 박탈하는 동시에 정치적 주체로서의 자리까지 박탈하는 사회, 그런 의미에서 실낙원(失樂園)과 다름없다는 뜻이기도 하다.

제4장

소년범, 작가, 음란범
— 죄 많은 아이와 냉전 키드의 탄생과 종말

1. 풍기문란, 정치적인 것과 정념론의 행방

이제 냉전체제에서 풍기문란 통제와 관리의 법적 · 제도적 장치들이
만들어지고 통제의 그물이 촘촘하게 엮어지는 과정이 장정일/J라는 실
존/허구 인물의 삶을 어떻게 가로지르고, 가로막고, 가로채는지를 살펴
보겠다. 이는 단지 장정일/J라는 실존/허구의 인물의 수난기를 재구성하
기 위한 것이 아니다. 오히려 풍기문란이라는 것이 단지 음란물 제작이
나 유포 같은 차원에 국한된 것이 아니라, 개개인의 삶 자체를 속속들이
헤집고 개인의 인생 자체를 규정해버리는 차원의 문제라는 점을 강조하
기 위해 이러한 서술 방식을 취하는 것이다.

이 글에서 다루는 범위는 냉전체제 아래에서 풍기문란 관련 법제들
이 파시즘적으로 재구축되는 1961년부터 '거짓말 사건'으로 상징되는
1996년까지이다. 이를 바탕으로 풍기문란이라는 통제와 관리 시스템이

한국 사회의 틈새마다 통제의 그물을 촘촘하게 짜내고, 개개인의 삶의 내밀한 부분까지 장악해나가는 과정 속에서 풍기문란자로 낙인찍힌 존재의 삶이 어떻게 축조되고 재구성되는지, 그 힘겨운 고투의 과정을 살펴볼 것이다. 이러한 작업은 법과 운명의 대결을 그려나가는 작업이 되어야 할 터이기에, 서술 방식에 대해서도 고민이 따르지 않을 수 없다. 법과 운명의 대결이라면 일견 그리스 비극을 연상할 수밖에 없듯이, 이 글은 이상적으로는 '운명 비극'의 형식을 취할 수밖에 없을지 모른다. 그러나 이러한 서술이 '학술장'의 규율과 어떻게 조화를 이룰 수 있을지 나로서는 아직 가늠하기 어려운 부분이 있다.

앞의 논의에서도 강조한 바 있지만 풍기문란 통제와 주체 구성의 문제를 사유하는 일은 단지 검열이나 음란물 통제 같은 차원에 국한되지 않는다. 이는 일종의 법과 운명의 대결을 사유하는 일이기도 하다. 내 논의에서 풍기문란을 어떻게 사유할 것인지를 강조하는 이유는 바로 이 때문이다. 이와 관련하여 몇 가지 주요 사안을 다시 강조하면서 풍기문란을 둘러싼 법과 운명의 대결, 그 운명 비극의 극장으로 들어가보자.

풍기문란과 관련해서 내가 기왕에 진행해온 논의들과 문제의식을 개략적으로 소개하는 것으로 논의를 시작하겠다. 따라서 우선 풍기문란이라는 문제를 왜 '텍스트'가 아닌 '삶'의 심급에서 다루어야 하는지를 살펴보고, 풍기문란에 대한 사법적 통제가 주체 구성에 개입하는 방식을 이론적인 차원에서 살펴볼 것이다. 무엇보다 풍기문란에 대한 통제와 관리를 정동 능력에 대한 관리와 통제로 고찰함으로써 도달할 수 있는 문제의식도 조금 소개할 것이다. 또 풍기문란 법제에서 일제시기의 유산과 냉전체제의 고유한 역사성 등을 몇 가지 법제와 판례를 통해서도 살펴볼 것이다. 특히 풍기문란 법제에서 냉전체제의 고유성이 왜 '소년범죄'라는 차원에서 발현되는지를 살펴보고, 그것이 어느 해 4월에 살해당한 한 소년의 죽음과 어떤 연관이 있는지도 앞 장의 논의를 바탕으로 다시 정리해보고자 한다. 이러한 논의를 토대로 장정일/J가 순진한 소년이 아닌 '죄 많은 아이'로 탄생 또는 죽음에 이르게 된 경위를 살펴보는 것이 이 글이 담을 수 있는 범위가 될 것이다.

한국 사회는 일본의 제국주의 통치를 통한 파시즘의 유산을 고스란히 물려받은 탓에, 파시즘의 모태에서 태어나 파시즘을 '한국식 민주주의'로, 더 나아가 한국적 전통으로 떠받들며 만들어졌다. 이러한 한국 사회의 특징을 가장 단적으로 말하면 안전지대가 너무 좁고, 안전지대에 들어갈 수 있는 진입 장벽이 너무 높으며, 또한 소수의 엘리트와 상류층을 제외하고는 평생 움직일 수 있는 삶의 반경이 극도로 협소하다고 할 수 있겠다. 많은 수의 '한국인'들은 평생을 필사적으로 노력해도 안전지대에 한 발도 들여놓을 수 없다. 대신 그들 앞에 놓인 선택지는 불안 속에서 생존을 위해 필사적으로 노력하는 것, 아니면 폐기처분되거나 폐기처분되기 전에 스스로를 '폐기'하는 것뿐이다.[1]

파시즘은 그런 점에서 게토ghetto의 형성과 밀접한 관련이 있다. 다른 말로 하면, 한 사회에서 게토가 만연해진다면 그것은 그 사회가 파시즘으로 나아가고 있다는 사실을 보여주는 증거가 된다 할 것이다. 이때 게토는 1930년대처럼 실제적이고 장소적이며 공간적인 구획의 형태로 나타나기도 하지만, 그렇지 않은 경우도 많다. 2차 세계대전이 끝난 뒤 파시즘이 생산하는 게토는 공간적 구획뿐 아니라 비공간적이고 비가시적인 구획으로도 확산된다(한국 사회에서는 게토가 소년원·갱생원·청송감호소 등 공간적 구획을 통해서도 끊임없이 만들어졌다). 사람들이 평생 동안 움직일 수 있는 삶의 반경, 또는 존재의 반경을 제한하는 것이야말로 삶을 게토로 만드는 전형적인 현상이다.

그렇다면 존재의 반경, 또는 삶의 반경을 어떻게 제한할 수 있을까? 평생을 독방에 가두는 인신 구속과 같은 물리적 통제를 가장 먼저 떠올릴 수 있을 것이다. 물리적 구속은 인간의 삶을 구성하는 물리적 공간을 근원적으로 제약한다는 점에서 가장 근본적인 통제 장치가 될 것이다. 사상을 통제하는 것 또한 마찬가지이다. 물리적 공간과 사상 같은 것은 인간의 삶을 구성하는 기본적인 요소들이다.

그렇다면 인간의 삶을 구성하는 근원적인 요소들에는 이 밖에 또 어떤 것이 있을까? 즉 인간의 삶을 구성하는 기본 요인은 무엇일까? 통념적인 표현을 빌리면 희로애락, 동양 고전의 표현을 빌리면 사단칠정(四端七情), 서양 고전의 표현을 빌리면 기쁨과 슬픔을 기본 요소로 하는 정념 passion 등이야말로 인간의 삶을 구성하는 기본 요소들이라고 할 수 있다. 이러한 요소들은 이른바 인간의 정동적 측면이라 할 것이다. 정동에 관한 현대의 자율주의 이론가 안토니오 네그리의 이론을 빌리면 정동 생산의 기제는 인간의 마음속에 있는 심리적인 것이 아니라 주체성이 만들어지는 장소이며, 관계로서 주체성이 짜이는 사실 관계들이다.[2] 정념과 정동, 또는 마음의 상태에 관한 연구는 다양한 논점을 내포하고 있다.

이 책에서 나는 풍기문란이라는 문제틀을 통해 부적절한 정념이라는 규정이 이른바 선량한 시민이나 좋은 국민의 덕성을 주조하는 장치로 기능해온 역사를 탐구했다. 또 이를 바탕으로 슬픔과 분노·원한 등의 정동 구조와 사랑과 열정과 환멸의 정념의 변화를 통해 한국 사회에서 정치적인 것에 관한 함의가 변화하는 과정을 고찰해왔다.[3] 정념과 정동 구조에 관한 연구는 정치적인 것과 주체화와 관련해 중요한 의제로 부각되기도 한다. 특히 이해관계나 이성으로 환원되지 않는 정치·사회의 복잡한 역학을 규명할 수 있는 새로운 문제틀로서 정념과 정동에 관한 연구는 새롭게 조명 받고 있기도 하다.[4] 이와 같은 인간의 도덕 감정이나 자연적 감정, 또는 정념을 통제하고 규율하고 관리하는 기술 등은 근대 사회에서 다양하게 계발되었다. 그러므로 풍기문란에 대한 통제와 관리도 이와 같은 정념에 대한 통제와 관리술의 일환으로 파악될 필요가 있다.

2. 악명 높은 삶, 또는 다스릴 수 없는 자들을 형상화하기

풍기문란이라는 장치[5]가 생명을 분류하고 측정하는 전형적인 방식은 "부적절한 정념"이라는 규정의 사용에서 찾아볼 수 있다. "풍기문란에 대한 법적·담론적 구조는 특정 집단의 존재 방식 자체를 심문하는 구조이다. 이 심문의 구조는 인간을 어떤 속성에 따라서 측량하고(음란, 파렴치함, 음욕, 또는 이와 반대되는 건전함, 상식적, 선량함 등) 특정 속성을 부정적인 정념으로 간주한다. 또 이러한 부정적인 정념에 사로잡힌 인간은 자기 규율화가 불가능한 존재이자 사회 자체의 근간을 무너뜨리는 존재로 간주된다. 즉 풍기문란자들은 사행심, 파렴치함, 과도한 성욕, 이기심과 같은 부정적 정념에 사로잡혀 있다. 이들의 행위 양태나 삶의 패턴은 이러한 부정적 정념의 소산이다. 이 부정적 정념에 사로잡힌 존재들은 자신의 욕망을 제어하지 못하기 때문에 끝없는 혼란과 무질서가 야기된다."[6]

그런 점에서 풍기문란자들이란 한편으로는 역사의 문서고와 문학사의 자리에 '악명'의 형태로만 존재하는 이들[7]이며, 다른 한편으로는 "다스릴 수 없는 자들ungovernables"[8]의 전형이다. 문제는 이 악명 높은 삶,

다스릴 수 없는 자들의 존재론적 특이성을 어떻게 '형상화'할 것인가 하는 점이다. 이를 위해서는 먼저 풍기문란이라는 규정이 단지 출판물이나 문화 생산물에 대한 검열의 차원이 아니라, 주체 생산, 그리고 삶의 문제와 관련이 있다는 점을 인식할 필요가 있다.

통념상 풍기문란은 주로 음란물에 대한 통제라든가 "예술이냐 외설이냐"를 둘러싼 논란이나 딜레마의 차원으로 인식되곤 한다. 음란물 통제라든가 규제의 범위와 관련된 논란은 풍기문란 통제와 관리에서 중요한 문제이기는 하다. 그러나 풍기문란과 관련된 논의의 범주를 음란물이라는 생산물의 성격("예술이냐 외설이냐"라는 논란이 전형적으로 함축하고 있는 것처럼)이나 이에 대한 가치판단의 문제로 환원하면 풍기문란이라는 문제틀이 놓인 지점을 자칫 간과하게 될 위험이 있다. 이러한 위험성, 또는 환원의 딜레마를 다음의 단상을 토대로 논의해보고자 한다.

소설이 음란한 것인지 여부에 관한 화두의 대답은 처음부터 장정일 자신의 손 안에 쥐어져 있었다. 그는 사회에서 실제로 일어나는 육체와 육체의 부딪힘과 섞임에 대하여 투명하고 냉정하게, 그것을 감싸는 문체의 수식이 전혀 없다는 점에서 뢴트겐 사진을 펼쳐 보이듯 제시한다. 손바닥을 펼쳐 보인 그의 손안에는 아무것도 없다. 음란성은 사람들의 마음속에 있다. 국가는 사람들의 마음이 음란해지는 것을 막기 위하여 소설을 처벌한다.

마음이 음란해지는 것은 마음의 주인이 책임져야 할 일이지, 장정일의 책임이 아니지만, 소설 자체가 음란한 것도 아니지만, 그와 같은 원인을 제공하는 행위를 차단하려는 국가의지에 대하여 장정일은 거리를 두고 '사실'로 받아들이는 입장을 계속 취하였다. 그는 처음부터 음란성이 소설에 존재하지 않는다는 것을 잘 알고 있었다. 그래서 그의 소설이 음란하다고 죄를 묻는 재판 과정에서 단 한 마디도 변명하지 않았다. 왜냐하면 그의 소설은 음란하지 않았고, 그 재판은 소설 자체가 아니라 소설에 대한 사람들의 반응을 형법으로 재구성하는 문제였으므로 그가 개입하여 소설을 변명하는 것은 작가로서의 자신을 비하시키는 결과밖에 가져오지 못하기 때문이다. 재판 전 검찰에서의 신문 과정에서의 문답을 예로 들면 다음과 같다.

문 : 피의자의 작품을 청소년들을 비롯한 피의자의 작품세계를 이해하지 못하는 일반인이 읽는다면 어떠한 영향을 받을 것으로 생각하는가요.
답 : 만일 청소년들이 저의 작품을 읽는다면 매우 좋지 않은 영향을 받을 것으로 생각합니다. 그러나 저의 작품은 성인들을 대상으로 쓰여진 작품이기 때문에…….
문 : 지금 여고생이나 여중생의 임신이 문제가 되고 있을 정도로 성의 무방비 상태에 있는 미성년자들이 위 소설과 같은 음란한 내용의 책을 본다면 어떠한 일이 일어날지 생각해보았는가요.
답 : 미성년자들이 저의 소설을 읽는다면 분명 좋지 않은 영향을 줄 것이라는 사실은 인정합니다. 그러나 굳이 저의 소설이 아니더라도…….[9]
(강조는 인용자)

이른바 '거짓말 사건'에서 장정일의 변호를 맡았던 강금실은 재판 당시 장정일의 태도에서 받은 인상을 위와 같이 회고한다.[10] 강금실의 변론 요지가 《내게 거짓말을 해봐》가 "외설(음란)이지만 예술 작품으로서 사회적 가치를 갖고 있기 때문에 형법에서 말하는 반사회적인 음란에는 해당되지 않는다로 요약"될 수 있다면, 법원의 결론은 그 작품이 후자에 해당될 정도로 음란하다는 것이었다.[11] 강금실은 재판 이후 3년이 지난 시점에서 자신의 변론이 음란함이나 외설에 대한 고정관념에서 자유롭지 못한 것이었다는 사실을 비로소 깨달았다고 회고한다. 즉 음란함과 관련된 문제의 소재나 해답은《내게 거짓말을 해봐》라는 작품 속에서 찾을 수 있는 것이 아니고, 장정일이라는 생산자의 내면(또는 머릿속)에서 찾을 수도 없으며, 오히려 사람들의 "마음속"에 있는 것이다. 그리고 음란 재판이란 해당 텍스트에 대한 것이 아니라, 해당 텍스트에 대한 "사람들의 반응을 형법으로 재구성하는 문제"인 것이다. 즉 음란 재판으로 상징되는 풍기문란에 대한 통제는 표면적으로는 생산된 텍스트(책·음반·영화 등)에 대한 가치판단의 문제(예술이냐 외설이냐, 저속한가 고상한가 등)인 것처럼 보이지만, 실상은 당대인들의 특정한 반응의 구조(들뢰즈의 표현으로 바꾸자면 정동 능력들과 공통 관념들의 문제들)를 형법으로 재구성하는 문제인 것이다. 따라서 풍기문란 판단과 관련해서 해당 텍스트를 아무리 뒤져봐야 거기에는 "아무 뜻도 없다".[12]

풍기문란 판단이란 이처럼 당대 해당 사회의 정동 구조를 규율화하고 정동 생산 기제를 법적으로 규제하는 것과 관련이 있다. 그러나 풍기문란 판단은 표면적으로 언제나 판단력이 미숙한 청소년이 음란물을 대할 때의 부정적인 영향을 우려하곤 한다. 청소년을 미숙한 주체로 판단하는 이러한 판단이야 근대 체제에서 아주 일상적인 일이다. 그러나 냉전체제의 한국에서 음란 판단과 청소년 보호의 관계는 한국 사회의 고유한 역사성에서 비롯되는 측면이 좀 더 강하다는 점을 염두에 둘 필요가 있다.

요약하자면, 내가 냉전체제의 풍기문란 문제를 통해 논의하고자 하는 바는 다음과 같다. 즉 풍기문란이라는 통치 장치가 부정적 정념이라는 무규정적 규정을 거쳐 어떤 주체를 생산하는지를 규명하는 문제이다. 일제시기 풍기문란에 관한 앞 장의 논의에서 나는 풍기문란이 선량한 시민의 좋은 '풍속'이라는 기준에 따라 '좋은 주체'를 생산하는 통치 장치를 작동시켰으며, 이러한 이미 구성된 통치 장치가 황민화 시기에 좋은 국민 만들기로 이어지는 내적 토대가 되었다고 논의한 바 있다. 즉 일제시기 풍기문란은 선량한 풍속과 이에 반하는 행위-주체라는 틀을 통해 좋은 시민, 좋은 일본인이라는 주체를 생산한다. 동시에 이 기제는 풍기문란자라는 주체를 구성하면서, 불연속적이지만 비국민 생산의 기제로 이행된다. 이와 달리 냉전체제에서 풍기문란과 관련된 장치들은 4월혁명의 '실패'를 거치면서 "죄 많은 아이"라는 냉전의 '아이'를 생산하는 매트릭스가 된다. 물론 풍기문란이 청소년 보호나 관리에 국한되지는 않는다.

그러나 여기에서는 주로 청소년 보호와 풍기문란, 그리고 소년 보호라는 새로운 '보호 기제'가 구성되는 과정을 중심으로, "죄 많은 아이"라는 냉전적 주체성이 구성되는 맥락을 살펴볼 것이다. 장정일은 포스트모더니즘의 '대표 작가'로 간주되어왔는데, 이런 맥락에 따라 이 글에서는 장정일을 대표적인 '냉전 키드'의 사례로 고찰할 것이다. 장정일은 냉전 키드가 어떻게 죄 많은 아이라는 분열적 주체성을 획득하는지를 살펴볼 수 있는 기록을 우리에게 제공하는 대표적인 사례이다.

3. 게니우스Genius와 장치, 그리고 실패한 글쓰기의 기록 ─장광설과 침묵 사이의 불가능한 글쓰기

풍기문란자들이란 문서고(文書庫)나 문학사에 부정적 낙인으로만 남아 있는 자들이라는 점에서 "악명 높은 자"들이다. 이들의 삶은 낙인과 심문 기록의 형태로만 남아 있다. 따라서 이러한 심문과 낙인이라는 호명에 응답하는 주체 구성의 기제는 주체의 무화(無化)라는 형태로만 남겨진다.

그런 점에서 장정일/J는 우리에게 이러한 "악명 높은 자"들의 삶의 기록을 추적할 수 있는 문서 자료를 제공해주는 드문 사례라 할 것이다. 장정일이 "악명 높은 자"의 사례가 된 것은 그가 음란범이 되었기 때문만은 아니다. 장정일/J는 음란범이 되기 이전에 이미 법 앞에 선 자, 심문과 낙인에 의해서만 구성되는 주체성의 문제를 자기 진술의 형태로 반복해서 남겨두고 있다. 그리고 그 주체성이 결국 '자기 무화'의 형식으로 형상화될 수밖에 없음을 여러 장르를 통해서 탐색한 바 있다. 음란범이 되기 훨씬 이전부터 장정일은 법 앞에 소환된 자에게 그 심문에 답(호명)할 수 있는 유일한 길은 자기 무화뿐이라는 점을 진술하고 있다. 아래 시는 이런 기제에 대한 하나의 진술이라 하겠다.

나는 이 시에서 몽롱했습니까?

나는 한국을 버리고 독일로 도망갔습니까?

나는 아이러니를 사용했습니까?

나는 행복한 21세기 독일의 실루엣 속에서 암흑 같은,

일인 파쇼의, 반민주적, 야경국가였던 나치 히틀러의 독일을 투시했습니까?

나는 결국 꿈에서 깼습니까?

나는 독일에 살면서 한국으로 편지 썼습니까?

아니면, 몸은 한국에 두고 마음은 독일에 가 있습니까?

나는 검열을 피했습니까?

나는 누구고, 무엇입니까?

대답하겠습니다.

……

……

나는 이 시를 찢습니다,

〈찌익―〉[13]

　자신의 시(말)를 폐기하는 것 말고는, 법 앞에 소환된 자에게 자기 주체를 해명할 길이 없다. 장정일의 문학은 J라는 실명/허구의 존재를 법의 소환대 앞에 출두시켜, 그 출두 과정을 거치면서 어떻게 J가 죄 많은 아이로 탄생하고, 마침내 자기 부정과 소멸에 이르게 되는지를 탐색한 과정이다. 실제의 음란범 재판에서 장정일이 자기 진술을 거부한 것은 장정일의 이러한 문학적 도정과도 상응한다. 즉 장정일의 문학적 도정은 법의 심문이 어떻게 한 존재(J)를 죄지은 주체로 탄생시키고 절멸에 이르게 하는가를 탐색하는 것이기도 하다. 아니, 장정일/J의 탄생과 종말을 우리는 이런 차원의 하나의 범례로서 살펴볼 필요가 있다고 말하는 편이 더욱 적절할 것이다. 즉 이 글에서 장정일/J라는 기호와 그 삶의 반경은 한 작가의 문학적 도정을 분석하기 위한 사례가 아니라, 냉전체제에서 죄 많은 아이라는 주체성이 탄생하는 과정을 살펴보는 하나의 범례로 간주될 것이다.

　이런 점에서 볼 때 풍기문란에 대한 제도적이고 담론적인 규율화와 법적 규제의 과정은 장치가 게니우스Genius[14]를 어떻게 집어삼키는지를 보여주는 가장 선명한 사례이다. 아감벤은 우리 안에 있는 비인격적 역량을 게니우스로 규정하며, 주체를 게니우스와 자아가 정반대의 극에서 서로 긴장 관계에 있는 장으로 규정한다. 즉 게니우스는 자아로 환원되지 않는 그 무엇이다. 따라서 게니우스는 내 안과 밖의 낯선 타자이기에, 게니우스와의 마주침은 두렵다. 아감벤은 이런 점에서 정념을 자아와 게니우스 사이의 문턱으로 규정한다.[15] 아감벤은 아주 먼 옛날에는 게니우스와 함께 산다는 것이 '감동'과 '전율'로 감지되는 일상적인 신비한 실천이었던 것과 달리, 오늘날 게니우스는 시시각각 자신을 위협하는 '장치dispositivo'에 온통 둘러싸여 있다고 진단하기도 한다. 우리가 보고, 듣고, 만지고, 감지할 수 있는 것은 거의 전부 장치의 매개를 통한 것뿐이다. 장치들의 포획 속에서 게니우스는 침묵 속에 빠져들어버렸다.[16]

나는 실은 장정일의 삶의 반경을 통해서 풍기문란이라는 장치가 작동할 때 한편으로 장치가 어떻게 게니우스를 둘러싸는지, 또는 장치가 생명을 어떻게 둘러싸는지를 그려보고 싶었다. 푸코도 그러했듯이 장치를 기술하는 것은 지식의 고고학을 따를 수밖에 없다. 왜냐하면 장치란 장광설의 세계이기 때문이다. 장치는 말이 많다. 반면 게니우스는 말이 없다. 아니, 장치의 포획 속에서 우리는 게니우스의 말을 들을 수 없게 되었다. 장치를 기술하는 이른바 학문적 글쓰기들이 서지학, 고고학, 실증적 사료 제시와 같은 방식을 택하는 이유는, 이러한 제도화된 글쓰기들이 장치의 언어와 다름없기 때문이다.

그러나 장치를 장치의 언어로 '재현'하는 것이야말로 동어반복이 아닌가? 장광설의 세계인 장치의 언어를 비켜가면서 침묵에 빠진 게니우스의 언어를 들을 수 있는 글쓰기를 모색하고자 하는 것이 이 글의 시도였으나, 그 시도는 실패했다. 어쩌면 이러한 시도 자체는 이미 출발할 때부터 실패가 예정된 것이었다 할 것이다. 게니우스의 침묵에 싸인 말을 들을 수 없는 대신, 이 글은 장치의 장광설 사이에 '내면'이라고 불리는 장치에 포획된 개인의 영혼의 떨림의 기록으로서 '시'를 배치하는 방식을 택했다. 이는 그저 게니우스의 침묵을 들을 수 없는 이 글의 실패를 대체하는 것일 뿐이다.

예를 들면 소년 보호 기제가 형성되는 과정을 기술하면서 이 글은 엄청난 법제와 시설, 형사 정책과 수용 인원의 증가 등을 무미건조하고 통계적인 방식으로 제시했다. 왜냐하면 이것은 실제로 냉전체제에서 장치들이 삶을 포획해가는 산문적인 형식과 상응하기 때문이다. 반면 이러한 장치의 포획 속에서 심문당하고 속죄의 요구에 시달리는 존재들의 말, 그 영혼의 떨림을 과연 어떻게 형상화할 수 있을 것인가? 이 불가능한 형상화의 한계를 시각화하기 위해 나는 장치의 무미건조한 통계 더미와 시를 병치해보았다. 이 병치를 통해 장치의 포획 속에 위태롭게 내걸린 어떤 생존을 그려보고 싶었다. 또한 소년 보호라는 장치의 포획 속에서, 심문과 속죄에 대한 요구가 어떻게 죄 많은 아이라는 비행의 주체를 생산하는지를 이러한 대조를 통해 그려보고 싶었다.[17] 이제 이 풍기문란이라는 장치들이 냉전체제에서 마치 폭탄처럼 어떻게 투하되는지, 그리고 그 장치들이 이전의 것들을 어떻게 활용하고 또 새로운 것들을 만들어나가는지, 그 투하의 현장으로 가보도록 하자.

4. 선량한 주체 생산의 심문 구조 — 풍기문란 장치의 기원과 변화

1996년 장정일의 《내게 거짓말을 해봐》 판결과 관련하여 "우리나라 법원이 취하고 있는 음란성에 대한 판단기준은 70년대 이후 계속 유지되어오고 있는 이론"[18]이다. 이 판결은 가깝게는 작가 염재만의 소설 《반노》에 대한 1973년의 음란 판결에 기원을 두며, 멀게는 "일본 최고 재판소 1951년 5월 10일 《선데이 오락》 기사 건에 관한 판결 및 이를 그대로 답습, 채택한 1957년 3월 13일 《차털리 부인의 연인》 역서(譯書) 출판 사건에 관한 판결"[19]에 그 기원을 두고, 더 멀리는 "일본 대법원이 '음모 모조물 진열 사건'에 관하여 1918년 6월 10일에 내린 판결"[20]에 그 기원을 두고 있다.

이처럼 냉전체제에서 풍기문란 통제의 법적 구조는 일제시기의 유산을 거의 그대로 계승하고 있다. 물론 여기에는 어느 정도 변형이 없을 수 없다. 앞 장에서도 논의한 것처럼 풍기문란과 관련한 기본 법제는 일제시기의 유산을 그대로 이어받고 있는 반면, 풍기문란이 여타 '반사회적·반국가적' 범죄들과 연계되는 양상에는 일정한 차이를 보이는 것이다. 대표적인 예로 풍기문란이 '공식적인 망국병'의 지위를 얻게 된다는 점과, 풍기문란 통제가 소년범이나 하층 여성 범죄 같은 '특수 집단의 범죄'에 대한 사법적 통제 강화와 긴밀하게 연동되는 점 따위를 들 수 있다.

냉전체제에서 풍기문란은 망국병이라는 공식 명칭을 얻으면서 국가 망실의 역사적 순간과 담론적으로 연계되는 양상을 보인다. 이때 가장 빈번하게 호출되는 시기는 1920년대인데, 문학사에서는 1920년대가 퇴폐의 시대로, 역사 서술에서는 환멸의 시대로 서술되는 것과 풍기문란 담론은 기이하게 결부된다. 이는 이른바 3·1운동 이후의 시기를 퇴폐의 시대로 간주하는 역사철학적이고 미학적인 논의를 거쳐 재생산된다.

음란 판단과 청소년 보호가 풍기문란이라는 차원에서 밀접하게 결부되는 것은 1961년을 기점으로 뚜렷하게 진행된다. 물론 이전에도 경향적으로 이러한 흐름이 존재해왔지만, 1961년 소년법이 개정되면서부터 이러한 경향은 뚜렷한 법제화와 강력한 처벌, 훈육 시스템으로 정착된 것이다. 그런 점에서 음란범과 소년범이 같은 범주 속에서 연동되는 것은 냉전체제의 한국 사회, 특히 4월혁명의 실패와 반혁명으로서의 5 · 16쿠데타에서 비롯된다. 풍기문란 통제와 관련된 법제는 일제시기의 법제를 그대로 이어받고 있으며, 구체적인 판결도 식민 통치기 일본 본토의 대법원 판례를 기준으로 진행되었다.

냉전체제에서의 풍기문란 통제와 관리는 법적 통제와 교화 기구를 통한 '보호 관리'라는 일제시기의 방식을 그대로 유지하고 있다. 물론 도덕과 윤리 · 미풍양속 따위의 도덕 감정 등을 통한 자기 검열과 사회적 감시 체제 역시 그대로 지속된다. 풍기문란은 냉전체제에서 풍속 범죄라는 규정 아래 지속적으로 관리되었다. 나아가 청소년 풍기＝소년 교화가 소년법 개정 등으로 체계화되면서 별도의 법적 통제와 사회적 관리 체제를 구성하게 된다. 출판물 등에 관한 규제 역시 풍속 범죄의 하위 범주로서 음란물 죄라는 법적 규정과 여러 위원회를 통해 관리가 병행된다.

풍기문란 통제에서 텍스트 검열은 특정한 범위만을 차지하는 것이고, '풍속사범'과 같은 삶에 대한 통제가 더욱 넓은 범위를 차지하고 있다. 풍속사범에 대한 법제는 일제시기의 법제를 골자로 하는데, 기본 법제 몇 가지를 살펴보면 다음과 같다. 음란물죄에 대한 형법 규정인 형법 제243조에는 (음화〔淫畵〕 등의 반포 등) 음란한 문서, 도서, 기타 물건을 반포 · 판매 또는 임대하거나 공연히 전시한 자는 1년 이하의 징역 또는 1만원(4만 원) 이하의 벌금에 처한다고 되어 있다. 또 형법 제244조(음화 등의 제조 등)에서는 전조의 행위에 공(供)할 목적으로 음란한 물건을 제조, 소지, 수입 또는 수출한 자는 1년 이하의 징역 또는 1만 원(4만 원) 이하의 벌금에 처한다고 규정되어 있다.

또한 "음란한 물건에 대한 규정"이나 음란함에 대한 규정 역시 일본 판례의 정의를 그대로 인용하고 있다. 즉 "함부로 성욕을 자극 또는 흥분시

〈표 1〉 음란물 규제와 관련된 법령[21]

법령	규정	비고
형법 243조 음란물죄	(음화[淫畫] 등의 반포 등) 음란한 문서, 도서, 기타 물건을 반포, 판매 또는 임대하거나 공연히 전시한 자는 1년 이하의 징역 또는 1만 원(4만 원) 이하의 벌금에 처한다.	
영화법	사전 검열 시 공서양속을 해하거나 사회질서를 곤란하게 할 우려가 없는 것이어야 한다(13조 2항). "성범죄를 정당화하는 것"이 아니어야 한다(18조 8항).	1973년 2월 16일 제정 법률 제2536호
음반에 관한 법률	미풍양속을 심히 해할 염려가 있는 음반은 이를 제작, 유포하거나 불특정 다수의 사람이 청취할 수 있는 장소에서 사용할 수 없다(동법 제10조 2항).	1967년 3월 20일, 법률 제1944호, 1971년 1월 22일 개정 법률 제2308호
관세법에 의한 수출입의 금지	풍속을 해할 서적, 간행물, 도서, 영화, 음반, 조각물, 기타 이에 준하는 물품을 수출 또는 수입한 자는 1년 이상의 유기징역 또는 500만 원 이하의 벌금의 처벌을 받고 그 물품은 몰수된다(동법 제146-1호 및 제179조).	1967년 11월 29일 제정 법률 제1976호, 제5차 개정 1974년 12월 21일 법률 제2697호
출판사 및 인쇄소의 등록에 관한 법률	출판사 또는 인쇄소의 등록을 한 자가 음란 또는 저속한 간행물이나 아동에 유해한 만화 등을 출판하여 공중도덕이나 사회윤리를 침해하였다고 인정되는 경우에는 등록이 취소될 수 있다(동법 제5조 2항).	1961년 12월 30일 제정 법률 제904호, 제2차 개정 1972년 12월 26일 법률 제2393호
외국 간행물 수입 배포에 관한 법률	풍속을 해할 우려가 있다고 인정되는 외국 간행물을 수입한 때에는 배포 또는 판매의 중지 또는 내용의 삭제에 관한 문화공보부장관의 명령을 위반한 자는 1년 이하의 징역 또는 그 간행물의 수입원가의 3배 이하에 상당하는 벌금을 받고, 그 소유 또는 점유하는 간행물은 몰수된다(동법 제7조 및 12조).	1973년 2월 17일 제정 법률 제2543호

키고 보통인의 정상적인 성적 수치심을 해하고 선량한 성적 도의관념에 반하는 물건" 또는 "성욕을 자극, 흥분 또는 만족하게 하는 문서, 도서, 기타 일체(一切)의 물품"이라는 규정이 그것이다.[22] 1996년 장정일의《내

게 거짓말을 해봐》역시 이 판례에 준하여 판결되었다. 음란물 규제와 관련된 법령을 개괄하면 〈표 1〉과 같다.

잘 알려져 있다시피 냉전체제에서 풍기문란 규제는 각종 위원회를 통해서도 이뤄졌다. 관련된 대표적인 위원회는 〈표 2〉와 같다.

〈표 2〉 음란물 규제 관련 위원회

위원회 명칭	설립 및 관련 강령
한국도서잡지윤리위원회	1970년 1월 21일 한국잡지윤리위원회, 한국도서출판윤리위원회, 한국아동만화윤리위원회 3개 윤리위원회가 종합 발족
방송윤리위원회	방송법(1963년 12월 16일) 제2장의 신설(1973년 2월 16일)에 의해 설치
한국신문윤리위원회	신문윤리강령(1957년 4월 7일 제정, 1961년 7월 30일 개정)에 따름 신문윤리실천요강(1961년 7월 30일 제정)에 의해 구성
한국예술문화윤리위원회	1966년 1월 27일 창설1971년 3월 27일 윤리규정 개정

냉전체제에서 풍기문란과 관련된 사건은 너무나 방대하기 때문에 모두 체계화하는 것은 내 역량에 부치는 일이다. 또 각 영역별로 관련 기록들이 정리된 바도 있기 때문에, 여기서는 대표적인 사건과 판례 개요를 다음의 〈표 3〉으로 간략히 소개하는 데 그치고자 한다.

5. 소년의 죽음과 "죄 많은 아이"라는 냉전 키드의 탄생
― 김주열에서 장정일까지

1960년 한 소년의 몸이 강 위로 떠올랐다. 4월혁명은 50년이 지난 지금까지도 4·19세대라고 불리는 청년 대학생의 몫으로 간주된다. 물론

연도	사건	개요
1965년	이미자, 〈동백아가씨〉 금지[23]	가요심의전문위원회에 의해 "왜색이 짙다는 이유"로 금지 처분[24]
1967년	영화 〈춘몽(春夢)〉, 반공법 위반 및 음화 제조 혐의로 유죄판결	서울지방법원, 1967년 3월 10일 판결, 1966년 고89号
1970년	'고야의 나체화 사건' : 고야의 천연색 그림 〈나체의 마하La Maja Desnuda〉를 세계명화집에서 복사·제작하여 이를 성냥갑에 넣어 시판한 사건에 대해 음화 제조 및 판매 혐의로 대법원 유죄판결	원판결, 부산지방법원, 1970년 7월 24일 대법원 판결 1970년 10월 30일
1971년	수기 〈동경의 밤 25시〉 사건. 일본 잡지 《주간여성》에 실린 수기 〈동경의 밤 25시〉를 발췌·번역하여 월간지 《인기》에 6회에 걸쳐 연재. 그중 1969년 4월호 내용이 음란물로 판결	서울 형사지방법원 1970년 8월 24일 판결, 징역 6월 집행유예 1년형
1972년	김민기 음반 수거(서울대 오리엔테이션에서 〈해방가〉를 가르쳤다는 것이 근거가 됨)[25]	
1973년	'박승훈 씨 사건' : 박승훈 교수의 작품 《서울의 밤―남대문에서 워커힐까지》, 《영년(靈年)구멍과 뱀의 대화》 단행본 문예작품에 대해 음란도서 유죄판결	서울형사지방법원 1969년 12월 15일 유죄선고. 박승훈 교수 불복, 항소. 서울형사지법 본원합의부는 항소 기각
1973년	작가 염재만의 소설 《반노》 음란문서 제조 혐의로 기소. 1심 유죄판결, 2심 원심 파기 무죄선고[26]	
1974년 12월	가요 정화 운동, 이른바 '대마초 사건'으로 일련의 가수들 구속	신중현, 서울지검에서 취조 중 물고문[27] 받음 신중현, 징역 1년 집행유예 3년 선고 받음
1974~79년	신중현 활동 금지	
1975년 5월 긴급조치 9호	대중 예술 활동 정화 방침	〈미인〉(가사 저속과 퇴폐), 〈거짓말이야〉(불신감 조장과 창법 저속) 등 신중현의 음악 22곡 금지 조치
1975년	한대수 음반, 《고무신》 수록곡 상당수가 사전심의 반려 처분. 한대수 미국행	
1975년	김민기 〈아침이슬〉 외 다수 곡 금지	

적지 않은 연구자들이 4월혁명이 청년만의 몫으로 기록되고 기억되는 것에 문제를 제기했지만, 4월혁명 당시 거리를 질주하던 소년들이 과연 무엇을 꿈꾸었으며, 그들로 하여금 그렇게 죽음을 불사하도록 만든 열정은 어떤 것이었는지는 아직도 구체적으로 논의되지 못하고 있다. 4월혁명 직후에도 10대 소년 소녀들은 '미성년'이라는 이름으로 가정과 학교로 되돌아갈 것을 독려받는다. 이런 면에서 4월혁명은 실상 거리를 질주하던 전혀 다른 열정을 품은 행위 주체들 사이의 열정의 정당성을 두고 벌이는 싸움이었다고 해도 과언이 아닐 것이다.

4월혁명 이후 소년 소녀의 열정은 과연 어떻게 되었는가. 4월혁명 이후 무너진 사회질서를 정상화해야 한다는 요구에 따라 다양한 조치가 취해졌지만, 여기에서 주목을 요하는 지점은 바로 청소년의 풍기문란에 대한 단속과 처벌이 급격히 강화되고, 풍기문란 단속이 단지 청소년의 풍기 문제를 넘어 소년범죄라는 새로운 범주로 구성되었다는 점이다. 이와 관련된 앞의 논의에 이어, 여기서는 청소년의 풍기문란 단속이 소년보호라는 새로운 제도와 어떻게 결부되는지를 살펴보자.

1961년 이후 청소년의 풍기문란에 대한 단속도 현격하게 강화되는 것을 알 수 있지만, 무엇보다 이 시기 소년범죄에 대한 처벌이 강화된 사실에 주목할 필요가 있다. 5·16쿠데타 이후 국정 감사에서 소년 보호 관련 법제가 미비하다는 점이 지적되면서 소년범죄에 대한 처벌을 강화하고 관련 법제와 제도를 정비하게 된다. 다음의 〈표 4〉를 보면 소년 보호 관련 주요 법제와 제도가 강화되고 '정비'되는 시기가 1961년에서 1977년 사이라는 점을 알 수 있다. 조사받는 소년의 인권이라든가 처우 등을 고려하는 것은 1988년에야 시작된다.

4월혁명이 실패로 끝나고 '소년'들에게는 그야말로 처벌과 감시의 시

연도	법령	개요
1912년	조선감옥령	
1923년	조선감화령	비행소년에 대한 처우 제도 최초 도입
1942년(3월 25일)	조선소년령조선교정원령(제령 제7호)	비행소년에 대한 사법적 특별 보호. 해방 후에도 지속
1958년(7월 24일)	소년법(법률 제489호) 제정	1949년 '소년법'이 국회에 상정되었으나 한국전쟁이 일어나 의결되지 못함
1958년(8월 7일)	소년원법(법률 제493호) 제정	교정 교육은 국민으로서의 기초적 교육, 훈련, 직업의 보도가 주된 내용(제3조)
1961년	법원과 법무부에 대한 국정감사에서 '소년법'의 미비점 지적	
1962년	소년원 처우 규정	
1962년	재소자 및 원생 급식관리위원회 규정	
1963년(3월 1일)	소년법 개정(법률 제1376호)	가사심판법 제정, 10월 1일부터 소년법 시행, 가정법원 발족
1963년	소년원생 퇴원 및 가퇴원위원회 규정	
1963년(12월 14일)	소년원생의 '생활지도 강화'(법교 소 838-302) 지시	소년원생의 원내 생활지도 강화 지시 규정
1964년	보도직 공무원 승진 임용 규정	
1967년(3월 2일)	'갱생건설단 및 갱생소년단 규정' (법무부령 제100호, 3월 2일)에 의해 소년원생이 '갱생건설 사업'에 참여하도록 함. '갱생소년건설단' 운영	1968년 전국 소년원에서 갱생소년건설단 지구대 발족, 경부고속도로 건설을 비롯한 전국 각지의 제방 공사, 간척사업, 국토녹화사업 등에 투입됨
1968년	원생분류심사위원회 운영 세칙	
1968년	소년원생 급여 규정	
1968년	소년원생 기본 교육 지침	
1969년(2월 15일)	특별소년원 운영 지침(예규소 제149호)	소년원에 수용되어 있는 원생 중 비행의 습벽이 있는 소년과 조직폭력 및 기타 특수한 비행성을 지닌 소년을 일반원생과 완전 분리 수용함

1970년(2월 16일)	소년원 처우 규정을 각령에서 대통령령으로 승격 공포	대통령령 제4632호
1974년	'소년원생 교육 지침'에 '원생생활지도위원회'를 두도록 규정	
1977년(12월 31일)	소년법 · 소년원법 재개정	
1977년	소년 감별소 설치(소년법 · 소년원법 개정을 통해 신설)	
1977년	소년 보호 행정 풍토 쇄신 실천 지침 제정	보도직 공무원의 직무윤리강령
1988년	소년법(법률 제4057호) · 소년원법(법률 제4058호) 개정	조사받는 소년의 진술 거부권 인정. 변호인 선임권 고지 등 적법절차 보장
1989년(12월 22일)	소년원법 시행령(대통령령 제12856호)	'소년원 처우 규정' 등 일부 하위 규정 폐지. 재소자의 청원권 보장. 소년감별소의 "감별"을 "분류심사"로 변경
1995년(1월 5일)	소년법이 법률 제4929호로, 소년원법이 법률 제4929호로 개정	
2000년(8월 9일)	소년원 특성화학교 교육과정 편성, 운영지침 제정 공포	
2000년	보호 소년 수용 지침	
2004년(1월 20일)	소년원법 개정 법률 제7076호	

간만이 주어진다. 4월, 그 짧았던 거리에서의 열정은 차가운 강물 속으로 사라진 소년의 죽음과 함께 묻혀버리고, 소년들에게 남은 것은 실패한 열정에 대한 보복으로서의 '처벌'뿐이다. 장정일/J라는 '시인'은 이런 '어설픈' 혁명과 실패, 이에 뒤따르는 보복과 타협의 와중에서 태어난다. 이 시인은 이미 '사형수의 죽음 위로하며 동시에 형장의 칼을 함께 찬양하는' 분열을 운명으로 한다. 그리고 이 분열적인 시인의 운명은 "왕에게 불경했"던 죄와 그로 인한 '너'의 죽음에서 유래한다("뻔뻔스레 너는 / 왕에게 불경했고 / 그때 이미 죽었으므로"[29]). 그러하니 이 "쥐가 된 인간"의 표상은 왕에게 불경했던 '너'가 죽은 후 태어난 소년/시인의 주체성을

함축적으로 보여주는 것이다.

> 쥐를 찍어내는 주형 속에 들어가, 오늘
> 만물영장이 무섭게 짓밟히실 때
> 불필요한 사색과 지혜는 마구 잘리며
> 기름진 털은 숭숭 돋아나 또다시 평민인 쥐
> 네 발로 다니며 하나의 창공, 여덟 개 부엌
> 그 놓은 삶의 문턱을 넘나들겠네.[30]

왕에게 불경한 죄로 '너'가 죽은 뒤, 냉전의 아이들은 쥐를 찍어내는 주형에 포획된 쥐-인간의 굴레를 벗어날 수 없다. 장정일/J의 삶의 반경이 보여주듯이 말이다. 1962년 1월 6일 경북 달성에서 장정일/J는 태어났다. 1977년 장정일/J는 소년원에 갇힌다. 이 시기는 이른바 한국에서 '소년 보호'의 '발전기'라고 분류되는 시기이다.《소년 보호 60년사》에서는 1961~76년을 소년 보호의 "발전기"로 분류한다. 이 시기는 제3공화국의 국정 기본 목표인 조국 근대화에 발맞추어 "법무부에서도 이러한 조국 근대화 추진에 부응, 법무 행정 전반에 걸쳐 업무의 능률성 제고와 발전을 추구했다. 즉 '구법령정비에 관한 특별조치법' 제정 및 기본법 체제 정비 등 법령 정비 사업" 등 "법무시설 근대화"[31]를 추진한 것이다. 1961년 국정감사에서 '소년법' 개정에 대한 논의가 추진되었다. 그리하여 이듬해 8월 1일 '소년법 개정안'을 국가재건최고회의에 제출, 1963년 7월 31일 '가사심판법'의 제정과 함께 '소년법'이 일부 개정(법률 제1376호)되어 그해 10월 1일부터 시행되었다. 이에 따라 개정된 '소년법'(1963년)의 내용은 다음과 같다.

(1) '가사심판법'에 의한 가정법원이 발족함에 따라, 소년 보호사건을 가정법원 소년부 또는 지방법원 소년부에서 관할하도록 하였다. (제3조 2항)

(2) 보호대상 소년을 범죄소년·촉법소년·우범소년으로 하되 각 요건의 표현을 정비하고 우범소년의 우범 사유를 구체화하였으며(제4조 1항), 검사 및 경찰서장의 송치 이외에 비행소년을 발견한 보호자 또는 학교와 사회복지시설의 장의 통고에 의하여도 조사·감별을 개시할 수 있도록 하였다.(제4조 3항)

(3) 과학적 조사·감별을 위하여 전문가의 진단을 강화하였다.(제11조)

(4) '소년심판규칙'을 대법원 규칙으로 정할 수 있도록 위임하였다. (제29조 2항)

(5) 보호처분의 하나로서 보호관찰에 부하는 6호 처분을 신설하고 처분의 병합, 참고자료 송부, 처분의 효력 등에 관한 규정을 신설하였다.(제30조 2항, 3항, 4항)

(5) 우범소년에 대한 상세한 규정을 두었다. 보호자의 정당한 감독에 복종하지 않거나 정당한 이유 없이 가정에서 이탈, 또는 범죄성이 있는 자나 부도덕한 자와 교제하거나 자기 또는 타인의 덕성을 해롭게 하는 성벽이 있는 등의 사유가 있고, 그의 성격 또는 환경에 비추어 장래 형벌법령에 저촉되는 행위를 할 우려가 있는 12세 이상의 소년에 대하여 보호사건으로 심리할 수 있도록 하였다.(제4조 1항)[32] (강조는 인용자)

"보호자의 정당한 감독에 복종하지 않거나 정당한 이유 없이 가정에서 이탈, 또는 범죄성이 있는 자나 부도덕한 자와 교제하거나 자기 또는 타인의 덕성을 해롭게 하는 성벽이 있는 등"의 소년을 보호자, 학교, 사회복지시설 장(長)의 통고에 따라 소년원에 가둘 수 있게 만든 이 법은 그야말로 청소년에게서 모든 법적 권리를 박탈한 것이나 다름없다고 할 것이다. 이제 소년들은 철저하게 '아비의 명령'에 복종당한 채 처벌의 덫을 빠져나갈 수 없다. 장정일이 태어난 이듬해 대구에는 대구소년원 동촌 분원이 신설된다. 그때까지 대구소년원은 주로 전쟁고아를 수용해오다가 수용 공간 부족으로 분원이 신설됐는데, 전국의 소년원들의 추이도 이와 비슷한 양상을 보인다(〈표 5〉참고).

　1977년 중학교를 졸업한 장정일/J는 여호와의 증인이라는 이유로 교련 훈련을 거부하기 위해 고등학교 진학을 포기한다. "자유"를 외치던 장정일/J는 덜컥, 생각지도 못했던 덫에 빠져버리고 만다. 그리고 소년원에 갇힌다. 1977년은 소년원 행정에도 큰 변화가 생기는 해이기도 하다. 1972년 그해에 추진된 소년감별소가 전국적으로 설치되고, 1978년에는 대구에도 소년감별소가 개청한다. 1972년 서울 소년원 서대문 분원이 개원했지만 수용 공간이 부족하여 대구에 다시 소년감별소를 설립한다는 것이다. 즉《소년 보호 60년사》에 따르면 서울 서대문 "분원 개원 후 급증하는 비행소년에 대한 비행 원인과 자질을 규명하고, 가정법원이나 지방법원 소년부에서 위탁한 비행소년에 대한 감별을 통해 법원의 조사 심사에 유용한 자료를 제공하기 위하여"[33] 대구 소년감별소를 설립했다고 소개되고 있다. 소년감별소는 이후 명칭을 소년분류심사원으로 개정했으며, 2000년대에 들어서는 시설을 보수하고 "인권침해 시설이라는 오해 소지가 있는 52개의 개별실을 온돌시설을 갖춘 현대식 집단실로 개조함으로써 이용자 편익 및 업무 효율성을 향상시켰다".[34]

　소년원 시절의 편린들은 여러 시편에 산재되어 있지만, 그 경험을 가장 인상적으로 전해주는 것은 다음의 시이다.

〈표 5〉 소년원 설립의 추이

(아래 소년원들은 2003년 12월 29일의 '소년원의 명칭 복수 사용에 관한 지침'에 따라
학교 명칭을 복수 사용한다. 학교 명칭은 생략한다.)

소년원명	설립 연도 및 연혁	비고
서울소년원	1942년 4월 20일 이하 분원 설치 연혁 1946년, 안양 분원 1947년, 뚝도 분원 1950년, 개성 분원 1963년, 춘천 분원 1964년, 대전 분원 1966년, 충주 분원 1967년, 서대문 분원 1977년, 서대문 분원, 서울소년감별소로 승격1998년, 대덕 지원 신설	전신 조선교정원(1942), 경성소년원으로 변경(1942년 4월 29일) 1945년 10월 서울소년원으로 명칭 변경 2000년 고봉정보통신중·고등학교 개교
대구소년원	1945년 11월 12일 개원 1947년 7월 1일 대구소년원 분실 설치(봉산동 207) 1956년 효목 분실 설치 1963년 동촌 분원 설치 1971년 대구소년원 신축 이전 1971년 대구소년감별소 개원 1974년 3월 11일 법무부 소년 제3 공공직업훈련소 병설(노동청 제221호) 1980년 9월 2일 중·장기, 교과, 직업훈련소년원 지정	사법부가 일제시기 대화숙 재산 일체를 인수받아 설립 2000년 8월 읍내정보통신중·고등학교 개교
안양소년원	1946년 10월 1일 1963년 안양소년원으로 승격 1964년 여자원생만 수용 보호 1966년 분류보호과 신설 1973년 법무부 소년 제1 공공직업훈련소 병설	일본인 大邱保眞敏 소유의 '미영청소년수련도장'과 재산 일부를 기부받아 설립 2000년 정심여자정보산업학교 개교
광주소년원	1946년 11월 7일 개원 1969년 광주소년분류심사원으로 이전 1974년 법무부 제5 공공직업훈련소 병설 1980년 9월 2일 중장기 및 직업훈련 소년원 지정	동명동 대화숙 토지 인수 설립 2000년 고룡정보산업학교 개교
부산소년원	1947년 1월 18일 개원 1963년 7월 2일 김해 분원, 김해소년원으로 승격 1974년 법무부 소년 제4 공공직업훈련소 병설	일본군 육군관사를 접수하여 신설 1994년 오륜직업전문학교로 변경
김해소년원	1947년 4월 18일 설립 1963년 김해소년원 승격(각령 제1368호) 1974년 법무부 소년 제6 공공직업훈련소 병설(노동청 제221호) 1984년 김해소년원 폐지, 부산소년감별소 기능 전환	

춘천소년원	1963년 9월 9일 서울소년원 춘천 분원 설치(부령 제70호) 1966년 4월 16일 춘천소년원 승격(대통령령 제2498호) 1974년 법무부 소년 제7 공공직업훈련소 병설	
대전소년원	1964년 4월 8일 대전 분원 설치(부령 제78호) 1966년 4월 16 대전소년원 설치(대통령령 제2498호) 1974년 법무부 소년 제8 공공직업훈련소 병설	
충주소년원	1966년 8월 15일 충주 분원 설치(법무부령 제91호) 1967년 4월 20일 충주소년원 승격(대통령령 제2498호) 1974년 법무부 소년 제9 공공직업훈련소 병설	
전주소년원	1967년 3월 25일 전주소년원 설치령 공포(대통령령 제2957호) 1967년 12월 2일 전주소년원 개원 1974년 법무부 소년 제10 공공직업훈련소 병설	
청주소년원	1978년 7월 8일 청주소년원 설치령 공포(대통령령 제9083호) 1978년 11월 15일 개원	
제주소년원	1987년 12월 1일 개원	
대덕소년원	1998년 7월 1일 개원	
안산소년원	2002년 9월 25일 개원	
대전의료 소년원	2003년 대전소년분류심사원 기능 폐지 2004년 1월 1일 대전의료소년원으로 기능 변경, 소년분류심사원 기능 대행	
창원소년원	2003년 1월 1일 개원	

나는 거기 있었다. 하얀 몸, 네가 없었을 때

나는 창틀 가까이 앉았다. 하얀 몸, 그때

나는 감기에 걸려 있었다. 겨울날, 구멍 난

내복바람으로 창틀에 쭈그리고 파수보는 일은

힘들었다. 너는 어디 있었느냐? 정말이지 나는

힘들고, 떨렸고, 아팠다![35]

〈표 6〉 소년분류심사원의 성격과 설립 추이

분류심사원	설립 연도
서울 소년분류심사원	1972년 11월 18일 서울소년원 서대문 분원 설치(법무부령 제184호) 1973년 2월 8일 서울소년원 위탁소년 수용 1977년 4월 30일 서울소년감별소 설치령 공포(대통령령 제8555호) 1977년 7월 1일 서울소년감별소 개청(서울 서대문구 현저동)
대구 소년분류심사원	1978년 7월 8일 대구소년감별소 설치령 1978년 대구소년감별소 개청 1995년 대구 소년분류심사원으로 명칭 변경
대전 소년분류심사원	1982년 대전소년감별소 개소
부산 소년분류심사원	1947년 10월 17일 부산소년원 김해 분원 설치 1963년 김해소년원 설치 1984년 김해소년원 폐지, 부산소년감별소 기능 전환

장정일/J의 회고에 자주 언급되듯이 소년원에서 체험한 폭력은 이후 그로 하여금 성적인 문제에 강박적인 결벽증을 갖게 만들었다. 성적인 결벽증을 지닌 소년범이던 그가 훗날 음란범으로 간주된 것이야말로 참으로 역사의 아이러니일까, 아니면 운명의 장난일까. 소년원에 감금된 경험이 장정일/J를 어떤 주체로 만들어내는가는 다음 시에서 매우 인상적으로 그려진다.

집이 불타고 있었다.
먼저 온 고참들의 여섯 개째 운동화를 빨아 헹굴 때
우리 살던 옛집 지붕이 불타고 있었다.
고름처럼 가늘게 수도 물이 흘러나오고
두 손이 하얗게 얼어터진 겨울 저녁
집이 불타고 있었다.
철창 밖으로 보이는 하늘이 활활활

세찬 바람에 사그라졌다.

어머니, 당신 아이는 소년원에 갇혀 있어요

매일 고참들의 신발을 빨아 헹구며

콧노래를 흥얼거린 사이

어머니 당신 집이 불타요

그리고 고삐 묶인 말처럼 아이는 발을 굴러요.

당신이 강요한 천년왕국설의 신앙을 피해

딱딱한 방석 위에서 두 시간씩 앉아 조는 집회를 피해

저녁마다 도망을 했던 아이

더 도망할 필요가 없다고 안심한 곳에서

덜컥, 덜미를 잡혀 버린 아이가

소년원에서 양말 벗은 발을 굴러요.

이 모두 당신이 예견했던 숱한 계획들의

사소한 일부겠지요.

집이 불타고 있었다.

방주 같은 운동화를 빨아 헹구는 겨울 저녁

철창 밖으로 보이는 하늘이 불타고 있었다.

수돗물은 가늘게 흘러나오고

몸은 움직일 수 없는데

어머니 집이 불타요. 어머니

용서하세요, 저는 제 몸을 작살내기로

결심을 해요. 여섯 개 운동화에

여섯 조각낸 몸뚱이를 숨기고,

물을 가득 싣고,

무지개를 밟은 듯 흐르는 비눗물 타고,

아이는 철장 밖으로 달아나요.

숱한 감시의 눈을 뚫고 몰래 나가요.

불타는 집을 끄러!

어머니, 어머니, 당신의 집

하늘이 불타고 있어요.

언젠가 너무 많은 방화수를 낭비한 당신

이제 아무도 돌보지 않는

병들고 지친 개같이 늙으신 당신

당신을 구하려 어린 죄수가 달려가요.

하늘에 계시다는 당신

성스럽고 성스럽다는 당신을 구하기 위해

죄 많은 아이, 살인자가

달려가요.[36]

소년원에 갇혀 불타는 어머니의 집의 불을 끄러 달려가는(달려가고 싶은) "죄 많은 아이", 이것이야말로 소년범 장정일/J라는 주체성을 상징적으로 보여준다 할 것이다. 이제 소년은 없다. 남은 것은 "죄 많은 아이"뿐이다. '음란범'으로 간주되어 처벌받을 때까지 장정일/J의 일생은 끝없이 아이에게 죄를 묻는 "아비의 법"을 파괴하기 위해, 자기 폐기라는 극한으로까지 달려가는 길이었다. 그 길이 자기 폐기인 것은, 그 아이가 이미 무고하지 않은 "죄 많은 아이"이기 때문이다.[37) 4월 어느 날, 한 소년의 몸이 저 깊은 강물 속으로 사라진 이후, 그리고 그 환한 4월의 거리를 질주하던 소년들의 열정이 '패배'한 이후 도래한 것은 어쩌면 이 죄 많은 아이인지 모른다. 그래서 이 죄 많은 아이야말로 4월혁명이 실패한 대가로 우리에게 남겨진 운명인지 모른다.

1960년, 17세의 소년은 차가운 강 속으로 사라졌다. 그리고 2년 뒤, 그 강에서 그리 멀지 않은 곳에서 또 한 소년이 태어났다. 이 두 소년의 죽음과 삶을 이렇게 연결해서 생각하는 것은 조금 지나친 발상일지도 모르겠다. 이른바 역사란, 숙명론적 굴레라든가, 또는 서로 간의 인생이 알지 못한 채 어떤 인연의 고리로 연결되어 있다는 식의 비합리적인 사유가 아닌 합법칙적 관점에서 인간의 삶을 바라봄으로써 비로소 탄생하는 것이 아니던가. 그러니 서로가 옷깃 한 번 스친 적도 없이 죽고(아니, 살해당하고) 태어난 두 소년의 죽음과 삶이 연루되어 있다는 논의는 어떤 인연의 사슬이나 숙명의 굴레 같은 비합리적인 서사처럼 보일지 모른다. 물론 그런 숙명이나 인연을 말하고자 하는 것은 아니다.

그러나 4월혁명 이후 냉전체제에서 풍기문란과 관련된 여러 조직과 법제 · 제도가 파시즘적으로 재구성되는 과정을 장정일/J의 인생과 대비해서 살펴보다 보면 장정일이 1996년 '음란범'이라는 이름으로 치욕스러운 운명에 놓이게 된 것은 1960년 한 소년이 살해당하던 그 시점에 이미 '정해져버린' 것처럼 보인다. 그런 의미에서 장정일이 '음란범'이 되어버린 것은, 숙명인지 모른다.

1962년부터 1996년까지 평생에 걸쳐 장정일/J는 이 숙명을 거스르기 위해 싸워왔지만, 그 숙명의 굴레를 벗어날 수 없었다. 그렇다. 어떤 한 개인 존재에게 삶이란 결사적으로 싸워도 결국 제한된 굴레를 벗어날 수 없도록 정해져 있다. 아니, 혹자는 말한다. 세상에는 많은 선택지가 있다고. 제 할 나름이라고. 그렇다. 그런 사람들도 있다. 그러나 다른 많은 이들에게 삶에는 선택지가 없다. 인생이라는 것, 태어나서 살아가며 걷는 인생길이 이미 태어날 때 정해져 있는 사람들이 얼마나 많은가. 한 인간 존재의 삶의 반경을 제한하고, 조정하고, 정해버리는 것, 그것이야말로 그 사회의 구조이고 체계이고 이데올로기이며 통치성이다. 그리고 이러한 구조는 어떤 이들에게는 무궁무진한 인생의 무대를 제공하지만, 다른 누군가에게는 아주 제한된 삶의 반경만을 제공한다.

그래서 어떤 이들에게 삶은, 인생은, 그저 정해진 굴레를 맴도는 숙명처럼 느껴진다. 그래서 숙명은 곧 사회 구조의 다른 이름이며, 누군가의 삶을 숙명으로 환원시키는 그런 구조는 바로 폭력 그 자체이다. 즉 누군가의 인생이 숙명의 굴레를 벗어날 수 없도록 제한되어 있다면, 바로 그러한 인생들을 생산하는 사회야말로 가장 강력한 폭력이 작동하는 사회이다. 내가 풍기문란이라는 문제틀을 통해서 살펴보려는 것은 바로 이것이다. 결사적으로 도망쳐도 도망칠 수 없는 숙명의 법칙을, 필사적으로 싸워도 제한된 삶의 반경을 넘어설 수 없는 사람들의 삶을, 그것을 숙명이나 내 탓으로 간주하며 살아갈 수밖에 없던 사람들의 삶을 생각해보는 것 말이다.

그러나 여기서 우리는 장정일/J의 주체성을 단지 죄 많은 아이의 표지로만 환원해서는 안 된다. 죄 많은 아이는 어떻게 그 속죄 장치를 빠져나갔을까? 이제 죄 많은 아이가 장치를 갖고 노는 인상적인 장면을 통해, 그 이탈의 경로를 살펴보는 것으로 논의를 마무리하기로 하자.

장정일/J는 한편으로는 쥐-인간의 운명을 표지로 안고 태어났지만, 동시에 폭탄처럼 투하되는 온갖 장치들을 자기 나름으로 사용하는 방법을 체득하고 발명해가면서 자신에게 주어진 운명의 표지를 새롭게 바꿔가는 존재이다. 그리고 이렇게 자기 나름의 장치 사용법을 체득하고 발명하는 과정의 길잡이는 바로 삼중당 문고로 상징되는 독서의 세계였다. 아래의 시는 그런 점에서 냉전 키드인 장정일/J가 감시 장치와 속죄 장치의 포위망 속에서 자기 나름의 장치 사용 기술을 터득하고 발명해가는 과정을 보여주는 흥미로운 연대기로서 의미가 있다. 전문을 살펴보도록 하자.

열다섯 살,
하면 금세 떠오르는 삼중당 문고
150원 했던 삼중당 문고
수업시간에 선생님 몰래, 두터운 교과서 사이에 끼워 읽었던 삼중당 문고
특히 수학시간마다 꺼내 읽은 아슬한 삼중당 문고
위장병에 걸려 1년간 휴학할 때 암포젤 엠을 먹으며 읽은 삼중당 문고
개미가 사과껍질에 들러붙듯 천천히 핥아먹은 삼중당 문고
간행목록표에 붉은 연필로 읽은 것과 읽지 않은 것을 표시했던 삼중당 문고
경제개발 몇 개년 식으로 읽어 간 삼중당 문고
급우들이 신기해하는 것을 으쓱거리며 읽었던 삼중당 문고
표지에 현대미술 작품을 많이 사용한 삼중당 문고
깨알같이 작은 활자의 삼중당 문고
검은 중학교 교복 호주머니에 꼭 들어맞던 삼중당 문고
쉬는 시간에 10분마다 속독으로 읽어내려 간 삼중당 문고

방학 중에 쌓아 놓고 읽었던 삼중당 문고

일주일에 세 번 여호와의 증인 집회에 다니며 읽은 삼중당 문고

퇴학시키겠다던 엄포를 듣고 와서 펼친 삼중당 문고

교련문제로 고등학교 진학을 포기했을 때 곁에 있던 삼중당 문고

건달이 되어 밤늦게 술에 취해 들어와 쓰다듬던 삼중당 문고

용돈을 가지고 대구에 갈 때마다 무더기로 사 온 삼중당 문고

책장에 빼곡히 꽂힌 삼중당 문고

싸움질을 하고 피에 묻은 칼을 씻고 나서 뛰는 가슴으로 읽은 삼중당
문고

처음 파출소에 갔다왔을 때 모두 불태우겠다고 어머니가 마당에 팽개
친 삼중당 문고

흙 묻은 채로 등산배낭에 처넣어 친구집에 숨겨둔 삼중당 문고

소년원에 수감되어 다 읽지 못한 채 두고 온 때문에 안타까웠던 삼중
당 문고

어머니께 차입해 달래서 읽은 삼중당 문고

고참들의 눈치보며 읽은 삼중당 문고

빠다맞은 엉덩이를 어루만지며 읽은 삼중당 문고

소년원 문을 나서며 옆구리에 수북이 끼고 나온 삼중당 문고

머리칼이 길어질 때까지 골방에 틀어박혀 읽은 삼중당 문고

삼성전자에 일하며 읽은 삼중당 문고

문흥서림에 일하며 읽은 삼중당 문고

레코드점 차려놓고 사장이 되어 읽은 삼중당 문고

고등학교 검정고시 학원에 다니며 읽은 삼중당 문고

고시공부 때려치우고 읽은 삼중당 문고

시 공부를 하면서 읽은 삼중당 문고

데뷔하고 읽은 삼중당 문고

시영물물교환센터에 일하며 읽은 삼중당 문고

박기영형과 2인 시집을 내고 읽은 삼중당 문고

계대 불문과 용숙이와 연애하며 잊지 않은 삼중당 문고

쫄랑쫄랑 그녀의 강의실로 쫓아다니며 읽은 삼중당 문고

여관 가서 읽은 삼중당 문고

아침에 여관에서 나와 짜장면집 식탁 위에 올라 앉던 삼중당 문고

앞산 공원 무궁화 휴게실에 일하며 읽은 삼중당 문고

파란만장한 삼중당 문고

너무 오래되어 곰팡내를 풍기는 삼중당 문고

어느덧 이 작은 책은 이스트를 넣은 빵같이 커다랗게 부풀어 알 수 없
는 것이 되었네

집채만해진 삼중당 문고.

공룡같이 기괴한 삼중당 문고

우주같이 신비로운 삼중당 문고

그러다 나 죽으면

시커먼 뱃대기 속에 든 바람 모두 빠져나가고

졸아드는 풍선같이 작아져

삼중당 문고만한 관 속에 들어가

붉은 흙 뒤집어쓰고 평안한 무덤이 되겠지[38)

장정일/J의 삶의 곳곳에 삼중당 문고는 마치 조수처럼 곁에 나란히 있
다. 삼중당 문고는 그 자체로 하나의 장치이지만, 그 장치는 제도 교육의

틈새이고, 경제개발의 패러디이고, 여호와의 증인으로부터의 도피처이고, 범죄의 은닉처가 되기도 한다. 시 공부의 교과서이자 고시 공부의 대안이 되었다가, 연애의 소도구가 되기도 하고, 노동의 막간의 휴식이 되어준다. 장정일/J는 이처럼 삼중당 문고라는 장치를 자기 삶의 한복판으로 들여와 마음대로 갖고 논다. 이런 맥락에서 삼중당 문고는 장정일/J에게 조력자-대상이나 다름없다.

아감벤에 따르면 "모든 사람은 쓸모없고 얼마간 창피해할 만한 물건을 간직하고 있다. 기념품이기도 하고, 일종의 부적이기도 한 이 물건을 사람들은 이 세상의 무엇과도 바꾸려 들지 않는다. 이런 물건은 어린 시절 동안 망가지지 않고 살아남은 오래된 장난감일 수도 있고, 잃어버린 정취를 여전히 담고 있는 필통일 수도 있으며, 별다른 이유 없이 남성용 셔츠 서랍에 쭉 보관해온 티셔츠일 수도 있다. (중략) 이것들, 이 조력자-대상들, 마음속 깊이 감춰져 있는 에덴동산에 대한 이 증인들은 결국 어디로 가는 것일까?"[39] 아감벤은 이러한 조력자-대상들을 "세속적 시간에서 이미 메시아적 시간의 특색을 소유한" 것들이라고 규정한다.

이러한 점에서 이 조력자-대상과 함께하는 삶은 "게니우스를 따르"는 삶이 되며 이 조력자-대상들과 함께함으로써 우리 삶은 게니알리스ge-nialis해진다. 이 게니알리스한 삶은 장치를 자유로운 사용으로 변환하는 놀이를 통해서도 가능해진다. 즉 장정일/J의 삶의 반경은 한편으로는 죄 많은 아이라는 속죄 장치에 의해 구성된 주체성에 속박되어 있다. 그러나 동시에 이 죄 많은 아이는 삼중당 문고 읽기로 상징되는 독학을 통해 장치의 포획을 놀이로, 속죄의 희생 제의를 게니알리스한 삶으로 변형시킨다. 이러한 죄 지음과 놀이 사이의 긴장과 대결이 장정일/J가 단지 속죄양으로서가 아니라 새로운 주체(작가)로 탄생하는 동력이기도 하다.

6. 열정과 범죄 ─ 거리 소년의 운명

이 글은 1960년 마산에서 한 소년이 살해당하는 시점과 1962년 대구에서 한 소년이 태어나는 시점을 마치 운명의 전주곡처럼 교차해서 기술해보려는 불가능한 시도에서 시작되었다. 매우 문제가 많은 시도일 수 있지만, 나는 이 글에서 이러한 삶과 죽음의 교차를 통해 냉전기 소년의 열정, 또는 열정에 사로잡혔던 소년들의 정념이 어떻게 국가 폭력에 회수되는지를 그려보고 싶었다. 삶과 죽음이 교차하는 이 어떤 역사적인 국면은 역사 연구자로서의 나에게 마치 냉전기의 '신탁'이 만들어지는 것과 같은 의미로 다가왔다. 이 '신탁'에 의해 냉전기의 어떤 소년들의 운명은 결정되어버린 것 같다. 운명이나 신탁과 같은 표현을 통해서 나는 주체 위치를 구성하는 결정determination의 구조를 역사적인 지형도, 또는 운명의 형식으로 옮겨서 그려보고 싶었다.

이러한 결정에 따라 냉전기 소년들은 "죄 많은 아이"라는 주체 위치를 할당받게 된다. 1960년 거리를 달리던 소년들의 열정은 이제 "문제아의 심성"으로 그 의미가 강제적으로 재배치되어버린다. 문제아의 심성이 되어버린 '열정'은 이제 사회적인 규율 체제, 소년 보호나 경찰 권력의 통제 속으로 들어가버리고 만다. 소년들이 거리를 질주할 수 있던 원동력이었던 열정은 이제 문제 소년의 부적절한 정념으로 재배치되어버린다.

이렇게 거리와 소년과 정념의 관계는 혁명과 열정과 혁명 주체의 자리로부터, 소년 보호와 소년원과 문제아라는 자리로 단절적으로 재배치된다. 이처럼 정념과 주체 위치와 주체의 자리가 강제로 재배치됨으로써 냉전기 내내 소년들의 운명은 제한된 삶의 반경의 언저리를 맴돌게 된 것인지도 모른다. 게다가 이 소년들이 대도시의 교육받은 상류층 소년이 아니라 마산이나 대구와 같은 지방에서 태어나 이른바 엘리트 교육의 수혜를 받지 못한 소년들이었다는 점에서, 냉전기 "죄 많은 아이"의 신탁에 발목이 잡힌 소년들의 계급적·지역적 특성 또한 주요하게 검토될 필요가 있다고 생각한다.

그러나 동시에 지역이라는 제한된 삶의 반경 내에서 수행된 독학의 경험은 장치의 포획 속에서 장정일/J가 새로운 주체성을 획득하는 동력이 되었다는 점을 다시금 환기할 필요가 있다. 문학장이나 문단 제도와 같은 매개적 장치가 부재했기에 오히려 장정일/J는 속죄 장치가 할당한 죄 많은 아이라는 주체성을 독학이라는 형식으로 이탈함으로써 독학자/시인이라는 새로운 주체성을 간신히 획득하기 때문이다. 장정일/J의 문학이 놀이의 형식과 자기 무화의 형식을 반복했던 것도 이러한 맥락에서 살펴볼 필요가 있다.

그러므로 독학이라는 것이 장치를 자유로운 사용에 내맡길 수 있는 하나의 놀이로, 문학이라는 장치의 세속화 기제로 작용하는 방식을 고찰하는 것도 남은 연구 과제의 하나이다. 또 지역의 아이들에게 독학이라는 것이 어떻게 게니알리스한 삶을 발명해가는, 세속적 시간에서 이미 메시아적 시간의 특색을 소유한 그 새로운 삶의 형식을 발명하는 계기가 되는지를 경험적·이론적으로 밝히는 것 역시 남은 연구 주제이다.

제4부

사소한 중범죄의 역사

'부활하는'
풍기문란 통제의 변천사

제1장

익숙한 '장면'을 통해 살펴보는 풍기문란의 변천사

독일의 훔볼트 대학 광장에는 '특별한 기념물'이 있다. 대학 광장 한복판에 가로세로 1미터 정도 크기의 유리판을 설치해서, 사람들이 그 유리판을 통해 지하의 서가를 들여다볼 수 있게 해놓은 것이다. 이 '특별한 기념물'은 나치의 분서갱유 사건을 '기념'하기 위해 고안된 것이다. 나치는 퇴폐 문화라는 구실을 내세워 엄청난 양의 책을 바로 이 기념물이 설치된 장소에서 불태워버렸다. 패전 후 독일은 이 뼈아픈 역사를 잊지 않기 위해 과연 어떻게 그 역사를 기억하게 할 것인지, 다양하게 모색하는 과정을 거쳤다. 책을 불태워버린 그 역사를 과연 어떻게 기억해야 하는가? 이 투명 유리판 아래로 들여다보이는 텅 빈 서가는 그 딜레마에 대한 하나의 대답이었다. 그렇다면 우리는 이 '역사'를 어떻게 '기념'하고 기억하고 있는가?

여기에 또 하나의 사진이 있다. 1970년 "불량 서적 소각 및 양서 증정식"이라는 현수막 아래 군복과 비슷한 작업복을 입은 사람들이 모여서,

1970년 불량 서적 소각 및 양서 증정식. 국가기록원 소장 자료. 분서갱유는 나치의 전유물이 아니었다.

잔뜩 쌓아둔 책을 불태우는 사진이다. 냉전체제에서 분서갱유는 어쩌면 일상이었다고 할 수 있을 것이다. 다양한 출판물들이 불온·퇴폐라는 명목으로 지상에서 사라지거나, 검열의 덫에 걸려 갈기갈기 찢긴 채로 세상에 나오곤 했다.

다양한 문학작품과 출판물들이 이러한 검열과 통제의 희생양이 되었지만, 아마도 가장 큰 타격을 입은 문화 생산물은 만화라고 할 것이다. 냉전체제에서 만화는 줄곧 불량·퇴폐·저속이라는 규정을 벗어날 수 없었다. 특히 일본 문화를 맹목적으로 통제했던 이 시기에 만화는 저속한 일본 문화의 수입 창구로 지목되어 지속한 문화라는 규정에서 자유롭시 못했다. 더욱이 풍기문란 통제가 청소년 보호라는 측면과 맞물려 있던 터라, 아동을 주요 독자로 했던 만화는 풍기문란 통제의 덫을 빠져나가기

거의 불가능한 상태였다고도 하겠다. 그런데 일본의 식민 통치의 유산인 풍기문란 통제의 법이 만화를 저속한 일본 문화의 수입 창구로 지목하여 규제했다는 것은 참으로 웃지 못할 역사의 아이러니이다.

앞서도 여러 차례 강조했지만 풍기문란 통제에서 양적으로 많은 부분을 차지하는 음란물에 대한 법적 통제의 기준은 일제시기에 일본에서 나온 판례를 그대로 반영한 것이다. "음란한 물건에 대한 규정"은 일본 판례의 정의를 그대로 인용하고 있다. 즉 "일본 최고재판소 1951년 5월 10일《선데이 오락》기사 건에 관한 판결 및 이를 그대로 답습·채택한 1957년 3월 13일《차털리 부인의 연인》역서(譯書) 출판 사건에 관한 판결"을 그대로 채택한 것이다. 또 "음란함"에 대한 규정은 일제시기의 판례를 그대로 답습하고 있다. 즉 "함부로 성욕을 자극 또는 흥분시키고 보통인의 정상적인 성적 수치심을 해하고 선량한 성적 도의관념에 반하는 물건" 또는 "성욕을 자극, 흥분 또는 만족하게 하는 문서, 도서, 기타 일체(一切)의 물품"이라는 규정이 그것이다. 이는 일본 대법원이 '음모 모조물 진열 사건'에 대해 1918년 6월 10일에 내린 판결에 따른 것으로, 1975년 형법은 이 판결을 그대로 답습하고 있다.[1] 1996년 장정일의《내게 거짓말을 해봐》에 대한 음란 재판의 판결 역시 이 판례에 근거했다.

풍기문란 통제라는 것이 단지 음란물에 대한 통제나 풍속 사범 단속과 같은 사안에 국한되지 않는다는 것은 이 책의 전체 논의에서 줄곧 강조해온 바이다. 4부에서는 한국인들에게 매우 익숙한 몇 가지 장면에서 시작하여 풍기문란 통제가 어떻게 변화되어왔으며, 지금까지도 계속 반복되고 있는지를 살펴보려 한다. 문화생산물에 대한 통제가 첫 번째 익숙한 장면이라면, 이와는 조금 다른 지점에 있는 야간 통행금지 조치는 풍기문란 통제가 사회구성원의 삶의 반경을 통제하는 차원에서 어떻게 작동하는지를 보여주는 하나의 사례이다.

야간 통행금지란 단지 밤 12시 이전에는 귀가하는 것이 '좋다'는 차원의 문제가 아니다. 해방 이후 한국 사회에서 풍기문란의 작동 방식을 이해하는 데에는 야간 통행금지라는 통제의 방식을 살펴보는 것이 도움이 된다. 야간 통행금지라는 것이 사람들의 낮과 밤, 직장 생활과 여가, 술자리와 친구 사이, 노동과 사랑과 행복과 불행의 많은 것을 좌우하지 않았던가. 물론 야간 통행금지가 사상 통제보다 더 가혹했다고 말할 수는 없을 것이다. 그러나 야간 통행금지야말로 해방 이후 한국 사회에서 사람들이 과연 어떻게 살았는지, 또는 한국 사회에서 개인의 삶과 국가, 개인의 일상과 법질서라는 것이 어떻게 긴밀하게 결부되어왔는지를 보여주는 대표적인 사례라 할 것이다.

야간 통행금지란 길에 나설 시간과 집에 갈 시간, 술 마실 시간과 연애할 시간과 노동할 시간을 국가가 국민에게 정해준다는 의미를 내포한다. 즉 이것은 단지 어떤 시간에 대한 관리의 문제가 아니라, 귀가라든가 산책 같은 개인의 행로와 행동반경을 국가가 통제하고, 사랑의 방식과 장소와 시간에도 국가가 개입하며, 여가의 종류와 이에 대한 선택, 우정과 동료애의 반경마저 모두 국가가 통제하고 간섭한다는 것을 보여준다. 즉 개인의 아주 사소한 모든 삶의 행로에 국가가 법과 사회 기강, 국민 윤리와 건전한 시민 윤리라는 이름으로 개입함으로써 개인의 모든 행동의 동선과 마음의 동선을 강압적으로 통제하고 제한한다는 것을 뜻한다. 이처럼 사소한 행위까지 중대한 죄로 간주됨으로써, 이러한 통제 속에 놓인 인간의 모든 동선은 제약을 받는다. 이러한 야간 통행금지는 일제시기에 비롯된 하이킹 금지, 교외선 열차에서의 학생 풍기 단속과도 연결된다. '행락철' 풍기문란 단속, 가정의례준칙과 야간 통행금지, 건전가요 보급대회 등이 매우 다르면서도 비슷한 층위에서 작동하는 것은 바로 이처럼 모든 '사소한' 일을 중대한 범죄로 간주하면서 개인의 행동의 동선과 마음의 반경을 제약해온 한국 근현대사의 모순된 현실과 밀접하게 연관돼 있다.

풍기문란 통제와 관련하여 익숙한 장면 가운데 하나는 아마도 미니스커트와 장발 단속일 것이다. 특정한 복장과 머리 모양 따위가 법적인 처벌의 대상이 될 수 있었던 것은 앞서 논한 바와 같이 식민지 지배의 경험에서 비롯된다. 여기에는 선량한 풍속을 침해하는 행위라는 모호한 규정에 따라 진행된 풍속 경찰의 단속과, 그 작용 범위가 매우 유동적인 경찰범 처벌 규칙과 같은 법제의 특성, 또 학생들에 대한 '보도'(오늘날의 학생 지도의 전신)와 같은 교화 기구 등 여러 요인이 복합적으로 작용했다. 이러한 작용은 해방 후 한국 사회에 고스란히 이전되었으며, 오히려 일제시기보다 더욱 강화된 형태를 보여주기까지 한다. 이러한 사실은 장발 단속과 같은 사안이 1970년대에 이르러 법적 처벌의 대상으로 정식화되는 예에서도 확인된다. 즉 장발이 법적 처벌의 대상이 된 것은 1973년의 경범죄 처벌법 제2차 개정을 통해서이다. 이 개정에 근거해 술주정 행위, 유언비어 유포 행위, 장발, 비천한 복장을 하거나 신체를 과다하게 노출하는 행위, 비밀 댄스 교습 행위 및 장소 제공 행위 따위가 경범죄 처벌법의 대상으로 새로이 추가된다.[2]

경범죄 처벌법은 일제시기 일본 제국이 식민지 민중의 전 일상을 완전히 장악하기 위해 마련한 법제이자, 일본 내부에서도 파시즘 법제의 전형으로 간주되는 경찰범 처벌 규칙(1912)을 모태로 한다. 이 법제는 해방 후에도 거의 변하지 않고, 오히려 해당 '범죄 사실'이 '시대적 요구'에 따라 누적적으로 추가되는 형태를 보인다. 법제뿐 아니라 풍속 경찰의 작용도 해방 후까지 고스란히 계승되었으며, 학생과 청소년에 대한 '보도'라는 일제시기의 유산은 '학생 지도'라든가 '도의'라는 이념으로 그대로 계승되었다.

풍기문란 통제가 이러한 익숙한 장면으로만 환원되지 않는다는 것은 이 책의 가장 중요한 논제이기도 하다. 그러나 이 책의 전반적인 논의를 토대로 생각해보면 한국인에게 익숙한 이러한 장면들이 그 익숙함과는 또 다른 맥락을 지닌다는 것을 환기할 수 있으리라 생각된다. 그런 점에서 4부에서는 풍기문란 통제의 변천사를 개괄하고, 부활하는 풍기문란 통제의 문제점을 논해보고자 한다.

제2장

사소한 중범죄의 역사, 또는 풍기문란 통제는 왜 '부활'하는가

2013년 3월 새 정부가 출범한 직후 경범죄 처벌법 시행령 개정령안이 통과되었다. 이에 비판 여론이 제기되었는데, 이에 대한 정부나 경찰 측 대응 방안이 매우 흥미롭다. 경범죄 처벌법은 일제시기에 만들어진 경찰 범 처벌 규칙을 그대로 계승한 것이고, 이 법제를 포함한 광범위한 법들이 풍기문란 통제의 법적 이념을 구성한다. 그 가장 중요한 틀은 '선량한 풍속' '사회 통념' 등, 법적 규정이 아닌 무규정적 규정을 토대로 법을 구성한다는 점이다.

최근 개정된 경범죄 처벌법에서 논란의 중심이 된 과다노출에 대한 처벌의 법적 기준은 "사회 통념상 일반인들이 수치심을 느끼는 수준으로 알몸을 노출하는 것"이다. 여기서 문제는 바로 "사회 통념"과 같은 무규정적인 기준이 법의 이념으로 작용한다는 점이다. 이러한 사회 통념에 입각한 법적 처벌이라는 것이 바로 풍기문란 통제라는 법적 이념의 토대이며, 이에 따라 법적 처벌이 자의적이고 무제한적이게 된다. 새누리당은 공식 블로그에서 경범죄 처벌법 개정에 대해 국민이 오해하고 있다면 서, 이 법은 이미 1963년부터 시행되었으며, 개정을 통해 오히려 처벌 수 준이 낮아진 것이라면서 이 법에 대한 국민 홍보가 부족했다고 설명했 다. 또 법적 처벌의 기준이 "사회 통념상 일반인들이 수치심을 느끼는 수 준으로 알몸을 노출하는 것"이기 때문에 "미니스커트, 배꼽티 등은 처벌 대상"이 아니니 안심하라는 설명을 덧붙였다.[1]

2013년 개정된 경범죄 처벌법에서도 여전히 '법적 기준'이 되고 있는 "사회 통념"이라는 규정은 이 책의 전반을 통해 논한 바와 같이 풍기문란 에 대한 통제의 근간을 이루는 가장 문제적인 지점이다. 앞에서도 논한 바와 같이 "사회 통념"을 기준으로 법적 처벌을 할 수 있다는 법적 이념 은 일제시기에 만들어진 풍속 통제의 이념을 그대로 계승한 것이다. 이 법은 독일 법을 모델로 했는데, 일본과 독일의 경우 2차 세계대전에서 패 한 이후 이 법 자체가 파시즘 악법의 대표 사례로 간주되어 모두 폐지되 었다. 그러나 한국은 이 풍속 통제의 법적 이념을 그대로 계승하고 있다. 파시즘의 모국에서도 이미 청산된 법을 한국이 전 세계에서 유일하게 유 지하고 있다는 것은 참으로 역사의 아이러니라 할 만하다.

앞에서 거듭 말한 바와 같이 풍기문란 통제는 사회의 다양한 국면에 걸쳐서 직접적, 간접적으로 작동한다. 즉 풍기문란 통제는 작동 방식이 미세하고 국지적이면서도 무작위적이고 임의적이어서 아주 사소한 범 죄에 국한하여 작동하는 것처럼 보이기도 하지만, 실은 사회 전반에 걸 쳐 미세한 통제 장치를 지속적으로 작동하는 근간이 된다. 이 책의 앞선 논의를 토대로 4부에서는 한국인들에게 조금 더 익숙한 몇 가지 사례를 통해서 일제시기부터 현재까지의 풍기문란 통제의 변화나 흐름을 연속 성과 불연속성의 차원에서 논해보고자 한다.

퇴폐풍조 박멸, 풍속사범 일제 단속, 가정의례준칙, 야간 통행금지, 장발 단속, 밀주 금지. 한국의 냉전체제를 직간접적으로 경험한 사람이라면 이런 말들의 함의를 짐작할 수 있을 것이다. 도망가는 장발 청년의 뒤를 경찰이 가위를 들고 쫓아가는 모습, 경찰이 여성의 치마 길이를 자로 재는 모습, 도로 한가운데에 끈을 둘러 임시 '구치소'를 만들어놓고 경범죄 위반자들을 '가둬둔' 모습. 이런 광경들은 한국 근현대사의 장면 곳곳에서 만날 수 있다. 장발 단속이나 댄스홀 관리가 '국가 중대사'로 간주되는 것은 썩 자연스러운 일은 아닐 것이다.

이처럼 머리 길이나 개인의 취미(댄스·음주·흡연 등)를 법으로 통제하고 다스리는 것은 일제시기로 거슬러 올라가는 풍속 통제의 역사에서 비롯된 일로, 한국의 '특수한' 근대적 상황의 산물이라고 할 수 있다. 나가이 요시카즈는 일본의 풍속 통제 체제가 "시간·장소·연령 등 인간의 특정한 속성에 기준하여 행동을 제한하는 것"이라고 정리한 바 있다. 그런데 일본에서는 1945년 패전 이후 미군정 치하에서 풍속 통제와 관련된 법제들이 파시즘 법제의 대표적 사례로 간주되어 폐지되고, 그 뒤 풍속 통제는 성범죄나 음란물 등 협소한 영역에 대한 규제로 축소된다. 그러나 한국에서는 일제시기에 만들어진 법제들이 해방 후에도 전혀 청산되지 않은 채 오히려 더욱 확대 강화되어왔다. 특히 풍속 통제가 '국가 중대사'의 차원으로까지 확대되면서, 일상의 사소한 일들조차 심각한 중범죄의 영역에 포함되기에 이르렀다.

이처럼 중대 범죄로 간주되었던 아주 사소한 죄목들의 목록을 살펴보자. 여기서 이 목록은 방만하고 임의적으로 제시될 것이다. 왜냐하면 이 사소한 중범죄들이 형성되는 과정 자체가 실은 방만하고 임의적이기 때문이다. 즉 이 죄들은 분류되거나 어떤 동일 범주로 환원되지 않는다. 단적으로 말하면 이 죄들은 적용되는 법규, 주관 부처, 죄의 세목, 처벌 근거들에서조차 원칙이나 통일된 기준 없이 임의적이다. 그러므로 이 사소한 중범죄들을 어떤 분류 기준에 따라 사후적으로 분류하는 것은 오히려 역사적인 사실에 대한 부정확한 인식을 심어줄 수 있다.

역사적으로 이 임의적이고 방만하게 생산되는 범죄들에는 '풍기문란'이라는 이름이 붙었으며, 또 이에 대한 국가적 통제는 '풍속 통제'라고 불렸다. 직접적으로 풍기문란이라는 규정에 따라 통제되지 않더라도, 여기에서 파생된 다양한 변주들이 역사적 국면마다 형성된다. 예를 들어 유흥업소에 대한 단속이 특정 시기에는 단지 퇴폐 영업이라는 측면에 집중되는가 하면, 또 다른 시기에는 공무원 요정 출입 규제처럼 특별한 사안으로서 부각되기도 하며, 또 어떤 시기에는 전혀 문제가 되지 않던 하이킹 같은 것이 특정 시기에는 학생 풍기문란 행위의 주된 사안으로 다루어지기도 한다.

먼저 그 사소한 중범죄들의 목록에서 가장 빈도가 높은 것은 "퇴폐 행위" "풍기문란 행위"이다. '행락지'나 유원지에서 춤을 추거나 과도한 노출을 하는 것("행락공해"라고 불렸다), 학생들의 경우 남녀가 동반하는 것만으로도 풍기문란 행위로 간주되었다. 이와 유사하면서도 구별되는 것이 불법, 퇴폐, 음란물의 생산·유통과 같은 문제이다. 예컨대 불법 퇴폐 간행물을 제작·유통·판매하는 일들에 대한 단속 같은 것은 풍기문란이 특정 물건의 생산·유통·판매와 관련된다는 사실을 보여준다.

그리고 퇴폐나 문란 등의 문제는 특정 장소라든가 영업 형태에 대한 법적 규제와도 연관되는데, 특히 "풍속영업"이라고 일컬어진 업종들에 대한 단속이 대표적이다. 풍속영업에 포함되는 업종은 시대마다 달라진다. 다방, 당구장, 극장, 댄스홀, 카바레, 심야 유흥업소, 요정 등은 오랜 세월 풍속영업으로 간주된 대표적인 업종들이다. 따라서 이 장소들에 대해서는 국가 관리와 이 장소에 대한 출입 통제(청소년뿐 아니라 특정 직업 종사자, 특히 군인이나 공무원 등), 이 업종에 종사하는 사람들에 대한 관리 등이 동반되었다.

같은 행위라도 특정한 집단에 유독 금지되는 경우가 있다. 특히 '학생' 풍기에 대한 단속은 도드라지게 강조되고, 양적으로도 규모가 엄청나며, 단속 내용도 복잡한 편이다. 장발이 연령을 불문하고 단속 대상이 되었다면 하이킹은 주로 중고등학생에게 금지된 행위였고, 교외로 놀러 가는 것도 주로 중고등학생에게 금지된 행위였다. 극장·다방·당구장 등의 출입 제한은 물론이고, 옥외 집회와 야간 집회 제한도 주로 학생층을 대상으로 한 조치들이었다.

'부녀자'는 주로 사치 풍조, 허영, 춤바람 등을 유발하는 주요 집단으로 간주되었다. 학생층의 경우 연령에 따라 통제의 성격이나 유형이 구별되었다면, 여성들의 경우에는 경제적인 차이에 따라 통제의 성격이나 유형이 구별되었다. 즉 '유한계급 부인'들의 경우에는 주로 사치와 허영이 문제시되어서, 카바레 출입이나 비밀 모임, 성적인 문란 행위 등이 주된 문제로 부각되었다. 가정의례준칙 같은 것으로써 '건전한 부녀자의 덕목' 따위를 계몽하려는 것은 통제 시도의 연장이었다. 또 경제적으로 하층에 속하는 이른바 불우한 여성들의 경우에는 '생계형 풍기문란'이 문제 요인으로 지적되곤 했다.

이 밖에 중요한 통제 대상으로 군인과 공무원이 있다. 풍기는 언제나 군기 문제와 연관되었다. 풍기와 군기의 이러한 연속성은 사회 기강 확립이라는 차원에서 공무원의 윤리 문제와도 결부되었다. 특히 해방 이후의 혼란기와 한국전쟁 이후의 복구기에 공무원의 윤리가 심각한 사회문제로 대두하면서 공무원의 요정 출입 등이 심각한 문제로 다루어질 정도로 공무원과 요정 사이에 특별히 '문란한' 관계가 성립되기도 한다.

이러한 다양한 통제는 주로 "선량한 풍속을 침해하는 행위"라는 규정에 따라 법적으로 이루어졌다. "선량한 풍속을 침해하는 행위"라는 규정이 법적 조항으로 간주될 수 있는가를 놓고는 법학자들이나 사법 관계자들 사이에서 지금까지도 논란이 진행 중이다. 풍기문란이란 선량한 풍속을 해치는 행위를 지칭하는 광범위하고도 모호한 규정(무규정적 규정)이다. 풍기문란의 함의는 일반인들도 인상적으로는 윤곽을 떠올릴 수 있지만 정확하게 이해하기 어렵다. 또한 선량한 풍속을 해치는 행위라는 것이 정확하게 무엇인지에 대해 합의하기 힘들다. 물론 그러한 행위를 권장할 필요는 없을 것이다. 그러나 그런 행위가 권장 대상이 아니라는 것과 법적으로 통제해야 하는 대상이라는 것 사이에는 큰 차이가 있다. 그러나 한국 사회에서는 오랫동안 이에 대한 논의나 이견 제시가 불가능한 상태에서 풍기문란 행위가 지속적인 법적 통제의 대상으로 다루어지고 있다.

앞서 논한 몇 가지 사례에서도 나타나는바, 풍기문란이라고 폭넓게 규정된 어떤 유형의 사안들에 대한 사법적·국가적 개입과 통제 방식에서 몇 가지 연쇄 고리를 발견할 수 있다. 예를 들어 유언비어 단속, 음란물과 불법퇴폐만화 단속 같은 것들은 선량한 풍속을 해치는 행위라는 법적 근거에 따라 말과 문화 생산물을 법적으로 규제하는 조치들의 일단이다. 이는 이러한 말과 문화 생산물을 만드는 주체, 즉 작가, 출판사, 담론 생산자, 문화 종사자 등을 국가가 관리하는 것으로 이어지며, 이러한 말과 문화 생산물이 유통되는 경로, 즉 미디어에 대한 국가 관리로 이어진다. 유언비어 단속이 전봇대의 '불법 전단'부터 '뒷간'의 낙서까지 단속 대상

1973년 불량도서, 고우영의 《수호지》, 국가기록원 소장 자료. 풍기문란 통제는 퇴폐·저속함 등의 기준을 교양이나 예술과 대비되는 보편적인 기준처럼 간주하지만, 그 범주는 실은 매우 유동적이고 자의적일 뿐이다.

으로 삼았다면, 출판물이나 문화 생산물과 관련해서는 언론, 출판 산업, 영화관, 극장 등등이 단속 대상이 된다. 냉전체제가 끝나고 미디어가 다변화한 뒤 인터넷이 문제적인 매체로 간주되는 것 또한 이러한 맥락의 연장에 있다.

또 풍기문란이라는 규정에 따라 법적 단속의 대상이나 위원회 등의 제재·계몽의 대상으로 간주되는 행위에는 "퇴폐·변태·문란·저속·태만·나태" 같은 문구들이 따라붙는가 하면, 이 반대편에는 "건전·선량·우수·

근면" 같은 문구들이 나란히 놓였다. 퇴폐적이고 저속한 가요를 단속하고 금지하는 대신 건전가요를 보급한다든가, 나태해진 사회 기강을 바로잡기 위해 근면한 작풍을 건설해야 한다는 구호가 표어로 애용된 것 따위가 대표적인 사례이다.[2]

이러한 사례에서 흥미로운 것은 퇴폐·문란·태만·나태·건전·선량·근면 같은 규정들이 실은 법적 차원의 것이 아니라, 개인의 태도라든가 취향·습성·심성·습속 같은 층위와 관련된 것이라는 점이다. 즉 이러한 규정들은 사실 개인의 특정한 자질과 관련된 것이며, 넓게 보아도 도덕이라든가 교양·윤리 등과 관련된 것이다. 그런데 이러한 것들이 "국가 중대 사안"으로 여겨지면서 아주 사소한 개인적 층위의 문제들이 바야흐로 국가적 중대 사안으로까지 '격상'되어 준엄한 법의 심판대에 오르게 된 것이다. 이처럼 선량한 풍속을 침해하는 행위라는 법적 규정에 따라 다양한 행위나 말, 문화 생산물, 취향, 특정 산업 등이 법적 통제의 대상으로 간주된 것은 식민지, 전쟁, 독재체제 등으로 왜곡된 한국 근대사가 낳은 모순이다. 이에 대해서는 뒤에 자세히 살펴보도록 하겠다.

제3장

풍기문란 통제는 왜, 그리고 어떻게 반복되는가

1. 풍속 통제의 원점, 일제시기

풍속 통제와 관련한 법제와 제도의 경우, 일제시기에 만들어진 법제와 제도의 틀이 '청산'되지 않고 오히려 새로운 상황에서 발생한 문제들에 대한 통제 방침과 법제가 누적적으로 쌓여가는 형태로 진행되어왔다. 그러므로 풍속 통제는 법제나 제도 부문에서 일제시기의 잔재가 청산되기는커녕 더욱 진화·'발전'한 대표적인 사례라 할 것이다.

풍속 통제에 관한 법적 규정은 일본에서 메이지 초기에 만들어진 일련의 법적 기준을 토대로 이루어졌다. 일제시기 풍속 통제와 관련된 '모법'이었던 일본의 법제와 통제 방식의 특징은 그 법제를 유일하게 '계승'하고 있는 한국 풍속 통제의 역사를 이해하는 데 매우 중요하다. 특히 아주 광범위한 영역에 걸친 통제를 행하면서도 풍속 통제 전체를 망라하는 법률이 존재하지 않고, 각 영업이나 영역·행위 등에 대한 별도의 규제령들이 무수하게 만들어졌다는 점은 식민 통치기의 일본의 풍속 통제 방식의 가장 큰 특징이다. 나가이 요시카즈는 이에 대해서 다음과 같이 설명한다. "이러한 점 때문에 전전기(戰前期)의 풍속 경찰이 통일되지 않았거나 정비되지 않았다고 오해되어서는 안 된다. 경찰은 광범위한 풍속 경찰의 영역에 큰 힘을 쏟았다. 또 그때그때 법령을 더 만드는 것도 가능했다. 많은 법령이 제정되었다는 것은, 경찰의 재량에 대해 제약이 극히 적었다는 것을 의미한다."[1]

즉 포괄적인 법령이나 상위법에 의해 풍속 통제에 대한 전체적인 규정이나 법적 근거가 주어진 것이 아니라, 사안이나 국면에 따라 새로운 규제령을 만들어가는 방식이었다. 지금까지도 한국에서 풍속 통제의 방식은 이처럼 국면마다 사안마다 새로운 규제 지침이나 법적 근거를 마련하는 방식으로 이어져왔으며, 이러한 임의적이면서도 누적적인 통제 방식이야말로 일본의 제국주의적 유산을 대표하는 사례라는 점에서 풍속 통제는 식민 지배의 전형적인 잔재라 할 것이다.

일제시기 풍속 통제는 "선량한 풍속을 침해하는 행위 및 선량한 풍속을 침해할 우려가 있는 행위"를 기준으로 이루어졌으며, 이러한 통제의 시행을 풍속 경찰의 작용이라고 일컬었다. 일본에서 풍속 통제가 시작된 메이지 초기에는 국치의 이념(외국인에게 보이기 부끄러운 일을 규제하는 것)에 따라 진행되었다. 따라서 주로 유곽이라든가 위생과 관련된 영역, 또는 외국인과 접촉하는 영역이 주된 통제 영역이었다. 그 뒤 풍속 통제는 이와 같은 특정한 영역뿐 아니라 일상생활 전반으로 확대된다. 일본의 식민 통치를 받고 있던 조선의 경우도 사정은 마찬가지여서, 풍속 통제가 시행된 초기에는 주로 조선에 거주하는 일본인들의 행동을 통제하거나 조선의 구습(풍속)을 통제하는 것에 국한되었다. 즉 1910년대 풍속 경찰의 작용은 "묘지에 대한 관습, 무와 무당의 방술, 과부의 탈거, 계, 기생이나 갈보" 등에 대한 통제 위주로 이루어졌다. 그러나 1920년대 후반에 들어와서는 풍속 경찰의 통제 대상이 일상생활 전반으로 확대된다. 2부 1장에서도 살펴본 것처럼 이 시기에 풍속 경찰의 작용 대상으로서 선량한 풍속을 침해하는 행위는 동성애, 근친 간 성행위, 매음, 외설과 추태 행위, 도박, 복권 등의 사행적인 행위, 신사·불당·묘소 등에 대한 불경 행위, 분묘 발굴 행위, 잔혹 행위, 만취해서 도로를 배회하는 행위라든가 미성년자의 음주·끽연, 외설 문서의 유포·판매·진열, 풍속영업 등 일상 전반에 걸쳐 있었다. 풍속영업의 경우는 시기마다 통제 대상 업종이 달라졌는데, 그중 대표적인 것이 요리점·음식점·카페·바·끽다점(喫茶店)·댄스홀·유기장(遊技場)·예기실(藝妓室)·대합다실(待合茶室) 등이었다.

2. 해방 이후 ~ 1950년대
― 취약한 주권에 대한 불안과 직결된 풍기문란

〈청산하라. 민족의 치욕, 생활의 추상(醜相). 허영 여성은 가정에 허욕의 소년배(年少輩)는 학창으로〉(《조선일보》1946년 4월 24일자). 미군정 치하에서는 풍기문란과 관련해서 이러한 담론이 팽배했는데, 〈허영(虛榮)과 악덕(惡德)의 인과. 억울한 죄 쓰고 태어나는 혼혈아〉(《조선일보》1946년 12월 1일자), 〈허영녀에 경고. 삼가라 민족을 파는 여성들〉(《조선일보》1947년 1월 21일자) 등의 기사가 대표적인 사례이다.

한국은 1945년 일본이 패전하면서 해방을 맞았지만, 곧 '어두운 밤'의

《조선일보》 1946년 4월 24일자 기사.

시대로 들어선다. 미군이 진주하기 시작하면서 야간 통행금지 제도가 시행되었고(1945년 9월 8일), 이 '깜깜한 밤'의 시대는 1980년대까지 이어졌다. 미군정기에 심야 통행금지는 미 제24군 사령관의 '일반명령'에 따라 시행되었다. 그 뒤 1954년 경범죄처벌법이 개정되면서 "전시, 천재지변, 기타 사회에 위험이 발생할 우려가 있는 때 내무부장관이 정하는 야간 통행 제한을 위반한 자"는 구류 또는 과료에 처한다는 규정이 제정됨으로써 법령에 의해 제도화되었다.

해방과 '깜깜한 밤'의 관계가 상징하듯이 해방 후 풍기문란의 추이는 미군정과 정부 수립, 한국전쟁으로 이어지는 당대의 복잡한 사정들과 밀접한 관계가 있다. 먼저 풍기문란과 관련해서 이 시기의 가장 주요한 특징은 풍기문란이 모리배·친일파와 함께 국가 주권 수립을 위해하는 심각한 사안의 하나로 대두했다는 점이다. 특히 해방 직후 풍기문란 문제가 중요한 사회적 이슈가 된 데는 몇 가지 요인이 있었다. 첫째는 공창제 폐지로 인한 문제이다. 둘째는 일제의 잔재가 채 청산되지 못한 상태에서 매점 매석, 부정행위 등이 판치자 고위 공직자나 이른바 '모리배'의 비윤리적 행위가 전 사회적인 비난의 대상으로 떠올랐다는 점이다. 셋째로는 미군이 주둔하면서 미군 범죄가 늘고 미군 관련 업종이 난립하는 가운데 인종적 공포가 만연했다는 점이다.

먼저 공창제 폐지의 경우, 일본이 전쟁에 패하면서 공창제가 폐지되었지만 공창 종사자들에 대한 생계 대책은 전혀 세워지지 않았다. 따라서 공창이 사창화하리라는 것은 불을 보듯 뻔한 일이었다. 제도적으로나 법적으로나 이 문제를 해결할 수 없는 상태에서 문제는 풍기문란에 대한 우려로 전도되었다. 물론 공창이 사창화하면 '풍기문란 범죄'가 늘어나게 되는 것은 필연적이었다.

둘째로 일제 식민지 잔재가 청산되지 못한 채 혼란스러운 상황에서 부당 이익을 챙기는 '모리배'들이 판치게 되었다. 해방 뒤 신문이나 언론, 문학 할 것 없이 가장 많이 사용된 용어가 '모리배'일 정도로 부조리와 부패가 사회에 만연했던 것이다. 이와 관련해서 정부 당국은 특히 공무원의 기강 단속에 신경을 곤두세울 수밖에 없었다. 공무원의 요정 출입 금지에 대한 안건이 국무회의록에 빠지는 날이 없을 지경이었던 것도 이러한 사정을 반영한다.

셋째로 미군 관련 범죄나 미군 주둔에 따른 인종적 공포가 사회적으로 확산되면서 풍기문란이 민족의 주권과 관련된 민감한 사안으로 떠오른 것이 이 시기 풍기문란의 주요한 특성이다. 이른바 미국화Americaniza-tion로 인한 범죄, 사회적 혼란, 문화적 변화 등이 풍기 문제와 관련해 주요 이슈로 대두하게 된 것이다.

해방 직후 풍기문란의 이러한 특징은 당대의 신문 좌담 기사에서도 확인할 수 있다. 1948년 1월 7일자《조선일보》에는〈건국반역자 숙청을 말하는 좌담─경찰의 민주화, 유한부녀의 풍기문란〉이라는 좌담 기사가 실렸다. 기사는 이 좌담의 목적을 다음과 같이 전한다. "아직도 주권을 찾지 못한 우리로서 관(官)이나 민(民)이 일체의 사심을 버리고 오로지 민주건국을 위하야 일심단결해야 할 이 결정적 시기에 있어 각자가 다 함께 무자비한 자기반성을 해야 할 것입니다." 이 좌담은 국가 건설을 위한 주권 확립을 위해 자기반성이 필요한 중요한 사실로서 탐관오리, 모리배, 부정 적산(敵産) 관리인, 민주 경찰의 확립, 친일파 청산 등의 문제를 제기했으며, 이러한 문제의 연장선에서 풍기문란 또한 주요한 사안으로 제기했다. 이 좌담에서는 풍기문란이 주권과 관련해 중요하게 대두되는 이유로서 공창제 폐지와 유한부인의 윤리 문제라는 두 차원이 등장한다.

먼저 공창제 폐지와 관련해서는 "공창폐지법이 통과되어 머지않아 실시될 터인데" "단지 공창을 폐지할 뿐이고 이들에 대한 생계 대책은 없어 결국 공창이 사창으로 변함에 따라 공기는 더욱 문란해지리라고" 문제를 제기한다. 또 사회의 윤리 기반이 문란해지면서 주로 상류층 부인의 윤리 관념이 해이해진 것이 큰 문제라고 진단하면서, "유한매담들이 시내에 밀회 장소를 만들고 거기서 가진 추태를 연출한다"든가 하는 사실을 중요한 사례로 제시한다. 그리고 "대개가 돈이 많은 유한계급의 부녀이고 도덕을 무시하고 풍기를 문란하야 퇴폐적 행락을 즐기면서 음란한 짓을 합니다"라면서 유한부인들이란 "허영에 가득 차고 양심이 마비되여 정조 관념이 없는 인종들"이라는 이유로 이런 세태에 대한 유한부인 책임론을 맹렬히 제기한다. 해방 직후 풍기문란에 대한 통제가 미국화에 따른 인종적 공포와도 밀접한 관련이 있었다는 점은 이 시기에 크리스마스에 집중되었던 풍기문란 단속 사례에서도 알 수 있다.

3. 1961∼70년대―관제 문화, 한국적인 것, 풍기문란의 각축장

냉전체제의 시작과 끝을 어떻게 설정할 것인가를 두고 논란이 많지만, 풍기문란과 관련해서는 사실 '냉전'이 아직 끝나지 않았다. 풍기문란과 관련해 가장 상징적인 사건 가운데 하나인 장정일의 《내게 거짓말을 해 봐》를 둘러싸고 재판과 논란이 진행된 시점이 1996년이라는 사실을 환기해보면, 1990년대를 탈냉전 시대라고 생각하는 것은 단지 정치사적 사건들에 국한해서다.

1961년이라는 시점은 4월혁명의 실패와 5·16쿠데타로 상징되는바, 냉전체제와 분단, 개발 독재가 공고해졌다는 의미가 있다. 풍기문란과 관련해서도 1961년은 중요한 시점인데, 이때부터 학생과 미성년자에 대한 풍기 단속의 강도가 이전과는 비교할 수 없을 정도로 세졌다. 많은 사람들이 이 시대를 회고할 때 장발·미니스커트 단속을 떠올리게 되는 것은 이러한 측면과 밀접한 관련이 있다. 이러한 단속이 주로 젊은 세대의 문화 풍속에 대한 경찰 권력의 개입을 통해 이루어졌다는 사실은 냉전체제 시기의 풍기문란 단속이 어떤 특성을 띠었는지를 이해하는 데 중요한

1973년 제3회 전국건전가요합창경연대회 모습. 국가기록원 소장 자료.
1970년대는 관제 문화와 풍기문란의 각축장이었다.

지점이다.

풍기문란 통제에서 젊은 세대에 대한 단속은 지속적으로 이뤄져왔는데, 통상적으로 여기에는 주로 청소년이나 미성년자 보호라는 측면이 중요하게 작용했다. 그러나 특정한 시기의 젊은 세대에 대한 풍기문란 통제에는 이와는 다른 차원의 요인들이 개입되기도 한다. 역사적으로 살펴보면 학생층이나 청년 세대에 대한 풍속 통제가 집중적으로 이루어진 시기가 있는데, 한국에서는 1930년대 말과 1960~70년대가 바로 그 시기에 해당한다. 예를 들이 징벌 단속의 경우, 형태는 달라도 1930년대 말과 1970년대에 서로 비슷한 면모들이 발견된다.

1930년대 말 학생의 장발에 대한 단속은 전시체제에서 국민정신총동원의 실천이라는 명목으로 진행되었다. 특히 지원병제 실시를 전후하여 학생이 준(準)군인으로 간주되면서 생활과 습속을 그에 걸맞게 바꾸기 위해 음주, 흡연, 영화장 출입, 당구장(옥돌방) 출입 등을 '시국적' 차원에서 제재했으며, 두발 역시 삭발에 가까운 짧은 머리를 강제했다. 즉 1930년대 말 식민지 시기의 청년 학생에 대한 두발 단속은 전시체제에서 학생을 군인으로 만들기 위한 국책의 일환이었다. 또한 머리를 길게 기르거나, 영화장·카페·옥돌방에 드나들거나, 술 마시고 담배 피우고 야외로 놀러 다니거나 하는 일들은 전시체제의 국책 이념에 반하는 '비애국적'이고 '비국민적인' 행위로 여겨져 단속과 처벌의 대상이 되었다.

학생의 풍기는 '보도'와 같은 교화 방식, 처벌이나 도덕적 압박의 방식 등 다양한 방식으로 단속했다. 특정 행위로 '보도'된 학생들은 불량 학생으로 훈화의 대상이 되거나, 비국민적인 행위를 했다는 이유로 처벌의 대상이 되었다. 또 이러한 불량하거나 문란한 행위들은 '서구적 이념의 세례'를 받은 '모던 보이'들의 퇴폐적인 행태라고 비판받았는데, 이러한 비판을 바탕으로 풍기문란을 처벌하는 것이 이른바 '건전한 동양정신의 발로'라는 이념이 만들어졌다. 즉 머리를 기르는 것이 서구의 퇴폐적인 풍조에 물든 모던 보이들의 행태라고 비판받는 반면에 머리를 짧게 자르는 것은 건전한 동양 정신의 발로로 여겨지는 '신기한' 구별법이 여기에서 발생하게 된 것이다.

앞서 한국 사회에서 풍기문란 통제가 어떤 의미가 있는지 살펴보려면 반드시 일제시기의 역사를 알아야 한다고 말한 것도 이러한 점과 관련 있다. 1970년대의 장발 단속도 방식이나 이념에 있어서 1930년대 말의 방식을 그대로 '계승'했기 때문이다. 1970년대의 청년 문화를 '퇴폐적인 서구 문화의 악영향'으로 간주하는 심성 구조에는 이러한 역사적인 경험 또한 작용하고 있다. 1930년대 말 일본은 "귀축미영(鬼畜美英)"이라는 구호 아래 서구 진영과 전쟁을 치렀다. 따라서 서구 문화는 곧 적의 문화, 절멸되어야 할 적대적인 요소가 된 것이다. 동양적인 것과 서구적인 것 사이의 이러한 대립은 이른바 1930년대 일본의 파시즘 사상과 정책의 근간이기도 했다.

그러나 1970년대에 한국은 냉전체제에서 반공 블록에 포함되어 있었고, 미국과 선린 우호 관계를 맺고 있지 않았던가. 그런데 왜 이렇게 퇴폐적인 서구 문화의 영향을 비판했을까? 이 문제를 해결하려면 조금 더 복잡한 과정을 분석할 필요가 있지만, 여기에서는 풍기문란과 관련해 서구 문화 일반이 아니라 "히피적인 것"이 퇴폐 문화의 주요 온상으로 지목되었다는 점을 살펴보자. 장발도 그냥 장발이 아니라 "히피성 장발"이 문제였으며, 미니스커트라든가 댄스홀 등이 유독 퇴폐적인 서구 문화의 온상으로 지목되었다.

1960년대 이후 풍기문란 통제에서 가장 특징적인 것은 풍기문란 통제가 사회의 모든 영역에 걸쳐 강화되면서, 풍기문란에 대한 반대급부로서 건전가요, 건전 출판물, 우수 영화, 건전가요 합창 대회 같은 관제 문화나 행사 등을 다양한 관(官)에서 대대적으로 주도했다는 점이다. 물론 일제 말기에도 이러한 관제 문화는 다양하게 보급되었지만, 냉전체제에서 이러한 관제 문화는 건전한 문화 보급이라는 구호 외에도 '한국적인 문화'라는 민족 정체성을 생산하는 기능을 하게 된다. 즉 냉전체제에서 생산된 민족문화의 내용과 정체성은 풍기문란이라는 반대항의 내용과 정체성에 따라 구성되었다고 할 수 있다. 냉전체제를 살아온 문화 생산사들에게 이 시대는 검열과 금지곡의 시대로 기억될 수밖에 없다. 그러나 동시에 이 시대를 살아온 문화 생산자들의 작품 목록에는 건전가요, 우수 영화에 부

1974년 불량도서, 《야담괴담》. 국가기록원 소장 자료.

응하는 작품이 많은 수를 차지하고 있는 것도 사실이다. 작품 편수도 기
억할 수 없을 정도로 많은 이른바 '관제 영화'를 찍으면서 문예 영화, 우수
영화를 통해 "가장 한국적인 영화"를 만들었다고 평가받는 임권택의 작
가로서의 여정은, 그런 점에서 냉전체제에서 한국 문화라는 것이 만들어
지는 과정과 풍기문란, 그리고 관제 문화의 역학을 잘 보여준다.

　그러므로 냉전체제에서 풍기문란 통제와 관련된 주요한 특징으로는
학생과 청년 세대의 문화에 대한 집중적인 단속이 강화된다는 점, 사회
전반에 대한 문화적 통제가 풍기문란의 이름으로 진행되는 동시에 건전
문화와 같은 관제 문화의 보급이 급증하고, 이를 통해서 한국적인 것이

라고 명명된 특정한 문화들이 형성된다는 점 등을 들 수 있다. 한국에서 전통문화의 유산이 제대로 전수되지 못한 채 다른 한편으로는 한국적인 것이라고 일컬어진 문화들이 관제 문화의 흔적을 지울 수 없게 된 사정 도 이러한 맥락과 결부되어 있다.

4. 1980∼2000년대 ─ 풍기문란, 변한 것과 변하지 않은 것

1987년부터 한국 사회는 민주화가 진행되면서 많은 부분 변한 것이 사실이다. 풍기문란 통제와 관련해서도 어느 정도 변화가 있었고, 법제 의 변화나 정책상의 자율화도 이전보다 두드러지게 진행되었다. 그러나 법제나 정책의 변화와 관련해서는 풍기문란을 통제하는 기본 시스템이 변하지 않은 채 단속이나 통제의 내용만 변화한 측면이 더욱 강하기 때 문에 통제의 근본적인 틀은 변하지 않았다고도 할 수 있다. 예를 들어 장 발·미니스커트 단속과 같은 사례들은 1988년 제5차 개정(1988년 12월 31일)에서 '장발자' '저속 의상 착용자' 규정이 삭제되면서 모습을 감추 었다. 그러나 경범죄 처벌 대상에 장발이나 저속 의상, 문신 노출로 타인 에게 혐오감을 주는 경우가 새로 첨가되는 등(제7차 개정, 1994년 12월 22일)[2] 통제의 기본 이념은 변하지 않은 채 통제 대상만 변화되는 양상 이었다.

마찬가지로 야간 통행금지와 관련해서는 1981년 12월 10일 국회 내 무위원회에서 야간 통행금지 전면 해제 건의안이 가결되고, 이듬해인 1982년 1월 5일부로 경기·강원 두 도 안의 휴전선 접적(接敵) 지역과 해 안선을 낀 면부(面部)들을 제외한 전국에서 야간 통행금지가 해제되었다. 그러나 1995년 총리실 산하 정부행정쇄신위원회가 "청소년 비행과 범죄 행위의 기회를 방지하기 위하여 만 18세 이하의 청소년에 대해 밤 12시부터 5시까지 통행금지의 실시"를 내용으로 하는 야간 통행금지 제도 도입 문제(특별법 제정 논의)를 제기해 논란이 일기도 했다. 국민의 기본권을 침해한다는 인식이 진전됨에 따라 법적으로 폐지되었던 야간 통행금지 제도가 '청소년 보호'라는 명분으로 다시 살아날 뻔한 이 일은 1980년대 말부터 현재까지 풍기문란과 관련하여 변한 것과 변하지 못한 것을 살펴보는 데 매우 중요한 참조점이 될 수 있다.

1987년 이후 민주화가 진전되면서 기존 법제 내의 "독소 조항"들이 삭제되거나 수정되어 법제의 민주화가 진전된 것도 사실이다. 그러나 동시에 풍속을 통제해야 한다는 법제의 기본 이념, 풍속을 법으로 통제할 수 있다는 법의식과 심성 구조는 변하지 않은 채로 유지되고 있다. 이처럼 법제적 구조와 법의식, 심성 구조가 그대로 유지되는 상태에서는 법을 관리하는 담당자의 의식이나 상태에 따라 관련 내용이 얼마든지 임의적으로 변할 수 있다. 따라서 아무리 독소 조항이 삭제되었어도, 풍기문란 통제 구조는 얼마든지 과거의 인권 침해적인 구조로 돌아갈 수 있는 형태로 여전히 지속되고 있는 것이다.

최근 들어 출판물이나 음반을 비롯한 문화 생산물에 대한 '시대착오적 통제와 검열'이 계속 문제가 되는 이유도 바로 이러한 풍기문란 통제의 구조와 밀접한 관련이 있다. 풍기문란 통제와 관련된 법제 구조와 법의식, 심성 구조가 국가보안법만큼이나 오래된 식민지 잔재이자 구시대의 유물이라는 통렬한 자기반성 없이는 이러한 '시대착오적 통제'가 끊임없이 부활할 수밖에 없을 것이다.

게토를 아지트로, 부적절한 정념을 정치적인 것으로, 비언어적인 것을 시적인 것으로

이 책의 서론 격인 〈음란과 혁명―정념과 정치적 주체화에 대한 고민의 궤적〉에서도 논한 바와 같이 나는 짧지 않은 시간 동안 이 연구를 진행하면서 역사 자료들과 문서고를 살펴보며 어떤 '이미지'를 얻게 되었다. 이 책의 작업은 그 이미지를 지식의 언어로 풀어내는 작업이기도 했다. 사실 이렇게 연구 과정에서 얻어진 어떤 세계상을 전달해보려는 것이 이 책의 의도였지만, 근현대사 전체를 관통하며 논의가 진행되는 터라, 내가 연구를 진행하면서 '본' 그 세계상이 독자들에게 과연 제대로 전달될 수 있을 것인지 고민이 되었다. 다소 과도한 의욕일 수 있지만, 이런 고민 끝에 나는 그 세계상을 함축적으로 보여줄 수 있는 이미지를 만들어보았다. 책 뒤에 붙인 컬러 이미지가 그것이다. 물론 이 이미지가 내가 연구 과정에서 보게 된 세계상이라든가 이 책에서 논의되는 역사 과정 전체를 함축하지 못하고 단순화할 우려가 있다. 그러나 나는 이런 우려를 무릅쓰고 그 이미지를 전달해보려 노력했다. 그 이미지 구성의 축에는 여러 가지가 있지만 이미지 결과물에 다 포함되기는 어려웠다. 다만 이런 식으로 이미지를 구성하는 데 단초가 된 것만 몇 가지 간략하게 소개하고자 한다.

이런 맥락에서 첨부된 이미지는 일제시기부터 탈(脫)냉전기까지 정념/정동의 발생학을 조금 통사적으로 그려보려는 시도라 할 수 있다. 한국 근현대사에 대한 연구를 주로 '부적절한 정념의 담지자'나 '다스릴 수 없는 자들'의 입장에서 추적하며 지성사로는 환원되지 않는 이면의 '지층'을 엿볼 수 있는 역사 자료들을 살펴보면서, 연구의 어떤 시점에서 각 시대에 대한 나 나름의 '세계상' 또는 '역사상' 같은 것을 얻게 되었다. 나는 이러한 역사상을 언어로 전환해 전달하려고 노력해왔다. 첨부된 이미지는 이러한 역사상의 어떤 일면을 가시화해본 것이다. 따라서 조금은 도식화된 측면도 있다는 점을 전제로 논의를 진행할 것이다. 이미지를 통해 전달하고자 했던 몇 가지 사항은 다음과 같다.

이미지의 하단과 상단은 '부적절한 정념'이라는 선을 따라 분할된다. 부적절한 정념이라는 규정은 풍기문란자들에 대해 법과 담론(도덕, 교양, 선함 등)이 부여한 판별 기준이다. 즉 이 선은 법의 선이자 사회적인 것(사회 상태)의 선이기도 하다. 이 선은 때로는 시민성(교양, 선함 등)의 기준선이 되고, 때로는 사회 상태와 반사회적인 것, 자연 상태의 구별선이 되기도 한다. 총력전 체제에서 이 선은 국민과 비국민을 가르는 선이 되기도 한다. 이에 따라 이미지의 왼쪽은 가장 하단부터 비국민, 전쟁 상태, 게토와 로컬의 라인, 비언어의 라인, 자연 상태 순으로 분할되어 있다. 상단 맨 위에는 'National state'가 놓여 있고, 아래에는 언어적인 것과 담론 헤게모니가 놓여 있다. 또 그 아래에는 사회 상태가 놓여 있다. 주체들의 위치는 부적절한 정념이라는 규정에 따라 배치된다. 말하자면 풍기문란자들은 일반적으로 '자연 상태', 즉 비사회적이거나 반사회적 또는 야만적 상태라고 규정된다. 따라서 풍기문란이라는 규정 속에서 특정 주체는 자연 상태의 위치에 놓이게 된다. 당연히 사회적인 것, 시민적인 것 등은 이러한 '자연 상태'에 대한 대타적인 개념으로 규정되고, 시민이나 사회 구성원의 위치에 놓일 수 있는 것은 풍기문란이 아닌, '선량함'이라는 규정에 따라 위치가 부여된 주체들에게 가능하다. 그런데 특정한 역사적 시기에는 풍기문란자들이 단지 자연 상태에만 놓이는 게 아니라, 전쟁 상태나 비국민화의 상태로까지 확대된다. 이런 현상은 주로 총력전 체제에서 반복적으로 등장하는데, 1930년대 말이나 1960년대 말~1980년대에 특징적으로 나타난다.

풍기문란자들이 자연 상태나 더 나아가 전쟁 상태 또는 비국민의 상태로 규정되는 과정은 이들 자신의 말이 박탈당하고, 법과 담론 헤게모니가 이들의 말을 대신하게 되는 과정이기도 하다. 그러므로 언어와 비언어적인 것의 분할선은 이러한 '부적절한 정념의 라인'과 상태들의 차이와 아주 밀접하게 연결된다. 부적절한 정념의 담지자로 판정된 자들은 법의 이름으로만 대신 말해진다. 판결문, 범죄기록 따위가 바로 그것이다. 또 그들은 담론장에서는 사회면 3단 기사나 세태 비평 등에 의해 '문제적 집단'으로만 등장한다. 그리하여 그들은 '부적절한 정념의 담지자'라는 규정 아래 비언어적 상태로 위치가 배정된다. 이들의 정념 역시 자신을 규정할 말을 찾지 못한 채 비언어적 상태를 맴돈다. 결국 이들의 정념은 비언어적 정념의 형태를 띠게 된다. 그런데 일례로 전쟁 상태적 신체의 신음, 한숨, 비명과 같은 비언어적 정념은 다른 역사적 국면에서는 (예를 들어 1960년 4월) 함성, 분노, 열정, 흥분 같은 것으로 변용되어 울려 퍼진다. 이 서로 다른 국면의 비언어적 정념은 이전의 억압되었던 비언어적 정념이 여전히 비언어적이지만 정치적인 방식으로 변용되어 분출되는 모습을 보여준다.

1960년 마산에서 한 소년의 시신이 떠오른다. 소년 김주열의 시신이었다. 나는 냉전체제가 '일상화'하는 국면과 이른바 4월 혁명의 기폭제가 되었던 김주열의 죽음 사이에서 기묘한 변용을 본다. 즉 이미지의 하단으로 가라앉았던 전쟁 상태적 신체가, 그들의 비언어적 정념이, '일상'이라는 냉전의 공간을 뚫고 분출하는 장면이라 할까. 그것이 마치 죽음의 강에서 삶의 기슭으로 떠오르는 김주열의 시신이 온몸으로 증명하는 것과 같은 그런 형상을 그려보았다. 이러한 역사적 장면들에서 나는 냉전이 체제화되는 국면의 사회 상태와 시민 상태, 또는 네이션 스테이트에서 배제되고 밑으로 억눌렸던 전쟁 상태적 신체가, 그 억압을 뚫고 분출하는 것과 같은 변용을 본다. 그 변용은 죽은 자가 산 자의 기슭으로 떠오르는(최인훈,《구운몽》) 것과 같은 사건적인 것이다.

이 변용과 그 실패의 반복 속에서 비언어적이지만 정치적인 정념들이 '시적인 것'으로 분출하는 사건적 순간을 1960년대, 그리고 1970년대의 어떤 순간들 속에서 볼 수 있다. 나는 이를 소년범이었던 작가 장정일이 냉전체제에서 교화제도가 하늘에서 쏟아지듯 떨어지는 시점에 분출시켰던 시적인 것들의 배치를 토대로 그려보았다.

앞서 논한 것처럼 풍기문란자로 규정된 주체들은 자연 상태에서 전쟁 상태 또는 비국민의 상태로까지 확대되어 배치된다. 이런 주체 위치 subject position의 배치는 이 존재들의 삶의 반경과도 연결되어 이들의 삶을 게토화하는 양상을 보여준다. 이렇게 게토화한 삶 또는 제한된 삶의 반경은 한국 사회에서 특정한 로컬, 특히 '지방'이라는 제한된 위치와도 연결된다. 예컨대 이른바 전후 한국 사회에서는 전쟁이 끝났어도 여전히 전쟁을 앓고 있는 전쟁 상태적 신체들이 삶의 공간을 배회하고 있었다. 냉전이란 이처럼 삶의 공간을 배회하던 전쟁 상태적 신체들을 비가시적인 영역에 억지로 밀어 넣는 일이기도 했다. 냉전체제가 '일상화'되는 냉전 초반, 전쟁 상태적 신체는 마치 이미지의 하단으로 가라앉는 것 같은 형상을 취한다. 그리고 이들 냉전 상태적 신체는 한숨, 비명과 같은 비언어적 정념으로만 자신의 위치를 표현한다.

이미지에서 때로는 균열처럼, 때로는 떠다니는 불꽃처럼 흘러 다니는 것은 바로 한국 사회의 특정한 정념들의 표지이다. 전쟁 상태와 비국민의 상태에서 내셔널 스테이트의 상태까지 이 상태들의 분할은 다른 의미로 말하면 적대의 내부화이자 세분화이다. 이 적대와 대립의 선이 부딪치는 지점에서 발생하는 것이 바로 불안이다. 이는 불안과 같은 정념이 단지 심리적 사실이 아니라, 부대낌의 산물인 정동이라는 것을 보여준다. 즉 불안은 개인의 마음속에 있는 것만은 아니다. 물론 실존적 불안-죽음에 대한 두려움이나 유한성에 대한 불안과 같은 것이 심리적 사실로서나 존재론적 사실로서 논의될 수 있을 것이다. 그러나 한국 사회의 불안은 대부분 사회적이고 권력적인 것으로 사회적 불안의 형태를 띤다. 그런 점에서 불안은 기존의 인간주의적 개념인 정념이라는 개념을 빌려서 논하자면 한국인을 지배하는 대표적 정념이자, 사회적 권력적 산물이라는 점에서 한국 사회를 움직이는 대표적 정동이다. 그런데 이러한 불안의 정념/정동은 실상 사회적 적대의 선들에서 생성된다. 따라서 한 사회가 촘촘한 적대의 선으로 분할되는 경우, 그 분할의 선 마디마디에서 불안은 발생한다. 한국 사회에서 전 사회의 적대적 구조화가 가속화되는 것은 일제 말기 파시즘화를 거치면서 본격화되었다. 나는 이를 사회의

준(準)내전 체제화라고 규정한 바 있다(권명아,《역사적 파시즘》참조). 또한 이러한 준내전 체제는 해방 후 미·소 군정 아래에서 더욱 요동쳤고, 전쟁과 분단, 내전을 거치면서 더욱 가속화한다. 그러므로 한국 사회에서 불안이 지배적 정념/정동이 되어온 것은 이와 같이 사회가 준내전 체제화되고 이를 통해 전쟁 상태가 지속화된 결과라 할 것이다.

이러한 설명은 자칫 풍기문란에 관한 논의가 역사의 전개에 대한 우울한 전망만을 제시하는 것인 양 비칠지도 모른다. 그러나 이는 오히려 조금은 다른 의미의 역사적 전망을 내포한다. 350쪽의 그림은 2012년 현재 전국 농성촌(캠프) 지도이다. 나는 이 이미지를 단초로 이런 논의를 하고 싶다. 게토와 로컬 라인에서는 고립과 외로움의 정념이 발생한다. 그러나 역사적 과정을 볼 때 이 외로움의 정념은 동시에 거기에서만 발생할 수 있는 함께-있음의 변용 가능성을 지니고 있다. 캠프에 하나씩 불이 밝혀질 때 외로움의 불도 밝혀지지만, 그 불을 외롭게 놓아두지 않을 때, 그리고 그 불들이 서로와 함께-있을 때, 그곳에서 새로운 별자리constel-lation가 그려진다. 그리고 이렇게 고립에서 별자리(콩스텔라시옹)로, 비언어적 정념에서 정치적인 것으로, 비언어적인 것에서 시적인 것으로 변용되는 그 과정에서 비로소 "영혼은 펼쳐진다". 낭시가 프로이트와 마르크스를 경유하여 논의하듯이 공동체commune가 공유된 정서가 아닌 정념의 분출에서 도래하는 것이라고 할 때, 그 정념의 분출은 "영혼은 펼쳐진다"라는 함의에 내포되어 있다. 그런 점에서 정념은 맨 처음에는 수동이지만(모든 정념은 너에게서 건너온 것이기에) 그 정념은 분출되는 것(영혼은 펼쳐지는 것)이기에 결코 수동에 머무르지 않는다. 그리하여 그 수동이자 영혼의 펼쳐짐인 정념의 분출을 거쳐 모든 단수적인 존재들의 만남은 가능해진다. 그 만남의 다른 이름을 우리는 별자리라 부른다. 그리고 그 별자리는 새로운 정치적 아지트가 될 수 있지 않을까. 그러므로 게토를 아지트로, 부적절한 정념을 정치적인 것으로, 로컬을 정치의 장소로 발견하는 사건은 이미 시작되었다.

전국 농성촌 지도

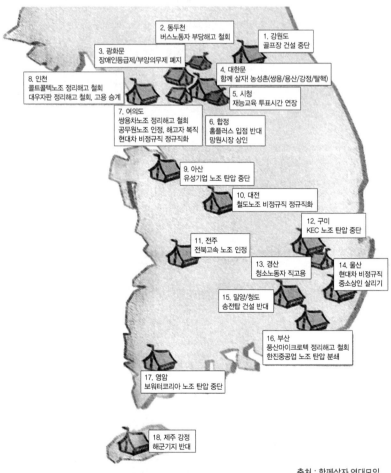

2. 동두천
버스노동자 부당해고 철회

1. 강원도
골프장 건설 중단

3. 광화문
장애인등급제/부양의무제 폐지

4. 대한문
함께 살자! 농성촌(쌍용/용산/강정/탈핵)

8. 인천
콜트콜텍노조 정리해고 철회
대우자판 정리해고 철회, 고용 승계

5. 시청
재능교육 투표시간 연장

7. 여의도
쌍용차노조 정리해고 철회
공무원노조 인정, 해고자 복직
현대차 비정규직 정규직화

6. 합정
홈플러스 입점 반대
망원시장 상인

9. 아산
유성기업 노조 탄압 중단

10. 대전
철도노조 비정규직 정규직화

12. 구미
KEC 노조 탄압 중단

11. 전주
전북고속 노조 인정

13. 경산
청소노동자 직고용

14. 울산
현대차 비정규직
중소상인 살리기

15. 밀양/청도
송전탑 건설 반대

16. 부산
풍산마이크로텍 정리해고 철회
한진중공업 노조 탄압 분쇄

17. 영암
보워터코리아 노조 탄압 중단

18. 제주 강정
해군기지 반대

출처 : 함께살자 연대모임

1. 강원도 "골프장 건설 중단!" 요구하며 강원도청과 홍천군청에서 농성
2. 동두천 "부당해고 철회" 요구하며 버스노동자 철탑 농성
3. 광화문 "장애인등급제/부양의무제 폐지" 요구하며 8월부터 농성
4. 대한문 "함께 살자! 농성촌" 쌍용/용산/강정/탈핵마을 주민들 농성
5. 시청 재능교육노조 "단체협약 회복, 해고자 복직" 요구하며 18,00여 일 농성
   +"투표시간 연장" 요구 농성
6. 합정 "홈플러스 입점 반대" 요구하며 망원시장 상인들 농성
7. 여의도 쌍용차노조 "국정조사 실시" 요구하며 새누리당사 앞 농성
   +공무원노조 "노조 인정, 해고자 복직" 요구하며 농성
   +현대차비정규지회 "대법 판결 이행, 정규직 전환" 요구하며 국회 앞 농성
8. 인천 콜트콜텍노조 "정리해고 철회" 요구하며 2천 일 넘게 농성
   +대우자동차판매노조 "정리해고 철회, 고용 승계" 요구하며 농성
9. 아산 유성기업노조 "노조 탄압 중단, 해고자 복직" 요구하며 농성
10. 대전 철도노조 "비정규직 철폐, 민영화 반대" 요구하며 농성
11. 전주 전북고속노조 "노조 인정, 단체협약 체결" 요구하며 3년째 농성
12. 구미 KEC노조 "노조 탄압 중단" 요구하며 농성
13. 경산 청소노동자들 "민간위탁 철회, 직접고용" 요구하며 농성
14. 울산 현대차비정규지회 "대법 판결 이행, 정규직 전환" 요구하며 송전철탑 농성
   +"코스트코 영업 제한" 요구하며 중소상인들 농성
15. 밀양/청도 "765Kv 송전탑 건설 반대" 요구하며 주민들 농성
16. 부산 풍산마이크로텍노조 "정리해고 철회" 요구하며 농성
   +한진중공업노조 "노조 탄압 분쇄, 휴업 철회" 요구하며 농성
17. 영암 보워터코리아노조 "정리해고 철회, 원직 복직" 요구하며 4년째 농성
18. 제주 강정 주민들 "해군기지 건설 중단" 요구하며 5년째 농성

제1부 방탕함의 계보와 문란함의 정치학 —풍기문란과 정념의 어드레스

제1장 풍기문란이라는 문제 설정에 대하여—정념의 거처, 사랑의 공간에서 아고라까지

1) 이 기사에 따르면《산케이 신문》은 2008년 개봉된 한국 영화 "〈모던보이〉, 〈라듸오 데이즈〉, 〈원스 어폰 어 타임〉, 〈좋은 놈, 나쁜 놈, 이상한 놈〉 등 1930년대를 배경으로 한 한국 영화들이 일제 강점기를 '수탈, 억압, 저항의 암흑 사관이 아니라 근대화를 이룬 시기로 재평가하려는 움직임'이 있다"고 보도했다.《마이데일리》(2008년 1월 9일자).

2) 김동식, 〈풍속, 문화, 문학사〉,《민족문학사연구》19호(민족문학사연구학회, 2001년 11월), 99쪽.

3) 이에 대해서는 2부 1장에서 더 자세하게 다룰 것이다. 여기서는 이후의 논의 전체를 개괄적으로 설명하는 방식으로 논의를 진행할 것이다.

4) 출판물에 국한해서 보면《춘향전》,《심청전》,《조웅전》,《홍길동전》같은 '구소설'과《삼국지》같은 중국 '고전', 그리고 다양한 형태의 '옛것'에 대한 통제가 주요 관심사로 대두하는 경향을 볼 수 있다. 실상 여기서 이 대상들을 '고전'이라고 일컫는 것은 논의의 편의를 위해서는 필요할 수 있지만, 여러 면에서 적절하지 않은 규정이라고 할 수 있다. 그 이유는 무엇보다도 이 종류의 문화 생산물이 '고전'으로 인식된 것은 오히려 해방 이후 '민족 문화'에 대한 제도 교육 과정을 통해서였기 때문이다. 일제시기까지만 해도 이 종류의 문화 생산물은 이른바 비엘리트층에게는 가장 널리 소통되었지만, 엘리트층은 이것을 결코 권장할 만한 독서물로 간주하지 않았다. 즉 이러한 '옛것'들은 당대 지식인 엘리트들에게 조선의 민족문화의 '고전'으로 간주되었다기보다는 대중적인 취미의 대상물이었다. 따라서 이 대상에 대한 통제를 '고전'에 대한 통제라고 규정하게 되면 마치 민족문화 고전에 대한 총독부의 통제처럼 여겨질 수 있다. 이는 매우 사후적이고 편의적인 해석에 불과하다. 오히려 비공식 경로를 통해 유통되는 '옛것'에 대한 통제는 비엘리트층의 문화 향유를 통제하려는 정책의 일환으로 보는 것이 당대의 맥락에 더 적절한 해석이

라 할 것이다. 따라서 이 글에서는 논의의 단순화와 자의적인 왜곡을 피하는 의미에서 이러한 문화 생산물을 '고전'이 아니라 '옛것'이나 당대의 통제 주체의 명명법을 인용해 '구소설'로 명명하고자 한다. 물론 이러한 '옛것'에 대한 통제는 오랫동안 조선의 뿌리를 이루어왔던 문화에 대한 통제의 일환이라고 볼 수 있다.

5) 〈普通出版物の出版狀況〉,《朝鮮出版警察槪要》(朝鮮總督府 警務局 圖書課, 1937), 526~534쪽.

6) 《朝鮮出版警察槪要》, 842쪽.

7) 《朝鮮出版警察槪要》(1940), 843쪽.

8) 《朝鮮出版警察槪要》(1937), 531쪽.

9) 이 밖에도 1937년 시점에서 검열 주체는 특히 주의를 요하는 문화적 경향으로 을지문덕 · 이순신을 다룬 역사물, 손기정에 대한 민족주의적 담론, 족보나 문집류, 임진왜란을 다룬 역사물, 합병 전후에 대한 애사(哀史)나 통사(痛史)류, 중국의 지리 · 역사 · 인정 · 풍속을 다룬 소설들을 지목하고 있다. 《朝鮮出版警察槪要》 (1937), 534쪽.

10) 《朝鮮出版警察槪要》(1937), 532쪽.

11) 이는 지방의 문화를 인정하면서도 표준화한 근대적 문명의 이념에 따라 공공의 문화를 정립하는 것이었고, 뒷골목 문화를 대로변 문화와 분리하면서도 동일한 표준에 따라 규제하는 방식이었다. 나가이 요시카즈(永井良和)는 일본의 풍속 통제의 이러한 특성을 풍속 통제에서의 융이(融離) 정책이라고 규정했다. 永井良和,《風俗營業 取締り》(東京 : 講談社, 2002), 13~15쪽 참조.

12) 이에 대해서는 권명아,《역사적 파시즘》(책세상, 2005)에서 논의한 바 있다. 전시체제에서 유흥 문화와 오락거리에 대한 단속은 특히 조선의 학생층에게 큰 반발을 불러일으켰다. 복장, 머리 스타일, 술, 담배, 영화 관람, 교외로 놀러 다니기, 마작, 당구 등 주로 남성 학생층의 문화였던 '풍속'에 대한 일대 통제는 전시 동원체제의 이른바 국책 선상에서 생활 혁신의 중요한 영역이 된다. 이는 풍속 통제의 오래된 패러다임과 전시체제의 "생활 혁신"과 이를 위반하는 "비국민적 행위"라는 새로운 패러다임이 결합한 전형적인 산물이다.

13) 이 책에서는 풍속경찰의 작용을 좀 더 넓은 의미에서 풍속 통제로 사용하고, 그 하위 범주로서 텍스트에 대한 행정 처분, 삭제, 주의 등을 동반하는 과정을 검열로 규정해 사용한다.

14) 重田忠保,《風俗警察の理論と實際》(南郊社, 1934), 1쪽.

15) 韓國內部警務局,《韓國警察一斑》(1910), 221~234쪽.

16) 朝鮮總督府警察官講習所 編,〈朝鮮警察法大意〉,《警察敎科書》(1926), 78~86쪽.

17) 永井良和,《風俗營業取締り》, 20~51쪽 참조.

18) 1971년 발행된《경찰법론(警察法論)》에서 풍속경찰은 공식적인 경찰 업무의 하나로 자리 잡고 있으며, 풍속경찰의 권력이 미치는 범위와 대상은 일제시기와 마찬가지로 매우 광범위한 일상 영역에 미치고 있다. 柳興洙,《警察法論》(正林社, 1971), 386~388쪽.

19) 가야마 미쓰오(香山光郎 : 이광수),〈靑年の心一つ〉,《同胞に寄す》(博文書館, 1942) ; 가야마 미쓰오,《동포에 고함》, 김원모 · 이경훈 편역(철학과현실사, 1997), 89쪽에서 재인용.

20) 조선에서 '좋은 일본인 되기'와 황민화의 관계에 대해서는 권명아,《역사적 파시즘》참조. 이 책에서 나는 스파이 담론과 좋은 일본인 되기의 관계를 중심으로 비국민화와 국민화의 역학을 고찰했다. 타이완에서의 '좋은 일본인 되기'와 관련해서는 Leo Ching, *Becoming "Japanese" : Colonial Taiwan and the Politics of Identity Formation*(Berkeley: Univ. of California Press, 2001) 참조.

21) 李一,〈전차와 신체제〉,《여성》(1942년 11월호), 62쪽.

22) 조르조 아감벤,《호모 사케르 : 주권 권력과 벌거벗은 생명》, 박진우 옮김(새물결, 2008), 324~325쪽.

23) 무젤만은 홀로코스트 수용소에서 마치 시체처럼 간주되는 특정한 수용자들을 지칭하는 용어이다.

제2장 세 개의 바람 풍속 ─ 풍기문란, 정념, 정동

1) 이 글에서는 distribution을 책이나 텍스트, 문화생산물 등 물류의 유통과 배분의 차원을 지시하는 일차적인 의미와, 몫portion의 할당이라는 함의, 그리고 이를 통해 구성되는 주체 위치subject positionning의 배분이라는 의미를 모두 함축하는 개념으로 사용하고 있다. 이는 물류의 유통과 배분이 몫의 할당과 연계되며, 동시에 유통과 몫의 할낭이 단지 물류의 이동이나 경제적 이해관계의 문제만이 아니라, 특정 주체의 위치를 할당하는 정치적 함의와 연계된다는 점을 환기하기 위해서이다. 또 풍기문란 통제의 경우 이는 물류, 몫의 유통과 배분을 통해 정념을 특

정 주체에게 분할적으로 할당하는 장치로 기능한다.

2) 나는 다른 글에서 정념과 정동의 문제틀을 통해 현재 한국 사회를 분석한 바 있다. 권명아,《무한히 정치적인 외로움 : 한국 사회의 정동을 묻다》, aff-com 총서 1권 (갈무리, 2012) 참조. 나는 이 두 권의 책이 연속선 상에서 독자들에게 다가갈 수 있기를 바란다.

3) apathy는 일반적으로 무관심·무감각으로 번역될 수 있다. 이 글에서는 정치적인 것을 열정passion(정념/열정)에, 탈정치화를 '무관심'에 연결시키는 맥락을 염두에 두고 정동의 쇠잔, 정념의 부재, 탈정념화와 같은 식으로 맥락에 따라 다르게 사용했다.

4) 브라이언 마수미,《가상계 : 운동, 정동, 감각의 아쌍블라주》, 조성훈 옮김(갈무리, 2011), 83쪽.

5) 그런 점에서 정념을 정치적인 차원으로 해석하는 일은 법에 의해 "다스릴 수 없는 자들"로 분류된 존재들과 그 역능을 다시 해석하는 일이다. 이는 내가 그동안 풍기문란과 관련한 연구에서 지속적으로 제기해온 문제의식이다. "다스릴 수 없는 자들"의 함의에 대해서는 3부 4장에서 자세하게 논의할 것이다.

벤 앤더슨의 다음과 같은 지적도 내가 제기하는 바와 같은 문제의식을 보여준다. 즉 "정동이라는 규정을 신비롭고 무언가 일반화된 실체로서 다루는 것이 아니라, 서로 다른 정동들이 어떻게 권력의 양태들의 변주와 이동 속에서 서로 겹쳐지는가가 중요하다"는 지적이 그것이다. 즉 정동이 권력의 목표물이면서도 동시에 욕망되는 결과들, 실제적인 결과들을 다루는 것이 중요하다.

벤 앤더슨은 정동의 문제를 인지 자본주의와 같은 자본주의의 새로운 국면과 주로 연결시키는 기존의 논의를 비판하면서 2차 세계대전 당시 미국에서 총력전의 윤리(모럴)가 구축되는 과정에서 정동이 어떻게 작동하는지를 분석한다. 벤 앤더슨은 이러한 논의를 통해 정동이 부상하는 시기를 총력전 체제로 소급해서 해석하고 있다. 벤 앤더슨은 정동을 보다 다층적인 역사적 국면에 대한 해석 방법론으로 삼기 위해서는 다음과 같은 문제가 논쟁적으로 제기될 필요가 있다고 지적한다.

첫째는 근대성이라는 것이 무질서한 정념들/열정들disordered passion을 한편으로는 규율화하고, 다른 한편으로는 제거하는 방식에 기초를 두고 구성되었다는 점이다. 일례로 수잔 제임스는 17세기의 정치철학에서 정념/열정들의 과잉이 인간 본성에서 압도적이고 회피할 수 없는 부분이라고 간주하면서, 정치학이 이를 반드시 고삐를 채우거나 잘 다스려저야address 하는 것으로 다룬다는 점을 밝히고 있다. 스피노자의 유명한 구절을 다시 해석하자면, "우리는 하나의 신체가 무엇을 할 수 있는가를 모를 뿐 아니라, 하나의 신체가 무엇이 되어왔고, 무엇이 될 수 있는지를 아직 알 수 없다". (하나의 신체가 무엇이 될 수 있는가에 대한) 결과는 권력의 한계의 포박을 초과하는 창조적인 힘으로서의 정동에 대한 선험적 찬미를 문제시하고, 동시에 다른 한편으로는 권위의 원천으로서의 정동이나 현재의 있는 그 자체로의 정동의 상실에 대한 선험적 한탄을 거부하는 데 달려 있다.

둘째는 정동에 대한 연구는 반드시 정동의 개방성들의 겹쳐짐을 종별적으로 고유하고, 변주되는 권력의 양태들을 통해서 진행되어야 한다는 점이다. 지배적 권력이든 규율적 권력이든 모두 서로 다른 관계적 결속을 내포하며, 이에 따라 역시 고유한 결과들을 내포한다. Ben Anderson, "Modulating the excess of affect : Morale in a State of 'Total war', Melissa Gregg and Gregory J. Seigworth (ed.), *The affect theory reader*(Duke University Press, Durham & London, 2010), 168~169쪽.

6) Melissa Gregg and Gregory J. Seig, "An inventory of shimmers", *The affect theory reader*, 4쪽.

7) 정동 이론이 왜 현실적인 맥락에서 발명의 과정인가에 대해서는 권명아,《무한히 정치적인 외로움 : 한국 사회의 정동을 묻다》참조.

8) 예를 들어 분노의 기능, 애도의 심리적 치유 효과 등에 대한 분석과 범주화 등이 그것이다.

9) 이러한 맥락에서 정동 연구를 기존의 규범적 판단에 대한 재해석으로 규정하기도 한다. 예를 들어 일본의 대표적인 이론지인《사상(思想)》은 2010년 '정념과 정치'를 특집 주제로 기획했는데, 이 기획의 취지문에서 사이토 준이치는 다음과 같이 논하고 있다. "이 특집은 '정념'이라는 시각이 '이익'이나 '이성'으로 환원되지 않는 정치 사회의 복합적인 여러 양상에 빛을 비춰줄 수 있지 않을까 하는 전망에서 기획된 논집이다. 여기서 정념을 억제될 수밖에 없는 비이성적인 것(반지성적인 것이나 병리적인 것 등)으로 한정하지 않고, 정념이 인간들을 어떻게 규범적인 판단/기대의 표시가 되는가에 주목하려는 것이 이 특집의 가장 중요한 점이다"(강조는 인용자)." 齊藤純一, 〈特集にあたって〉,《思想》No. 1033(岩波書店, 2010년 5월호), 12쪽.

10) 최근 한국 사회에서 활발하게 진행되는 20대 청년의 무기력과 원한이라든가, 서 발턴의 분노 등에 대한 논의가 전형적이다.

11) 김홍중의 《마음의 사회학》(문학동네, 2009)은 이러한 경향의 연구의 맥락에서 중요한 논점을 제공한다.

12) 반려동물이 인간에게 어떤 새로운 위로를 주는지, 반려동물과 인간의 교감에서 만들어지는 새로운 정서적 효과는 어떤 것인지 등을 다루는 연구. 또한 애착의 새로운 대상의 출현과 애착의 대상을 새롭게 만드는 기술적 장치들에 대한 연구 같은 것이 대표적이다.

13) 촛불집회와 정념(분노)에 관한 논의들이 여기에 해당될 것이다.

14) Melissa Gregg and Gregory J. Seig, "An inventory of shimmers", *The affect theory reader*, 8쪽.

15) 질 들뢰즈, 〈정동이란 무엇인가〉(1978), 질 들뢰즈 외, 《비물질노동과 다중》, 서 창현·김상운·자율평론번역모임 옮김(갈무리, 2005), 89~91쪽. 들뢰즈가 언급 한 내용을 다시 구성해 인용했다.

16) 브라이언 마수미, 《가상계 : 운동, 정동, 감각의 아쌍블라주》, 84쪽.

17) Ben Anderson, "Modulating the excess of affect : Morale in a State of 'Total war'", *The affect theory reader*, 162쪽.

18) 브라이언 마수미, 《가상계 : 운동, 정동, 감각의 아쌍블라주》, 65쪽.

19) 이기영, 〈서화〉(1933), 《이기영 단편선 : 민촌》(문학과지성사, 2006), 265쪽.

20) 이기영, 〈서화〉(《조선일보》, 1933년 6월). 이 글은 《이기영 단편선 : 민촌》(문학과 지성사, 2006) 판본을 토대로 한다.

21) 이기영, 〈서화〉, 329쪽.

22) 정동 이론의 층위는 다양하지만, 정동을 정서 차원에서가 아니라 이행 차원에서 다루는 스피노자-들뢰즈 등의 논의에 나타나는 이행으로서의 정동을 뜻한다.

23) 들뢰즈는 정동 개념을 이해하기 위해 정서affectio와 정동affectus을 구별해야 한다고 강조한다. 이는 정동과 정서가 영어로는 모두 affection으로 번역되기 때 문에, 정동이 정서의 문제로 환원되기 쉬운 번역의 맥락과도 관련된다. 여기서 들뢰즈는 한 예로 다음과 같은 상황을 설정해 정서와 이행(정동)의 문제를 비교 한다. 즉 내가 불이 없어 깜깜한 방에 가만히 있는데, 누가 불을 켰을 때의 경험을 예로 든다. 이때 우리는 어두운 상태a와 밝은 상태b라는 두 가지 상태에 놓이게

된다. 그리고 여기에 또 하나의 상태가 존재하는데, 그것은 이행이다. 즉 한 상태에서 다른 상태로의 이행이 존재한다. 그러나 그것은 너무 빨라서 의식되지 않을 수도 있다. 신체는 이러한 새로운 상태에 적응하기 위해 일종의 자기 기동을 취한다. 이때 정동은 두 상태 사이의 이행을 뜻한다. 이 예에서 정서란 어두운 상태나 밝은 상태를 지칭하는 것으로, 여기서는 절단되는 두 개의 연속적인 정서들이 있는 것이다. 이와 달리 이행은 한 상태에서 다른 상태로의 생생한 변이를 의미한다. 질 들뢰즈, 〈정동이란 무엇인가?〉, 90~92쪽. 한국어 번역에서 affection은 대개 '정동'이라고 번역된다. 그러나 affect의 경우 정동하다/정동되다(조정환), 촉발하다(양운덕), 감응하다(진은영) 등 여전히 번역자마다 상이하게 번역된다. 또한 passion은 수동(수동 정동은 정념의 동의어이다), 정념(그렇지만 모든 정동은 그 상태를 볼 때 수동이기 때문에, 이런 차원에서는 정념의 함의를 띤다)의 의미로 번역된다. 또 기쁜 수동적 정동과 슬픈 수동적 정동을 구별할 때는 열정passion의 함의를 띤다. 이 점에서 번역과 의미 해석에 가장 큰 난점을 드러내는 것은 passion이기도 하다. passion과 affect의 함의와 이에 대한 해석의 차이(특히 피에르 마슈레와 질 들뢰즈 사이의)와 관련해서는 Simon B. Duffy, "The Joyful passion in Spinoza's Theory of relations", Dimitris Vardoulakis (ed.), *Spinoza Now*(University of Minnesota Press : Minneapolis, London, 2011), 51~61쪽 참조.

24) Melissa Gregg and Gregory J. Seig, "An inventory of shimmers", *The affect theory reader*, 2쪽.

25) 사카이 나오키는 이런 맥락에서 정동을 후레아이ふれあい(접촉)라는 일본어 표현으로 설명한다. 사카이 나오키는 후레아이의 함의를 정동과 사회성이라는 축에 연결시켜, 후레아이는 접촉이며, 접촉인 이상 반드시 상처 입을 가능성이 내재한다는 점을 잊어서는 안 된다고 지적한다. 사카이 나오키는 "접촉은 닿는 것, 더럽혀지는 것, 침범당하는 것, 변용당하는 것, 그리고 상처 입는다는 것과 통한다고 말할 수 있다"고 지적하면서, 정동과 이행을 수동과 능동 어느 쪽으로 고정되지 않는, 그리고 어느 쪽으로도 변형 가능한 '양의적 순간'으로 후레아이와 일치시킨다. 즉 "닿게 하는 것과 닿은 것, 더럽히는 것과 더럽혀지는 것, 침범하는 것과 침범당하는 것, 변용하는 것과 변용당하는 것, 상처 입는 것과 상처 입히는 것이 나뉘기 전의 사태", 즉 "능동과 수동의 분별이 일어나기 위한 전제이다. 능

동으로도 수동으로도 바뀔 수 있는 어떤 미묘한 양의적인 순간으로서 후레아이라는 표현은, 우리의 상상력의 초점을 좁혀가는 것 같다". 酒井直樹, 〈情動の政治學〉, 《思想》 2010년 5월호(岩波書店), 192~200쪽.

26) 임화, 〈6월 중의 창작〉(《조선일보》 1933년 7월 19일) ; 《카프해산기의 창작방법논쟁》, 임규찬·한기형 편, 카프비평자료총서 Ⅵ(태학사, 1990), 63쪽.

27) 김남천, 〈임화적 창작평과 자기비판〉(《조선일보》 1933년 7월 29일~8월 4일) ; 《카프해산기의 창작방법논쟁》, 67~73쪽.

28) 김남천, 〈임화적 창작평과 자기비판〉, 71쪽.

29) 임화, 〈6월 중의 창작〉, 63~64쪽.

30) 김윤식, 〈임화와 김남천〉, 《문학사상》 1988년 10월호(문학사상사) ; 채호석, 〈김남천 창작방법론 연구〉, 서울대 석사학위 논문(1987) ; 연구사에 대한 가장 최근의 논의로는 구재진, 〈카프 문학과 윤리적 주체―'물' 논쟁을 중심으로〉, 《비평문학》 39호(한국비평학회, 2011) 참조.

31) 구재진, 〈카프 문학과 윤리적 주체―'물' 논쟁을 중심으로〉, 14~15쪽 ; 채호석, 〈임화와 김남천의 비평에 나타난 '주체'의 문제〉, 《상허학보》 4집(상허학회, 1998) 참조.

32) 임화, 〈6월 중의 창작〉, 61쪽.

33) 구재진은 이 지점에서 "임화의 도덕성이 계급성과 투쟁성의 다른 이름이라는 것을 암시하며 그가 도덕성의 문제를 계급성에 기초한 선악의 이분법에 의거하고 있음을 말해준다"고 평한다. 구재진, 〈카프 문학과 윤리적 주체―'물' 논쟁을 중심으로〉, 15쪽.

34) 김남천, 〈임화적 창작평과 자기비판〉, 73쪽.

35) 조르조 아감벤, 《세속화 예찬》, 김상운 옮김(난장, 2010), 20쪽.

36) 조르조 아감벤, 《세속화 예찬》, 20쪽.

37) 브라이언 마수미는 정동 이론을 통해 "육체(운동/감각) 변화라고 하는 개념적 치환이 문화이론에서 함축하는 바"를 고찰하면서, 기존의 문화이론의 핵심 개념인 위치성positionality의 현실적인 한계를 지적한다. 마수미는 위치성 개념이 문화이론의 실천성에 기여한 점을 인정하면서도 "위치성 모델의 목적은 변화라는 이름으로 지역적local 저항의 창을 여는 것이다. 그러나 변화의 문제가 여지없이 돌아왔다. 모든 육체-주체는 상당히 결정적으로 지역적이기 때문에, 문화지도 상

에서 그 위치로 가두어졌다. 정체된 것이다. 위치성 개념은 실상으로부터 운동을 빼는 과정에서 출발한다. 이것은 문화적 정지화면 안에서 육체를 간파한다. 설명의 출발점은 정확한 위치, 즉 정체의 영점a zero point of stasis이다. 정위는 어떤 식으로든 최초의 결정이 되고, 운동은 그다음의 문제가 된다. 모든 것에 의미를 부여하고 위치를 지정하고 나면 성가신 문제가 나온다. 운동을 어떻게 그 실상에 되돌려 붙일 것인가이다. 정태에 운동을 덧붙이는 것은 수에 0을 곱해서 양수를 생산하는 것만큼이나 왠지 쉬워 보인다. (중략) 육체적으로든 그 밖의 형태로든 물질은 결코 그 자체로 계산할 수가 없다는 것이다. 그 문제에 접근했던 많은 이들이 스스로를 유물론이라고 규정했지만, 물질은 단지 간접적으로만, 즉 매개에 의해서만 〔계량 가능한 격자로〕 들어갈 수 있을 뿐이다. 물질, 운동, 육체, 감각, 매개된 다중은 미끄러진다"(강조는 인용자)고 말한다. 이러한 위치성에 대한 사유는 공간을 '연장적인 것extensive'으로 파악하는 사유와 밀접하게 관련된다. 브라이언 마수미,《가상계》, 13~14쪽.

38) 이기영,〈서화〉, 329쪽.

39) 소임은 계나 향교 등 전통 사회의 자생적 단체에서 사무를 맡은 직책을 뜻한다.

40) 이기영,〈서화〉, 329쪽.

41) 이기영,〈서화〉, 330쪽.

42) 이기영,〈서화〉, 331쪽.

43) 이기영,〈서화〉, 333쪽.

44) 안토니오 네그리,《《무엇을 할 것인가》로 오늘날 무엇을 할 것인가? 또는 일반 지성의 신체〉, 바디우 외,《레닌 재장전》, 이현우 외 옮김(마티, 2010), 458쪽. 네그리는 마르크스주의 사유 자체는 매뉴팩처(공장제 수공업) 시대 산업 노동의 현상학에 결부된 것이었다고 본다. 그래서 당이라든가 프롤레타리아트의 사회적 독재에 관한 마르크스의 개념은 근본적으로 자영업(자기경영) 개념의 일환이었다고 평한다. 따라서 비물질 노동으로 특징되는 오늘날의 비물질적 프롤레타리아트에게 가능한 주체성의 생산방식을 사유하려면 "레닌을 넘어선 레닌"의 영역으로 이동해야 한다고 논한다. 정동 이론은 주로 자본주의 생산구조의 변화와 이에 따른 노동의 변화, 특히 비물질 노동이 노동의 본질이 된 후기 자본주의 사회의 변화와 밀접한 관련이 있다. 그러므로 논자에 따라 정동 이론의 문제를 주로 후기 자본주의 사회의 문제와 특별히 관련을 맺는 것으로 보는 시각과, 이른바

'자본주의 제3기'의 노후한 신체와 대면하는 한 방법으로서 정동 이론의 문제를 좀 더 넓은 역사적 자장 안에서 다룰 것을 제안하는 시각으로 크게 대별된다. 대표적으로는 조정환의 논의와 총력전의 정동에 대한 벤 앤더슨의 논의가 후자에 해당한다. 이 글도 이러한 문제의식 아래 정동의 문제를 총력전에서 후기 자본주의까지를 경유하는 문제틀로 다룬다.

45) 안토니오 네그리, 《무엇을 할 것인가》로 오늘날 무엇을 할 것인가? 또는 일반 지성의 신체〉, 458쪽.

46) Ben Anderson, "Modulating the excess of affect : Morale in a State of 'Total war'", 163쪽. 그런 점에서 정동의 과잉됨은 항상 '넘쳐흐르는' '적절하지 못한' 것들의 형상으로 '재현'되기도 한다. 그러므로 풍기문란에 관한 사유는 부적절한 정념이라는 기준을 통해 정동이 생명정치에 어떻게 투자되는지를 논의하는 일이기도 하다.

47) 멜리사 그렉과 그레고리 세이그는 롤랑 바르트의 '정동의 중립성neutral' 개념과 '내재적인 파토스immanent pathos' 개념을 빌려 '파토스-론(학)patho-logy'의 구성 가능성을 논한다. 그러나 이 새로운 존재론으로서의 파토스-론(학)은 아직은 무엇이 될지 알 수 없는, 약속과 위협의 진자운동 속에서 움직인다. 이는 스피노자의 명제를 따라 "하나의 신체가 할 수 있는 것이 무엇인지, 우리는 아직 모른다"는 점, 즉 정동에 관한 한 이론은 '아직 아님not yet'이라는 불확정성의 궤적을 뒤쫓아가야 한다는 점과도 관련된다. Melissa Gregg and Gregory J. Seigworth, "An inventory of shimmers", *The affect theory reader*, 11쪽.

제2부 좋은 일본인 되기와 죽음의 정치─풍기문란의 원천으로서 식민성

제1장 풍속 통제와 일상에 대한 국가 관리─일제시기 풍속 통제와 검열의 관계

1) 일제시기 검열의 기준과 체계화 과정에 대해서는 정근식·최경희의 〈도서과의 설치와 일제 식민지출판경찰의 체계화, 1926~1929〉, 《한국문학연구》 제30집 (2006) 참조.
   이 밖에도 일제시기 검열에 관해서는 다음과 같은 연구를 참조할 수 있다.
   한기형, 〈일제시기 검열 정책과 사회주의 관련 잡지의 정치적 역학〉, 《한국문학연구》제30집(2006) ; 정진석, 《언론조선총독부》(커뮤니케이션북스, 2005) ; 정근식, 〈일제하 검열 기구와 검열관의 변동〉, 《대동문화연구》 51집(2005) ; 박헌호, 〈'문화 정치'기 신문의 위상과 반-검열의 내적 논리〉, 《대동문화연구》 50호(2005) ; 한만수, 〈근대적 문학 검열 제도에 대하여〉, 《한국어문학연구》 39집(2002) ; 리처드 H. 미첼, 《일제하의 사상통제》, 김윤식 옮김(일지사, 1982).

2) 이에 대해서는 주로 한국 문학 연구자들이 주되게 관심을 기울이고 있다. 주요 연구는 다음과 같다.

한만수, 〈검열, 복자(覆字), 그리고 원본 확정에 대하여〉, 《식민지 검열 체제의 역사적 성격》(성균관대학교 동아시아 학술원 연례 학술대회 논문집, 2004. 12. 17), 29~64쪽 ; 최경희, 〈출판물로서의 근대문학과 텍스트의 불확정성〉, 《식민지 검열 체제의 역사적 성격》(성균관대학교 동아시아 학술원 연례 학술대회 논문집, 2004. 12. 17), 65~83쪽 ; 박헌호, 〈'문화 정치'기 신문의 위상과 반-검열의 내적 논리〉, 《대동문화연구》 50호, 199~159쪽.

3) 永井良和, 《風俗營業 取締り》(東京 : 講談社, 2002), 20쪽.

4) 현재 한국에서 실행되고 있는 '풍속을 해하는 행위'에 대한 형법적 처벌의 형태와 문제점에 대해서는 김영환, 〈풍속을 해하는 죄에 관한 비판적 고찰〉, 《형사법 연구》 제22호(2004년 겨울호), 845~876쪽 참조. 김영환은 한국에서 풍속을 해하는 죄에 대한 처벌은 '성범죄'와 '일상경험적인 영역'과 관련된다고 보고 있다. 김영환은 오늘날 한국에서 풍속을 해하는 죄에 대한 처벌은 주로 성범죄와 관련된 문제라고 보면서, 한국의 법제가 '건전한 성도덕이라는 추상적이고 모호한 기준으로' 처벌 기준을 제시하고 있기 때문에, 이러한 방식은 형법이론적으로 정당화되기 힘들다고 비판한다. 현재 한국에서 '풍속을 해하는 행위'에 대한 처벌은 일제 시기 풍속 통제의 이념을 그대로 유지하고 있다.

5) 풍속이라는 개념을 사용한 연구의 범위 또한 모호하다. 최근에는 풍속-문화론적 연구의 범위와 성격을 둘러싼 논의도 매우 활발하게 진행되고 있긴 하지만, 풍속 개념의 역사적 함의와 해석적 범주로서 풍속 개념의 관련성에 대해서는 별로 논의가 이루어지지 못하고 있다. 먼저 풍속-문화론적 연구를 검토하는 데서는 다음과 같은 논의를 참조할 수 있다.

김동식, 〈풍속, 문화, 문학사〉, 《민족문학사연구》 19호(2001) ; 손정수, 〈트로이의 목마〉, 《문학동네》 39호(2004년 5월호) ; 이경훈, 〈문학과 풍속에 대한 짧은 시론〉,

《세계의 문학》 2004년 봄호 ; 차혜영, 〈'풍속-문화론 연구'에 대한 질문〉, 《탈근대
문학담론 비판》, 민족문학사연구소 2006년 학술심포지움 자료집(2006. 12. 15),
별첨자료 ; 천정환, 〈새로운 문학 연구를 위한 시론〉, 《민족문학사연구》 26(2004.
11) ; 하정일, 〈개인의 이데올로기를 넘어서〉, 《비평과 전망》 8호(2004년 6월호).

6) 김동식, 〈풍속, 문화, 문학사〉, 99쪽.

7) 김동식은 풍속 개념을 도입한 연구를 신역사주의와 탈근대성 연구에 결부시키면
서 주로 '미시사적 연구'라는 차원과 결부시키고 있다. 이는 풍속 개념을 도입한
연구의 공통적인 경향이기도 하다. 김동식, 〈풍속, 문화, 문학사〉, 91쪽.

8) 풍속경찰의 역할은 조선의 경우 보안과의 주된 업무였다. 뒤에서도 살펴보겠지
만, 풍속 검열은 도서과에서 담당한 업무였으나 통제와 검열은 상호적이었다고
여겨진다. 이 글에서는 풍속경찰의 작용을 좀 더 넓은 의미에서 풍속 통제로 사용
하고, 그 하위 범주로서 텍스트에 대한 행정처분, 삭제, 주의 등을 동반하는 과정
을 검열로 규정하여 사용한다. 즉 보안과와 도서과에서 취한 풍속에 대한 일련의
법적 조치를 넓은 의미의 통제로 규정하고, 검열은 구체적인 텍스트에 대한 조치
라는 의미에서 하위 범주로 사용하고자 한다. 물론 기존 연구에서 논의된 바와 같
이 검열이 작동하는 장(場)과 방식은 단지 텍스트에 대한 조치에 국한되지 않는
광범위한 것이기도 하다. 그러나 통제를 상위의 범주로, 검열을 그 하위의 범주로
규정하는 것이 검열의 범위를 정확하게 명시하는 것이라고 생각된다.

9) 重田忠保, 《風俗警察の理論と實際》(東京 : 南郊社 1934), 1쪽.

10) 韓國內部警務局, 《韓國警察一斑》(1910), 221~234쪽.

11) 일본이 조선에서 경찰력을 장악하는 과정에서 풍속경찰의 작용이 어떻게 변화
했는지에 대한 선행 연구는 없다. 조선의 경찰 기구에 관해서는 김민철, 〈일제 식
민지배하 조선 경찰사 연구〉, 경희대학교 대학원 석사학위 논문(1994) 참조.

12) 일본에서 풍속경찰 작용에 관해서는 大日方純夫, 《日本近代國家の成立と警察》(東
京 : 校倉書房, 1992) 참조. 오비나타 스미오(大日方純夫)는 이 책에서 풍속 통제
와 경범죄에 관한 처벌 제도의 성립을 경찰력이 민중을 장악하는 주요 형식으로
다루고 있다.
풍속 통제에 관한 연구는 일본의 집창 제도와 매매춘, 그리고 군 위안부 동원과 관
련된 연구에서 더욱 본격적으로 이루어진 바 있다. 대표적인 연구는 다음과 같다.
藤野豊, 《性の國家管理—賣買春の國家管理》(東京 : 不二出版, 2001) ; 藤目ゆき, 《性

の歴史學》(東京:不二出版, 2005).

13) 일본에서 풍속 통제의 이념과 풍속경찰의 작용은 메이지 초기의 이시키카이 조
례와 위경죄, 경찰범 처벌령으로 이어지는 법제의 재편과 밀접한 관련이 있다.
일본에서는 패전 후 경찰범 처벌령이 경범죄 위반으로 변화된다. 이에 대해서는
永井良和,《風俗營業 取締り》, 20~51쪽 참조. 나가이 요시카즈(永井良和)에 따르
면 풍속경찰과 이와 관련된 법제는 조선·타이완 등의 식민지에도 동일하게 적
용되었다.

14) 李鐘旼,〈輕犯罪の取締法令に見る民衆統制〉, 淺野豊美·松田利彦 編,《植民地帝國日
本の法的構造》(東京:信山社, 2004), 320~349쪽. 일제시기 '일상'의 의미를 이해
하기 위해서는 이러한 일련의 경범죄 처벌 구조가 성립한 과정을 살펴보아야 한
다. 이철우는 일제시기 법제 연구에서 경찰범 처벌 규칙 등 일상생활에 대한 법
적 개입에 관한 연구가 필요하다고 제안한 바 있다. 이철우,〈일제시기 법제의 구
조와 성격〉,《한국정치외교사논총》(한국정치외교사학회, 2000).

15)《警察敎科書》, 朝鮮總督府警察官講習所 編,《朝鮮警察法大意》(1926), 78~86쪽.

16) 永井良和,《風俗營業 取締り》, 20~51쪽 참조. 일본에서 메이지 초기부터 시작된
풍속 통제의 성격은 지방성을 존중한다는 원칙 아래 역설적으로 경찰이 막대한
권력을 행사할 수 있는 '재량권'을 쥐게 되었다. 풍속경찰의 막대한 권력은 여러
차원에서 드러나지만, 실제 권력 행사에서는 크게 두 가지 차원과 관련된다. 첫
째, 풍속경찰이 관련 영업에 대한 인허가권을 갖고 있었다는 점이다. 둘째, 필요
하다면 언제든지 영업장에 들어갈 수 있는 임검(臨檢)이다. 따라서 패전 후 일본
헌법에서는 이와 같은 풍속경찰 권력의 두 가지 차원을 불법화하고 문제시했으
며, 임검은 매우 문제적인 요소로 지적되었다. 永井良和,《風俗營業 取締り》, 49~
83쪽.

17) 1971년에 발행된《경찰법론(警察法論)》에 따르면 풍속경찰은 공식적인 경찰 업
무의 하나로 자리 잡고 있으며, 풍속경찰 권력의 범위와 대상은 일제시기와 마
찬가지로 매우 광범위한 일상 영역에 미치고 있다. 柳興洙,《警察法論》(正林社,
1971), 386~388쪽.
또한 '풍속을 문란시키는 행위'뿐 아니라, 풍속을 문란시킬 만한 동기가 있는 행
위도 규제함으로써 풍속 통제의 범위를 매우 광범위하게 확대시키고 경찰의 재
량권을 강화한 일제시기의 통제 방식이 그대로 유지되고 있다.

18) 시게타 타다야스(重田忠保)는 풍속경찰의 범위·사례·기준을 구체적으로 제시하는 것은 불가능하다고 몇 번이나 거듭 밝히고 있다. 重田忠保,《風俗警察の理論と實際》, 1~7쪽.

19) 풍속(風俗)에는 본래 '지역 고유의 생활 관습'이라는 의미가 있다. 이는 관례나 관습·습관과 같은 의미가 담긴 '風'과 지역이나 집단이 공유한 관습을 뜻하는 '俗'이라는 두 한자의 내포 의미가 결합한 것이다. 민속이 생활 관습 가운데 불변하는 부분이나 오래도록 변하지 않고 유지되는 부분을 뜻한다면, 풍속은 상대적으로 변하기 쉬운 부분을 뜻한다. 따라서 때로 풍속은 유행과도 같은 뉘앙스를 풍기게 되었다. 또는 풍속은 생활 관습 전반의 다양한 면모를 언급할 때 자주 사용되기도 하는데, 예를 들어 의(衣)풍속이라고 하면 의복의 유행을 말하는 것 등이 그것이다. 永井良和,《風俗營業 取締り》, 20쪽 참조.

20) 重田忠保,《風俗警察の理論と實際》, 1쪽.

21) 永井良和,《風俗營業 取締り》, 20~51쪽.

22) 이에 대해서는 上野千鶴子, 〈日本型近代家族の誕生〉,《風俗 性》, 日本近代思想大系 23(東京 : 岩波書店, 1990), 505~550쪽 해설 참조.

23) 重田忠保,《風俗警察の理論と實際》, 1~18쪽.

24) 조선에서 주요 단속 영업의 대상이 된 영업과 관련 업자는 "고물상, 인력거 영업, 대서사(代書士), 인쇄 및 조각업, 하숙, 요리점, 음식점, 예기(藝妓) 영업, 카페, 카페 여급, 예기(藝妓), 극장, 활동사진관, 연극장, 욕장, 옥돌장(당구장), 마작장, 화약상, 총포상" 등이었다. 〈警察 取締の營業 現況〉,《昭和 18年 84回 帝國議會 說明資料》, 22~26쪽 참조. 총포상이나 화약상에 대한 단속과 통제는 지속적인 것이었지만, 1931년을 전후하여 이 영업에 대한 단속이 중요한 우선순위로 올라와 있는 차이를 볼 수 있다. 〈各種 營業の取締〉,《昭和 16年 帝國議會 說明資料》, 73~90쪽 참조.

25) 검열 기준의 구체화 과정과 풍속 검열 기준, 그리고 치안방해에 관한 검열 기준에 대해서는 정근식, 〈일제하 검열 기구와 검열관의 변동〉 참조.

26) 朝鮮總督府 警務局 圖書科,《朝鮮出版警察概要》, 768~769쪽.

27) 1931~1940년 조선인 발행 출판물 불허가 삭제 연별 건수(출판법에 의한 것)는 다음과 같다.

연도	불허가	삭제
1931	66	388
1932	110	684
1933	88	510
1934	28	510
1935	45	524
1936	27	436
1937	47	366
1938	39	240
1939	14	119
1940	21	186

28) 이하 1920년대 중반 이후의 검열에 관한 통계는《朝鮮出版警察槪要》, 1937·1940 년 통계에 근거한다.

29) 〈新聞, 雜誌出版物竝活映畵, 蓄音機〈レコド〉の取締〉,《朝鮮出版警察槪要》(朝鮮總督府, 1941), 498쪽.

30) 朝鮮總督府 警務局,《昭和 十六年 一月 朝鮮總督府 禁止 單行本 目錄》(1941).

31) 옛것에 관한 설명은 1부 1장 참조.

32) 〈普通出版物の出版狀況〉,《朝鮮出版警察槪要》(1937), 526~534쪽.

33) 《昭和 十六年 一月 朝鮮總督府 禁止 單行本 目錄》을 토대로 볼 때, 이수입 단행물 가운데 중국어로 된 서적에서 풍속 괴란으로 금지된 책들의 주요 발행지는 상하 이이다.

34) 《나나》의 검열 상황과 의미에 대해서는 2부 3장 참조.

35) 만수백보환의 광고문 전문은 다음과 같다.

만수백보환의 광고문

만수백보환은 원기를 왕성하게 만들고, 동시에 보음보양 생식기를 자연히 흥분 시키고 준비는 자기 생각대로 되며, 쾌감이 높아지고, 정수가 늘고 신경쇠약은 즉시 회복하는 등 그 효력은 사람으로 하여금 놀라게 하는 데가 있다. 인생은 오 복이라고 하지만 건강이 제일이다. 건깅한 사람이라노 양기가 부족하여 인생 행 복 중에 최대의 행복을 느끼지 못하는 사람도 부지기수다. 근래 호르몬제가 성행 하고 그것 때문에 보약의 최고 역사를 가지는 만수백보환에는 남성호르몬 여성

호르몬이 다량으로 포함되어 있다. 그 때문에 음양 정수가 부족하거나 방사에 쾌감이 없거나, 곧바로 도정하거나, 몽색의 사람 발육부전 때문에 강력 강대함을 희망하는 사람은 본 약제를 복용해야만 한다.《朝鮮出版警察槪要》(1940), 841쪽.

36)《삼국지》에서 풍속 괴란으로 삭제 처분된 부분은 다음과 같다.

제목《삼국지》(胡弓夫人)

부인은 어깨를 움츠리고 얼굴이 빨개져서 조조는 그 두꺼운 귀에 입술을 갖다 대고 "당신에게 은혜를 베푸는 것이 아니다. 일족의 생살은 나의 자유이다. 게다가 무엇 때문에 그런 관대한 조치를 취하는지……. 부인."

조조는 그녀를 넓은 가슴에 숨 막힐 정도로 꽉 껴안고 있었다. 인형과 같은 가는 목을 확 제치고 조조의 얼굴을 올려다본 부인은 조조의 불과 같은 눈동자를 보고 마수(魔睡)에 걸린 듯이 매혹을 당했다. "나의 열정을 당신은 어떻게 생각하느냐. 문란하다고 보느냐."

"아니요."

"기쁜가"

"……."

"대답 안 하는 것은 싫다, 싫다는 뜻인가"

"그래도."

"……그래도?"

계속된 질문에 부인 곽씨는 부르르 떨었다.

난공의 성을 공격할 때에도 불같은 그는 연애에도 그 나름의 불같은 성정을 보여주었다.

조조는 그녀의 대답 따위에는 신경 쓰고 있는 것이 아니다.

"전위지(典韋之) 있느냐. 잔다."

"예……, 편안히 주무십시오."

조조는 안으로 문을 닫았다. 봄은 한창이고 보리 싹도 한창일 때이다. 휘장 속, 밤이 밝아오면, 종달새가 하늘 높이 우짖는 창문을 열고.

"당신, 밤이 짧았나" 하고 흥얼거렸다. 부인은 교태를 부리는 눈으로 "그렇지만 나는 걱정이 되어서 못 견디겠어요."

조조는 양손으로 그녀의 얼굴을 감싸 안고, 그녀의 입술을 바라보면서……. (이하 생략)

37) 구소설과 '옛것'에 대한 통제 방식을 구체적으로 파악하려면 이러한 생산물의 유통 경로에 대해 어떤 통제가 있었는지를 보충적으로 검토해야 한다. 현재로서는 도시의 경우 '일대 통제'처럼 거리 문화나 뒷골목에 대한 일대 단속으로 이러한 문화 생산물이 통제되었다는 정도의 윤곽만 파악할 수 있다. 특히 구소설류에 대한 통제는 시골 장(場) 등에서 풍속 통제가 구체적으로 어떻게 행해졌는지를 비교 고찰하면 좀 더 자세한 윤곽을 살펴볼 수 있으리라 생각된다. 이런 점에서도 풍속 검열은 풍속 통제 연구와 병행되어야 한다.

38) 나가이 요시카즈는 풍속 통제의 이러한 특성을 풍속 통제에서의 융이(融離) 정책이라고 규정했다(강조는 인용자). 즉 일본에서 "전전의 제도의 기초는 근세 이래의 풍기 정책의 노하우였다. 그 핵심의 발상은 나쁜 것을 구획된 공간에 융이(融離)시키는 방식이었다. (에도 시대에는 비공인 사창 지대를 '섬'이라고 했다.) 사창을 엄금했지만, 증가하는 사창을 어쩔 수 없었기 때문에 일정한 공간적 통합과 정리를 조건으로 사창과 여인숙을 허가했다. 이에 따라 도로변에 슈쿠바마치(宿場町 : 에도 시대에 역참을 중심으로 발달한 마을)에 매매춘 장소가 존재하게 되었다". 또 이는 카페나 댄스홀을 거리에서 들여다보이지 않도록 건축 구조를 만들게 한다거나(그러나 경찰은 언제나 들여다볼 수 있게 하는 임검 제도와 병행하여), 풍속영업으로 간주된 영업을 대로변이 아닌 뒷골목에 한정해서 허가하는 방식으로 드러났다. 이를 나가이 요시카즈는 '가코이코미(囲い込み)'라고 명명하며, 이러한 방식이 현재 일본의 풍속영업에서도 그대로 반복되고 있다고 지적한다. 永井良和, 《風俗營業 取締り》, 13~15쪽 참조.

39) 이에 대해서는 권명아, 《역사적 파시즘》에서 논의한 바 있다. 전시체제에서 유흥 문화와 오락거리에 대한 단속은 특히 조선의 학생층에게 큰 발발을 불러일으켰다. 복장, 머리 스타일, 술, 담배, 영화 관람, 교외로 놀러 다니기, 마작, 당구 등 주로 남성 학생층의 문화였던 '풍속'에 대한 일대 통제는 전시 동원 체제에서 이른바 국책이라는 측면에서 생활 혁신의 주요 영역이 된다. 이는 풍속 통제의 오래된 패러다임이 전시에 '생활 혁신'과 이를 위반하는 '비국민적 행위'라는 새로운 패러다임과 결합된 전형적인 산물이다.

40) 〈新聞, 雜誌, 普通出版物의 取締狀況〉, 《朝鮮出版警察概要》(1937), 634쪽.

41) 여기서는 1937년 조선의 출판 시장을 정리하면서 총평으로 다음과 같이 정리하고 있다. "조선인 교육의 보급에 따라 그들은 이와 같은 조선에서 출판되는 출판

물에만 만족하지 않을 것이며 특수한 출판물을 제외하고는 장래에 반드시 그 체제
와 내용이 충실한 내지 발행의 출판물이 절대적으로 환영받을 시기가 도래하고 있다는
것은 분명한 사실이다"(강조는 인용자).《朝鮮出版警察槪要》, 534쪽.

42) 1937년 조선 출판 시장의 경향을 "특히 조선인의 출판물에 대하여는 아동물 등
의 가정적 취미와 오락을 중심으로 한 소설, 전기류와 위생·문예 방면의 출판이 증
가했고, 특히 농공상, 기타 산업·종교 방면 출판물의 증가는 조선 민중의 자기 각
성을 말하고 있고 가정적으로는 자제의 교양에 노력함과 함께 한편으로는 자기
의 수양과 근면 갱생의 미풍이 자리 잡고 있다는 증거로서 이는 전적으로 당국의
계몽운동에 의한 심전 계발의 노력의 결과로서 통치상 참으로 기뻐해야 할 현
상"이라고 평가하고 있다(강조는 인용자). 이는 정치·경제·사회·문화에 대한
출판이 쇠퇴하고 사상 대신 오락서와 실용서가 자리 잡은 것이 "수양과 근면 갱
생"의 미풍의 증거라는 의미이다.《朝鮮出版警察槪要》, 526쪽.

43)《朝鮮出版警察槪要》에서는 조선어로 발행되는 정기간행물을 "청년남녀에게 애
독되는 출판물"과 "소년소녀를 대상으로 한 출판물"로 분류해 고찰하고 있다. 청
년남녀에게 출판되는 계속출판물은 다음과 같으며, 이 종류의 출판물에서는 더
이상 불온한 기사가 발견되지 않는다고 보고하고 있다.
"嶺南春秋, 三千里, 三千里 文學, 三千里 映畵, 女性, 朝鮮, 四海公論, 南鮮公論, 慶北公
論, 野談, 月刊野談, 啓明時報, 實業時報, 中央時報, 朝光, 映畵時代, 實生活, 新人間 등
외에 팸플릿식의 잡지도 다수 있다. 그 내용은 문예, 산업, 수양, 사상, 종교 방면
을 취급하고 있는 것이 다수로서 출판 전 원고 검열을 시행한 결과, 이 종류의 출
판에서는 불온(不穩) 혹은 풍괴적(風壞的) 기사가 전혀 없다."《朝鮮出版警察槪
要》, 526~529쪽 참조.

44) 조선의 시는 30년 동안의 전성기를 거쳐서 이제는 "순수예술의 형태로만 잔존하
고 있다"고 평가한다. 즉 "조선문(朝鮮文)의 신시나 또는 일반 문학도 마찬가지
로 병합 전후의 발아기를 지나 언문일치의 초기 준비 시대에 의해 약 30년간의
성상(星霜)을 경유하여, 그 발전과정은 다이쇼 12년 이래 의식적 민족주의의 시
나 무산계급 운동의 선전시가 대립하여 그 중간에는 해외 번역시가 존재하는 등
3파의 대립을 지속하여왔으나, 최근에 이르러 사회 정세의 변화에 수반하여 대
체로 순 예술 완성의 범위에 한하여 잔존(殘存)함에 이르렀다"고 평가했다.《朝
鮮出版警察槪要》, 532~533쪽.

45) 이 종류의 출판물은 통제 주체가 가장 중점을 두고 다루어왔다. 따라서 1937년 시
점에서 조선어로 된 정치·경제·사회·문화 분야의 출판은 거의 전무한 상태에
이르고 있다고 보고한다. 이에 대해 출판 경찰은 다음과 같이 분석하고 있다.
"정치·법률·경제 또는 보통 과학 등에 관한 출판물은 그 수량이 극히 적은데,
이는 아무래도 이들에 대한 연구자는 국어에 대한 상당한 해독력이 있고 외국어
도 이해하는 자가 많기 때문에 조선에 있어서 출판되는 내용은 빈약하고 좀 더
직접 정확한 원저에 의해 연구하기 때문에 언문 번역된 것이 필요하지 않다는 데
기인하는 것 같다."《朝鮮出版警察槪要》, 533쪽.

46) 그럼에도 한문 서적에 대한 통제는 주의를 요하는 대상으로 꾸준히 논의되고 있
다. 일찍이 서당은 중일전쟁 이전부터 체계적으로 통제되어왔기 때문에, 서당
의 한문 서적은 통제가 거의 완료되었다고 보고하고 있다. 즉 "서당에서 아동의
학습용 교과서 대용으로 쓰이는 한문 서적은 다이쇼 7년 총독부 제령 제9호《書
堂規制發布ニ關スル件》에 의해 금지한 바 있다. 대표적으로는《동몽선습(童蒙先
習)》같은 것은 그것들이 숭지사상(崇支思想)을 고취하여 우리의 국체와 양립할
수 없는 것으로, 이 종류의 서적은 점차 출판, 또는 강독하는 방침을 지속해왔기
때문에 그 자취가 점차 사라진 상태이다"라고 분석하고 있다.《朝鮮出版警察槪
要》, 534쪽.

47) 1930년대 잡지에서는 이른바 구한말에 대한 애사·통사류의 담론이 급증하는
현상을 볼 수 있다.

48)《朝鮮出版警察槪要》, 534쪽.

49) "종래 조선에서는 아동의 읽을거리는 대개 공맹의 도를 논하는 경파적(硬波的)
인(무거운) 것이 많았으나 근래 들어서는 취미나 오락 등 가정적 읽을거리의 출
판물이 점차 많아지고 아동 면학(勉學)의 참고가 될 수 있는 것도 증가함을 볼
수 있다. 이와 같은 정세는 전혀 특이한 현상이라고 말할 수 있는데, 다이쇼 13
년 중반만 해도 겨우《어린이》외에는 출판물의 출현을 볼 수 없었지만, 금일에
이르러는 이외에도 新兒童, 新少年, 星の國, 幼年畵報 등 외에도 다수의 아동을 대
상으로 한 계속출판물이 출현하고 있다. 이는 조선인 교화 단체 등이 유소년 애
호 지도와 선전에 힘을 쏟은 결과인 동시에, 다른 측면에서는 조선 민중이 자녀
의 교양을 각성시킨 결과라고 단언할 수 있다. 이 종류의 출판물의 내용은 동화·
수양·위인전기 등 평이하게 기술된 것이어서 안녕이나 풍속상 불온당한 기사를

취급하는 것이 없다 해도, 그 내용은 대체로 학령 아동 이상을 표준으로 하고 있는 고로 거기에 실리는 기사는 상시 주의를 요하는 바이다."《朝鮮出版警察概要》, 529쪽. 즉 아동 잡지의 출판이 증가하는 것은 조선인의 면학열이 반영된 것으로 보면서, 이를 긍정적이기보다는 주의를 요하는 현상으로 바라보고 있다.

50)《朝鮮出版警察概要》, 531~532쪽.

제2장 음란함과 죽음의 정치 ─ 선량한 시민과 좋은 일본인, 풍기문란자들과 비국민

1) 황종연, 〈노블, 청년, 제국〉,《상허학보》제14집(상허학회, 2005).

2) 황종연, 〈노블, 청년, 제국〉, 286쪽.

3) 이광수,《무정》(1917) ; 김철 교주(校註),《바로잡은 무정》(문학동네, 2003), 337~339쪽.

4) 이런 맥락에서 볼 때 이광수에게 예술·교육·동정·문화는 속성을 개조하는 기구apparatus라는 측면에서 동일한 의미를 띠는 것이다.

5)《바로잡은 무정》, 230쪽(현대어 표기로 바꾸어 인용함).

6) 이광수,《무정》, 392~393쪽.

7) 근대적 개인이 탄생하는 이 문명화의 시간은 통속적으로 이해되듯이 단순히 자연에 대한 투쟁의 산물이 아니다. 즉 음란한 자들을 매장하면서 탄생하는 문명화의 논리란 단지 '과거적인 것' '자연적인 것'과의 대립과 투쟁의 산물이 아니다. 통속적으로 이해되는 것과 달리 "문명적인 것"(또는 문명화의 논리)은 단지 '자연'과의 투쟁의 산물이 아니라, 자연적인 것을 인간적인 것의 '속성'으로 구성하는 전도에 의해 이루어진 것이다. 이를 통해 탄생한 것이 이른바 '근대인의 본성'이자 '선량한 시민의 덕성'이며 '건전한 국민의 속성'이다. 이 전도의 과정은 매우 중요한데, 여기서 가치 있는 삶(존재)과 무가치한 비존재라는 근대적인 인간 개념이 형성되기 때문이다. 가치 있는 삶(존재)이 자연스러운 덕성의 담지자가 되는 그 순간, '반자연적인 것'으로서 무가치한 비존재라는 규정은 탄생한다. 그리고 이 무가치한 비존재가 더 이상 '생명/존재가 아닌 어떤 것'으로 규정되는 것도 바로 이러한 근대적 인간이 탄생하는 그 순간이다. 따라서 근대적 인간을 규정하는 범주와 이념과 가치판단이 지속되고 재생산되는 그곳은 바로 무가치한 비존재가 지속적으로 재생산되는 장소이며, 거기에서 재연되는 것은 보편적인 인간 가치에 대한 확인이 아니라 죽음의 정치이다. 그것이 '문학의 가치'라는 이름으로 재생산된다

해도 사정은 그리 다르지 않다. 이와 관련해서는 풍기문란에 대한 법적 처벌의 기준을 생명정치의 차원에서 고찰한 3절에서 다시 자세하게 논의할 것이다.

8) 이러한 현상은 이광수나 근대 초기의 텍스트에만 나타나는 것은 아니다. 한국전쟁 이후 분단국가가 형성되는 과정에서 냉전 시기 한국인의 주체성은 특정한 집단을 '매장'하고 획득된 것이기 때문이다. 냉전기에 이렇게 매장된 신체를 나는 전쟁상태적 신체라고 명명했다. 또 최인훈이 한국의 주체가 형성되는 과정을 역사적으로 사유하는 것은 죽음을 발굴하는 일이라고 규정한 것도 이러한 점과 관련된다. 이에 대해서는 3부에서도 자세히 논의할 것이다.

9) 권철휘, 〈월하의 공동묘지 : 기생월향지묘〉(1967).

10) 李一, 〈전차와 신체제〉, 《여성》(1942년 11월), 62쪽.

11) 요세프 게펠쓰, 〈知識人에 訴함〉, 《춘추》(1941년 5월), 140~142쪽.

12) 香山光郞, 〈靑年の心一つ〉, 《同胞に寄す》(박문서관, 1942년 1월) ; 이광수, 《동포에 고함》, 김원모 · 이경훈 편역 (철학과현실사, 1997), 89쪽에서 재인용.

13) 陸軍省 情報部 步兵中佐 藤田實彦, 〈그대의 겨테 스파이가 있다―부인의 지위가 향상하면 국가 기밀에 접하기 쉬워〉, 《여성》(1942년 10월), 20쪽.

14) 이와 관련하여 이른바 '국어 해득', 즉 일본어 능력이 식민지인에게 국민화의 가장 중요한 척도가 된 점을 다시금 고찰할 필요가 있다. 내선일체 이념은 그 내적 모순과 현실적 불일치에도 불구하고 조선인들에게 언어 능력, 충성심 등 특정한 '자질'을 함양함으로써 국민이 될 수 있다는 환상을 불어넣었다. 따라서 내선일체 이념이 국민화를 향한 열망, 또는 참가의 환상을 형성한 기제가 국민 됨이라는 것을 특정 자질을 함양하여 인간의 속성을 개조함으로써 가능한, 그런 의미에서 '협상'과 '자유로운 계약적 관계'인 것처럼 제기하고 있는 지점을 고찰해야 한다. 물론 이러한 내선일체의 이념이 현실적으로 실현된 것은 아니다. 내선일체 이념에서 일본어의 문제에 대해서는 권명아, 〈내선일체 이념의 균열로서 '언어'〉, 《대동문화연구》(2007년 9월) 참조. 또 내선일체 이념이 식민지인에게 일본어 능력 등을 바탕으로 국민이 될 수 있다는 환상을 불어넣은 기제에 대해서는 권명아, 《역사적 파시즘》(책세상, 2005) 참조.

15) 김영환, 〈풍속을 해하는 죄에 관한 비판적 고찰〉, 《형사법연구》 제22호(2004년 겨울), 861~862쪽.

16) 植松正, 〈猥褻の槪念〉, 佐伯千仞 · 団藤重光 編, 《総合判例研究叢書》 第5 刑法 ; 第

19(東京 : 有斐閣, 1963), 1〜3쪽.

17) 日高義博, 〈猥褻裁判と刑法の脱倫理化〉, 專修大學 今村法律研究室 創立40周年記念講演會(1990. 10. 30), 43〜46쪽.

18) 조르조 아감벤,《호모 사케르 : 주권 권력과 벌거벗은 생명》, 박진우 옮김(새물결, 2008), 324쪽.

19) 조르조 아감벤,《호모 사케르 : 주권 권력과 벌거벗은 생명》, 325쪽.

20) 페이트먼은 이를 근대적인 시민적 노예화라고 규정하고 있다. 캐럴 페이트먼,《남과 여, 은폐된 성적 계약》, 이충훈 · 유영근 옮김(이후, 2001), 100〜102쪽.

21)《朝鮮警察法大意》, 朝鮮總督府 警察官講習所 編,《警察教科書》(1926), 78〜86쪽.

22) 重田忠保,《風俗警察の理論と實際》(東京 : 南郊社, 1934).

23) 重田忠保,《風俗警察の理論と實際》, 18쪽.

24) 사회계약론을 비판적으로 고찰하는 논자들이 공통적으로 지적하고 있듯이 사회계약론의 서사는 여성, 미성년, 하위 주체들을 '자연'으로 시민사회 영역에 포섭/배제했다. 이 포섭/배제의 논리는 속성(성차 · 연령 · 인종 등)에 따른 구별과 배제와 지배의 정당화에 의해 작동하는 것이다.

25) 근대 초기부터 1920년대 중반까지 이른바 '취미'라는 개념이 형성되면서 건전한 취미와 비속한 취미에 대한 구별 기제가 형성되는 역사적 과정을 탐구한 천정환과 이용기의 연구는 이런 맥락에서 볼 때 근대적 주권성의 형성과 배제의 기제를 구체적으로 밝힌다는 점에서 의미가 있다. 천정환 · 이용남, 〈근대적 대중문화의 발전과 취미〉,《민족문학사연구》30호(2006).

26) 어떤 점에서 도덕적 비난(그리고 이에 내포된 인격적 모욕)과 법적 규제는 특정 주체의 노예화한 위치를 보여주는 동일한 지표이다(강조는 인용자). 즉 페이트먼은 노예제와 근대적인 시민적 노예화의 공통점과 차이점을 노예가 지니고 있는 특성, 즉 전쟁과 노예 획득, 그리고 성적 차이에 따른 지배 구조(전쟁에서 체포된 적의 경우, 남성은 살해되고 여성은 성노예가 되는 구조)를 빌려 다음과 같이 설명한다. 노예는 "사회적으로 죽은 인간"이다. 노예는 강제적으로 "세상에서 추방"되었기 때문에 "그는 어떠한 정당한 사회적 질서에도 그 자신의 권리를 귀속시킬 수 없다". 또한 노예의 사회적 존재와 가치는 전적으로 주인을 통해 반영되는 것이었기 때문에 노예가 "모욕당하는 것은 일반적인 일"이었다. 한 개인이 시민적인 계약에 들어옴으로써 모욕당하거나 사회적으로 죽은 재산이 되지 않는다는 점을

이야기할 필요는 거의 없을 것이다. "개인이나 인간을 영원히 예속시킬 수 있다고 하는 생각은 인간의 발명품이다. 레르너는 복종과 '타자성otherness'의 사례가 이미 그에 앞서 존재했었기 때문에 노예제가 등장할 수 있었을 것이라고 추측한다. 여성들은 이미 집단적으로 남성에게 예속되어 있었다." 노예제를 다룬 한 역사가는 "노예에 대한 자유로운 성적 접근은 그들이 법적으로 분류되는 것만큼이나 그들을 다른 사람들과 구분하는 것"이라고 서술했다. 캐럴 페이트만,《남과여, 은폐된 성적 계약》, 100~102쪽. 생명정치에 대한 조르조 아감벤의 논의는 푸코의 생명정치에 대한 논의와 한나 아렌트가 다룬 전체주의에서 '죽음의 정치' 사이의 관계를 구축하고자 하는 시도를 담고 있다. 이는 발터 벤야민의 '폭력 비판론'을 재독해하는 작업의 연장이기도 하다. 그러나 다른 한편으로는 조르조 아감벤의 논의가 근대적 주권성이 '차이에 근거를 둔 지배의 정당화' 과정이었다는 점을 비판해온 페미니즘 사상가들의 작업 연장선에서도 살펴볼 필요가 있다. 이런 점에서 볼 때 페이트먼과 아감벤의 논의 사이에 유사한 문제의식을 발견할 수 있다. 즉 양자 모두 근대적 주권성을 생명정치와의 관계 속에서 사유하면서, 계약론의 주권성 모델을 비판하고 있는 것이다. 페이트먼과 아감벤에게 결국 근대적 주권성은 "자발적 복종"의 구조와 마찬가지이다. 근대적 주권성의 신화를 비판하면서 페이트먼은 '노동의 신성함'을, 아감벤은 '생명의 존엄성'이라는 이념을 주요한 비판 대상으로 삼고 있다. 아감벤과 페이트먼은 공히 두 개념 모두 근대의 계약론적 모델에 의해 신성화된 개념으로, "사회주의자이든 페미니스트이든" 이러한 범주를 통한 사유를 지속하는 한 근대 주권적 권력의 폭력 구조를 넘어설 수 없다고 문제를 제기한다. 또 페이트먼과 아감벤은 모두 근대 주권성에 대한 비판적 사유를 바탕으로 '인권'이라는 개념의 모호함과 한계도 지적한다. 페이트먼과 아감벤의 논의가 공히 프랑스 대혁명기의 '인권' 개념에 대한 비판에 근거하여 근대의 주권적 폭력 구조를 문제시하는 것도 이 때문이다. 캐럴 페이트먼의 사상적 의미에 대해서는 샹탈 무페,《정치적인 것의 귀환》, 이보경 옮김(후마니타스, 2007) 참조. 이 밖에도 권명아,《탕아들의 자서전 : 가족 로망스의 안과밖》(태학사, 2008) 참조.

27) 조르조 아감벤,《호모 사케르》, 35쪽.

28) 조르조 아감벤,《호모 사케르》, 59쪽.

29) 스파이 담론과 방첩에 관한 법제에서 스파이(방첩 범죄)를 규정하는 세목은 무

한 증식하는 형태를 취한다. 또 이러한 국민 됨의 이념은 전시 동원 체제에서 이른바 '황민화'(내선일체)가 여러 집단들 간의 차이에 기반을 둔 지배(와 복종)라는 구조를 취함으로써 식민지 조선 사회를 준(準)내전 체제로 구성하게 된다. 이에 대해서는 권명아, 《역사적 파시즘》 참조.

30) 레나타 살레클은 인종주의에 기반하는 혐오 발화의 사례를 연구하면서, 혐오 발화의 실제 효력은 그 발화의 대상을 무력화시킴으로써 노예적인 상태를 수긍하게 만드는 것이라고 분석한다. 이에 대해서는 레나타 살레클, 〈악은 보지도, 말하지도 말라 : 증오 표현과 인권〉, 이성민 옮김, 《사랑과 증오의 도착들》(도서출판 b, 2003) 참조.

31) 이것은 내가 《역사적 파시즘》에서 스파이에 대한 무한 증식하는 담론이 의미하는 바를 통해 제기한 문제이기도 하다.

제3장 식민성, 문란함, 그리고 《나나》

1) 《나나》의 번역 상황에 대해서는 별첨 표를 참조.

2) 일제시기 에밀 졸라의 텍스트 수입에 대한 연구는 크게 두 가지 차원에서 논의될 수 있다. 하나는 서구 고전 번역 수용과 한국 근대문학 형성의 관계에 대한 연구이다. 이에 관해서는 자연주의 문학 연구를 중심으로 많은 논의들이 진행되었다. 두 번째로는 번역(사)의 지점에서 이루어지는 연구라 할 것이다. 번역사적 맥락의 연구는 김병철의 연구 이래 큰 진전을 보이지는 못하고 있는 듯하다. 그간 자연주의 문학 이입 논쟁이나 연구들의 문제의식을 비판적으로 계승한 최근의 연구로는 박성창, 〈1920년대 한국 자연주의 담론에 나타난 에밀 졸라의 표상과 자연주의적 묘사〉, 《한국현대문학연구》 20호(한국현대문학회, 2006), 177~225쪽 참조. 박성창 역시 이 글에서 한국 근대문학에서 에밀 졸라의 수용은 작품을 통해서보다는 비평이나 이론의 층위에서 소개되었다고 지적하고 있다. 에밀 졸라에 국한해서 볼 때 번역사적 차원의 연구는 쉽게 찾기 어려운 상황이다. 다만 번역의 문제로서 에밀 졸라 작품 수용에 대해 다룬 연구로는 윤진, 〈낯섦의 번역, 번역의 낯섦—에밀 졸라의 《목로주점》 번역 읽기〉, 《불어불문학연구》 84집(한국불어불문학회, 2010년 겨울), 325~366쪽 참조.

3) 金秉喆, 《韓國近代飜譯文學史研究》 1, 2(乙酉文化社, 1975) 참조.

제3부 정조 38선, 혁명과 간통의 추억과 풍기문란—냉전과 풍기문란의 변용

제1장 정조 38선, 퇴폐, 그리고 문학사—풍기문란과 냉전 프레임을 중심으로

1) 〈광복 30년—풍속사범, "정조(貞操) 38선(線)서 연예(演藝) 스캔들까지"〉,《조선 일보》(1975년 6월 14일자).

2) 이 성명서는 1947년 1월 21일자《조선일보》에 〈허영녀(虛榮女)에 경고〉라는 제 목으로 실렸다.

3) 아프레après-girl은 "프랑스어로 전후를 뜻하는 아프레게르après-guerre를 여 성화한 독특한 조어이다. '아프레게르'는 전후파라는 의미로 형을 찔러 죽인 청년 이나 여성 편력 끝에 성병을 얻은 10대 소년, 충동적인 권총 강도 등 패륜에 가까 운 자극적 사건을 수식하는 문구였다. 아프레게르라 지칭된 사건은 타락과 반항 과 방종을 상징하는 것이었다. 반면 아프레걸은 분방하고 일체의 도덕적 관념에 구애되지 않고 구속받기를 잊어버린 여성들을 뜻하는, 성적 방종이라는 의미로 편향된 단어이다". 이와 관련해서는 천정환 · 권보드래,《1960년을 묻다 : 박정희 시대의 문화정치와 지성》(천년의 상상, 2012), 471~472쪽 참조.

4) 데리다는 방탕함roué과 민주주의의 관계가 의미론적으로나 역사적으로 선로 이 탈, 차형(車刑)roue, 바퀴roue, 한 표를 행사하는 차례tour와 관련된다고 논한다. 데리다는 방탕함에 대한 개념의 역사, 또는 자유에 대한 개념의 역사는 측정 불가 능한 것을 측정하고 계량하는 척도를 산출하는 과정이었다고 고찰한다. 자크 데 리다,《불량배들》, 이경신 옮김(휴머니스트, 2003), 66~67쪽.

5) 이런 이유에서 데리다는 불량배란 조르주 바타유가 말하는 주권이라는 반개념 의 모든 요소를 가지고 있으며, 또는 벤야민이 말하는 대역죄인들 가운데 한 사람 이기도 하다고 논한다. 또한 불량배란 늑대인간이기도 하다. 즉 방탕함에 대한 데 리다의 질문은 "짐승과 군주"에 관한 물음이며 "주권의 문제들에 있어 늑대의, 늑 대 형태들의, 모든 늑대 인간의 어떤 계보학이론"이다. 자크 데리다,《불량배들》, 147~155쪽.

6) 이 부분의 논의는 1부 2장 참조.

7) 사회계약론의 담론 구조와 여기서 주권성의 양도와 포기에 대해서는 Carole Pateman, *The sexual contract*(Cambridge : Polity Press, 1988) ; 캐럴 페이트 만,《남과 여, 은폐된 성적 계약》참조.

8) 조르조 아감벤, 《호모 사케르》, 박진우 옮김(새물결, 2008) 참조.

9) 이에 대해서는 1부 1장 4절 참조.

10) 〈"못된 유행"—20년대 퇴폐풍조〉, 《조선일보》(1973년 4월 24일자).

11) 〈"못된 유행"—20년대 퇴폐풍조〉.

12) 백철, 《신문학사조사》(민중서관, 1952), 123쪽.

13) 1930년대 퇴폐라는 규정이 내포한 미학적 · 역사철학적 함의에 관해서는 김예림, 《1930년대 후반 근대 인식의 틀과 미의식》(소명출판, 2004) 참조.

14) 백낙준, 〈삼일정신론—우리 독립선언서의 4대 기본자유에 대하여〉, 《사상계》 1953년 4월 창간호).

15) 백낙준, 〈삼일정신론—우리 독립선언서의 4대 기본자유에 대하여〉, 118쪽.

16) 백낙준, 〈삼일정신론—우리 독립선언서의 4대 기본자유에 대하여〉, 121쪽.

17) 백낙준, 〈삼일정신론—우리 독립선언서의 4대 기본자유에 대하여〉, 118~119쪽.

18) 백낙준, 〈삼일정신론—우리 독립선언서의 4대 기본자유에 대하여〉, 121쪽.

19) 국사편찬위원회, 《중학교 국사》(대한교과서주식회사, 2002), 272쪽.

20) 분단 체제에서 남북한이 3 · 1운동을 기술하는 방식과 차이에 대해서는 염주희, 〈3 · 1운동에 대한 남북 역사 교과서 서술 내용 비교 분석〉, 이화여자대학교 교육대학원 석사학위 논문(2007) 참조.

21) 진단학회 편, 《국사교본》(조선교학도서, 1946).

22) 이러한 범주화는 가장 최근에 금성출판사에서 간행한 역사 교과서에서도 유지된다. 금성출판사에서 펴낸 역사 교과서는 기술 방식에서는 많은 차이를 보이지만, 현대를 역시 '일제 식민 통치와 민족의 수난'이라는 범주 아래 포괄하고 있다. 물론 이 역사 교과서는 이전 교과서들과 달리 현대사를 구체적이고 세분화해서 기술하고 있다는 점에서는 완전히 변별적이다. 그러나 1919 · 3 · 1의 배치나 근대사에 대한 범주화에서는 이전의 서사 방식을 답습하고 있기도 하다. 즉 금성출판사의 역사 교과서에서도 1919 · 3 · 1은 3절 '민족 독립 운동의 전개' 속에 포괄되어 있다. 3절 '민족 독립 운동의 전개'는 1장 〈일제 식민 통치와 민족의 수난〉, 2장 〈3 · 1운동과 대한민국 임시정부〉, 3장 〈무장 독립 운동의 전개〉, 4장 〈사회, 경제적 민족 운동〉, 5장 〈민족 문화 수호운동〉 등 5개 장으로 구성되어 있다. 각 장과 절을 세분화하고 기술 내용이 좌우 형평성을 맞추었다는 점에서 금성출판사의 역사 교과서는 이전의 역사 기술과 구별되지만, 현대사를 배치하고 범주화하

는 방식에서는 이전의 역사 기술과 '질적으로' 구별되는 서사를 보여주지 않는 다. 김한종 외 5명,《고등학교 한국 근·현대사》(금성출판사, 2002) 참조.

23) 진단학회 편,《국사교본》, 172~174쪽. 물론《국사교본》에서는 사회주의에 대해 간략하게나마 그 의미를 평가하면서 기술하고 있다.

24) 진단학회 편,《국사교본》, 176쪽.

25) 이에 대해서는 권명아, 〈환멸과 생존―협력 담론의 역사〉,《식민지 이후를 사유 하다―탈식민화와 재식민화의 역학》(책세상, 2009) 참조. 1919·3·1과 병든 신 체의 의미에 대해서는 4장에서 다시 논하겠다. 먼저 밝혀둘 것은, 이러한 논의는 내가 친일 협력을 포함한 현대사를 질병으로 판단하는 것이 아니라는 점이다. 오 히려 '현대'를 질병으로 유비하는 것은 냉전 서사의 전형적인 유형이다. 그런 점 에서 냉전의 신체 속에서 친일 협력을 포함한 '현대'는 언제나 질병의 형식, 또는 억압된 것의 형식으로만 존재한다는 뜻이다. 따라서 이 역의 방식, 즉 '현대'가 억 압된 것의 형식을 벗어나지 못하는 이유는 우리가 여전히 냉전의 몸속에 있기 때 문이다.

26) 최남선,《국민조선역사》(동명사, 1947), 230쪽.

27) 최남선 서(序)(책 표지에 최남선이 서문을 썼다는 것을 밝혀놓았다), 김종권 저, 《국난사개관》(범조사, 1956).

28) 신범식,《국난극복의 역사》(대성문화총서, 1963).

29) 이선근,《한민족의 국난극복사》(숭문출판사, 1978).

30) 문교부,《시련과 극복》(동아서적, 1972).

31) 백철,《조선신문학사조사》근대 편(수선사, 1948) ; 현대 편(백양당, 1949).

32) 전용호, 〈백철의《신문학사조사》개작에 관한 연구〉,《어문논집》(민족어문학회, 2005), 291쪽.
백철의 해방 이후 문학사 기술에 대해서는 김윤식,《백철 연구》(소명출판, 2008) 참조. 백철 문학사의 판본 변화와 개작 양상에 대해서는 전용호, 〈백철 문학사의 판본 연구〉,《민족문화연구》(고대민족문화연구회, 2004) 참조.

33) 전용호, 〈백철 문학사의 판본 연구〉, 294쪽.

34) 백철 자신도 이러한 반영 과정을 명료하게 기술한 바 있다. 〈국문학사 연구와 현 대 의식〉(고대 국어국문학연구회 월례 발표회, 1976. 11. 13)이라는 글에서 백철 은 "현대문학 운동"은 일제 36년을 청산하는 데서 비롯되었다며 논의를 시작한

다. 즉 백철은 해방 후 "현대문학 운동"과 관련해 "특히 지난 36년간의 한국 신문학운동은 민족문학다운 것이 아니었으니까 이제부터는 본격적인 민족문학을 운동으로 해가야겠다는 것이 해방을 맞이한 문단인 전체의 의사표시로 된 사실이다"라고 논한다. 그러나 백철은 이러한 현대문학 운동이 1960년대에 들어서야 본격화되었다고 논하는데, 여기에 가장 크게 기여한 것이 1960년대의 전통론이다. 이에 대해 백철은 "이 전통론은 현실적으로 정부적인 차원에서 내세운 주체성 문제와 상응한 문단의 과제였다고 할 수밖에 없다. 주체성을 세우는 것, 국적이 있는 교육과 문화를 장려하고 문화재를 발굴해서 소중히 관리하는 일 등이 모두 자기 것을 소중히 하는 전통의식의 표현이 되지 않을 수 없다"고 논한다. 백철, 〈국문학사 연구와 현대 의식〉, 271쪽 참조.

35) 백철, 《조선신문학사조사》, 78쪽.

36) 백철, 《조선신문학사조사》 근대 편, 178쪽. 이 부분은 전집본에서 삭제되었다. 전용호의 논문은 3·1운동과 관련하여 삭제된 내용으로 이 부분을 제시하고 있다. 전용호, 〈백철 문학사의 판본 연구〉 참조.

37) 백철, 《조선신문학사조사》, 149쪽.

38) 이병기·백철, 《표준 국문학사》, 131쪽.

39) 이병기·백철, 《표준 국문학사》, 173쪽.

40) 이병기·백철, 《표준 국문학사》, 160쪽.

41) 전용호는 여러 판본에서 《낙동강》에 대한 평가가 원본과 달리 부정적이고 제한적인 의미로 축소되는 점을 지적했다.

42) 백철, 《조선신문학사조사》 근대 편, 274~275쪽.

43) 백철, 《신문학사조사》, 195쪽.

44) 백철, 《신문학사조사》, 195~196쪽.

45) 백철, 〈국문학사 연구와 현대 의식〉, 271쪽 참조.

제2장 죽음과의 입맞춤 — 혁명과 간통, 사랑과 소유권

1) 최인훈, 《구운몽》(문학과지성사, 1961) ; 《광장/구운몽》(문학과지성사, 1996), 219쪽.

2) 김주열의 시신 사진, 《부산일보》(1960년 4월 12일자). 1960년 4월 11일, 당시 《부산일보》 마산 주재 허종(2008년 85세로 별세) 기자가 찍은 사진이다. 전국의 신

문·통신사는 이 사진을 복사해 실었으며, AP통신을 통해 이승만 독재정권의 만행이 전 세계에 알려졌다. 전성태,《김주열》(민주화운동기념사업회, 2003) 참조.

3) 박태순은 노동자 학생 김주열과 구두닦이 소년 오성원의 죽음이 4월혁명의 기폭제가 되었다는 점을 논하면서 "'4 · 11 마산 제2차 봉기'에 누구보다 열렬히 앞장 섰던 사람들은 '직업 소년 학교'에 다니며 경찰관의 심부름을 해주는 등 물질적 · 정신적으로 핍박을 받아왔던 구두닦이 소년들"이라고 해석한다. 박태순,〈4월혁명의 기폭제가 된 김주열의 시신〉,《역사비평》16호(1992년 봄), 190쪽.

4) 당시 이 사진이 준 파급 효과는 상당한 것이었다. 김승현은 4 · 19혁명에서 보도사진이 수행한 역할을 논의하면서 그중 중요한 계기가 된 사진이 "김주열의 시신이 눈에 최루탄이 박힌 채 바다에 버려진 사진과 인양 후에 태극기를 덮어놓은 부패한 시신의 사진 등"이라고 평가한다. 김승현에 따르면 이 보도사진은 "눈에 박힌 최루탄을 보여줌으로써 한 개인의 몸에 침투된 공권력을 극명하게 보여주고 있다. 다시 말해 권력은 국가 기관이 소유하고 있는 양도성의 것이 아니라 시민들의 일상생활 속에 침투해 있다는 것을 보여준다. 국가 권력의 편재성은 데모대를 저지하는 경찰들의 모습에서 나타나지만, 이러한 국가 권력이 인간 자유의 최종 보루인 몸body에 뚜렷이 각인된 사실을 정확히 보여주는 보도사진은 흔치 않다". 김승현,〈신문 사진에 나타난 인본주의적 가치—4 · 19혁명 보도사진을 중심으로〉,《커뮤니케이션과학》17호(2000), 43쪽.

5)〈인양된 시체 신원 확인되자 흥분, 함성 속에 혼란된 마산〉,《동아일보》(1960년 4월 12일자).

6)〈눈에 박힌 최루탄 터질 우려 늦어지는 김군 시체 해부〉,《동아일보》(1960년 4월 13일자).

7) 최인훈,《구운몽》, 305〜306쪽.

8) 진영숙은 1960년 당시 15세로 4월 19일 시위 도중 피살되었다. 4월혁명 추도 특집인《여원》1960년 7월호에 진영숙의 유서가 그녀의 사진과 함께 추도 화보로 실려 있다.

9) 이러한 사실은 4월혁명과 4 · 19세대에 대한 좌담에서도 다시 환기된 바 있다. 김병익은 "3 · 1운동이나 4 · 19가 직접적으로 문학에 투영된 것은 별로 없는데 동학이라든가 6 · 25는 상당히 중요한 주제로 표현되고 있어요. 같은 민족사적이고 정치사적인 사건인데 왜 그런가 하는 생각을 가끔 해본 적이 있어요. 그것을 사후적

으로 설명할 수 있는 것은 3·1운동이나 4·19는 어떻게 보면 지식인 운동이나 상류층 운동이고, 적어도 이념이나 정치사적인 운동이지만 동학이나 6·25는 민중사적인 체험이거든요. 그러니까 문학적 형상을 얻기에는 더욱 적극적이지 않았던가. 지금 4·19를 소재로 한 작품은 의외로 적습니다. (중략) 그러니까 정치적인 사건은 문학적인 소재보다는 새로운 세대의 출현을 기약해주는 것이 아닌가 하는 생각이 들데요"라고 평가한다. 이에 대해 최원식은 "3·1운동 세대가 3·1운동을 주제로 뛰어난 작품을 못 썼다는 것, 혹은 4월혁명을 주제로 뛰어난 작품을 못 썼다는 것이 혹시 3·1운동과 3·1운동 세대 또는 4월혁명과 4월 세대의 문학적 한계와도 연결되는 것이 아닌지요?"라고 반문한다. 〈좌담―4월혁명과 60년대를 다시 생각한다〉,《4월혁명과 한국문학》(창작과비평사, 2002), 44쪽. 4월혁명의 '문학적 유산'의 '부재'와 이를 둘러싼 세대론적인 계승과 한계에 대한 이러한 시각 차이는 4월혁명의 '유산'을 둘러싼 '문학과지성'과 '창작과비평' 그룹의 오래된 시각 차이를 반영하는 것이다. 4월혁명에 관한 문학적 논의는 여전히 이러한 '유산의 상속' 문제를 둘러싸고 공방이 이어지고 있다.

10) 최인훈,《구운몽》, 306~307쪽.

11) 샤를 푸리에,〈네 가지 운동과 일반적 운명에 대한 이론〉, 변기찬 옮김,《사랑이 넘치는 신세계》(책세상, 2007), 78쪽.

12) 천정환·김건우·이정숙,《혁명과 웃음》(앨피, 2005), 103~104쪽

13) 김현,《분석과 해석/보이는 심연과 안 보이는 역사 전망》,《김현 문학 전집》7(문학과지성사, 1992), 13쪽.

14) 이태영,〈정치에 대한 여성의 관심〉, 특집〈제2공화국의 여성〉,《여원》(1960년 7월호), 88~90쪽.

15) 문강형준은 키르케고르의 '두려움과 떨림'에 대한 사유를 분석하면서 다음과 같은 흥미로운 해석을 제시한다. "철학적 개념을 읽고 공부하고 새로운 개념이 나오면 옛것을 버리고 또 앞으로 나가는 식의 태도는 사실 인간에게 아무것도 주지 못한다." 사랑과 혁명을 사유할 수 있는 이론적 언어를 새롭게 발견하고 창출하는 것의 중요함은 아무리 강조해도 지나치지 않지만, 혁명의 추동력이 되는 열정이 단지 이러한 이론의 언어를 통해서만 생성될 수 있는 것은 아니다. 문강형준은 이에 대해 사랑할 수 있는 능력과 열정을 갖는 능력은 "오직 개별자indi-vidual가 자신의 삶을 통해 치열하게 싸워서만 얻어낼 수 있는 능력이다. 철학은

개인에게 이 능력을 주지 못한다"고 키르케고르의 사유틀을 빌려 논하고 있다. 문강형준, 〈즐거운 혁명, 그 두려움과 떨림—'최후의 인간'을 넘어설 역설의 문화정치〉,《문화과학》60호(문화과학사, 2009년 겨울), 263쪽.

16) 나는 "역사상 모든 사랑 역시 아직은 소유권 분쟁에서 자유롭지 못했다"고 했지만, 여기에는 단서를 달아야 할 것이다. 역사상 소유권 분쟁에서 자유롭고자 하는 사랑의 이야기를 발굴하는 작업도 진행되고 있기 때문이다. 대표적으로는 김영민,《동무와 연인》(한겨레출판사, 2002) 참조. 김영민은 사랑보다는 우정(동무)을 혁명에 이르는 길로 보고 있다. 또 고미숙은 소유권 분쟁에서 자유로운 사랑의 사례를 노신의 사랑법에서 찾고 있기도 하다. 고미숙,《사랑과 연애의 달인 호모 에로스》(그린비, 2008) 참조.

17)《혁명과 웃음》의 저자들은 4월혁명 당시 사회적 혼란을 야기하는 "깡패"로 간주된 집단에 대한 당대의 우려와 경계의 담론을 다음과 같이 비판적으로 재해석한다. "이들이 과연 '깡패'였을까? 자유당사와 경찰서를 공격한 그들은, 바로 혁명이 필수적으로 만들어내는 민중적 급진분자였을 것이다. 거리를 청소하면서 '육법전서에 근거한' 혁명을 생각한 '먹물'과 달리, 이들이야말로 좀 더 혁명을 혁명답게 밀고 나갈 주체의 한 부분이 아니었을까?" 천정환·김건우·이정숙,《혁명과 웃음》, 198~199쪽. 즉 4월혁명을 주도한 세력이었던 학생들이 '법의 테두리' 내에서의 혁명을 상상한 것과 달리 "병신육갑"으로 치부된 비엘리트층의 열정은 사회적 혼란을 야기하는 부정적 정념으로만 간주된 것이라 할 수 있다.

18) 4·19세대의 문학적 한계가 1970년대 '민중의 발견'(또는 민족문학)에 의해 극복되었다는 견해와 이에 대한 반론은 앞서 논한 4·19혁명의 문학적 유산을 둘러싼 논란에서 여전히 반복되고 있다. 김윤식은 이에 대해 "4·19 때문에 우리는 70년대 문학을 예견한다는 허풍을 떨 것이 아니라 한국 문학이 당면하여 깊이 알았고, 또 알아가야 될 문학 자체의 문제점을 드러내는 결과에 이르러야 할 것이다"라고 비판하기도 한다. 김윤식, 〈4·19와 한국문학—무엇이 말해지지 않았는가?〉,《사상계》(1970년 4월호) ; 한완상 외,《4·19혁명론I》(일월서각, 1983), 346쪽에서 재인용.

4·19의 한계가 민중의 발견에 의해 극복된다는 민족문학 진영의 해석은 1960년대 사회운동의 한계가 1970년대 민중 지향성에 의해 극복되고 '87년 체제'에 이르러 결실을 맺는다는 '진보주의적인' 역사관의 산물이다. 1960년대에 견주어

1987년의 민주화 투쟁은 더욱 진보했다는 인식이 그 기저에 있다 할 것이다. 물론 1987년 민주화 투쟁이 1960년대의 시대적 한계를 극복한 측면이 있다는 점은 부정할 수 없지만, 두 시대 사이의 이러한 단선적 '발전'의 구도를 그리는 것은 역사를 단순화하는 것이라 할 것이다.

일례로 1960년대와 1980년대의 진보정당 운동을 비교하면서 손호철은 1960년대와 1987년의 사회운동과 그 성과는 단순하게 비교되기 어렵다는 점을 지적한다. 물론 진보정당 실험의 경우 1987년에 이르러서야 "성차별의 근절, 생태학적 발전 모형 등" 다양한 사회적 요구와 집단을 아우르려는 노력을 시도했다는 점에서 1960년대 혁명과 정치적 조직화에 대한 인식의 한계는 뚜렷하다. 손호철, 〈한국 '진보정당' 실험 비교연구―4·19혁명과 6월항쟁 이후 '민주화'기를 중심으로〉, 《한국정치학회 춘계학술대회 자료집》(1998), 292쪽.

그러나 손호철이 지적하는 바와 같이 1960년대와 1980년대의 차이를 정치적 인식의 발전이라는 차원에서 보는 것은 단선적인 평가이다. 손호철은 1960년대 초반 진보정당의 실험을 실패로 보는 견해를 반박하고 1960년대와 1980년대 말을 비교하면서, 민주화가 진척되었다고 간주되는 1980년대 이후 오히려 진보정당에 대한 대중적 지지도가 더욱 하락하는 현상을 지적한다.

즉 1960년대 진보정당에 대한 "일반적인 평가는 진보정당의 난립에 의해 진보세력이 60년 7·29 총선에서 '참패'했다는 것이다. 물론 6.8퍼센트의 득표와 10석 미만의 국회의원 확보는 서구의 진보정당 지지율이나 56년 진보당의 조봉암 후보가 획득한 득표율 등에 비추어 볼 때 저조한 것이다. 그러나 분단의 조건 등 여러 상황적 요인을 고려할 때 이는 결코 참패라고 평가할 수 없는 중요한 성과이다. 특히 1퍼센트대의 득표율에 원내 진입조차도 이루지 못한 80년대 말 이후의 실험과 비교할 경우 이는 '엄청난 성공'이라고 하지 않을 수 없다. 기이하게도 한국 현대정치사를 바라보면 한국전쟁의 상흔이 채 가시지 않았던 1956년 선거에서 조봉암 후보는 무려 30퍼센트의 득표율을 기록한 반면 60년 총선에서는 진보정당이 6.8퍼센트, 80년대 말 이후는 1퍼센트대의 득표율을 기록하는 등 진보정당의 득표율이 시간이 흐르면서 하락하는 추세를 보이고 있다는 것을 발견하게 된다". 손호철, 〈한국 '진보정당' 실험 비교연구―4·19혁명과 6월항쟁 이후 '민주화'기를 중심으로〉, 296~297쪽.

이런 관점에서 볼 때 1960년대를 정치적 자유와 혁명적 변화, 그리고 이에 대한 대중적 지지가 지금보다 모든 점에서 '미숙한 시기'라고 간주하는 견해 또한 한계가 있다고 할 것이다. 물론 진보정당에 대한 지지를 정치적 자유와 혁명적 변화를 향한 대중적 갈망의 등가물로 볼 수는 없지만, 동시에 1960년대부터 1980년대에 이를 때까지 정치적 자유에 대한 사유나 욕망이 더욱 해방적으로 '진보'되었다고 간주하는 것도 순진한 '진보주의적' 발상일 수 있다는 점을 염두에 둘 필요가 있다.

19) 이광일, 〈아직도 혁명을 꿈꾸는 자, 너 누구인가〉,《문화과학》 59호(문화과학사, 2009년 가을), 172쪽.

20) 이광일, 〈아직도 혁명을 꿈꾸는 자, 너 누구인가〉, 172쪽.

21) 이청준,《씌어지지 않은 자서전》(1969),《이청준 문학전집, 장편소설 1》(열림원, 2001), 126~127쪽. 작품에서도 밝히고 있지만, 이준은 '신문관'의 비위를 맞추기 위해 "4·19의거와 5·16혁명"이라는 표현을 쓰고 있다.

22) 김병익은 "민주주의라든가 자유라는 것의 물적 토대는 역시 어떤 경제적인 기반 위에서 가능한 것이지 그것 없이 실재하기 어려우니까요. 그래서 경제적인 근대화와 정신적인 근대화, 이것이 60년대를 이인삼각 형태로 끌고 간 것이 아닌가. 그리고 둘 사이가 제휴하거나 협력한 것이 아니라 오히려 견제하고 길항한 것이었지만 거기에서 우리 현대사가 시작된 것이 아닌가 하는 생각이 듭니다"라고 분석한다. 〈좌담―4월혁명과 60년대를 다시 생각한다〉, 39쪽.

23) 김윤식, 〈4·19와 한국문학 ― 무엇이 말해지지 않았는가?〉, 338쪽.

24)《연세춘추》1960년 5월 2일자. 신문에서는 4월 29일을 기해 전교생이 등교해서 총장 주재로 추도 예배를 드렸다고 보고하고 있다.

25) 죽음과 공동체에 대한 이러한 감각, 그리고 그 죽음을 뒷수습하는 '청소'의 형식은 최근 한국 사회에서도 다시 발견되는 현상이다. 천만 관객을 동원한 영화 〈해운대〉에서 주민들은 재난이 끝난 뒤 쓸려간 죽음을 수습하는 형식으로 해운대를 청소한다. 이는 이른바 금융위기 이후 한국 사회에 팽배한 공동체 해체에 대한 위기의식과 이를 해소하는 방식을 상징적으로 보여준다. 이와 관련해서는 권명아, 〈슬픔과 공동체의 윤리〉,《무한히 정치적인 외로움 : 한국 사회의 정동을 묻다》, aff-com 총서 1권(갈무리, 2012) 참조.

26) 폭력에 대한 발터 벤야민의 숙고 또한 바로 이 지점을 맴도는 것으로, 사랑과 증오, 신화적 폭력과 구별되는 신적 폭력에 대한 벤야민의 고민은 이와 관련된다.

27) 슬라보이 지젝,《혁명이 다가온다》(도서출판 길, 2006), 111쪽.

28) 슬라보이 지젝,《혁명이 다가온다》, 129쪽.

29) 박성환,〈기성여성세대를 고발한다〉, 특집〈제2공화국의 여성〉,《여원》(1960년 7월호), 100쪽.

30) 이청준,《씌어지지 않은 자서전》, 61쪽.

31) 강상운,〈생활도 전환기다〉, 특집〈제2공화국의 여성〉,《여원》(1960년 7월호), 91쪽.

32) 이에 대해서는 이임하,〈1950년대 여성의 삶과 사회적 담론〉, 성균관대학교 박사학위 논문(2002) 참조.

33) 특정 집단의 정념과 열정을 문란한 것으로 규정하는 방식은 정치적인 것에 대한 규정에 작동하는 헤게모니 투쟁을 뚜렷이 보여준다. 문란함에 대한 규정은 정치적인 것과 자유와 이에 대립되는 탈정치적인 것과 방종의 경계를 끝없이 재규정하면서 특정 주체를 정치와 자유의 영역에서 삭제한다. 한국 사회에서 이는 풍기문란이라는 규정을 통해 역사적으로 반복·재생산되었다.

34) 이청준,《씌어지지 않은 자서전》, 11쪽.

35) 이청준,《씌어지지 않은 자서전》, 222쪽.

36) 이청준,《씌어지지 않은 자서전》, 191쪽.

37) 최인훈,《구운몽》, 286쪽.

38) 이청준,《씌어지지 않은 자서전》, 205쪽.

39) 최인훈,《구운몽》, 307쪽.

40) 그런 점에서 이청준의《씌어지지 않은 자서전》은 4월혁명에 대한 세대적인 생애의 감각을 전형적으로 반영한다고 할 수 있다.

41) 최인훈,《구운몽》, 296~297쪽.

42) 벤야민은 꿈에 대한 분석과 이를 토대로 한 역사 탐구의 방법에 대해서 다음과 같이 논한다. "이처럼 무의식의 무정형의 꿈의 형상 속에 머무는 한 그것들은 소화 과정이나 호흡 등과 다를 바 없는 자연 과정에 그치게 된다. 집단이 정치를 통해 그것들을 내 것으로 만들고, 그것들로부터 역사가 생성되기 전까지 그것들은 영원히 동일한 것의 순환 속에 머물게 된다." 발터 벤야민,〈꿈의 도시와 꿈의 집, 미래의 꿈들, 인간학적 허무주의, 융〉,《아케이드 프로젝트 4 방법으로서의 유토피아》, 조형준 옮김(새물결, 2008), 12쪽.

43) 이러한 방식은 단지 혁명과 사랑에 대한 '자유주의적' 문법에서만 나타나는 것은 아니다. 또 이러한 문법이 4월혁명이라는, 미숙하고 실패한 혁명에 대한 서사에서만 나타나는 것은 아니다. 1987년 민주화 항쟁과 그 이후의 '변절' 과정, 또는 사회주의의 몰락과 꿈의 좌절에 대한 이른바 '386세대'의 사랑과 환멸과 변절에 대한 배신감 역시 이러한 문법을 반복한다. 386세대의 분열적인 자기 서사는 '민주화 이후' 현실의 변화를 '변절의 정치'로 규정하는 문법을 취하곤 한다. 변절의 정치를 옹호하는 것과는 다른 차원에서 이광일은 이러한 환멸의 수사를 다음과 같이 비판한다. "'변절의 정치'는 자기를 끊임없이 재구성하지 않은 채, 언제 올지 모르는 도식화된 미래의 삶에 현실을 종속시키고자 하는 '또 하나의 혁명'이 만들어낸 산물이기도 하다. 그리하여 떠나간 연인의 이름만을 들고 이미 과거의 그미가 아니라는 것을 망각한 채, 변절을 원망하는 것이 아니겠는가?" 또한 이처럼 변절에 대한 환멸은 혁명의 '원본'에 대한 강박관념에 사로잡힌 채 혁명을 순수한 '원형의 기억'으로 고착한다는 점에서 더욱 문제가 된다. "도대체 나의 원본은 혁명에 대한 '원형의 기억'인가, '또 하나의 혁명'인가, 아니면 지금 이 순간의 나인가. 이런 의미에서 만일 원본이 있다면 그것은 비대칭적이고 불균등한 사회관계들 속에서 만들어지는 것이지 미리 주어진, 어떤 고정된 것이 아니다." 이광일, 〈아직도 혁명을 꿈꾸는 자, 너 누구인가〉, 173쪽.

44) 최인훈, 《구운몽》, 287쪽.

45) 최인훈의 이러한 비판을 사실주의에 대한 거부와 모더니즘에 대한 경도로 독해해온 관성적인 독법은 그런 점에서 최인훈의 작품을 탈역사적으로 독해한 것이라고 할 수 있다. 또한 이러한 독해는 사실과 역사, 인간적인 것과 신적인 것, 개인적인 것과 보편적인 것에 대한 질문과 탐색을 소박한 리얼리즘과 모더니즘이라는 관습적인 층위로 해소한 결과라 할 것이다.

46) 최인훈, 《구운몽》, 304~306쪽.

47) "옛날에 존재했던 것에 대한 아직 의식되지 않은 지식이 존재하는데, 이러한 지식의 촉구는 각성의 구조를 갖는다." 발터 벤야민, 〈꿈의 도시와 꿈의 집, 미래의 꿈들, 인간학적 허무주의, 융〉, 10쪽. 벤야민은 이와 같은 집단적인 꿈의 해석을 통해 역사 연구의 새로운 방법을 모색했다. 이는 이데올로기 분석을 역사와 꿈이라는 차원으로 확대하고자 하는 시도이기도 하다.

48) 최인훈, 《구운몽》, 307쪽.

49) 송경동, 〈비시적인 삶들을 위한 편파적인 노래 — 붕어빵 아저씨 고(故) 이근재 선생님 영전에〉, 《사소한 물음들에 답함》(창비, 2009), 77쪽.

제3장 이브의 범죄와 혁명

1) 반동혁명이라는 개념은 reactionary revolution을 번역한 것으로, 파시즘을 설명하는 용어로 사용된다. 즉 파시즘은 특정한 이념을 내포하는 것이 아니라, 현존하는 것에 대한 반작용에 입각한 '혁명'을 자처한다는 점에서 반동혁명이라고 규정된다. 반동혁명은 기존의 혁명적인 것에 대한 인식·정서·감각 등에 대한 안티테제를 구성하면서, 혁명적인 것의 의미를 재구성하는 역학을 동반한다. 역사적 파시즘에서 안티테제의 대상은, 프랑스 대혁명에서 비롯된 자유주의나 이와 대별되는 사회주의 등 혁명적인 것의 역사적인 형식을 내포하는 동시에 혁명적인 것과 관련한 당대의 이념과 범주 등까지를 모두 아우른다.

2) 강상운, 〈생활도 전환기다〉, 《여원》(1960년 7월호), 88∼89쪽.

3) 강상운, 〈생활도 전환기다〉, 91쪽.

4) 〈학생 풍기문란의 방지와 선도책〉, 《조선일보》(1961년 3월 7일자 사설).

5) 김종면 편저, 《새 역사의 창조 — 5·16혁명 이후의 실록 한국사》(서울신문사 출판국, 1975), 11∼13쪽.

6) 김종면 편저, 《새 역사의 창조 — 5·16혁명 이후의 실록 한국사》, 216쪽. 이 표는 이 책의 기술을 토대로 재구성한 것이다. 이 책의 저자 김종면은 1951년 육군본부 정보국장을 거쳐 1961년 한국아시아반공연맹 감사를 역임했으며, 1965년 서울신문사 전무이사로 재직했다.

7) 내무부 치안국, 《경찰통계연보》(1969년도).

8) 내무부 치안국, 《경찰통계연보》(1969년도).

9) 내무부 치안국, 《경찰통계연보》(1969년도).

10) 내무부 치안국, 《경찰통계연보》(1969년도).

11) 내무부 치안국, 《경찰통계연보》 제5호(1957년도).

12) 내무부 치안국, 《경찰통계연보》(1969년도)

13) 김종면 편저, 《새 역사의 창조 — 5·16혁명 이후의 실록 한국사》, 130쪽.

14) 김종면 편저, 《새 역사의 창조 — 5·16혁명 이후의 실록 한국사》, 159∼160쪽.

15) 김종면 편저, 《새 역사의 창조 — 5·16혁명 이후의 실록 한국사》, 87쪽.

16) 연설의 주요 대목은 다음과 같다. "우리는 일하는 국민이어야 합니다. 뿐만 아니라 우리는 우리 할 일을 우리 스스로 창조할 수 있는 국민이어야 합니다. (중략) 전 민족의 협동에 의해서 자주적으로 창조해나가고 민주적으로 개척해나가는 것이 3·1의 정신이요 성격인 것입니다. 일하는 국민에게는 근면과 검소가 선행되어야 하겠습니다. 그리고 사랑과 협동이 선행되어야 하겠습니다." 1965년 제 46회 3·1절 경축사, 김종면 편저, 《새 역사의 창조—5·16혁명 이후의 실록 한국사》, 71쪽.

17) 냉전체제에서 국가 정체성에 대한 기원으로서 3·1 정신이 교정revision되는 과정과 이와 연동된 퇴폐·문란 등의 범주, 그리고 정체성 재배치의 과정에 대해서는 3부 1장의 논의 참조.

18) 〈이브들의 범죄〉, 《조선일보》(1963년 8월 16일자).

19) 민영순·이웅인, 〈한국 여성 범죄자에 대한 실태조사〉, 《아세아여성연구》 3호(숙명여자대학교 아시아여성연구소, 1964년 12월).

20) 민영순·이웅인, 〈한국 여성 범죄자에 대한 실태조사〉, 242쪽. 이 표는 이 글의 통계를 바탕으로 재구성한 것이다.

21) 제2장 주 22 참조.

제4장 소년범, 작가, 음란범―죄 많은 아이와 냉전 키드의 탄생과 종말

1) 한국 사회의 파시즘적 경향과 생존의 문제, 그리고 여기에서 비롯되는 외로움의 정동에 관해서는 권명아, 《무한히 정치적인 외로움 : 한국 사회의 정동을 묻다》 참조.

2) 안토니오 네그리, 《전복적 스피노자》, 이기웅 옮김(그린비, 2005), 219쪽.

3) 권명아, 《무한히 정치적인 외로움 : 한국 사회의 정동을 묻다》 참조.

4) 이에 대해서는 1부 2장의 주 9 참조.

5) 아감벤은 장치를 "생명체들의 몸짓, 행동, 의견, 담론을 포획, 지도 규정, 차단, 주조, 제어, 보장하는 능력을 지닌 모든 것"으로 규정했다. 감옥·정신병원·패놉티콘·글쓰기·문학뿐 아니라 언어 자체도 권력과 접속되어 있다는 점에서 가장 오래된 장치이다. 아감벤은 푸코의 장치에 관한 논의를 오이코노미아, 즉 신의 세계 통치라는 그리스도교적 패러다임에 접속시킨다. 이를 통해 아감벤은 현대의 장치들은 전통적인 장치들과는 다르다고 논한다. "사실 장치는 주체화 과정을 내포하

며, 이 과정이 없다면, 장치는 통치 장치로 기능할 수 없고 그저 폭력의 행사가 되어버린다.""장치란 무엇보다 주체화를 생산하는 하나의 기계이다. 그리고 그런 기계이기에 통치 기계이기도 하다." 조르조 아감벤,《장치란 무엇인가》, 양창렬 옮김(도서출판 난장, 2010), 33~41쪽.

6) 이에 대해서는 2장 참조.

7) 아감벤은 푸코의 '악명 높은 사람들의 삶'을 토대로 봉인장이라는 형태가 없었다면 자신의 흔적을 남기지 않았을 법한 인간 실존들이 권력과 마주침으로써 어둠과 침묵에서 끌어내어지는 장면들을 분석한다. 조르조 아감벤,《세속화 예찬》, 김상운 옮김(도서출판 난장, 2010), 94쪽.

8) "다스릴 수 없는ungovernable"이란 사전적으로는 "제어할 수 없는, 처치 곤란한, 제멋대로의, 방종한"이라는 뜻이다. 이 용어는 이러한 사전적인 의미를 넘어 역사학과 정치사회학 등에서 지배governance와 그 지배가 완전히 작동하지 않는 문턱과 경계 지대나 그러한 행위, 또는 그러한 행위를 수행하는 사람들을 지칭하는 용어로 사용되고 있다. "다스릴 수 없는 자들ungovernable peoples"이라는 용어는 주로 사회역사학 연구에서 먼저 사용되기 시작했다. 사회역사학에서 "다스릴 수 없는 자들"은 근대 체제가 형성되던 이행기 영국에서 선술집 같은 장소에서 소동과 분란을 일으키던 '노동자들'을 가리키는 개념이었다. 이들은 근대적인 노동자로서의 집단적 정체성은 없었기 때문에 아직은 자신의 주체 위치를 계급적으로 자각하지 않았으며, 따라서 이들의 소요나 분란·소동 역시 계급적 자각에 기반을 둔 것이 아니었다. 이들의 소요와 소동, 분란은 한편으로는 근대적인 통치 체제가 형성되는 과정에서 근대적 노동 기율에 포섭되면서도 포섭되지 않는 행위 양태를 뜻한다. 이들 다스릴 수 없는 자들의 소동과 소란과 분란은 그런 점에서 근대적인 통치 체제와 지배governance에 대한 포섭과 종속, 그리고 이탈과 저항의 복합성을 보여주는 상징적인 행위로 해석되곤 한다. 또 이들 다스릴 수 없는 자들의 소동과 소란은 근대적인 노동자로서의 집단적 주체성(계급의식)과도 구별되는 '불확정적인' 자기의식을 보여주는데, 바로 이러한 특성 때문에 다스릴 수 없는 자들은 근대적인 집단적 주체성과는 다른, 자기의식의 특이성singularity의 사례로 간주되기도 한다. *An Ungovernable People : The English and their law in the seventeenth and eighteenth centuries*, Edited by John Brewer and John Styles(New Brunswick, New Jersey : Rutgers University Press,

1980).

9) 강금실, 〈변론기〉, 장정일 외, 《장정일, 화두, 혹은 코드》(행복한책읽기, 2001), 194~195쪽.

10) 장정일은 1997년 1월 13일 기소된 후 법률적인 지원을 거부하고 혼자 재판받다가 징역 10월의 실형을 선고받았으며, 1997년 5월 30일 법정 구속되었다. 법정 구속이 된 후에도 장정일의 태도는 바뀌지 않았다. 강금실의 회고에 따르면 그 뒤 1997년 6월 무렵 서울구치소로 찾아가 장정일을 접견했는데, 이 접견은 변호사를 선임해 법률적인 지원을 받아야 한다고 설득하기 위한 것이었다. 강금실, 〈변론기〉, 196쪽 참조.

11) 강금실, 〈변론기〉, 192쪽.

12) 장정일의 에세이 〈아무 뜻도 없어요〉에서 차용. 이 제목은 장정일 작품의 전반적인 특성을 함축적으로 보여준다. 장정일의 작품은 텍스트를 생산함으로써 문학에 관한 공통 관념을 지워가는 것을 목표로 하고 있다. 《내게 거짓말을 해봐》는 문학을 통해 문학에 대한 공통 관념을 폐기하는 자기폐기(장정일의 표현을 빌리면 자기모멸)의 정점에 서 있다. 이에 대해서는 권명아, 〈진지한 놀이와 지워지는 이야기〉, 《문학의 광기》(세계사, 2002) 참조.

13) 장정일, 〈독일에서의 사랑〉, 《길안에서의 택시잡기》(민음사, 1988), 84~85쪽.

14) 만일 당신이 책을 읽기 위해서는 매번, 반드시 따뜻한 홍차와 마음에 드는 녹색 색연필과 포스트잇을 옆에 두어야만 한다고 생각해보자. 별것도 아니지만, 녹색 색연필이 없으면 독서에 집중이 되지 않고, 반대로 녹색 색연필을 손에 잡으면 왠지 뿌듯하다. 왜 그럴까? 아마도 당신은 색연필을 사는 '충동'을 자제해보려고도 노력했을 것이다. 그러나 다시 색연필을 사서, 책상 한 귀퉁이에 놓아두고 비로소 흡족해할 때, 당신은 게니우스를 따르는 삶, 즉 게니알리스한 삶을 살고 있는 것이다. 요즘 유행하는 통속적인 표현을 빌리자면, 이는 무엇인가에 '꽂히는 것'이다. 왜 우리는 무엇인가에 꽂히는가? 바로 그 '원천'을 설명하기 위해 아감벤은 게니우스라는 라틴어와 여기서 비롯된 이탈리아어 게니오와 게네라레 등의 함의를 차용한다. 게니우스는 라틴어로 "어떤 사람이 태어난 순간 그의 수호자가 되는 신을 지칭하는 명칭"이다. 그리하여 게니우스는 "나를 낳은 무엇"을 함의한다. 또한 게니우스를 어원으로 하는 이탈리아어는 생일을 뜻하는 게네트랴코와 침대를 뜻하는 게니알리스 등으로 이어진다. 침대가 상징하듯이 게니우

스는 또한 '생식/낳음'을 뜻하는데, 이는 단지 성적인 에너지를 인격화한 것만은 아니다. 게니우스는 내 안에 있으며, 나를 '낳는' 무엇이지만, 온전히 나로 환원되지 않는다. 녹색 색연필에 '꽂히는' 것이 반드시 내 의지로 환원되지 않듯이 말이다. 그런 점에서 게니우스는 우리 안에 있는 가장 내밀하고 인격적인 신이면서 동시에 우리 안에 있는 가장 비인격적인 것이기도 하다. 조르조 아감벤, 《세속화 예찬》, 9쪽 참조.

15) 아감벤에 따르면 "우리 안에 있는 모든 비인격적인 것이 게니우스"이며, "우리 안에 있는 비인격적 역량"이 게니우스이다. 주체는 게니우스와 자아가 정반대의 극에서 서로 긴장 관계에 있는 장이라고 할 수 있다. 게니우스는 모든 면에서 우리를 초과하고 넘어서는 것으로, 따라서 "게니우스와의 마주침은 두렵다". 이런 점에서 영혼의 떨림, 즉 "정념은 우리와 게니우스 사이에 뻗어 있는 줄타기용 줄로, 우리의 곡예하는 삶은 그 위를 걷고 있다". 조르조 아감벤, 《세속화 예찬》, 14~20쪽 참조.

16) 앞의 연구에서 나는 부적절한 정념이라는 무규정적 기준의 작용이 근대의 사회계약론적 주체 이론과도 밀접하게 관련되었다고 지적한 바 있다. 아감벤은 이러한 측면을 게니우스의 도덕화라는 차원으로 설명하기도 한다. 즉 게니우스가 장치에 포획되는 과정은 게니우스라는 우리 안의 비인격적 역량이 도덕화의 기제를 통해서 분열되어버린 과정과도 관련이 깊다. 게니우스가 도덕화되는 자리에 게니우스의 역설이 출현한다. 게니우스가 도덕화된 대표적인 사례는 기독교의 사유에 등장하는 두 명의 천사, 즉 하얀색으로 표상되는 수호천사와 검은색으로 표상되는 사악하고 도착적이며 우리를 저주에 빠뜨리는 또 다른 천사의 상징이다. 즉 게니우스는 도덕화됨에 따라 "악마와 천사"의 두 얼굴로 나뉜다. 우리가 살펴보는 풍기문란이라는 규정 역시 "부적절한 정념"과 "선한 정념"이라는 식으로 정념을 두 개의 얼굴로 분리하여 표상하는 방식을 보여준다. 그러나 게니우스가 천사의 얼굴에서 악마의 얼굴로, 구원에서 파멸로, 순진한 아이의 얼굴에서 끔찍한 악마로 변신하는 것이 아니다. 변하는 것은 게니우스에 대한 우리의 태도이다. 조르조 아감벤, 《세속화 예찬》, 14~20쪽 참조.

17) 아감벤은 통치 기계를 고해성사나 속죄 장치들에서 전형적으로 발견한다. "속죄장치에서는 새로운 '나'가 옛날의 '나'의 부정과 수용을 통해 구성된다. 즉 속죄장치에 의해 조작된 주체의 분열은 새로운 주체를 생산하는 것이다." 이러한 죄

지음과 죄 갚음의 구조를 통치 기계의 작동 원리이자 주체화의 원리로 규정하면서 아감벤은 감옥 장치 역시 비행자라는 주체와 비행의 환경을 구성해낸다는 점에서 주체화의 기계라고 규정한다. 조르조 아감벤,《장치란 무엇인가》, 33~41쪽 참조.

18) 강금실,〈변론기〉, 193쪽.

19) 송광준,〈음란물의 규제에 관한 비교법적 연구〉, 서울대학교 대학원 법학과 형사법 전공 석사학위 논문(1975), 174~175쪽.

20) 송광준,〈음란물의 규제에 관한 비교법적 연구〉, 174~175쪽.

21) 송광준,〈음란물의 규제에 관한 비교법적 연구〉, 181~184쪽.

22) 송광준,〈음란물의 규제에 관한 비교법적 연구〉, 174~175쪽.

23) 신중현,《나의 이력서》(한국일보사, 2003), 24쪽.

24) 손민정,《트로트의 정치학》(음악세계, 2009), 124쪽.

25) 이영미,《한국대중가요사》(민속원, 2006), 279쪽.

26)《반노》사건에 대한 판결과 이에 대한 법적 고찰로는 안용교,〈음란문서 제조―세칭 소설 반노 사건(사건 표시 1975년 12월 9일 선언 대법원 2부 74도 976)〉,《공법연구》vol. 6(1978) 참조. 이 밖에《반노》사건을 통해서 본 유신 체제 금서 사건의 추이와 관련해서는 조성면,〈금서(禁書)의 사회학, 외설의 정치학―소설《반노》를 통해서 읽어보는 한국의 7, 80년대〉,《독서연구》vol. 13(한국독서학회, 2005) 참조.

27) 한국 대중가요 금지곡의 역사와 금지곡의 사유·목록은 문옥배의《한국 금지곡의 사회사》에 체계적으로 정리되어 있다. 이 책은 특히 방송윤리위원회와 공연윤리위원회에서 금지시킨 대중가요들도 자세히 소개하고 있다. 문옥배,《한국 금지곡의 사회사》(예술, 2004) 참조.

28) 소년 보호 관련 통계는《소년 보호 60년사》를 토대로 재구성한 것이다. 소년 보호 60년사 편집위원회,《소년 보호 60년사》(법무부, 2004).

29) 장정일,〈쥐가 된 인간〉,《햄버거에 대한 명상》(민음사, 1987), 13~15쪽.

30) 장정일,〈쥐가 된 인간〉, 13~15쪽.

31) 소년 보호 60년사 편집위원회,《소년 보호 60년사》, 270쪽.

32) 소년 보호 60년사 편집위원회,《소년 보호 60년사》참조.

33) 소년 보호 60년사 편집위원회,《소년 보호 60년사》, 205쪽.

34) 소년 보호 60년사 편집위원회, 《소년 보호 60년사》, 206쪽.

35) 장정일, 〈하얀 몸〉, 《길안에서의 택시잡기》, 59~60쪽.

36) 장정일, 〈불타는 집〉, 《길안에서의 택시잡기》, 56~58쪽.

37) 냉전기 소년보호가 형성되는 과정에서 "소년원을 탈출한 아이들"은 그런 점에
서 냉전 키드의 삶의 반경을 벗어난 새로운 주체성의 모습을 보여주는 것이기
도 하다. 이에 대해서는 김원, 〈소년원을 탈출한 아이들 : 비정상인에 대한 시선〉,
《박정희 시대의 유령들》(현실문화, 2011) 참조.

38) 장정일, 〈삼중당 문고〉, 《길안에서의 택시잡기》, 9~12쪽.

39) 조르조 아감벤, 《세속화 예찬》, 48~49쪽.

제4부 사소한 중범죄의 역사 — '부활하는' 풍기문란 통제의 변천사

제1장 익숙한 '장면'을 통해 살펴보는 풍기문란의 변천사

1) 송광준, 〈음란물의 규제에 관한 비교법적 연구〉, 서울대학교 대학원 법학과 형사
법 전공 석사학위 논문(1975), 174~175쪽.

2) 이 글에서 경범죄 처벌법의 변화에 관한 논의는 이선엽의 논문을 참조하였다. 이
선엽, 〈경범죄 처벌법의 역사적 변천〉, 《한국행정사학회》 25호(2009) 참조.

제2장 사소한 중범죄의 역사, 또는 풍기문란 통제는 왜 '부활'하는가?

1) 새누리당 공식 블로그, 〈과다노출 범칙금 5만원 경범죄 처벌법의 오해와 진실〉,
http://blog.naver.com/saenuriparty.

2) 풍기문란 통제와 관련된 다양한 표어 활용의 사례는 다음과 같은 자료에서 확인
할 수 있다. 국정홍보처 영상홍보원 방송 제작팀, 〈퇴폐풍조 정화에 관한 표어 활
용〉(문공부, 1971), 81~82쪽.

제3장 풍기문란 통제는 왜, 그리고 어떻게 반복되는가

1) 永井良和, 《風俗營業 取締り》(東京 : 講談社, 2002), 15쪽.

2) 이선엽, 〈경범죄 처벌법의 역사적 변천〉, 《한국행정사학회》 25호(2009) 참조.

강금실, 〈변론기〉, 장정일 외, 《장정일, 화두, 혹은 코드》(행복한책읽기, 2001).

강상진, 〈생활도 전환기다〉, 《여원》 1960년 7월호.

국사편찬위원회, 《중학교 국사》(대한교과서주식회사, 2002).

〈광복 30년―풍속사범, "정조 38선서 연예 스캔들까지"〉, 《조선일보》 1975년 6월 14일자.

권명아, 〈내선일체 이념의 균열로서 '언어'〉, 《대동문화연구》(2007년 9월).

_____, 〈사랑의 담론과 정치적인 것〉, 《무한히 정치적인 외로움 : 한국 사회의 정동을 묻다》, aff-com 총서 1권(갈무리, 2012).

_____, 《식민지 이후를 사유하다―탈식민화와 재식민화의 역학》(책세상, 2009),

_____, 《역사적 파시즘 : 제국의 판타지와 젠더 정치》(책세상, 2005).

_____, 〈음란함과 죽음의 정치―풍기문란과 근대적 주체화의 역학〉, 《현대소설연구》(현대소설학회, 2008).

_____, 〈이브의 범죄와 혁명〉, 《동남어문논집》 29집(동남어문학회, 2010년 5월).

_____, 〈정조 38선, 퇴폐, 그리고 문학사―풍기문란과 냉전 프레임을 중심으로〉, 《여성문학연구》 22호(한국여성문학학회, 2009년 12월).

_____, 〈제국의 판타지와 게토 사이에서 타협하며 살기〉, 《무한히 정치적인 외로움 : 한국 사회의 정동을 묻다》.

_____, 〈죽음과의 입맞춤―혁명과 간통, 사랑과 소유권〉, 《문학과 사회》 89호(2010년 봄호).

_____, 《탕아들의 자서전 : 가족 로망스의 안과 밖》(태학사, 2008).

_____, 〈파시즘과 해방의 정치의 딜레마〉, 《무한히 정치적인 외로움 : 한국 사회의 정동을 묻다》.

_____, 〈풍속 통제와 일상에 대한 국가 관리 : 풍속 통제와 검열의 관계를 중심으로〉, 《민족문학사연구》 33호(2007년 4월).

김동식, 〈풍속, 문화, 문학사〉, 《민족문학사연구》19호(2001년 11월).

김두용, 〈조선인과 천황제 타도 문제〉, 《신천지》제1권 9호(1946년 10월).

김민철, 〈일제 식민지배하 조선 경찰사 연구〉, 경희대학교 대학원 석사학위 논문
(1994).

김영찬, 〈식민지 근대의 내면과 표상〉, 상허학회, 《상허학보》16집(2006).

김영환, 〈풍속을 해하는 죄에 관한 비판적 고찰〉, 《형사법 연구》제22호(2004년 겨
울호).

김예림, 《1930년대 후반 근대 인식의 틀과 미의식》(소명출판, 2004).

김윤식, 〈4 · 19와 한국문학 ─ 무엇이 말해지지 않았는가?〉, 《사상계》1970년 4월호.

_____, 《백철 연구》(소명출판, 2008),

김종권 저, 최남선 서, 《국난사개관》(범조사, 1956).

김종면 편저, 《새 역사의 창조 ─ 5 · 16혁명 이후의 실록 한국사》(서울신문사 출판
국, 1975).

김지삼, 〈인도네시아의 민족 운동〉, 《신천지》제2권 7호(1947년 8월).

김한종, 외, 《고등학교 한국 근 · 현대사》(금성출판사, 2002).

내무부 치안국, 《경찰통계연보》(1969).

레나타 살레클, 〈악은 보지도, 말하지도 말라 : 증오 표현과 인권〉, 이성민 옮김, 《사
랑과 증오의 도착들》(도서출판 b, 2003).

류흥수, 《경찰법론》(정림사, 1971).

리처드 H. 미첼, 《일제의 사상 통제》, 김윤식 옮김(일지사, 1982).

마명, 〈정치과업과 정신과업 ─ 재건정신의 수립을 논함〉, 《신천지》제2권 5호(1947
년 6월).

〈"못된 유행"─20년대 퇴폐풍조〉, 《조선일보》(1973년 4월 24일자).

문교부, 《시련과 극복》(동아서적주식회사, 1972).

문예영화 〈류관순〉, 박화성 원작, 김기덕 감독, 심의대본(1970).

문옥배, 《한국 금지곡의 사회사》(예솔, 2004).

민영순 · 이응인, 〈한국 여성 범죄자에 대한 실태조사〉, 《아세아여성연구》3호(숙명
여자대학교 아시아여성연구소, 1964년 12월).

박성창, 〈1920년대 한국 자연주의 담론에 나타난 에밀 졸라의 표상과 자연주의적 묘사〉, 《한국현대문학연구》 20호 (한국현대문학회, 2006).

박성환, 〈기성여성세대를 고발한다〉, 특집 〈제2공화국의 여성〉, 《여원》 1960년 7월호.

박헌호, 〈'문화 정치'기 신문의 위상과 반 - 검열의 내적 논리〉, 《대동문화연구》 50호 (2005).

백낙준, 〈삼일정신론―우리 독립선언서의 4대기본자유에 대하여〉, 《사상계》 창간호 (1953년 4월).

백철, 〈고등학교 생활지도 담당자 연수회 특강―젊은 세대의 반항 심리〉, 한국학도교도연구회, 《생활지도전서》 (교도신문사, 1959).

―――, 〈국문학사 연구와 현대 의식〉, 고대 국어국문학연구회 월례 발표회 (1976년 11월 13일).

―――, 《신문학사조사》 (민중서관, 1953).

―――, 《신문학사조사》 (신구문화사, 1968).

―――, 《조선신문학사조사》 근대 편 (수선사, 1948) ; 현대 편 (백양당, 1949).

백철 · 이병기, 《표준 국문학사》 (신구문화사, 1956).

샤를 푸리에, 〈네 가지 운동과 일반적 운명에 대한 이론〉, 《사랑이 넘치는 신세계》, 변기찬 옮김 (책세상, 2007).

샹탈 무페, 《정치적인 것의 귀환》, 이보경 옮김 (후마니타스, 2007).

서중석, 〈국사교과서 현대사 서술, 문제 많다〉, 《역사비평》 56호 (역사비평사, 2001년 가을).

소년 보호 60년사 편집위원회, 《소년 보호 60년사》 (법무부, 2004).

손민정, 《트로트의 정치학》 (음악세계, 2009).

손정수, 〈트로이의 목마〉, 《문학동네》 39호 (2004년 5월호).

손호철, 〈한국 '진보정당' 실험 비교연구―4 · 19혁명과 6월 항쟁 이후 '민주화'기를 중심으로〉, 《한국정치학회 춘계학술대회 자료집》 (1998).

송광준, 〈음란물의 규제에 관한 비교법적 연구〉, 서울대학교 대학원 법학과 형사법 전공 석사학위 논문 (1975).

신범식, 《국난극복의 역사》 (대성문화총서, 1963).

신중현,《나의 이력서》(한국일보사, 2003).

안용교, 〈음란문서 제조―세칭 소설 반노 사건(사건 표시 1975년 12월 9일 선언 대법원 2부 74도 976)〉,《공법연구》vol. 6(1978).

안토니오 네그리,《전복적 스피노자》, 이기웅 옮김(그린비, 2005).

염주희, 〈3·1운동에 대한 남북 역사 교과서 서술 내용 비교 분석〉, 이화여자대학교 교육대학원 석사학위 논문(2007).

윤진, 〈낯섦의 번역, 번역의 낯섦―에밀 졸라의《목로주점》번역 읽기〉,《불어불문학연구》84집(불어불문학회, 2011년 겨울).

이경훈, 〈문학과 풍속에 대한 짧은 시론〉,《세계의 문학》2004년 봄호.

이광일, 〈아직도 혁명을 꿈꾸는 자, 너 누구인가〉,《문화과학》59호(문화과학사, 2009년 가을).

이나미, 〈일제의 조선 지배 이데올로기 : 자유주의와 국가주의〉, 한국정치사상학회,《정치사상연구》(2003).

〈이브들의 범죄〉,《조선일보》(1963년 8월 16일자).

이선근,《한민족의 국난극복사》(숭문출판사, 1978).

이영미,《한국대중가요사》(민속원, 2006).

이철우, 〈일제시기 법제의 구조와 성격〉,《한국정치외교사논총》(한국정치외교사학회, 2000).

이태영, 〈정치에 대한 여성의 관심〉, 특집〈제2공화국의 여성〉,《여원》1960년 7월호.

장정일, 〈독일에서의 사랑〉,《길안에서의 택시잡기》(민음사, 1988).

_____, 〈물에 잠기다〉;《햄버거에 대한 명상》(민음사, 1987).

_____, 〈쥐가 된 인간〉,《햄버거에 대한 명상》(민음사, 1987).

전용호, 〈백철 문학사의 판본 연구〉,《민족문화연구》(고대민족문화연구회, 2004)

_____, 〈백철의《신문학사조사》개작에 관한 연구〉,《어문논집》(민족어문학회, 2005).

정근식, 〈일제하 검열 기구와 검열관의 변동〉,《대동문화연구》51집(2005).

정근식·최경희, 〈도서과의 설치와 일제 식민지출판경찰의 체계화, 1926~1929〉,《한국문학연구》제30집(2006).

정진석,《언론조선총독부》(커뮤니케이션북스, 2005).

조르조 아감벤,《호모 사케르 : 주권 권력과 벌거벗은 생명》, 박진우 옮김(새물결, 2008).

조성면,〈금서(禁書)의 사회학, 외설의 정치학—소설《반노》를 통해서 읽어보는 한 국의 7, 80년대〉,《독서연구》vol. 13(한국독서학회, 2005).

조윤제,《한국문학사》(동국문화사, 1963).

〈좌담—4월혁명과 60년대를 다시 생각한다〉,《4월혁명과 한국문학》(창작과비평 사, 2002).

진단학회 편,《국사교본》(조선교학도서, 1946).

진태원,〈《신학정치론》에서 홉스 사회계약론의 수용과 변용 : 스피노자 정치학에 서 사회계약론의 해체〉,《철학사상》(한국철학사상연구소, 2004).

질 들뢰즈,〈정동이란 무엇인가〉,《비물질 노동과 다중》, 서창현 옮김(갈무리, 2005).

차혜영,〈'풍속-문화론 연구'에 대한 질문〉,《탈근대문학담론 비판》, 민족문학사연 구소 2006년 학술심포지움 자료집(2006년 12월), 별첨 자료.

천정환,〈새로운 문학 연구를 위한 시론〉,《민족문학사연구》26(2004년 11월).

천정환·김건우·이정숙,《혁명과 웃음》(앨피, 2005).

천정환·이용남,〈근대적 대중문화의 발전과 취미〉,《민족문학사연구》30호(2006).

최경희,〈출판물로서의 근대문학과 텍스트의 불확정성〉,《식민지 검열 체제의 역 사적 성격》, 성균관대학교 동아시아 학술원 연례 학술대회 논문집(2004년 12월).

최남선,《국민조선역사》(동명사, 1947).

캐럴 페이트만,《남과 여, 은폐된 성적 계약》, 이충훈·유영근 옮김(이후, 2001).

하정일,〈개인의 이데올로기를 넘어서〉,《비평과 전망》8호(2004년 6월호).

〈학생 풍기문란의 방지와 선도책〉,《조선일보》(1961년 3월 7일자 사설).

韓國內部警務局,《韓國警察一斑》(1910).

한기형,〈일제시기 검열 정책과 사회주의 관련 잡지의 정치적 역학〉,《한국문학연 구》제30집(2006).

한만수,〈검열과 복자, 그리고 원본 확정에 대하여〉,《식민지 검열 체제의 역사적 성격》, 성균관대학교 동아시아 학술원 연례 학술대회 논문집(2004년 12월).

_____, 〈근대적 문학 검열 제도에 대하여〉, 《한국어문학연구》 39집(2002).

〈허영녀에 경고〉, 《조선일보》(1947년 1월 21일자).

한완상 외, 《4·19혁명론 Ⅰ》(일월서각, 1983).

황종연, 〈노블, 청년, 제국〉, 《상허학보》 제14집(상허학회, 2005).

후지이 다케시, 〈제1공화국의 지배 이데올로기〉, 《역사비평》 83호(역사비평사, 2008년 여름).

〈各種營業の取締〉, 《昭和16年 帝國議會 說明資料》(1941).

〈警察取締營業の現況〉, 《昭和18年 84回 帝國議會 說明資料》(1943).

大日方純夫, 《日本近代國家の成立と警察》(東京 : 校倉書房, 1992).

藤目ゆき, 《性の歷史學》(東京 : 不二出版, 2005).

藤野豊, 《性の國家管理−賣買春の國家管理》(東京 : 不二出版, 2001).

上野千鶴子, 〈日本型近代家族の誕生〉, 《風俗 性》, 日本近代思想大系 23(東京 : 岩波書店, 1990).

永井良和, 《風俗營業 取締り》(東京 : 講談社, 2002).

李鐘旼, 〈輕犯罪の取締法令に見る民衆統制〉, 《植民地帝國日本の法的構造》, 淺野豊美·松田利彦 編, (東京) : 信山社, 2004).

日高義博, 〈猥褻裁判と刑法の脫倫理化〉, 專修大學今村法律硏究室 創立40周年 記念講演會(1990년 10월).

《朝鮮警察法大意》, 朝鮮總督府 警察官講習所 編, 《警察敎科書》(1926).

朝鮮總督府, 〈普通出版物の出版狀況〉, 《朝鮮出版警察槪要》(1937).

_____, 〈新聞, 雜誌出版物並映畵, 蓄音機 'レコド'の取締〉, 《朝鮮出版警察槪要》(1941).

朝鮮總督府 警務局, 《朝鮮總督府 禁止單行本目錄》(1941).

_____, 《昭和 十六年 一月 朝鮮總督府 禁止 單行本 目錄》(1941).

朝鮮總督府 警務局 圖書科, 《朝鮮出版警察槪要》(1940),

重田忠保, 《風俗警察の理論と實際》(東京 : 南郊社, 1934).

〈風紀紊乱と情念のアドルス〉, 《文学》(東京 : 岩波書店, 2010년 3월).

음란과 혁명

풍기문란의 계보와 정념의 정치학

초판 1쇄 2013년 5월 31일
초판 4쇄 2022년 12월 22일

지은이   권명아
펴낸이   김현태
펴낸곳   책세상
등록 1975년 5월 21일 제2017-000226호
주소 서울시 마포구 잔다리로 62-1, 3층 (04031)
전화 02-704-1251
팩스 02-719-1258
이메일 editor@chaeksesang.com
광고 · 제휴 문의 creator@chaeksesang.com
홈페이지 chaeksesang.com
페이스북 /chaeksesang   **트위터** @chaeksesang
인스타그램 @chaeksesang   **네이버포스트** bkworldpub

ISBN   978-89-7013-844-2 93900